suhrkamp taschenbuch
wissenschaft 1585

Neben der großen vierbändigen Ausgabe der *Dits et Écrits* erscheint gegenwärtig eine umfangreiche Ausgabe der Vorlesungen Foucaults am Collège de France. In diesen Vorlesungen ist ein neuer Foucault zu entdecken: Neben der pointierten mündlichen Präsentation des Gegenstands, die seinen Denkweg verdeutlicht, findet sich immer das Bemühen um Aktualisierung, um eine Analyse der Gegenwart.
Die Edition der Vorlesungen aus dem Jahr 1975/76 *In Verteidigung der Gesellschaft*, mit der diese Edition begann, folgt Manuskripten und Tonbandmitschnitten. Foucault geht hier der Frage nach, inwieweit Machtverhältnisse nach dem Modell des Krieges analysiert werden können. Seine im doppelten Wortsinn polemischen Ausführungen lassen sich in der Frage zusammenfassen, ob, in Umkehrung von Clausewitz, die Politik die Fortsetzung des Krieges mit anderen Mitteln sei.

Das Werk Michel Foucaults liegt im Suhrkamp Verlag vor.

Michel Foucault

In Verteidigung der Gesellschaft

Vorlesungen am Collège de France
(1975-76)

Aus dem Französischen
von Michaela Ott

Suhrkamp

Titel der Originalausgabe: »Il faut défendre la société«.

Diese Ausgabe wurde, im Zusammenhang der Association pour le Centre Michel Foucault, unter der Leitung von François Ewald und Alessandro Fontana herausgegeben von Mauro Bertani und Alessandro Fontana.

Bibliografische Information der Deutschen Nationalbibliothek
Die Deutsche Nationalbibliothek verzeichnet diese Publikation in der Deutschen Nationalbibliografie; detaillierte bibliografische Daten sind im Internet über http://dnb.d-nb.de abrufbar.

6. Auflage 2020

Erste Auflage 2001
suhrkamp taschenbuch wissenschaft 1585

Satz: TypoForum GmbH, Seelbach
Druck: Druckhaus Nomos, Sinzheim
Printed in Germany
Umschlag nach Entwürfen von
Willy Fleckhaus und Rolf Staudt
ISBN 978-3-518-29185-6

Inhalt

Vorwort 7
Vorlesung vom 7. Januar 1976 13
Vorlesung vom 14. Januar 1976 37
Vorlesung vom 21. Januar 1976 58
Vorlesung vom 28. Januar 1976 82
Vorlesung vom 4. Februar 1976 105
Vorlesung vom 11. Februar 1976 139
Vorlesung vom 18. Februar 1976 169
Vorlesung vom 25. Februar 1976 199
Vorlesung vom 3. März 1976 224
Vorlesung vom 10. März 1976 255
Vorlesung vom 17. März 1976 282
Zusammenfassung der Vorlesungen 312
Sachregister 320
Namenregister 340

Vorwort

Dieser Band eröffnet die Edition der Vorlesungen
von Michel Foucault,
die er am Collège de France gehalten hat.

Michel Foucault hat am Collège de France von Januar 1971 bis zu seinem Tod im Juni 1984 gelehrt, mit Ausnahme des Jahres 1977, seinem Sabbatjahr. Sein Lehrstuhl trug den Titel: »*Geschichte der Denksysteme*«.

Dieser wurde am 30. November 1969 auf Vorschlag von Jules Vuillemin von der Generalversammlung der Professoren des Collège de France an Stelle des Lehrstuhls der »Geschichte des philosophischen Denkens« eingerichtet, den Jean Hippolyte bis zu seinem Tod innehatte. Dieselbe Versammlung wählte Michel Foucault am 12. April 1970 zum Lehrstuhlinhaber.[1] Er war 43 Jahre alt.

Michel Foucault hielt seine Antrittsvorlesung am 2. Dezember 1970.[2]

Der Unterricht am Collège de France gehorcht besonderen Regeln: Die Professoren sind verpflichtet, pro Jahr 26 Unterrichtsstunden abzuleisten (davon kann höchstens die Hälfte in Form von Seminarsitzungen abgegolten werden).[3] Sie müssen jedes Jahr ein neuartiges Forschungsvorhaben vorstellen, wodurch sie gezwungen werden sollen, jeweils einen neuen Unterrichtsinhalt zu bieten. Es gibt keine Anwesenheitspflicht für die Vorlesungen und Seminare; sie setzen weder ein Aufnahme-

1 Michel Foucault hatte für seine Kandidatur ein Plädoyer unter folgender Formel abgefaßt: »Man müsste die Geschichte der Denksysteme unternehmen« (»Titel und Arbeiten«, in: *Dits et Écrits*, 1954-1988, hg. v. Daniel Defert und François Ewald unter Mitarbeit von J. Lagrange, Paris, Gallimard, 1994, Bd. 1, S. 846; dt. Titel und Arbeiten, in: ders., *Dits et Écrits, Schriften*. Band 1, 1954-1969, Frankfurt/Main 2001, S. 1069-1075).

2 In den Editions Gallimard im März 1971 unter dem Titel *L'Ordre du discours (Ordnung des Diskurses)* publiziert.

3 Was Michel Foucault bis Anfang der 80er Jahre machte.

verfahren noch ein Diplom voraus. Und der Professor stellt auch keines aus.[4] In der Terminologie des Collège de France heißt das: Die Professoren haben keine Studenten, sondern Hörer.

Die Vorlesungen von Michel Foucault fanden immer mittwochs statt, von Anfang Januar bis Ende März. Die zahlreiche Hörerschaft aus Studenten, Dozenten, Forschern und Neugierigen, darunter zahlreiche Ausländer, füllte zwei Amphitheater im Collège de France. Michel Foucault hat sich häufig über die Distanz zwischen sich und seinem Publikum und über den mangelnden Austausch beschwert, die diese Form der Vorlesung mit sich brachte.[5] Er träumte von Seminaren als dem Ort echter gemeinsamer Arbeit. Er machte dazu verschiedene Anläufe. In den letzten Jahren widmete er gegen Ende seiner Vorlesungen immer eine gewisse Zeit dem Beantworten von Hörerfragen.

Ein Journalist des *Nouvel Observateur*, Gérard Petitjean, gab die Atmosphäre 1975 mit folgenden Worten wieder: »Wenn Foucault die Arena betritt, eiligen Schritts vorwärtspreschend, wie jemand, der zu einem Kopfsprung ins Wasser ansetzt, steigt er über die Sitzenden hinweg, um zu seinem Pult zu gelangen, schiebt die Tonbänder beiseite, um seine Papiere abzulegen, zieht sein Jackett aus, schaltet die Lampe an und legt los, mit hundert Stundenkilometern. Mit fester und durchdringender Stimme, die von Lautsprechern übertragen wird, als einzigem Zugeständnis an die Modernität eines mit nur einer Lampe erhellten Saals, die ihren Schein zum Stuck hochwirft. Auf dreihundert Sitzplätzen pferchen sich fünfhundert Leute, saugen noch den letzten Freiraum auf... Keinerlei rhetorische Zugeständnisse. Alles transparent und unglaublich effizient. Nicht das kleinste Zugeständnis an die Improvisation. Foucault hat

4 Im Rahmen des Collège de France.

5 Michel Foucault verlegte 1976 in der – vergeblichen – Hoffnung, die Hörerschaft zu reduzieren, den Vorlesungsbeginn von 17 Uhr 45 am späten Nachmittag auf 9 Uhr morgens. Siehe in diesem Band den Anfang der ersten Vorlesung vom 7. Januar 1976.

pro Jahr zwölf Stunden, um in öffentlichem Vortag den Sinn seiner Forschung des zu Ende gehenden Jahres zu erklären. Daher drängt er alles maximal zusammen und füllt die Randspalten, wie jene Korrespondenten, die noch immer allerhand zu sagen haben, wenn sie längst am Fuß der Seite angekommen sind. 19 Uhr 15. Foucault hält inne. Die Studenten stürzen zu seinem Pult. Nicht um mit ihm zu sprechen, sondern um die Kassettenrekorder abzuschalten. Niemand fragt etwas. In dem Tohuwabohu ist Foucault allein«. Und Foucault dazu: »Man müßte über das von mir Vorgestellte diskutieren. Manchmal, wenn die Vorlesung nicht gut war, würde ein Weniges genügen, eine Frage, um alles zurechtzurücken. Aber diese Frage kommt nie. In Frankreich macht die Gruppenbindung jede wirkliche Diskussion unmöglich. Und da es keine Rückkoppelung gibt, wird die Vorlesung theatralisch. Ich habe zu den anwesenden Personen eine Beziehung wie ein Schauspieler oder Akrobat. Und wenn ich aufhöre zu sprechen, die Empfindung totaler Einsamkeit.«[6]

Michel Foucault ging seinen Unterricht wie ein Forscher an: Erkundungen für ein zukünftiges Buch, auch Rodungen für zu problematisierende Felder, die sich wie Einladungen an werdende Forscher anhörten. Auf diese Weise verdoppeln die Vorlesungen im Collège nicht die veröffentlichten Bücher. Sie nehmen diese nicht skizzenartig vorweg, auch wenn die Themen der Vorlesungen und Bücher die gleichen sind. Sie haben ihren eigenen Status und ergeben sich aus dem Einsatz eines bestimmten Diskurses im Gesamt der von Michel Foucault erstellten »philosophischen Akten«. Er breitet darin insbesondere das Programm einer Genealogie der Beziehungen von Wissen und Macht aus, im Hinblick auf welche er seine Arbeit – im Gegensatz zu der einer Archäologie der Diskursformationen, die sie bisher angeleitet hatte – reflektieren wird.[7]

6 Gérard Petitjean, »Les Grands Prêtres de l'Université française«, *Le Nouvel Observateur*, 7. April 1975.

7 Vgl. insb. Nietzsche, la généaologie, l'histoire, in: *Dits et Écrits*, Bd. II, a.a.O., S. 136-156.

Die Vorlesungen hatten auch ihre Funktion innerhalb des Zeitgeschehens. Der Hörer, der ihnen folgte, wurde nicht nur von der Erzählung, die Woche für Woche weitergestrickt wurde, eingenommen; er wurde nicht nur durch die Strenge der Vorstellung verführt; er fand darin auch eine Erhellung der Tagesereignisse. Die Kunst Michel Foucaults bestand in der Durchquerung des Aktuellen mittels der Geschichte. Er konnte von Nietzsche und Aristoteles sprechen, von psychiatrischen Gutachten des 19. Jahrhunderts oder der christlichen Pastorale, der Hörer bezog daraus immer Einsichten in gegenwärtige und zeitgenössische Ereignisse. Michel Foucaults Stärke lag bei diesen Vorlesungen in dieser seiner subtilen Verbindung von Gelehrsamkeit, persönlichem Engagement und einer Arbeit am Ereignis.

Die in den 70er Jahren entwickelten und perfektionierten Kassettenrekorder haben das Pult von Michel Foucault in Windeseile erobert. Auf diese Weise wurden die Vorlesungen (und gewisse Seminare) aufbewahrt.

Diese Ausgabe hat das öffentlich vorgetragene Wort von Michel Foucault zum Referenten. Sie bietet dessen möglichst wortgetreue Umschrift. Wir hätten es gerne als solches wiedergegeben. Aber die Umwandlung des Mündlichen ins Schriftliche verlangt den Eingriff des Herausgebers: Zumindest eine Zeichensetzung muß eingeführt und das Ganze in Paragraphen unterteilt werden. Das Prinzip war indes, so nah wie möglich an der tatsächlich vorgetragenen Vorlesung zu bleiben.

Wenn es *unabdingbar* erschien, wurden Wiederaufnahmen und Wiederholungen weggelassen; unvollendete Sätze wurden zu Ende geführt und unrichtige Konstruktionen berichtigt.

Auslassungspunkte zeigen an, daß die Aufzeichnung unverständlich ist. Wenn der Satz unverständlich ist, haben wir in Klammern das vermutete Fehlende eingefügt oder ergänzt.

Ein Sternchen am Fuß der Seite gibt die signifikanten Abweichungen der Aufzeichnungen Michel Foucaults vom Vorgetragenen wieder.

Die Zitate wurden überprüft und die verwendeten Textbezüge angegeben. Der kritische Apparat beschränkt sich darauf, dunkle Punkte zu erhellen, gewisse Anspielungen zu erläutern und kritische Punkte zu präzisieren.
Um die Lektüre zu erleichtern, wurde jeder Vorlesung eine Zusammenfassung vorangestellt, die die Schwerpunkte der Ausführungen angibt.
Dem Vorlesungstext folgt deren Zusammenfassung, wie sie im *Jahresbericht des Collège de France* abgedruckt wurde. Michel Foucault redigierte sie im allgemeinen im Juni, also einige Zeit nach Beendigung der Vorlesung. Für ihn war das eine gute Gelegenheit, im nachhinein deren Intention und Ziele herauszuarbeiten. Sie ist deren beste Präsentation.
Jeder Band wird mit einer »Situation« abgerundet, für die der Herausgeber verantwortlich zeichnet: Darin sollen dem Leser Hinweise zum biographischen, ideologischen und politischen Kontext geliefert, die Vorlesung in das veröffentlichte Werk eingeordnet und Hinweise hinsichtlich ihrer Stellung innerhalb des verwendeten Korpus gegeben werden, um sie leichter verständlich zu machen und Mißverständnisse zu vermeiden, die sich aus dem Vergessen der Umstände, unter welchen jede der Vorlesungen erarbeitet und gehalten wurde, ergeben könnten.

Mit dieser Ausgabe der Vorlesungen am Collège de France wird eine neue Seite des »Werks« von Michel Foucault publiziert.
Es geht im eigentlichen Sinn nicht um Unveröffentlichtes, da diese Ausgabe das öffentlich von Michel Foucault vorgetragene Wort wiedergibt und die Textstütze, auf die er zurückgriff und die unter Umständen sehr ausgefeilt war, vernachlässigt. Daniel Defert, der die Aufzeichnungen von Michel Foucault besitzt, hat den Herausgebern Einsichtnahme in sie gewährt. Wir sind ihm dafür zu großem Dank verpflichtet.
Diese Ausgabe der Vorlesungen am Collège de France wurde von den Erben Michel Foucaults autorisiert, die der großen

Nachfrage nach seiner Person in Frankreich wie anderswo entgegenzukommen suchten. Und das unter unbestreitbar ernsthaften Voraussetzungen. Die Herausgeber suchten dem Vertrauen, das in sie gesetzt wurde, zu entsprechen.

François Ewald und Alessandro Fontana

Vorlesung vom 7. Januar 1976

Was ist eine Vorlesung? – Die unterworfenen Wissen. – Das historische Wissen von Kämpfen, die Genealogien und der Wissenschaftsdiskurs. – Die Macht, Einsatz der Genealogien. – Rechtliche und ökonomische Konzeption der Macht. – Macht als Repression und Krieg. – Umkehrung des Aphorismus von Clausewitz.

Ich hätte gerne, daß mehr oder weniger klar wird, worum es in diesen Vorlesungen geht. Sie wissen, daß die Institution, in der Sie sich befinden und in der ich mich hier befinde, nicht eigentlich eine Lehranstalt ist. Welche Bedeutung ihr bei ihrer lange zurückliegenden Gründung auch verliehen wurde – das Collège de France funktioniert gegenwärtig im wesentlichen als eine Art Forschungseinrichtung: Wir werden für Forschung bezahlt. Und ich denke, daß die Lehrtätigkeit letzten Endes keinen Sinn hätte, wenn man ihr nicht jene Bedeutung verliehe und zuschriebe, die ich hier wenigstens andeuten will: Wer kann die Forschung kontrollieren, für die man uns bezahlt? Auf welche Weise können diejenigen, die sich dafür interessieren und die bestimmte Gründe haben, sich an diese Forschung anzuschließen, auf dem laufenden gehalten werden? Wie kann man, wenn nicht letzten Endes durch die Lehre, d.h. durch die öffentliche Erklärung, öffentlich und einigermaßen regelmäßig von der Arbeit, die man gerade tut, Rechenschaft ablegen? Ich betrachte diese Mittwochversammlungen folglich nicht als Lehrveranstaltungen, sondern eher als eine Art öffentlichen Rechenschaftsberichts über eine Arbeit, die man mich im übrigen mehr oder weniger nach meinem Gutdünken verrichten läßt. Insofern fühle ich mich tatsächlich absolut verpflichtet, Ihnen in etwa mitzuteilen, was ich mache, wo ich stehe, in welche Richtung es geht; aber gleichzeitig denke ich, daß Sie mit dem, was ich sage, völlig frei umgehen sollten. Das betrifft die Forschungswege, Ideen, Modelle ebenso wie die Skizzen und

Instrumente: machen Sie damit, was Sie wollen. Unter Umständen interessiert es mich, im Grunde aber geht es mich nichts an. Es geht mich insofern nichts an, als ich nicht zu entscheiden habe, was Sie damit machen. Es interessiert mich allerdings insofern, als es sich auf die eine oder andere Weise mit dem verbindet, was ich tue, und das weiterführt.

Sie wissen alle, wie die letzten Jahre abgelaufen sind: Dank einer gewissen inflationären Entwicklung, die nicht ohne weiteres zu erklären ist, haben wir uns, wie mir scheint, in eine Sackgasse manövriert. Man hat uns dazu verpflichtet, uns um halb fünf Uhr hier einzufinden ... und ich stand vor einem Auditorium von Leuten, mit denen ich streng genommen nichts zu tun hatte, da sich ein Teil, wenn nicht die Hälfte des Auditoriums in einem anderen Raum befand, um über Mikrophon mitzukriegen, wovon ich gerade sprach. Das ergab noch nicht mal ein Spektakel – da man sich ja nicht sah. Es war aber noch aus einem anderen Grund eine Sackgasse. Für mich – ich sage es Ihnen ganz offen – war die Tatsache, jeden Mittwochabend diesen Zirkus veranstalten zu müssen, ein wahrer, wie soll ich sagen, ... Opfergang ist zu viel gesagt, Ärgernis ist zu schwach. Es hatte etwas von beidem. So habe ich diese Vorlesungen tatsächlich mit nicht wenig Sorgfalt und Hingabe vorbereitet und viel weniger Zeit, wenn Sie so wollen, der Forschung im engeren Sinn, den interessanten und zugleich mehr oder weniger unzusammenhängenden Dingen, die ich hätte sagen können, als vielmehr der Frage gewidmet: Wie werde ich in einer, in eineinhalb Stunden, dieses oder jenes vorstellen können, ohne die Leute allzusehr zu langweilen? Und wie kann ich den guten Willen, den sie aufgebracht haben, um mich so früh und für so kurze Zeit zu hören, ein wenig abgelten? Damit habe ich schließlich Monate zugebracht, und ich denke, daß die Begründung für meine und Ihre Anwesenheit hier – nämlich Forschung zu treiben, an einer gewissen Zahl von Dingen zu kratzen und sie freizulegen, Ideen zu haben – tatsächlich keine Entschädigung für die geleistete Arbeit war. Die Dinge blieben zu sehr in der Schwebe. Daher habe ich mir gesagt: Es wäre doch wirklich nicht schlecht, wenn man sich zu dreißigst oder vierzigst in einem Raum zusammenfinden könnte: Ich könnte Ihnen dann in etwa das von mir Untersuchte vorstellen und zugleich Kontakt zu Ihnen halten, mit Ihnen sprechen, auf Ihre Fragen antworten und mehr oder weniger die Austausch- und Kontaktmöglichkeiten wiederbeleben, die mit einer normalen Forschungs- und Unterrichtspraxis verbunden sind.

Freilich, wie das anstellen? Von Rechts wegen kann ich nicht über die formalen Zugangsbedingungen zu diesem Raum bestimmen. Ich habe daher zu der wilden Methode gegriffen, die Vorlesung auf halb zehn Uhr morgens zu legen, in der Annahme, wie mein Kollege gestern sagte, daß die Studenten um diese Uhrzeit noch nicht aus den Federn kommen. Sie werden sagen, daß das kein korrektes Auswahlkriterium ist: Die Unterscheidung zwischen jenen, die aufzustehen in der Lage sind, und jenen, die nicht aus dem Bett kommen. In die einen und die anderen. Aber es sind ja immer kleine Mikros da, Aufnahmeapparate, so daß das anschließend zirkulieren kann – in bestimmten Fällen bleibt es im Stadium des Bandes, in anderen Fällen taucht es als Abschrift wieder auf, manchmal sogar in Buchhandlungen – daher habe ich mir gesagt: Es wird sowieso zirkulieren. Wir werden es also so versuchen. (...) Sie mögen daher entschuldigen, daß ich Sie zum frühen Aufstehen gezwungen habe, und mich auch bei jenen entschuldigen, die nicht kommen konnten; es geschieht einfach aus dem Grund, diesen Mittwochsgesprächen und Begegnungen einen Platz neben meinen Forschungen und den anderen Arbeiten zuzuweisen, über die ich in regelmäßigen, von der Institution festgesetzten Abständen Rechenschaft ablegen muß.

Was also wollte ich Ihnen in diesem Jahr sagen? Daß ich ein wenig genug davon habe und gerne versuchen würde, zum Abschluß zu kommen und bis zu einem gewissen Punkt einen Schlußstrich unter eine Serie von Forschungen zu ziehen – auch das Wort Forschung verwendet man so unbedacht, was besagt es denn eigentlich? –, die ich seit vier oder fünf Jahren betrieben habe, praktisch seit ich da bin, und die, wie mir jetzt klar wird, Ihnen und mir nur noch mehr Schwierigkeiten in den Weg gelegt haben. Es handelt sich um Forschungen, die sehr nahe beieinander lagen, ohne indes ein zusammenhängendes Ganzes zu bilden oder eine Kontinuität aufzuweisen; es waren fragmentarische Forschungen, von denen keine wirklich zum Abschluß gelangt ist und die ich nicht einmal fortgesetzt habe; zugleich verstreute und sich ständig wiederholende Forschungsarbeiten, die ständig dieselben Wege, dieselben Themen, dieselben Begriffe wiederaufgenommen haben. Es waren kleine Aussagen über die Geschichte des Strafvollzugs; einige Kapitel zur Entwicklung und Institutionalisierung der Psychiatrie im 19. Jahrhundert; Betrachtungen über die Sophistik und das griechische Geld oder über die Inquisition im Mittelalter; der Abriß einer Geschichte der Sexualität oder jedenfalls einer Geschichte des Wissens über die Sexualität mittels der Beichtpraktiken im 17. Jahrhundert oder der Kontrollen der kindlichen Sexualität im 18. und 19. Jahrhundert; die Verortung der Genese einer Theorie und eines Wissens über die Anomalie, mit all den dazugehörenden Techniken. All das tritt auf der Stelle und kommt nicht vorwärts; alles wiederholt sich und bleibt unverbunden nebeneinander stehen. Im Grunde wird immer dasselbe gesagt und besagt vielleicht gar nichts; es verknäult sich zu einem kaum zu entziffernden Wirrwarr, der sich schwerlich organisieren läßt; kurz: es führt, wie man so schön sagt, zu nichts.

Ich könnte gleichwohl behaupten, daß es Spuren gab, denen es zu folgen galt, wobei es nicht darauf ankam, wohin sie führten; ja, es war sogar wichtig, daß sie nirgendwohin, auf keinen Fall in eine von vornherein festgelegte Richtung führten; diese Spuren waren wie gestrichelte Linien. Es wird an Ihnen sein, sie weiterzuführen oder umzulenken, und gegebenenfalls an mir, sie voranzutreiben oder ihnen eine andere Gestalt zu verleihen. Wir werden schon sehen, Sie oder ich, was wir aus diesen Fragmenten machen werden. Ich kam mir ein wenig wie ein Pottwal

vor, der aus dem Wasser auftaucht und auf der Wasseroberfläche vorübergehend eine kleine Schaumspur hinterläßt und glauben läßt oder glauben will oder vielleicht tatsächlich selbst glaubt, daß er unten, da, wo man ihn nicht mehr sieht, dort, wo er von niemandem mehr wahrgenommen und kontrolliert wird, einer tiefen, zusammenhängenden und überlegten Bahn folgt.
So präsentierte sich mir in etwa die Situation; ich weiß nicht, wie Sie sich für Sie dargestellt hat. Die Tatsache, daß die Arbeit, die ich Ihnen vorgestellt habe, dieses zugleich fragmentarische, repetitive und diskontinuierliche Aussehen annahm, hat etwas mit jener »fieberhaften Faulheit« zu tun, wie sie bezeichnenderweise die Liebhaber von Bibliotheken, Dokumenten, Nachschlagewerken, verstaubten Schriften, ungelesenen Texten und Büchern, die gleich nach ihrem Erscheinen weggeschlossen werden und dann in den Regalen schlummern, aus denen sie erst Jahrhunderte später wieder herausgezogen werden, befällt. All das paßt gut zu der geschäftigen Tatenlosigkeit jener Personen, die ein Wissen um seiner selbst willen kultivieren, eine Art Luxuswissen, den Reichtum von Parvenüs, dessen äußere Anzeichen, wie Sie ja wissen, am unteren Rand von Buchseiten zu finden sind. Es entspricht auch all jenen, die sich mit einer der ältesten und charakteristischsten Geheimgesellschaften des Okzidents verbunden fühlen, einer jener seltsam unzerstörbaren Geheimgesellschaften, die, wie mir scheint, in der Antike unbekannt waren und sich erst im frühen Christentum herausbildeten, vermutlich mit der Entstehung der ersten Klöster, an den Rändern der Invasionen, der Feuersbrünste und der Wälder. Ich meine die große, zärtliche und warmherzige Freimaurerei unnützer Gelehrsamkeit.
Aber freilich hat mich nicht nur die Vorliebe für diese Freimaurerei dazu gebracht, das zu tun, was ich getan habe. Mir scheint, daß die geleistete Arbeit, die auf eine mehr oder weniger empirische und zufällige Weise von Ihnen auf mich und von mir auf Sie übergegangen ist, mit dem Zugeständnis gerechtfertigt wer-

den kann, daß sie einem bestimmten, sehr begrenzten Zeitraum ziemlich gut entsprach. Es ist jener Zeitraum, den wir in den letzten zehn, fünfzehn, maximal zwanzig Jahren durchlaufen haben, ein Zeitraum, in welchem man zwei Phänomene verfolgen konnte, die, wenn auch nicht wirklich bedeutsam, so doch zumindest, wie mir scheint, ziemlich interessant waren.

Auf der einen Seite war dieser Zeitraum gekennzeichnet durch etwas, was man die Wirkung verstreuter und unzusammenhängender Vorstöße nennen könnte. Ich denke da an mancherlei, so zum Beispiel an die seltsame Effizienz, mit der man das Funktionieren der psychiatrischen Institution durch die lokalisierten Diskurse der Antipsychiatrie zu behindern suchte, Diskurse, die, wie Sie sehr wohl wissen, von keinerlei Gesamtsystematisierung getragen wurden oder getragen werden, egal, welche Bezugsgrößen sie haben mögen oder mochten. Ich denke an den Ursprungsbeziehungspunkt, an die Existentialismusanalyse[1] oder an die gegenwärtig im Marxismus oder in der

1 Hier bezieht sich M. Foucault auf die psychiatrische Bewegung (die zunehmend als »Anthropo-Phänomenologie« oder »Daseinsanalyse« definiert wurde), die in der Philosophie von Husserl und Heidegger neue begriffliche Instrumente gesucht hat. M. Foucault hat sich von seinen ersten Schriften an dafür interessiert (vgl. »La maladie et l'existence«, in *Maladie mentale et Personnalité*, Paris, Presses universitaires de France, 1954, chap. IV); »Introduction« à L. Binswanger, *Le Rêve et l'Existence*, Paris, Desclée de Brouwer, 1954; »La psychologie de 1850 à 1950«, in A. Weber & D. Huisman, *Tableau de la psychologie contemporaine*, Paris, Fischbacher, 1957; »La recherche en psychologie«, in *Des chercheurs s'interrogent*, études présentées par J.-E. Morère, Paris, PUF, 1957; die drei letzten Texte sind erschienen in *Dits et écrits, 1954-1988;* hg. von D. Defert, F. Ewald, in Zusammenarbeit mit J. Lagrange, Paris, Gallimard, »Bibliothèque des sciences humaines«, 4. Bd; I: *1954-1969*, II: *1970-1975*; III: *1976-1979*; IV: *1980-1988;* vgl. I, Nr. 1, 2, 3) und war in den letzten Jahren darauf zurückgekommen (vgl. *Colloqui con Foucault*, Salerno, 1981; ins Frz. übersetzt in *Dits et Ecrits*, IV, Nr. 281). Von W. Reich siehe: *Die Funktion des Orgasmus; zur Psychopathologie und zur Soziologie des Geschlechtslebens*, Wien, 1927; *Der Einbruch der Sexualmoral*, Berlin, 1932; *Charakteranalyse*, Kopenhagen, 1933; *Massenpsychologie des Faschismus; zur Sexualökonomie der politischen Reaktion und zur proletarischen Sexualpolitik*, Kopenhagen, 1933; *Die Sexualität im Kulturkampf*, Kopenhagen, 1936.

Theorie von Reich[2] insgesamt gewählten Bezüge. Ich denke auch an die seltsame Wirkung der Angriffe gegen die – sagen wir – Moral oder die traditionelle Geschlechterhierarchie, Angriffe, die sich ihrerseits nur sehr vage und sehr entfernt, in jedem Fall ziemlich ungenau auf Reich oder Marcuse[3] bezogen. Außerdem denke ich an die Wirkung der Angriffe gegen den Rechts- und Strafapparat, Angriffe, von denen einige ganz entfernt mit jenem allgemeinen und im übrigen recht zweifelhaften Begriff der »Klassenjustiz« zu tun haben, während andere in kaum näher definierter Weise mit einer im Grunde anarchistischen Fragestellung verbunden sind. Und nicht zuletzt denke ich auch und noch präziser an die Wirkung von etwas – ich wage es nicht, die eines Buches zu nennen – wie des *Anti-Ödipus*[4], das sich praktisch auf nichts anderes bezog und bezieht als auf seinen eigenen wunderbaren theoretischen Erfindungsreichtum; ein Buch oder eher ein Ding, ein Ereignis, dem es gelang, dieses so lange Zeit ununterbrochene Gemurmel, das vom Diwan zum Sessel aufstieg, bis in die alleralltäglichste Erfahrung hinein heiser werden zu lassen.

Mithin läßt sich Folgendes behaupten: Seit zehn, fünfzehn Jahren sind Dinge, Institutionen, Praktiken, Diskurse in einem ungeheuren und ausufernden Maße kritisierbar geworden; die Böden sind irgendwie brüchig geworden, sogar und vielleicht vor allem jene, die uns am vertrautesten und festesten erschie-

2 Zu W. Reich siehe *Die Funktion des Orgasmus: Zur Psychopathologie und zur Soziologie des Geschlechtslebens,* Wien, Internationaler psychoanalytischer Verlag, 1927; *Der Einbruch der Sexualmoral*, Berlin, Verlag für Sexualpolitik, 1932.

3 M. Foucault bezieht sich hier selbstverständlich auf H. Marcuse, Autor von: *Eros and Civilisation: A philosophical inquiry into Freud,* Boston, Ma., 1955 und *One-dimensional Man: Studies in the ideology of advanced industrial society* , Boston, Ma., 1964.

4 G. Deleuze & F. Guattari, *L'Anti-Oedipe. Capitalisme et schizophrénie*, Paris, Ed. de Minuit, 1972; zu deutsch: *Anti-Ödipus, Kapitalismus und Schizophrenie*, Frankfurt a. M., Suhrkamp, 1974. Foucault entfaltet diese Interpretation des *L'Anti-Oedipe* als »Ereignis-Buch« im Vorwort zur englischen Ausgabe des Textes (*Anti-Oedipus*, New York, 1977; vgl. frz. Übersetzung dieses Vorworts in *Dits et Ecrits*, III, Nr. 189).

nen und uns, unserem Körper, unseren alltäglichen Gesten am allernächsten sind. Aber einhergehend mit dieser Brüchigkeit und dieser erstaunlichen Wirkung der diskontinuierlichen, partikularen und lokalen Kritiken entdeckt man etwas, was zu Beginn nicht vorgesehen war: etwas, was man die hemmende Wirkung der totalitären Theorien oder in jedem Fall der umfassenden und globalen Theorien nennen könnte. Nicht daß diese umfassenden und globalen Theorien nicht ziemlich konstant lokal einsetzbare Instrumente geliefert hätten und immer noch liefern: Marxismus und Psychoanalyse sind nur dazu da, dies zu beweisen. Aber sie haben diese lokal einsetzbaren Instrumente, wie ich glaube, nur unter der Bedingung bereitgestellt, daß die theoretische Einheit des Diskurses gleichsam aufgehoben oder jedenfalls unterteilt, hin und her gezerrt, zerfetzt, umgedreht, verschoben, karikiert, ausgespielt, theatralisiert usw. werde. In jedem Fall hat jede Wiederaufnahme sogar in Kategorien der Totalität in Wirklichkeit zu einem Bremseffekt geführt.

Als erster Punkt, wenn Sie so wollen, als erstes Charakteristikum folgt aus all dem, was sich in diesen etwa fünfzehn Jahren getan hat, der lokale Charakter der Kritik, der jedoch nicht unbedingt stumpfsinnigen, naiven oder dummen Empirismus bedeuten muß, auch nicht weichen Eklektizismus, Opportunismus oder Empfänglichkeit für jedwedes theoretische Unterfangen und ebensowenig freiwillige Askese, die sich aus freien Stücken auf die größtmögliche theoretische Armut beschränken würde. Ich denke, daß dieser im wesentlichen lokale Charakter der Kritik in Wirklichkeit so etwas wie eine autonome, nicht zentralisierte theoretische Produktion anzeigt, d. h. eine, die ihre Gültigkeit nicht mit dem Visum eines allgemeinen Normensystems nachweisen muß.

Und hier stoßen wir auf den zweiten Charakterzug dessen, was seit geraumer Zeit im Entstehen begriffen ist: die lokale Kritik wurde, wie mir scheint, nur möglich durch und mittels dessen, was man als »Wiederkehr des Wissens« bezeichnen könnte. Unter »Wiederkehr des Wissens« verstehe ich Folgendes: Wenn es stimmt, daß man in den vergangenen Jahren häufig, zumindest oberflächlich, auf diese gesamte Thematik gestoßen ist, die da lautet: »Nein! nicht noch mehr Wissen, sondern mehr Leben«, »keine Kenntnisse, sondern das Reale«, »keine Bücher, sondern Geld« usw., dann hat man im Rahmen dieser Thematik, mittels ihrer und in ihr selbst, wie mir scheint, etwas entstehen sehen, was man den Aufstand der »unterworfenen Wissen« nennen könnte.

Unter »unterworfenem Wissen« verstehe ich zweierlei. Zum einen möchte ich damit insgesamt historische Inhalte bezeichnen, die unter funktionalen Zusammenhängen und formalen Systematisierungen verschüttet waren und untergingen. Konkret gesagt: weder eine Semiologie des Lebens in der Psychiatrie noch eine Soziologie der Delinquenz, sondern neu auftauchende historische Inhalte machten die tatsächliche Kritik der Psychiatrie des Gefängnisses möglich. Und dies einfach deshalb, weil allein die historischen Inhalte auf den Einschnitt der Zusammenstöße und Kämpfe zurückverweisen können, der von den funktionalen Einrichtungen und systematischen Organisationen verschleiert werden sollte. Die »unterworfenen Wissen« sind folglich Blöcke historischer Wissen, die im Innern funktionaler und systematischer Ensembles vorhanden und zugleich verborgen waren und die die Kritik – natürlich vermittels der Gelehrsamkeit – wieder zum Vorschein bringen konnte.

Zum zweiten glaube ich, daß man unter »unterworfenen Wissen« etwas anderes und in gewissem Sinn völlig anderes verstehen muß. Unter »unterworfenen Wissen« verstehe ich auch eine ganze Reihe von Wissen, die als nicht-begriffliches Wissen, als unzureichend ausgearbeitetes Wissen abgewertet wurden: naive, am unteren Ende der Hierarchie angesiedelte Wissen, Wissen unterhalb des verlangten Kenntnisstandes und des erforderlichen Wissenschaftsniveaus. Und gerade über diese aus der Tiefe wiederauftauchenden Wissen, diese nicht qualifizierten, ja geradezu disqualifizierten Wissen, durch das Wiederauftauchen dieser Wissen des Psychiatrisierten, des Kranken, des Pflegers, des Arztes, parallel und marginal zum medizinischen Wissen, zum Wissen des Delinquenten usw. – durch dieses Wissen, welches ich, wenn Sie so wollen, das »Wissen der Leute« nennen werde (und das keineswegs das gewöhnliche Wissen des gesunden Menschenverstands, sondern im Gegenteil ein Spezialwissen, ein lokales, regionales, differentielles Wissen ist, das sich nicht in Einstimmigkeit überführen läßt und seine Kraft nur der Schärfe verdankt, mit der es zu allen umgebenden in Gegensatz tritt) – durch das Wiederauftauchen dieser lokalen Wissen der Leute, dieser disqualifizierten Wissen vollzog sich die Kritik.

Sie werden mir sagen: es ist trotz allem ein seltsames Paradox, in die Kategorie »unterworfener Wissen« zugleich diese Inhalte gewissenhafter, gelehrter, genauer, technischer historischer Kenntnisse und andererseits diese lokalen, spezifischen Wissen, diese Wissen der Leute ohne Gemeinsinn einordnen zu wollen, die man auf bestimmte Weise brachliegen ließ, wenn man sie nicht sowieso und ausdrücklich abseits gehalten hat. Ich meine nun, daß diese Verbindung verborgener Bildungswissen mit jenen vom hierarchisch gegliederten Kenntnis- und Wissenschaftsniveau disqualifizierten Wissen tatsächlich das hervorgebracht hat, was der Kritik der Diskurse in diesen letzten fünfzehn Jahren ihre Durchschlagskraft verliehen hat.

Worum ging es denn im einen wie anderen Fall, im gelehrten Wissen wie in den disqualifizierten Wissen, in diesen beiden unterworfenen oder verschütteten Wissen in Wirklichkeit? Es ging um das historische Wissen der Kämpfe. In dem spezialisierten Bereich der Bildung wie in dem disqualifizierten Wissen der Leute schlummerte die Erinnerung an Schlachten, und zwar an genau jene, die man bislang außen vor gelassen hatte. Und so zeichnete sich das ab, was man eine Genealogie nennen könnte; oder vielmehr es zeichneten sich vielfältige genealogische Forschungen ab, die genaue Wiederentdeckung der Kämpfe ebenso wie eine verschwommene Erinnerung an Schlachten; und diese Genealogien als Verbindung des gelehrten Wissens und des Wissens der Leute wurden nur unter einer

Bedingung möglich bzw. ließen sich nur dank ihrer erproben: unter der Bedingung, daß die Tyrannei der übergreifenden Diskurse mitsamt ihrer Hierarchie und sämtlichen Privilegien der theoretischen Avantgarden abgeschafft wurde.

Als »Genealogie« bezeichnen wir die Verbindung von gelehrten Kenntnissen und lokalen Erinnerungen, eine Verbindung, die es ermöglicht, ein historisches Wissen der Kämpfe zu erstellen und dieses Wissen in aktuelle Taktiken einzubringen. Dies ist die provisorische Definition der Genealogien, die ich mit Ihnen im Laufe dieser letzten Jahre zu erarbeiten versucht habe.

Wie Sie sehen, geht es bei dieser genealogisch zu nennenden Aktivität keineswegs darum, der abstrakten Einheit der Theorie die konkrete Vielheit der Tatsachen gegenüberzustellen; es geht keineswegs darum, das spekulative Moment zu disqualifizieren und ihm in der Form eines Szientismus die Starre gut begründeter Kenntnisse gegenüberzustellen. Nicht Empirismus also durchdringt das genealogische Projekt, noch folgt aus ihm ein Positivismus im üblichen Sinn des Wortes. Vielmehr geht es darum, lokale, unzusammenhängende, disqualifizierte, nicht legitimierte Wissen gegen die theoretische Einheitsinstanz ins Spiel zu bringen, die den Anspruch erhebt, sie im Namen wahrer Erkenntnis, im Namen der Rechte einer von gewissen Leuten betriebenen Wissenschaft zu filtern, zu hierarchisieren und zu ordnen. Die Genealogien sind somit nicht positivistische Rückgriffe auf eine gewissenhaftere und genauere Form der Wissenschaft. Die Genealogien sind gerade Anti-Wissenschaften. Nicht, daß sie ein dichterisches Recht auf Unwissenheit und Nicht-Wissen forderten; nicht, daß es darum ginge, Wissen zu verweigern oder das Prestige einer Kenntnis oder einer unmittelbaren Erfahrung, die vom Wissen noch nicht vereinnahmt ist, ins Spiel zu bringen oder geltend zu machen. Nicht darum geht es, sondern um den Aufstand der Wissen. Nicht so sehr gegen die Inhalte, Methoden oder Begriffe einer Wissenschaft als vielmehr gegen die zentralisierenden Machtwirkungen, die mit der Institution und dem Funktionieren eines im Innern einer Gesellschaft wie der unsrigen organisierten wissenschaftlichen Diskurses verbunden sind. Ob diese Institutionalisierung des wissenschaftlichen Diskurses in einer Universität oder, allgemeiner, in einem pädagogischen Apparat Gestalt annimmt, ob diese Institutionalisierung der wissenschaftlichen Diskurse in einem theoretisch-kommerziellen Netz wie der Psychoanalyse oder in einem politischen Apparat sich verkörpert, mit all ihren Seitenlinien, wie im Fall des Marxismus, ist im Grunde genommen von nachrangiger Bedeutung. Den Machtwirkungen, wie sie einem als wissenschaftlich betrachteten Diskurs eigen sind, muß die Genealogie den Kampf ansagen.

Um es noch deutlicher zu sagen: Sie wissen, wieviel Leute sich seit ziemlich langer Zeit, seit sicherlich mehr als hundert Jahren gefragt haben, ob der Marxismus eine Wissenschaft ist oder nicht. Man hat dieselbe Frage auch in bezug auf die Psychoanalyse gestellt und stellt sie immer noch und, was noch schlimmer ist, auch in bezug auf die Semiologie der literarischen Texte. Doch auf die Frage: »Ist sie eine Wissenschaft oder nicht?« würden die Genealogien oder Genealogisten antworten: »Was man euch vorwirft, ist ja gerade, daß ihr aus dem Marxismus, aus der Psychoanalyse oder aus dieser und jener Sache eine Wissenschaft gemacht habt. Wenn wir etwas gegen den Marxismus einzuwenden haben, dann eben dies, daß er wirklich eine Wissenschaft sein könnte.« In weniger gewählten als eher lokkeren Begriffen würde ich sagen: Bevor man überhaupt wissen kann, inwiefern eine Sache wie der Marxismus oder die Psychoanalyse in ihrem alltäglichen Ablauf, in ihren Konstruktionsregeln, in den von ihr verwendeten Begriffen einer wissenschaftlichen Praxis entspricht, bevor man sich also diese Frage der formalen und strukturellen Analogie eines marxistischen oder psychoanalytischen Diskurses mit einem wissenschaftlichen Diskurs stellen kann, muß man da nicht zunächst die Frage nach dem Machtstreben stellen, das der Anspruch, eine Wissenschaft zu sein, mit sich bringt? Müßten die eigentlichen Fragen nicht lauten: »Welche Arten von Wissen wollt ihr mit dem Anspruch auf Wissenschaftlichkeit disqualifizieren?

Welches sprechende, welches diskursführende Subjekt, welches Subjekt der Erfahrung und des Wissens wollt ihr minorisieren, wenn ihr sagt: ›ich, der ich diesen Diskurs halte, halte einen wissenschaftlichen Diskurs und bin ein Wissenschaftler‹? Welche theoriepolitische Avantgarde wollt ihr inthronisieren, um sie aus der Menge der zirkulierenden und unzusammenhängenden Formen des Wissens herauszulösen?« Und ich würde sagen: »Wenn ich euch dabei zusehe, wie ihr euch anstrengt, nachzuweisen, daß der Marxismus eine Wissenschaft ist, kann ich, ehrlich gesagt, nicht erkennen, daß ihr damit ein für allemal beweist, daß der Marxismus eine rationale Struktur hat und daß folglich seine Aussagen Ergebnis verifizierbarer Verfahren sind. Für mich macht ihr zunächst und vor allem etwas anderes. Ich beobachte euch, wie ihr den marxistischen Diskurs und jene, die den marxistischen Diskurs halten, mit Machteffekten ausstattet, die das Abendland nunmehr seit dem Mittelalter der Wissenschaft verliehen und jenen vorbehalten hat, die einen wissenschaftlichen Diskurs führen.«

Die Genealogie wäre also im Hinblick auf das Projekt der Einschreibung der Wissen in die der Wissenschaft eigene Machthierarchie eine Art Unternehmen, um die historischen Wissen aus der Unterwerfung zu befreien, d. h., sie fähig zu machen zu Widerstand und Kampf gegen den Zwang eines einheitlichen formalen und theoretischen Wissenschaftsdiskurses. Die Reaktivierung von lokalen – minoritären, würde Deleuze[5]

5 Die Begriffe »minoritär« und »Minorität« – Einzelereignisse eher als individuelle Essenzen, Individuationen aufgrund von »haecceitas« eher als von Substantialität – wurden von G. Deleuze zusammen mit F. Guattari in *Kafka. Pour une littérature mineure* (Paris, Ed. de minuit, 1975), zu deutsch *Kafka. Für eine kleine Literatur,* Frankfurt a. M., Suhrkamp, 1976, ausgearbeitet, von Deleuze in dem Artikel »Philosophie et minorité« (*Critique, Februar 1978*) wiederaufgenommen und dann insbesondere in G. Deleuze & F. Guattari, *Mille plateaux. Capitalisme et schizophrénie,* Paris, Ed. de minuit, 1980, entwickelt. »Minorität« bezieht sich auch auf den Begriff des »Molekularen«, der von F. Guattari in *Psychoanalyse et transversalité. Essai d'analyse institutionelle* (Paris, Maspero, 1972) ausgearbeitet wurde und dessen Logik die des »Werdens« und der »Intensitäten« ist.

sagen – Wissen gegen die wissenschaftliche Hierarchisierung der Erkenntnis und der ihr innewohnenden Machtwirkungen: genau das ist die Absicht der ungeordneten und fragmentarischen Genealogien. Kurz gesagt wäre die Archäologie die der Analyse der lokalen Diskursivitäten entsprechende Methode und die Genealogie die Taktik, ausgehend von den solchermaßen beschriebenen lokalen Diskursivitäten, die sich auftuenden und aus der Unterwerfung befreiten Wissen spielen zu lassen.

Dies wollte ich sagen, um das Vorhaben wieder in seiner Gesamtheit hervortreten zu lassen. Sie sehen, daß all diese Forschungsfragmente, all diese sich zugleich überlagernden und in der Schwebe haltenden Aussagen, die ich hartnäckig seit nunmehr drei oder vier Jahren wiederhole, als Elemente der Genealogien, die ich freilich bei weitem nicht als Einziger in diesen zurückliegenden fünfzehn Jahren erarbeitet habe, betrachtet werden können. Es stellt sich also die Frage: Warum sollte man eine so hübsche – und vermutlich so wenig verifizierbare – Theorie der Diskontinuität[6] nicht fortsetzen? Warum mache ich nicht weiter, warum nehme ich nicht von all dem noch einmal etwas auf, sei es aus dem Bereich der Psychiatrie oder dem der Theorie der Sexualität?

Man könnte weitermachen, das stimmt – und bis zu einem bestimmten Punkt werde ich es auch tun –, hätte sich die Situation nicht in mancherlei Hinsicht verändert, wäre sie nicht konjunkturellen Veränderungen ausgesetzt. Will sagen, daß sich die Dinge im Vergleich zu der uns bekannten Situation vor

6 M. Foucault bezieht sich hier auf die Debatte, die insbesondere nach der Veröffentlichung von *Les Mots et les Choses. Une archéologie des sciences humaines* (Paris, Gallimard, 1966), zu deutsch *Die Ordnung der Dinge*, Frankfurt a. M., Suhrkamp, 1971, im Hinblick auf den Begriff der *episteme* und des Status der Diskontinuität eröffnet wurde. Auf alle Kritiken hatte M. Foucault mit einer Serie theoretischer und methodologischer Klarstellungen geantwortet (insbesondere »Réponse à une question«, *Esprit*, Mai 1968, S. 850-874, und »Réponse au Cercle d'épistémologie«, *Cahiers pour l'analyse*, 9, 1968, S. 9-40; in *Dits et écrits*, 1, Nr. 58 und 59), wiederaufgenommen in *L'archéologie du savoir*, Paris, Gallimard, 1969.

fünf, zehn oder sogar fünfzehn Jahren vielleicht verändert haben und die Schlacht vielleicht nicht mehr genau dasselbe Gesicht hat. Stehen wir noch in demselben Kräfteverhältnis, welches uns erlauben würde, gleichsam auf frischer Tat und frei von jeglicher Unterwerfung diese freigelegten Wissen geltend zu machen? Welche Kraft haben sie in sich selbst? Und besteht nicht zuletzt die Gefahr, daß, sobald die Fragmente der Genealogie offengelegt und diese Wissenselemente, die man zu entstauben versucht hat, zur Geltung und in Umlauf gebracht sind, diese ihrerseits wieder kodiert und durch die einheitlichen Diskurse rekolonialisiert werden? Vielleicht sind diese Einheitsdiskurse tatsächlich bereit, sie jetzt, nachdem sie sie zunächst disqualifiziert und nach ihrem Wiederauftauchen nicht beachtet haben, zu annektieren und in ihren eigenen Diskurs und in ihre eigenen Wissens- und Machtwirkungen aufzunehmen? Machen wir uns, obwohl wir die freigelegten Fragmente schützen wollen, nicht selbst, mit eigenen Händen daran, diesen Einheitsdiskurs aufzubauen, zu dem, vielleicht als Falle, diejenigen auffordern, die sagen: »Das ist alles schön und gut, aber wohin führt das? In welche Richtung? Zu welcher Einheit?« Bis zu einem bestimmten Punkt besteht die Versuchung zu sagen: Nun gut, machen wir weiter, akkumulieren wir. Der Zeitpunkt ist noch längst nicht gekommen, an dem wir Gefahr laufen, kolonialisiert zu werden. Ich habe Ihnen vorhin gesagt, daß diese genealogischen Elemente sich der Gefahr aussetzen, erneut kodiert zu werden; man könnte demgemäß auch die Losung ausgeben: »Versucht es doch!« Man könnte zum Beispiel auch sagen: gab es seit dem Beginn der Antipsychiatrie und der Genealogie der psychiatrischen Institutionen – vor nunmehr gut fünfzehn Jahren – auch nur einen einzigen Marxisten, einen einzigen Psychoanalytiker, einen einzigen Psychiater, der sie in eigenen Begriffen neu gedacht und gezeigt hat, daß diese Genealogien falsch, schlecht ausgearbeitet, schlecht formuliert, schlecht begründet sind? Nein, vielmehr verhält es sich so, daß die zusammengetragenen Fragmente der Genealogie von einem klugen Schweigen umgeben bleiben. Es werden ihnen höchstens Aussagen von der Art, wie man sie jüngst aus dem Mund, glaube ich, von M. Juquin[7] gehört hat, entgegengehalten: »Das ist alles schön und gut. Trotzdem trifft es zu, daß die sowjetische Psychiatrie Spitzenklasse ist.« Ich würde sagen: »Sicher, die sowjetische Psychiatrie ist Spitzenklasse, Sie haben recht, und genau das werfen wir ihr vor.«

Das Schweigen oder vielmehr die Vorsicht, mit welcher die Einheitstheorien die Wissensgenealogie umkreisen, wäre vielleicht doch ein Grund, weiterzumachen. Jedenfalls könnten dann die genealogischen Fragmente als ebensoviele Fallen, Fragen, Herausforderungen, wie Sie wollen, vervielfacht werden. Aber es ist letztendlich wahrscheinlich zu optimistisch, das Schweigen des Gegners dahingehend zu deuten, daß man ihm Angst eingejagt hat, denn es geht ja um eine Schlacht – um die Schlacht der Wissen gegen die Machteffekte des wissenschaftlichen Diskurses. Das Schweigen des Gegners – das ist ein methodologisches oder taktisches Prinzip, das man im Auge behalten muß – ist vielleicht ebenso gut ein Zeichen dafür, daß man ihm überhaupt keine Angst einjagt. Wir müssen, denke ich, so tun, als würden wir ihm gerade keine Angst machen wollen. Es wird also keineswegs darum gehen, den verstreuten Genealogien einen einheitlichen und soliden theoretischen Boden zu bereiten – ich möchte ihnen auf keinen Fall eine Art theoretischer Krönung verleihen, die sie vereinheitlichen würde, sondern in den kommenden Vorlesungen und sicherlich bereits ab diesem Jahr versuchen, den Einsatz zu präzisieren oder herauszustreichen, der bei dieser Front- und Kampfstellung, bei diesem Aufstand der Wissen gegen die Institution und die Wissens- und Machteffekte des wissenschaftlichen Diskurses auf dem Spiel steht.

Der Einsatz all dieser Genealogien besteht, wie Sie wissen, ich muß es eigentlich nicht mehr präzisieren, in der Frage: Wie sieht diese Macht aus, die in all ihrer Gewalttätigkeit, Kraft,

7 Zu der Zeit Abgeordneter der französischen kommunistischen Partei.

Schärfe und Absurdität in den letzten vierzig Jahre konkret zu beobachten war, im Zusammenbruch des Nazismus ebenso wie im Rückgang des Stalinismus? Was ist die Macht? Oder vielmehr – da die Frage: »Was ist die Macht?« eben eine theoretische Frage wäre, die das Ganze krönen würde, was ich nicht möchte – geht es darum zu bestimmen, wie die verschiedenen Machtdispositive in ihren Mechanismen, Wirkungen und Beziehungen auf so unterschiedlichen gesellschaftlichen Ebenen und in Bereichen mit so unterschiedlichem Umfang aussehen. Ich denke, daß der Einsatz all dessen in groben Zügen folgendermaßen formuliert werden kann: Kann die Analyse der Macht oder die Analyse der einzelnen Machtformen auf die eine oder andere Weise von der Ökonomie abgeleitet werden?

Das ist die Frage, die ich mir stelle und die mich zu Folgendem führt. Ich will auf keinen Fall diese unzähligen, gewaltigen Differenzen übergehen, aber trotz ihrer und durch sie hindurch gibt es, wie mir scheint, einen bestimmten gemeinsamen Punkt zwischen der rechtlichen und, sagen wir, liberalen Konzeption der politischen Macht – wie sie bei den Philosophen des 18. Jahrhunderts zu finden ist – und einer marxistischen Konzeption oder in jedem Fall einer gewissen gängigen Konzeption, die als marxistisch gilt. Diesen gemeinsamen Punkt würde ich als den »Ökonomismus« in der Machttheorie bezeichnen. Damit will ich sagen: in der klassischen juridischen Machttheorie wird die Macht als ein Recht betrachtet, über das man wie über ein Gut verfügen kann und das man folglich ganz oder teilweise durch einen rechtlichen oder rechtsstiftenden Akt abtreten oder veräußern kann – wobei es im Moment nicht auf die Art der Abtretung oder des Vertrags ankommt. Die Macht ist jene konkrete Größe, die das Individuum innehat und die es ganz oder teilweise abtritt, um politische Macht oder Souveränität zu gewinnen. Die Konstitutierung der politischen Macht vollzieht sich also in dieser Reihenfolge, in dem theoretischen Gefüge, auf das ich mich hier beziehe, nach dem Modell eines Rechtsvorgangs, nach Art eines vertraglichen Tausches. In diesen Theorien besteht folglich eine deutliche Analogie zwischen Macht und Gütern, zwischen Macht und Reichtum.

Im anderen Fall – ich denke hier natürlich an die allgemeine marxistische Konzeption der Macht – ist nichts von alledem vorhanden. Gleichwohl gehört zur marxistischen Konzeption etwas, was man als »ökonomische Funktionalität« der Macht bezeichnen könnte. »Ökonomische Funktionalität« insofern, als die Macht im wesentlichen die Aufgabe hätte, zugleich die Produktionsverhältnisse aufrechtzuerhalten und eine Klassenherrschaft abzubauen, die durch die Entwicklung und die spezifischen Bedingungen der Aneignung der Produktivkräfte ermöglicht wurde. In diesem Fall fände die politische Macht in der Ökonomie ihre historische Daseinsberechtigung. Im einen Fall hätte man es also, wenn Sie so wollen, mit einer politischen Macht zu tun, die in den Tauschprozessen und in der Ökonomie der Güterzirkulation ihr formales Modell hätte, im anderen Fall fände die politische Macht in der Ökonomie ihren historischen Daseinsgrund und das Prinzip ihrer konkreten Form und ihrer gegenwärtigen Funktionsweise.

Das Problem, um das der Einsatz der Forschungen kreist und von dem ich hier spreche, kann in folgende Fragen zerlegt werden. Erstens: Befindet sich die Macht immer in untergeordneter Position gegenüber der Ökonomie? Wird sie immer von der Ökonomie zweckbestimmt und funktionalisiert? Besteht ihr Daseinsgrund und ihr Zweck eben darin, der Ökonomie zu dienen? Ist sie dazu da, sie in Gang zu bringen, die Verhältnisse zu stabilisieren, aufrechtzuerhalten und zu reproduzieren, die für diese Ökonomie charakteristisch und für ihr Funktionieren wichtig sind? Zweite Frage: Ist die Macht nach dem Modell der Ware gebildet? Ist die Macht etwas, was man besitzt, was man sich aneignet und was man durch Vertrag oder Gewalt abtritt, was man veräußert oder zurückgewinnt, was zirkuliert, diesen Bereich am Leben erhält und jenen anderen meidet? Oder müßte man zum Zweck der Analyse nicht ganz andere Instrumente ins Werk setzen, selbst wenn die Machtbeziehungen zutiefst in die und mit den ökonomischen Beziehungen verflochten sind, selbst wenn sie mit ihnen eine Art Knäuel bilden? Hätte in diesem Fall die Untrennbarkeit von Ökonomie und Politik den Rang einer funktionalen Unterordnung oder eines formalen Isomorphismus oder nicht vielmehr einer ganz anderen Ordnung, die es gerade herauszufinden gälte?

Worüber verfügen wir denn heute, wenn wir eine nichtökonomische Machtanalyse anstellen wollen? Ich denke, man kann sagen, über sehr wenig. Wir verfügen zunächst über diese Behauptung, daß die Macht nicht gegeben wird, daß sie weder getauscht noch zurückgewonnen werden kann, sondern daß sie ausgeübt wird und nur im Vollzug existiert. Des weiteren verfügen wir über diese andere Aussage, daß die Macht nicht in erster Linie Erhaltung und Reproduktion der ökonomischen Verhältnisse, sondern vor allem ein Kräfteverhältnis in sich selbst ist. Fragen über Fragen, aber vor allem zwei: Wenn die Macht ausgeübt wird, wo vollzieht sich diese Ausübung? Worin besteht sie? Worin besteht ihr Mechanismus? Es gibt eine unmittelbare Antwort, die mir von der konkreten Tatsache zahlreicher aktueller Analysen zurückgespiegelt erscheint: Die Macht ist im wesentlichen das, was unterdrückt. Sie unterdrückt die Natur, die Instinkte, eine Klasse, die Individuen. Wenn der zeitgenössische Diskurs diese Definition der Macht als das, was unterdrückt, wiederkäut, heißt das nur, daß er nichts Neues sagt. Hegel hatte es als erster gesagt, dann Freud und dann Reich.[8] Wie dem auch sei: Unterdrückungsorgan zu sein ist im heutigen Vokabular das fast homerische Kennzeichen der Macht. Muß also die Analyse der Macht nicht zuerst und im wesentlichen eine Analyse der Repressionsmechanismen sein?

Und zum zweiten – zweite Antwort-Möglichkeit, wenn Sie so wollen: Wenn die Macht in sich selbst eine Entfaltung von

8 Vgl. G. W. F. Hegel, *Grundlinien der Philosophie des Rechts,* Berlin, 1821, 257-340; S. Freud, »Psychologie des Unbewußten«, in: *Internationale Zeitschrift für ärztliche Psychoanalyse,* Band 3 (4) und (5), 1915, und *Die Zukunft einer Illusion,* Leipzig/Wien/Zürich, 1927. Reich betreffend, vgl. oben, Anm. 1.

Kräfteverhältnissen ist, sollte sie dann nicht statt in Kategorien von Übertragung, Vertrag oder Entfremdung oder in funktionalen Kategorien der Erhaltung der Produktionsverhältnisse zunächst und vor allem in Kategorien wie Kampf, Konflikt oder Krieg analysiert werden? Man hätte also gegenüber der ersten Hypothese – die lautet: der Mechanismus der Macht ist grundlegend und im wesentlichen Repression –, eine zweite Hypothese, die lauten würde: Macht ist Krieg, der mit anderen Mitteln fortgesetzte Krieg. Ab dem Moment würde man die Aussage von Clausewitz[9] umkehren und sagen, daß die Politik die Fortsetzung des Krieges mit anderen Mitteln ist. Das bedeutet dreierlei. Erstens, daß die Machtverhältnisse, wie sie in unserer Gesellschaft funktionieren, von einem zu einem bestimmten Zeitpunkt festgelegten Kräfteverhältnis ausgehen, das sich im Krieg und durch den Krieg historisch präzisieren läßt. Und wenn es stimmt, daß die politische Macht den Krieg beendet und Frieden in die Zivilgesellschaft einziehen oder dort herrschen läßt, dann geschieht dies keineswegs, um die Wirkungen des Krieges zu beseitigen oder das Ungleichgewicht, das sich aus dem Endkampf des Krieges ergeben hat, aufzuheben. Die politische Macht hätte in dieser Hypothese die Aufgabe, dieses Kräfteverhältnis mittels einer Art stillen Krieges beständig von neuem in die Institutionen, die ökonomischen Ungleichheiten, in die Sprache und bis in die Körper der einen oder anderen hineinzutragen.

Das also wäre die erste Bedeutung, die man dieser Umkehrung des Aphorismus von Clausewitz verleihen könnte: Politik als ein mit anderen Mitteln fortgesetzter Krieg. Politik wäre also Sanktionierung und Erhaltung des Ungleichgewichts der Kräfte, wie es sich im Krieg manifestiert. Doch würde die Um-

9 M. Foucault spielt an auf die bekannte Formulierung des Prinzips von Carl von Clausewitz (*Vom Kriege*, Buch I, Kap. I, XXIV, in *Hinterlassene Werke*, Bd. 1, 2, 3, Berlin, 1832), nach welchem »der Krieg nur eine Fortführung der Politik mit anderen Mitteln ist«; er »ist nicht nur ein politischer Akt, sondern ein wirkliches Instrument der Politik, seine Fortsetzung mit anderen Mitteln« (ebenda, S. 28). Siehe auch Buch II, Kap. III, III und Buch VIII, Kap. VI.

kehrung dieser Aussage noch etwas anderes bedeuten: Im Innern dieses »zivilen Friedens« dürften die in einem politischen System stattfindenden Kämpfe, die Zusammenstöße in bezug auf die Macht, mit der Macht, um die Macht, die Veränderungen der Kräfteverhältnisse – Akzentuierungen einer Seite, Umkehrungen usw. – nur als Fortsetzungen des Kriegs gedeutet werden. All diese müßten als Episoden, Bruchstücke und Verlagerungen des Krieges selbst entziffert werden. Man würde immerzu nur die Geschichte ein und desselben Krieges schreiben, selbst wenn man die Geschichte des Friedens oder seiner Institutionen schriebe.

Die Umkehrung des Aphorismus von Clausewitz würde schließlich etwas Drittes besagen: Die letzte Entscheidung kann nur vom Krieg gefällt werden, d.h. von einer Kraftprobe, bei der schließlich die Waffen entscheiden werden. Der Zweck des Politischen wäre der Endkampf: nur die letzte Schlacht würde schließlich die Ausübung von Macht als fortgesetzten Krieg beenden.

Sobald man versucht, sich bei der Analyse der Macht von ökonomischen Schemata freizumachen, sieht man sich also unmittelbar vor zwei große Hypothesen gestellt: Einerseits bestünden die Machtmechanismen in Unterdrückung – eine Hypothese, die ich, wenn Sie so wollen, aus Bequemlichkeit die Hypothese von Reich nennen werde –, und andererseits wäre die Grundlage des Machtverhältnisses die kriegerische Auseinandersetzung der Kräfte – eine Hypothese, die ich noch einmal aus Bequemlichkeit die Hypothese Nietzsches nennen möchte. Diese beiden Hypothesen sind nicht unvereinbar, im Gegenteil; mit ziemlicher Wahrscheinlichkeit sind sie sogar miteinander verknüpft. Ist denn Repression nicht die politische Folge des Krieges, etwa wie Unterdrückung in der klassischen Theorie des politischen Rechts mehr oder weniger der Mißbrauch der Rechtsordnung durch die Souveränität war?

Man könnte also zwei große Systeme der Machtanalyse einander gegenüberstellen. Das eine wäre das alte System, das bei den Philosophen des 18. Jahrhunderts zu finden ist und sich rund um die Macht als ursprüngliches Recht artikuliert, welches Souveränität konstituiert und mit dem Vertrag als Matrix der politischen Macht abgetreten wird. Wenn die solchermaßen konstituierte Macht über sich selbst hinausginge und die Grenzen des Vertrags überschritte, liefe sie Gefahr, Unterdrückung zu werden: Vertragsmacht, deren Grenze oder besser deren Grenzüberschreitung die Unterdrückung ist. Und dann wäre da jenes andere System, welches im Gegensatz dazu die politische Macht nicht mehr nach dem Schema Vertrag-Unterdrückung, sondern nach dem Schema Krieg-Unterdrükkung analysieren würde. In diesem Fall ist die Repression nicht das, was die Oppression im Verhältnis zum Vertrag war, nämlich Mißbrauch, sondern im Gegenteil die einfache Wirkung und Fortsetzung eines Herrschaftsverhältnisses. Die Repression wäre nichts anderes als die Erstellung eines fortdauernden Kräfteverhältnisses im Innern eines Pseudofriedens, den ein fortgesetzter Krieg bearbeitet.

Es ergeben sich also zwei Modelle für eine Analyse der Macht: das Modell Vertrag-Oppression, welches, wenn Sie so wollen, das juridische Modell ist, und das Modell Krieg-Repression oder Herrschaft-Repression, in welchem der andauernde Gegensatz nicht der zwischen legitim und illegitim wie im vorangehenden Modell, sondern der zwischen Kampf und Unterwerfung ist.

Es ist klar, daß alles, was ich im Laufe der vergangenen Jahre gesagt habe, vom Modell Kampf-Repression geprägt war. Dieses Modell habe ich bis jetzt anzuwenden versucht. In dem Maße, wie ich es ins Werk gesetzt habe, mußte ich es gleichwohl erneut prüfen, schon deshalb, weil es in zahlreichen Punkten ungenügend ausgearbeitet ist – ich würde sogar sagen, daß es völlig unausgearbeitet ist –, aber auch, weil ich glaube, daß die beiden Begriffe »Unterdrückung« und »Krieg« beträchtlich modifiziert, wenn nicht vielleicht sogar fallengelassen werden müssen. In jedem Fall muß man die beiden Begriffe »Repression« und »Krieg« näher in Augenschein nehmen oder, wenn Sie so wollen, die Hypothese ein wenig näher betrachten, nach welcher die Machtmechanismen wesentlich Repressionsmechanismen wären, wie auch diese andere Hypothese, nach welcher unterhalb der politischen Macht im wesentlichen eine kriegerische Beziehung rumort und funktioniert.

Ohne mich allzusehr zu rühmen, kann ich, glaube ich, sagen, daß ich mich seit langem vor diesem Begriff der »Repression« in acht nehme und im Hinblick auf die vorhin erwähnten Genealogien wie in bezug auf die Geschichte des Strafrechts, der psychiatrischen Macht, der Kontrolle der kindlichen Sexualität usw. zu zeigen versucht habe, daß die Mechanismen, die in diesen Machtformationen wirksam sind, etwas ganz anderes waren, auf jeden Fall viel mehr als Repression. Ich kann nicht fortfahren, ohne diese Analyse der Repression teilweise wiederaufzunehmen und all das eher Unzusammenhängende so weit wie möglich zusammenzufügen. Folglich wird sich die kommende Vorlesung oder werden sich vielleicht die nächsten beiden der kritischen Wiederaufnahme des Begriffs der »Repression« widmen und zu zeigen versuchen, worin und wie dieser Begriff der Unterdrückung, der heute bei der Charakterisierung der Mechanismen und Machteffekte so gerne verwendet wird, hinten und vorne zu ihrer Erfassung nicht ausreicht.[10]

Aber der wichtigste Teil der Vorlesung wird jenem anderen Bereich vorbehalten sein, dem Problem des Krieges. Ich möchte untersuchen, in welchem Maße das binäre Schema von Krieg, Kampf und Zusammenstoß der Kräfte tatsächlich als Grundlage der Zivilgesellschaft, zugleich als Prinzip und Motor der Ausübung politischer Macht aufgewiesen werden kann. Muß man unbedingt den Krieg herbeizitieren, um das Funktionieren der Macht zu analysieren? Sind die Begriffe »Taktik«, »Strategie«, »Kräfteverhältnis« gültig? In welchem Maße sind sie es? Ist die Macht einfach ein Krieg, der mit anderen Mitteln als Waffen und Schlachten fortgesetzt wird? Hat man die mittlerweile gängige, im übrigen relativ junge Behauptung, daß es

10 Ein nicht eingehaltenes Versprechen. Es gibt dennoch, eingeschoben in das Manuskript, eine Vorlesung über »Repression«, gehalten sicherlich in einer ausländischen Universität.

Sache der Macht sei, die Gesellschaft zu verteidigen, so zu verstehen, daß die Gesellschaft in ihrer politischen Struktur so organisiert ist, daß sich die einen gegen die anderen wehren können bzw. ihre Herrschaft gegen den Aufstand anderer verteidigen bzw. einfach ihren Sieg verteidigen und ihn mittels Unterwerfung verewigen?

Der Aufbau der Vorlesung dieses Jahres sieht also wie folgt aus: zunächst ein oder zwei Vorlesungen, in denen es erneut um den Begriff der Repression geht; danach werde ich mit dem Problem des Krieges in der Zivilgesellschaft beginnen – und gegebenenfalls im Jahr darauf damit weitermachen, das weiß ich noch nicht. Ich werde jene unberücksichtigt lassen, die als Theoretiker des Krieges in der Zivilgesellschaft gelten und die es nach meinem Verständnis absolut nicht sind, Hobbes und Machiavell. Danach werde ich die Theorie des Krieges behandeln, wie sie als historisches Prinzip die Macht sich rund um das Problem der Rasse entfalten läßt, da im Binarismus der Rasse erstmalig im Abendland die Möglichkeit erkannt wurde, die politische Macht als Krieg zu analysieren. Und ich werde versuchen, sie bis zu jenem Zeitpunkt gegen Ende des 19. Jahrhunderts weiterzuführen, da Rassenkampf und Klassenkampf zu den beiden großen Modellen werden, mit deren Hilfe das Phänomen des Krieges und die Kräfteverhältnisse im Innern der politischen Gesellschaft ausfindig gemacht werden.

Vorlesung vom 14. Januar 1976

Krieg und Macht. – Die Philosophie und die Grenzen der Macht. – Recht und königliche Macht. – Gesetz, Herrschaft und Unterwerfung. – Analytik der Macht: Fragen der Methode. – Theorie der Souveränität. – Die Disziplinarmacht. – Die Regel und die Norm.

In diesem Jahr möchte ich eine Reihe von Untersuchungen zum Krieg als dem möglichen Analyseprinzip der Machtbeziehungen anfangen, freilich nur anfangen. Wird es möglich sein, im Feld der kriegerischen Beziehung, des Kriegsmodells, des Schemas von Kampf und Kämpfen ein Erkenntnis- und Analyseprinzip der politischen Macht zu finden, genauer jener politischen Macht, die in Begriffen von Krieg, Kämpfen und Zusammenstößen entziffert wird? Und gleichsam als Gegengewicht möchte ich mit der Analyse der Militärinstitution, der Militärinstitutionen beginnen, wie sie real, effektiv und historisch in unseren Gesellschaften vom 17. Jahrhundert an bis heute funktioniert haben.

In den letzten fünf Jahren standen im großen und ganzen die Disziplinen im Vordergrund; in den kommenden fünf Jahren werden es Krieg, Kampf und Armee sein. Das, was ich im Laufe der vergangenen Jahre zu sagen versucht habe, möchte ich gerne abschließen, da es mir für meine Untersuchungen über den Krieg, mit denen ich nicht sehr weit gekommen bin, Zeit gewinnen hilft und da das unter Umständen jenen unter Ihnen, die in den vergangenen Jahren nicht da waren, als Ausgangspunkt dienen kann. In jedem Fall möchte ich gerne für mich selbst den Schlußpunkt unter diese Forschungen setzen.

Was ich zwischen 1970 und 1971 zu umreißen versucht habe, war das »Wie« der Macht. Das »Wie der Macht« studieren hieß ihre Mechanismen zwischen zwei Bezugspunkten oder Grenzen erfassen: zwischen den Rechtsregeln einerseits, die die

Macht formal begrenzen, und auf der anderen Seite, am anderen Ende, den Wahrheitseffekten, die von dieser Macht hervorgebracht werden und diese Macht ihrerseits erneuern. Ein Dreieck mithin: Macht, Recht, Wahrheit. Ganz schematisch können wir sagen, daß die traditionelle Frage der politischen Philosophie folgendermaßen formuliert werden könnte: Wie kann der Diskurs der Wahrheit oder einfach, wie kann die Philosophie, verstanden als privilegierter Wahrheitsdiskurs, das Recht der Macht begrenzen? Das ist die traditionelle Frage. Ich aber wollte eine darunter liegende Frage stellen, eine im Vergleich zu dieser traditionellen, vornehmen und philosophischen eher konkrete Frage. Mein Problem wäre eher folgendes: Welche Rechtsregeln setzen die Machtbeziehungen ins Werk, um Wahrheitsdiskurse zu produzieren? Oder anders: Welcher Machttyp ist in der Lage, Wahrheitsdiskurse zu produzieren, denen in einer Gesellschaft wie der unsrigen derart mächtige Wirkungen verliehen werden?

Damit meine ich Folgendes: In einer Gesellschaft wie der unsrigen – und im Grunde genommen in jeder beliebigen Gesellschaft – wird der soziale Körper von vielfältigen Machtbeziehungen durchzogen, charakterisiert, konstituiert; ohne Produktion, Akkumulation und Zirkulation, ohne ein Funktionieren des wahren Diskurses können sich diese weder auflösen noch stabilisieren, noch funktionieren. Es gibt keine Machtausübung ohne eine gewisse Ökonomie der Wahrheitsdiskurse, die in dieser Macht, ausgehend von ihr und durch sie hindurch, funktionieren. Dank der Macht sind wir der Wahrheitsproduktion unterworfen, wir können Macht nur über die Produktion von Wahrheit ausüben. Das gilt für jede Gesellschaft, doch glaube ich, daß das Verhältnis zwischen Macht, Recht und Wahrheit in der unsrigen in ganz besonderer Weise organisiert ist.

Um nicht nur einfach den Mechanismus der Beziehung zwischen Macht, Recht und Wahrheit, sondern die Intensität der Beziehung und ihre Fortdauer aufzuzeigen, müssen wir sagen: Wir sind gezwungen, Wahrheit mit Hilfe der Macht, die diese

Wahrheit verlangt und zu ihrem Funktionieren benötigt, zu produzieren; wir müssen die Wahrheit sagen, wir werden dazu gezwungen, wir sind dazu verdammt, die Wahrheit zu gestehen oder sie zu finden. Die Macht hört nicht auf zu fragen, uns zu befragen; sie hört nicht auf zu untersuchen, zu registrieren; sie institutionalisiert die Suche nach der Wahrheit, professionalisiert sie und entschädigt dafür. Wir müssen die Wahrheit produzieren, wie wir Reichtümer produzieren müssen, ja, wir müssen die Wahrheit produzieren, um Reichtümer produzieren zu können. Und andererseits sind wir auch der Wahrheit unterworfen, in dem Sinne, daß die Wahrheit Gesetz macht; es ist der wahre Diskurs, der zumindest teilweise entscheidet und Machtwirkungen mit sich führt und vorantreibt. Schließlich werden wir beurteilt, verurteilt, klassifiziert und zu Aufgaben gezwungen, wird uns eine bestimmte Art zu leben oder zu sterben entsprechend wahrer Diskurse mit spezifischen Machtwirkungen auferlegt. Also: Rechtsregeln, Machtmechanismen, Wahrheitswirkungen. Oder auch: Machtregeln und Macht wahrer Diskurse. Das ist in etwa der Bereich, in dem ich mich, recht partiell, bewegt habe und in dem ich, wie ich wohl weiß, viele Zickzacklinien gezogen habe.

Zu diesem Weg würde ich nun gern einiges sagen. Welches allgemeine Prinzip hat mich geleitet, und welche imperativen Vorkehrungen oder methodischen Vorsichtsmaßnahmen wollte ich dabei treffen? Für das Verhältnis zwischen Recht und Macht gilt ein Grundprinzip und, wie mir scheint, eine Tatsache, die nicht vergessen werden darf: die Ausarbeitung der Rechtslehre erfolgte in den abendländischen Gesellschaften, und das seit dem Mittelalter, im wesentlichen rund um die königliche Macht. Das Rechtsgebäude unserer Gesellschaften wurde auf Nachfrage der königlichen Macht und auch zu deren Gunsten, als deren Instrument oder deren Rechtfertigung ausgearbeitet. Das Recht ist im Abendland ein königliches Befehlsrecht. Natürlich kennen wir alle die legendäre, berühmte, wiederholte und wiedergekäute Rolle der Rechtsgelehrten bei der königlichen Machtorganisation. Wir dürfen nicht vergessen, daß nach dem Fall des Römischen Reiches die Wiederbelebung des Römischen Rechts auf der Höhe des Mittelalters entscheidend zum Aufbau eines Rechtsgebäudes beitrug; es wurde zu einem der technischen und konstitutiven Instrumente für die autoritäre, administrative und schließlich absolutistische königliche Macht. Dieses Rechtsgebäude wurde rund um die königliche Person, auf deren Verlangen und zu Gunsten von deren Macht angelegt. Und selbst wenn dieses Rechtsgebäude in den darauffolgenden Jahrhunderten der königlichen Kontrolle entgleiten und sich gegen diese königliche Macht wenden sollte, werden dabei stets die Grenzen dieser Macht und ihre Vorrechte zur Debatte stehen. Anders gesagt, ich glaube, daß die zentrale Person im gesamten abendländischen Rechtsgebäude der König ist. Um den König geht es, um ihn, seine Rechte, seine Macht, die etwaigen Grenzen seiner Macht; in dem allgemeinen System, in der Gesamtorganisation jedenfalls des abendländischen Rechtssystems geht es grundsätzlich nur um ihn. Mochten die Juristen Diener oder Gegner des Königs sein: In den großen Gebäuden der Rechtslehre und der Rechtswissenschaft geht es stets nur um die königliche Macht.

Von der königlichen Macht ist auf zweierlei Weise die Rede: zum einen, um zu zeigen, in welchem rechtlichen Gerüst sich die königliche Macht verankert, inwiefern der Monarch tatsächlich der lebende Körper der Souveränität ist, inwiefern seine Macht sogar als absolute einem Grundrecht entspricht; zum anderen um genau umgekehrt zu zeigen, inwiefern man diese Macht des Souveräns begrenzen muß, welchen Rechtsregeln er sich beugen muß, gemäß welcher und innerhalb welcher Grenzen er seine Macht nur ausüben darf, damit die Macht ihre Legitimität behält. Die Theorie des Rechts hat seit dem Mittelalter im wesentlichen die Funktion, über die Legitimität der Macht zu bestimmen: das Haupt- und Zentralproblem, um das herum sich die gesamte Theorie des Rechts organisiert, ist das Problem der Souveränität. Wenn man sagt, daß das Problem der Souveränität das zentrale Rechtsproblem in den abendländischen Gesellschaften ist, so bedeutet das im Grunde, daß der Rechtsdiskurs und seine Technik im wesentlichen die Funktion hatten, den Faktor Herrschaft innerhalb der Macht zum Verschwinden zu bringen, um an der Stelle der Herrschaft, die man minimieren oder kaschieren wollte, zweierlei hervortreten zu lassen: zum einen die legitimen Rechte der Souveränität, zum anderen die gesetzmäßige Verpflichtung zum Gehorsam. Das Rechtssystem ist vollständig um den König zentriert und damit letztlich Verdrängung der tatsächlichen Herrschaft und ihrer Folgen.

Die Erörterung der unterschiedlichen, von mir in den letzten Jahren erwähnten Kleinigkeiten sollte im Grunde auf das generelle Vorhaben hinauslaufen, diese verbreitete Analyserichtung, die den gesamten Rechtsdiskurs seit dem Mittelalter geprägt hat, umzukehren. Ich habe versucht, das Gegenteil zu tun, d.h., das Faktum der Herrschaft ebenso in ihrem geheimen wie in ihrem brutalen Aspekt hervorzukehren und von da ausgehend zu zeigen, inwiefern das Recht nicht nur ganz allgemein das Instrument dieser Herrschaft ist – das versteht sich von selbst –, sondern auch wie, bis wohin und in welcher Form das Recht (und wenn ich Recht sage, denke ich nicht nur an das Gesetz, sondern an die Gesamtheit der Apparate, Institutionen und Verordnungen, die das Recht zur Anwendung bringen) Verhältnisse herstellt und ins Werk setzt, die nicht Souveränitäts-, sondern Herrschaftsverhältnisse sind. Unter Herrschaft verstehe ich nicht die massive Tatsache »einer« globalen Herrschaft eines einzigen über alle anderen oder einer Gruppe über eine andere, sondern vielfältige Formen von Herrschaft, die innerhalb einer Gesellschaft ausgeübt werden können. Ich meine also nicht den König in seiner zentralen Position, sondern die Untertanen (sujets) in ihren wechselseitigen Beziehungen; nicht die Souveränität in ihrem einheitlichen Gebäude, sondern die vielfältigen Unterwerfungen, die sich innerhalb des sozialen Körpers vollziehen und funktionieren.

Rechtssystem und Rechtssprechung sind die immer vorhandenen Zwischenglieder zwischen den Herrschaftsverhältnissen und den vielfältigen Unterwerfungstechniken. Das Recht sollte meines Erachtens nicht von einer festzusetzenden Legitimität aus betrachtet werden, sondern von den Unterwerfungsprozessen, die es ins Werk setzt. Für mich besteht die Frage somit darin, das für das Recht zentrale Problem der Souveränität oder des Gehorsams der ihr unterworfenen Individuen zu umgehen und an die Stelle von Souveränität und Gehorsam das Problem von Herrschaft und Unterwerfung treten zu lassen. Dabei war eine gewisse Zahl methodischer Vorkehrungen vonnöten, um diese Linie verfolgen zu können, die sich mit der allgemeinen Linie der Rechtsanalyse kurzzuschließen oder sich ihr anzunähern versuchte.

Zunächst die methodischen Vorkehrungen: es geht nicht darum, die regulierten und legitimen Formen der Macht in ihrem Kern und in ihren allgemeinen Mechanismen oder ihren Gesamtwirkungen zu analysieren. Es geht vielmehr darum, die Macht an ihren Grenzen, in ihren äußersten Verästelungen, dort, wo sie haarfein wird, zu erfassen, die Macht also in ihren regionalsten und lokalsten Formen und Institutionen zu packen, besonders dort, wo sie sich über die Rechtsregeln, von denen sie organisiert und begrenzt wird, hinwegsetzt und sich konsequent über diese Regeln hinaus verlängert, sich in die Institutionen eingräbt, in Techniken verkörpert und zu materiellen, vielleicht sogar gewaltsamen Interventionsinstrumenten greift. Ein Beispiel, wenn Sie so wollen: anstatt wie die Philosophen zu untersuchen, inwiefern die Macht zu strafen, sei es im monarchischen, sei es im demokratischen Recht, auf der Souveränität beruht, habe ich herauszufinden versucht, wie die Bestrafung, die Macht zu strafen, tatsächlich in einer gewissen Zahl lokaler, regionaler und materieller Institutionen Gestalt annahm – mag es sich dabei um Marter oder um Einsperrung handeln –, und zwar im institutionellen, physischen, reglementierenden und gewaltsamen Bereich der effektiven Strafapparate. Mit anderen Worten: Ich habe die Macht am äußersten, immer weniger vom Recht bestimmten Rand ihrer Ausübung zu erfassen versucht. Das war die erste Vorkehrung.

Die zweite Vorkehrung bestand darin, die Macht nicht auf der Ebene der Intention oder der Entscheidung zu analysieren und sie von innen her zu erfassen oder die Frage (die ich für labyrinthisch und unergründlich halte) zu stellen: Wer hat Macht? Was hat dieser im Sinn? Und wonach strebt der, der die Macht hat? Vielmehr die Macht dort zu studieren, wo ihre Intention – wenn es denn eine gibt – ganz in realen und effektiven Praktiken aufgeht; die Macht in gewisser Weise in ihrer äußeren Fassade zu studieren, dort, wo sie in direktem und unmittelbarem Zusammenhang mit dem steht, was man eher provisorisch ihr Objekt, ihre Zielscheibe, ihr Anwendungsfeld nennen könnte, dort also, wo sie sich festsetzt und ihre realen Wirkungen entfaltet. Wir fragen also nicht: Warum wollen gewisse Leute herrschen? Was suchen sie? Worin besteht ihre Gesamtstrategie? Sondern: Wie geschehen die Dinge zum Zeitpunkt, auf der Ebene, an der Wurzel der Unterwerfungsprozesse oder in den fortgesetzten und ununterbrochenen Prozessen, die die Körper unterwerfen, die Gesten lenken und die Verhaltensweisen bestimmen? Mit anderen Worten: Anstatt sich zu fragen, wie der Souverän an der Spitze erscheint, sollte man herauszufinden versuchen, wie sich allmählich, schrittweise, tatsächlich und materiell die Subjekte, das Subjekt, auf der Basis der Vielfalt der Körper, Kräfte, Energien, Materien, Wünsche und Gedanken usw. konstituiert haben. Die materielle Instanz der Unterwerfung in ihrer subjektkonstituierenden Funktion zu erfassen, das wäre, wenn Sie so wollen, das genaue Gegenteil dessen, was Hobbes im *Leviathan*[1] versucht hat und was alle Rechtsgelehrten, wie mir scheint, tun, wenn sie die Frage stellen, wie sich ausgehend von der Vielfalt der Individuen und Willensanstrengungen ein einheitlicher Wille oder besser ein

1 Th. Hobbes, *Leviathan, or the Matter, Forme and Power of a Common-Wealth, Ecclesiasticall and Civill,* London, 1651, zu deutsch *Leviathan oder Der kirchliche u. bürgerliche Staat,* Halle 1794 (übersetzt ins Frz.: *Leviathan, Traité de la matière, de la forme et du pouvoir de la république ecclésiastique et civile,* Paris, Sirey, 1971). Die lateinische Übersetzung des Textes, die in der Tat eine neue Version war, ist 1668 in Amsterdam erschienen.

einheitlicher Körper formen kann, der von der Seele der Souveränität belebt wird. Erinnern Sie sich an das Schema des *Leviathan*[2]: In diesem Schema ist der Leviathan als künstlich fabrizierter Mensch nichts anderes als die Gerinnung einer bestimmten Zahl getrennter Individualitäten, die durch eine bestimmte Zahl staatskonstitutiver Elemente vereinigt sind. Aber im Herzen des Staates oder vielmehr in seinem Kopf gibt es etwas, was ihn als solchen konstituiert, und dieses Etwas ist die Souveränität, von der Hobbes sagt, daß genau sie die Seele des Leviathan sei. Anstatt sich nun die zentrale Seele zum Problem zu machen, sollte man versuchen – was ich zu tun versucht habe –, die peripheren und vielfältigen Körper, diese durch Machteffekte als Subjekte konstituierten Körper zu analysieren.

Dritte methodische Vorkehrung: die Macht nicht als massives und homogenes Herrschaftsphänomen begreifen – Herrschaft eines Individuums über andere, einer Gruppe über andere, einer Klasse über andere –, sondern im Kopf behalten, daß die Macht, wenn man sie nicht aus großer Distanz betrachtet, sich nicht in etwas unterteilen läßt, was die einen haben und ausschließlich besitzen und die anderen nicht haben, weshalb sie ihr unterworfen sind. Die Macht, denke ich, muß analysiert werden als etwas, was zirkuliert und nur als Verkettung funktioniert. Sie ist niemals hier und dort anzutreffen, sie liegt nie in den Händen gewisser Leute, sie läßt sich nie aneignen wie Reichtum oder ein Gut. Die Macht funktioniert. Die Macht verteilt sich über Netze, und in diesem Netz zirkulieren die Individuen nicht nur, sondern sind stets auch in der Position, diese Macht zugleich über sich ergehen zu lassen wie sie auszuüben. Sie sind niemals nur unbewegliche und zustimmende Zielscheibe dieser Macht, sie sind immer auch deren Schaltstel-

2 M. Foucault spielt hier auf das berühmte Frontispiz der Ausgabe des *Leviathan* (genannt »head edition«, s. Anm. 1) von 1651 an, erschienen bei Andrew Crooke, auf dem der von den Untertanen konstituierte Staatskörper zu sehen ist, während der Kopf den Souverän darstellt, der in der einen Hand das Schwert und in der anderen den Krummstab hält. Darunter die beiden grundlegenden Attribute der beiden zivilen und kirchlichen Mächte.

len. Anders gesagt: die Macht wird von den Individuen weitergegeben, sie wird nicht auf sie angewandt.
Man darf das Individuum, denke ich, also nicht als eine Art elementaren Kern, primitives Atom, vielfältige und träge Materie begreifen, auf die die Macht angewendet wird, gegen welche sie sich richtet und die die Individuen unterwerfen oder brechen würde. In Wirklichkeit ist das, was bewirkt, daß Körper, Gesten, Diskurse, Wünsche als Individuen identifiziert und konstituiert werden, eine der ersten Wirkungen der Macht. Das Individuum ist also nicht das Gegenüber der Macht; es ist eine ihrer ersten Wirkungen. Das Individuum ist ein Machteffekt und gleichzeitig, in genau dem Maße, wie es eine ihrer Wirkungen ist, verbindendes Element: Die Macht geht dank des Individuums, welches von ihr konstituiert wurde, durch.
Vierte Konsequenz auf der Ebene der methodischen Vorkehrungen: Wenn ich sage: »Die Macht wird ausgeübt, zirkuliert, bildet Netze«, dann stimmt das nur bis zu einem gewissen Punkt. Genauso könnte man sagen: »Wir haben alle Faschismus im Kopf«, oder noch grundlegender: »Wir haben alle Macht im Körper«. Die Macht geht oder zieht – zumindest in einem gewissen Maß – durch unseren Körper. Das kann tatsächlich alles behauptet werden; gleichwohl denke ich nicht, daß man daraus schließen sollte, daß die Macht, wenn Sie so wollen, die am besten verteilte, die am meisten geteilte Sache der Welt ist, obwohl sie es in einem gewissen Sinne doch ist. Es geht nicht um eine Art demokratischer oder anarchischer Verteilung der Macht auf die Körper. Ich will damit Folgendes sagen: Wichtig ist nicht – und das wäre die vierte methodische Vorkehrung –, eine Art Deduktion der Macht vorzunehmen, die von einem Zentrum ausginge und untersuchte, wie weit sie sich nach unten fortsetzt, in welchem Maße sie sich reproduziert, bis hin zu den kleinsten Teilchen der Gesellschaft. Ich denke, man sollte viel eher – das ist eine methodische Vorkehrung, die es zu befolgen gilt – eine aufsteigende Machtanalyse vornehmen, d.h. von den unendlich kleinen Mechanismen ausgehen, die ihre eigene Geschichte, ihren eigenen Weg, ihre

eigene Technik und Taktik haben, um dann zu erforschen, wie diese Machtmechanismen, die ihre Stabilität und in gewisser Weise ihre eigene Technologie haben, von immer allgemeineren Mechanismen und globaleren Herrschaftsformen besetzt, kolonisiert, verwendet, umgebogen, transformiert, verlagert und ausgedehnt wurden und immer noch werden. Nicht die globale Herrschaft vervielfacht sich und setzt sich nach unten fort. Ich denke, daß die Art und Weise analysiert werden muß, wie die Erscheinungen, Techniken, Machtprozesse auf den untersten Ebenen agieren; daß gezeigt werden muß, wie diese Verfahren sich natürlich verlagern, ausweiten, verändern, aber vor allem, wie sie von globalen Phänomenen besetzt und annektiert werden und wie allgemeinere Machtformen oder wirtschaftliche Vorteile sich in das Spiel dieser zugleich relativ autonomen und unendlich kleinen Machttechnologien einfügen.

Hier ein Beispiel, um es deutlich zu machen, aus dem Bereich des Wahnsinns. Man könnte sagen, und das wäre die absteigende Analyse, der man meines Erachtens mißtrauen sollte, daß das Bürgertum an der Wende vom 16. zum 17. Jahrhundert zur herrschenden Klasse geworden ist. Wie kann man davon die Internierung der Verrückten ableiten? Diese Ableitung können Sie immer vornehmen; sie ist immer einfach, und genau das würde ich ihr vorwerfen. Man kann wirklich ohne Probleme zeigen, daß der Verrückte eben derjenige ist, der in der industriellen Produktion unnütz ist und einen nötigt, sich seiner zu entledigen. Dasselbe könnte man in bezug auf die kindliche Sexualität tun. Das machen auch bestimmte Leute – bis zu einem gewissen Punkt Wilhelm Reich[3], sicherlich auch Reimut Reiche[4] – und sagen: Wie kann man ausgehend von der Herrschaft der bürgerlichen Klasse die Unterdrückung der kindlichen Sexualität begreifen? Nun, ganz einfach: Da der menschliche Körper ab dem 17., 18. Jahrhundert im wesentlichen Produktivkraft geworden ist, wurden sämtliche Formen

3 W. Reich, *Der Einbruch der Sexualmoral*, a. a. O.

4 R. Reiche, *Sexualität und Klassenkampf; zur Abwehr repressiver Entsublimierung*, Frankfurt a. M., 1968.

der Verschwendung, die nicht auf diese Verhältnisse, auf die Konstituierung der Produktivkräfte zurückgeführt werden konnten und daher in ihrer Nutzlosigkeit in Erscheinung traten, verbannt, ausgeschlossen, unterdrückt. Diese Ableitungen sind immer möglich; sie sind zugleich wahr und falsch. Sie sind grundsätzlich zu einfach, da man genau das Gegenteil tun könnte und aus dem Prinzip, daß das Bürgertum zur herrschenden Klasse geworden ist, ableiten könnte, daß die Kontrollen der Sexualität und der kindlichen Sexualität absolut nicht wünschenswert waren. Im Gegenteil hätte man sexuelle Anleitungen, sexuelle Züchtigungen und eine sexuelle Frühreife benötigt, da es ja im Grunde darum ging, mit Hilfe der Sexualität eine Arbeitskraft aufzubauen, deren optimaler Zustand ja bekanntlich spätestens mit dem beginnenden 19. Jahrhundert als Unendlichkeit gedacht wurde: je mehr Arbeitskräfte es gibt, um so richtiger und besser kann das kapitalistische Produktionssystem funktionieren.

Ich glaube, daß sich aus dem allgemeinen Phänomen der Herrschaft der bürgerlichen Klasse alles nur Erdenkliche ableiten läßt. Mir scheint, daß genau das Gegenteil geschehen müßte, d. h. herausgefunden werden müßte, wie die Kontrollmechanismen bezüglich des Ausschlusses des Wahnsinns, der Unterdrückung und des Verbots der Sexualität, historisch und von unten ausgehend, funktionieren konnten; wie diese Phänomene der Unterdrückung oder des Ausschlusses auf der Ebene der Familie, der unmittelbaren Umgebung, der Zellen oder untersten Schichten der Gesellschaft ihre eigenen Werkzeuge und ihre eigene Logik hatten und einer bestimmten Zahl von Bedürfnissen entgegenkamen. Man müßte zeigen, wer die Träger waren, und diese nicht auf seiten des Bürgertums im allgemeinen, sondern der realen Akteure suchen, in der unmittelbaren Umgebung von Familie, Eltern, Ärzten oder auf der untersten Ebene der Polizei; und schließlich nachweisen, wie diese Machtmechanismen zum gegebenen Zeitpunkt, in einer präzisen Konstellation und dank einer gewissen Zahl von Transformationen ökonomisch vorteilhaft und politisch nützlich zu werden begannen. Meines Erachtens ließe sich leicht zeigen – zumindest habe ich das seinerzeit in mehrfachen Anläufen versucht –, daß das, was das Bürgertum im Grunde brauchte und wofür sich das System interessierte, nicht der Ausschluß der Verrückten oder die Überwachung und das Verbot der kindlichen Masturbation waren, da das bürgerliche System sehr gut das Gegenteil verkraften kann. Es verwirklichte sein Interesse nicht im Ausschluß, sondern viel eher in Techniken und Prozessen der Ausschließung. Die Ausschlußmechanismen, der Überwachungsapparat, die Medikalisierung der Sexualität, des Wahnsinns, der Delinquenz – diese gesamte Mikromechanik der Macht war für das Bürgertum ab einem bestimmten Moment von Bedeutung und Interesse.

Besser noch ließe sich sagen, daß man, insofern diesen Begriffen wie »Bürgertum« und »Interesse des Bürgertums« wahrscheinlich kein realer Gehalt entsprach – zumindest hinsichtlich der hier aufgeworfenen Probleme –, zugeben muß, daß es eben dieses Bürgertum nicht gegeben hat, welches gedacht haben soll, daß der Wahnsinn ausgeschlossen oder die kindliche Sexualität unterdrückt werden müßten. Vielmehr haben die Mechanismen des Ausschlusses des Wahnsinns und der Überwachung der kindlichen Sexualität ab einem bestimmten Zeitpunkt und aus Gründen, die noch zu untersuchen wären, einen gewissen ökonomischen Vorteil, einen gewissen politischen Nutzen deutlich werden lassen und sahen sich auf einen Schlag von globalen Mechanismen und schließlich vom gesamten Staatssystem ganz natürlich kolonisiert und mitgetragen. Wenn man diese Machtmechanismen aufgreift oder von ihnen ausgeht und aufzeigt, welcher ökonomische Vorteil und politische Nutzen sich in einem bestimmten Kontext und aus bestimmten Gründen daraus ergeben, kann man verstehen, wie diese Mechanismen schließlich tatsächlich zu einem Teil des Ganzen werden.

Das Bürgertum interessiert sich nicht für die Irren, sondern für die Macht über die Irren; es interessiert sich nicht für die kindliche Sexualität, sondern für das Machtsystem, welches die

Sexualität des Kindes kontrolliert. Das Bürgertum schert sich nicht um die Verbrecher, ihre Bestrafung und ihre Wiedereingliederung, die ökonomisch nicht von Bedeutung sind. Dafür sind die gesamten Mechanismen, mit deren Hilfe der Delinquent kontrolliert, verfolgt, bestraft und reformiert wird, für das Bürgertum innerhalb des allgemeinen ökonomisch-politischen Systems von Interesse. Hier stoßen wir auf die vierte Vorkehrung, die vierte methodische Linie, der ich folgen wollte.

Fünfte Vorkehrung: es ist sehr wohl möglich, daß die großen Machtmaschinerien mit ideologischen Produktionen einhergingen. So gab es beispielsweise wahrscheinlich eine Ideologie der Erziehung, eine Ideologie der monarchischen Macht, eine Ideologie der parlamentarischen Demokratie usw. Was sich jedoch an der Basis, am auslaufenden Punkt der Machtnetze bildet, halte ich nicht für Ideologien. Das ist zugleich viel weniger und viel mehr. Es sind wirksame Instrumente der Bildung und Akkumulation von Wissen, Beobachtungsmethoden, Aufzeichnungstechniken, Untersuchungs- und Forschungsverfahren und Verifikationsapparate. D. h., daß die Macht über diese subtilen Mechanismen nur dann ausgeübt werden kann, wenn sie Wissen oder vielmehr Wissensapparate bildet, organisiert und in Umlauf bringt, die nicht als ideologische Begleiterscheinungen oder Gebäude funktionieren.

Diese fünf methodischen Vorkehrungen lassen sich wie folgt zusammenfassen: Anstatt die Machtanalyse auf das Rechtsgebäude der Souveränität, die Staatsapparate und die begleitenden Ideologien zu konzentrieren, sollte man sie meines Erachtens auf die Herrschaft (und nicht die Souveränität), auf die materiellen Träger, die Formen der Unterwerfung, die Verbindungen und Verwendungen lokaler Systeme dieser Unterwerfung und schließlich auf die Wissensdispositive richten.

Insgesamt muß man sich vom Modell des Leviathan, von diesem Modell des künstlichen Menschen lösen, der zugleich Automat, künstlich hergestellt und einheitlich ist, der alle realen Individuen umhüllt und dessen Bürger den Körper abgeben und dessen Seele der Souverän ist. Die Macht sollte außerhalb des Modells des Leviathan, außerhalb des von der rechtlichen Souveränität und der Institution des Staates begrenzten Feldes erforscht werden; man sollte sie ausgehend von Herrschaftstechniken und -taktiken analysieren. Das wäre die methodische Linie, der man meines Erachtens zu folgen hätte und der ich in den letzten Jahren bei meinen verschiedenen Untersuchungen zur psychiatrischen Macht, zur kindlichen Sexualität und zum Strafsystem usw. gefolgt bin.

Beim Durchstreifen dieser Bereiche und auf der Grundlage dieser methodischen Vorkehrungen tritt nun, so glaube ich, eine Tatsache gewaltigen historischen Ausmaßes in Erscheinung, die uns in das Problem einführt, über das ich von heute an sprechen möchte. Dieses große historische Faktum ist die rechtlich-politische Theorie der Souveränität – eine Theorie, von der man sich freimachen muß, wenn man die Macht analysieren will –, die aus dem Mittelalter stammt; sie war das Ergebnis der Wiederbelebung des römischen Rechts und hat sich rund um die Monarchie und den Monarchen konstituiert. Diese Theorie der Souveränität – die die große Falle ist, in die man bei der Machtanalyse hineinzugeraten droht – hat historisch vier Funktionen gehabt.

Zunächst einmal bezog sie sich auf einen effektiven Machtmechanismus, und zwar jenen der feudalen Monarchie. Zweitens diente sie als Instrument und zur Rechtfertigung bei der Konstituierung der großen administrativen Monarchien. Schließlich war die Theorie der Souveränität ab dem 16. und vor allem dem 17. Jahrhundert, schon zur Zeit der Religionskriege, eine Waffe, die in dem einen wie dem anderen Lager zirkulierte, die in dem einen wie anderen Sinn verwendet wurde, sei es, um die königliche Macht zu begrenzen oder zu stärken. Wir finden sie auf der Seite der monarchistischen Katholiken wie bei den antimonarchistischen Protestanten; sie begegnet uns bei den monarchistischen und den mehr oder weniger liberalen Protestanten wie auf der Seite der Katholiken, die für den Königsmord und die Ablösung der Dynastie eintraten. Die Theorie der Souveränität finden wir in den Händen der Aristokraten und der Parlamentarier wie auf der Seite der Repräsentanten der königlichen Macht und der letzten Feudalherren. Kurz, sie war das große Instrument des politischen und theoretischen Kampfes innerhalb der Machtsysteme des 16. und 17. Jahrhunderts. Und schließlich ist es immer noch diese Theorie der Souveränität, die wir im 18. Jahrhundert, vom römischen Recht zu neuem Leben erweckt, bei Rousseau und seinen Zeitgenossen finden, nunmehr in einer anderen, vierten Funktion: jetzt geht es darum, den administrativen, autoritären und absoluten Monarchien ein Alternativmodell, nämlich jenes der parlamentarischen Demokratien, entgegenzusetzen. Und genau diese Rolle spielt sie noch zur Zeit der Revolution.

Sieht man sich diese vier Funktionen an, so wird eines klar: Solange die Gesellschaft feudalen Typs andauerte, erfaßten die Probleme, auf die sich die Theorie der Souveränität bezog, tatsächlich den allgemeinen Mechanismus der Macht und die Art, wie sie von den obersten bis zu den untersten Ebenen ausgeübt wurde. Anders gesagt: Das Souveränitätsverhältnis – ob nun in einem weiten oder engen Sinn verstanden – deckte insgesamt die Totalität des sozialen Körpers ab. Die Art der Machtausübung konnte jedenfalls in den entscheidenden Punkten in den Begriffen der Beziehung Souverän/Untertan ausgedrückt werden.

Im 17. und 18. Jahrhundert trat dann ein bedeutendes Phänomen auf den Plan: die Erscheinung – oder besser Erfindung – eines neuen Machtmechanismus mit ganz besonderen Verfahren, völlig neuen Instrumenten und ganz anderen Apparaten, der, wie ich denke, mit den Souveränitätsverhältnissen völlig inkompatibel ist. Dieser neue Machtmechanismus bezieht sich zunächst auf die Körper und mehr auf das, was diese tun, als auf die Erde und ihr Produkt. Er ist ein Machtmechanismus, der Zeit und Arbeit eher aus Körpern als aus Gütern und Reichtum zu gewinnen vermag. Ein Machttyp, der durch fortgesetzte Überwachung und nicht diskontinuierlich über Steuersysteme und zeitlich wiederkehrende Verpflichtungen aus-

geübt wird. Ein Machttyp, der ein enges Raster materieller Zwänge und nicht so sehr die physische Existenz eines Souveräns voraussetzt und eine neue Ökonomie der Macht definiert, deren Prinzip es ist, zugleich die unterworfenen Kräfte und die Kraft und Wirksamkeit der sie unterwerfenden Kräfte anwachsen zu lassen.
Mir scheint, daß dieser Machttyp Punkt für Punkt das Gegenstück zu jenem Machtmechanismus ist, der von der Theorie der Souveränität beschrieben oder transkribiert wurde. Die Theorie der Souveränität ist mit einer Form von Macht verbunden, die sich auf die Erde und ihre Produkte mehr als auf Körper und deren Betätigungen erstreckt. (Diese Theorie) bezieht sich auf die Verlagerung und Aneignung nicht der Zeit und der Arbeit, sondern der Güter und des Reichtums durch die Macht. Sie ermöglicht es, die diskontinuierlichen und zeitlich wiederkehrenden Abgabeverpflichtungen in Rechtsbegriffe zu übersetzen, nicht jedoch die Kodierung einer kontinuierlichen Überwachung. Diese Theorie erlaubt, die Macht rund um die physische Existenz des Souveräns und ausgehend von ihr, nicht jedoch, kontinuierliche und beständige Überwachungssysteme zu begründen. Die Theorie der Souveränität vermag, wenn Sie so wollen, die absolute Macht in der absoluten Verschwendung der Macht zu legitimieren, jedoch nicht, die Macht als Minimum an Verschwendung und Maximum an Effizienz zu kalkulieren. Der neue Machttyp dagegen, der keineswegs mehr in Begriffen der Souveränität erfaßt werden kann, ist, so glaube ich, eine der großen Erfindungen der bürgerlichen Gesellschaft. Er war eines der grundlegenden Instrumente bei der Errichtung des Industriekapitalismus und des zu ihm gehörenden Gesellschaftstyps. Diese nicht-souveräne Macht, die der Form der Souveränität fremd gegenüber steht, ist die »Disziplinarmacht«. Eine Macht, die in den Kategorien der Theorie der Souveränität nicht beschrieben und gerechtfertigt werden kann, radikal heterogen ist und normalerweise zum Verschwinden des großen Rechtsgebäudes der Theorie der Souveränität hätte führen müssen. In Wirklichkeit hat jedoch die Theorie der

Souveränität nicht nur als Ideologie des Rechts überlebt, wenn Sie so wollen, sondern auch weiterhin die Gesetzesbücher geprägt, die sich Europa im 19. Jahrhundert ausgehend vom Code Napoleon[5] gegeben hat. Warum hatte nun die Theorie der Souveränität als Ideologie und als Organisationsprinzip der großen Gesetzesbücher weiterhin Bestand?

Ich glaube, es gibt dafür zwei Gründe. Einerseits war die Theorie der Souveränität im 18. und noch im 19. Jahrhundert ein Instrument zur fortgesetzten Kritik der Monarchie und aller Hindernisse, die sich der Entwicklung der Disziplinargesellschaft in den Weg stellten. Andererseits ermöglichte die Theorie der Souveränität und die Ausarbeitung auf ihr beruhender Gesetzesbücher, die Mechanismen der Disziplin einem Rechtssystem zu unterstellen, das deren Verfahrensweisen verschleierte und die der Disziplin eigene Herrschaft und immanente Herrschaftstechniken zum Verschwinden brachte. Schließlich garantierte es jedem, mittels der Staatssouveränität seine eigenen souveränen Rechte wahrnehmen zu können. Mit anderen Worten ermöglichten die Rechtssysteme – sei es in der Theorie oder als Gesetzesbücher – eine Demokratisierung der Souveränität, die Einrichtung eines auf kollektiver Souveränität beruhenden öffentlichen Rechts, und all das genau zu dem Zeitpunkt, genau aus dem Grund und in dem Maße, wie sich diese Demokratisierung der Souveränität zutiefst von den Mechanismen des Disziplinarzwangs durchdrungen sah. Zugespitzt ließe sich somit sagen: Ab dem Moment, da die Disziplinarzwänge zugleich als Herrschaftsmechanismen eingesetzt und als effektive Machtausübung vertuscht werden sollten, war es nötig, daß die Theorie der Souveränität in dem durch Gesetzesbücher reaktivierten und vervollständigten Rechtsapparat präsent war.

In den modernen Gesellschaften haben wir seit dem 19. Jahrhundert und bis in unsere Zeit also einerseits eine Gesetzgebung, einen Diskurs, eine Organisation des öffentlichen Rechts

5 Es geht um den »Code Napoleon«: den *Code civil* (1804), den *Code d'instruction criminelle* (1808) und den *Code pénal* (1810).

rund um das Prinzip der Souveränität des sozialen Körpers und der Delegierung der einzelnen Souveränitäten an den Staat, und andererseits ein enges Raster disziplinarischer Zwänge, das tatsächlich den Zusammenhalt dieses sozialen Körpers garantiert. Nun läßt sich dieses Raster in gar keinem Fall in das Recht übersetzen, welches dennoch dessen notwendige Begleiterscheinung ist. Recht der Souveränität und Mechanik der Disziplin: Die Ausübung der Macht vollzieht sich zwischen diesen beiden Grenzen, denke ich. Doch sind diese Grenzen so beschaffen und so heterogen, daß sie nie aufeinander abbildbar sind. Die Macht verwirklicht sich in den modernen Gesellschaften durch, ausgehend und in dem heterogenen Spiel eines öffentlichen Rechts der Souveränität mit einem vielfältigen Mechanismus der Disziplin. Was nicht bedeutet, daß es auf der einen Seite ein geschwätziges und explizites Rechtssystem, jenes der Souveränität, gäbe, und auf der anderen Seite dunkle und stumme Disziplinen, die in der Tiefe und im Schatten tätig wären und den schweigenden Untergrund des großen Machtmechanismus abgeben würden. Tatsächlich haben die Disziplinen ihren eigenen Diskurs. Sie bringen selbst und aus Gründen, die ich Ihnen vorhin genannt habe, Wissensapparate und Apparate vielfältiger Erkenntnisbereiche hervor. Sie sind außerordentlich erfinderisch im Bereich dieser Apparate, die Wissen und Erkenntnisse erzeugen, und führen einen Diskurs, der jedoch nicht jener des Rechts, der kein Rechtsdiskurs sein kann. Der Diskurs der Disziplin hat weder mit jenem des Gesetzes noch mit der Regel als Wirkung des souveränen Willens zu tun. Die Disziplinen führen zwar einen Diskurs der Regeln, aber nicht den der von der Souveränität abgeleiteten Rechtsregeln, sondern den der natürlichen Regeln, d. h. der Norm. Sie definieren einen Kodex, der nicht jener des Gesetzes, sondern jener der Normalisierung sein wird, und sie werden sich zwangsläufig auf den theoretischen Horizont nicht mehr des Rechtsgebäudes, sondern des humanwissenschaftlichen Feldes beziehen. Die Rechtsprechung der Disziplinen wird jene eines klinischen Wissens sein.

Um es kurz zu sagen: Was ich in den letzten Jahren insgesamt zeigen wollte, ist nicht, wie beim Vormarsch der exakten Wissenschaften nach und nach der ungewisse, schwierige, verwickelte Bereich des menschlichen Verhaltens der Wissenschaft angegliedert wurde: nicht durch den Fortschritt in der Rationalität der exakten Wissenschaften haben sich schrittweise die Humanwissenschaften herausgebildet. Ich glaube, daß der Prozeß, der den Diskurs der Humanwissenschaften grundsätzlich ermöglicht hat, in der Parallel- oder Gegenüberstellung zweier Mechanismen und zweier Typen absolut heterogener Diskurse besteht: in der Organisation des Rechts rund um die Souveränität einerseits, im Mechanismus der von den Disziplinen ausgeübten Zwänge andererseits. Daß die Macht in unseren Tagen zugleich durch das Recht und seine Techniken ausgeübt wird und diese Techniken der Disziplin und diese aus der Disziplin hervorgegangenen Diskurse in das Recht eindringen, daß die Normalisierungsvorgänge mehr und mehr die Gesetzesverfahren kolonisieren, kann das globale Funktionieren dessen erklären, was ich »Normalisierungsgesellschaft« nennen würde.

Genauer gesagt: Ich denke, daß die Normalisierung, die disziplinarischen Normalisierungen mehr und mehr mit dem Rechtssystem der Souveränität kollidieren; je klarer die Unvereinbarkeit des einen mit dem anderen hervortritt, um so notwendiger wird ein schlichtender Diskurs, ein Macht- oder Wissenstyp, der seine wissenschaftliche Sakralisierung neutralisieren würde. Gerade in der Ausweitung der Medizin können wir sehen, wie sich der Mechanismus der Disziplin und das Prinzip des Rechts, ich will nicht sagen verbinden, aber doch beständig einschränken, austauschen oder miteinander kollidieren. Die Weiterentwicklung der Medizin, die allgemeine Medikalisierung des Verhaltens, der Haltungen, Diskurse, Wünsche usw. vollziehen sich an der Front, an der die beiden heterogenen Ebenen der Disziplin und der Souveränität aufeinandertreffen.

Angesichts der Übergriffe der Disziplinarmechanismen, angesichts des Aufstiegs einer mit dem szientistischen Wissen verbundenen Macht bleibt uns in der gegenwärtigen Situation allein die scheinbar solide Zuflucht oder die Rückkehr zu jenem Recht, das um die Souveränität herum organisiert ist und auf diesem alten Prinzip beruht. Was macht man also konkret, wenn man den Disziplinen und den Wissens- und Machtwirkungen, die mit ihnen verbunden sind, etwas entgegensetzen möchte? Was macht man im Leben? Was machen die Richtergewerkschaft und vergleichbare Institutionen? Was macht man anderes, als sich genau auf dieses Recht zu berufen, dieses berühmte formale und Bürgerliche Recht, das in Wirklichkeit das Recht der Souveränität ist? Ich denke, wir befinden uns hier in einer Art Sackgasse und können das nicht ewig so weiterlaufen lassen: Die Wirkungen der Disziplinarmacht können nicht durch Berufung auf die Souveränität gegen die Disziplin begrenzt werden.

Souveränität und Disziplin, Gesetzgebung, Recht der Souveränität und Disziplinarmechanismen sind die beiden absolut konstitutiven Bestandteile der allgemeinen Machtmechanismen unserer Gesellschaft. Im Kampf gegen die Disziplinen oder vielmehr gegen die Disziplinarmacht, auf der Suche nach einer nicht-disziplinarischen Macht, sollte man sich besser nicht an das alte Recht der Souveränität wenden; eher an ein neues Recht, das anti-disziplinarisch, aber zugleich vom Prinzip der Souveränität befreit wäre.

Hier stoßen wir erneut auf den Begriff der »Unterdrückung«, über den ich vielleicht beim nächsten Mal sprechen werde, wenn es mir nicht lästig sein wird, das schon Gesagte erneut durchzukauen; vielleicht gehe ich sofort zu Fragen über, die mit dem Krieg zu tun haben. Wenn ich den Wunsch und den Mut habe, werde ich vom Begriff der »Unterdrückung« sprechen, dessen Gebrauch angesichts seiner üblichen Verwendung doppelt nachteilig ist: Einerseits bezieht er sich dunkel auf eine bestimmte Theorie der Souveränität, nämlich die Theorie der souveränen Rechte des Individuums, auf der anderen Seite bringt er ein System psychologischer Bezüge ins Spiel, die den

Humanwissenschaften, d. h. den Diskursen und Praktiken des disziplinarischen Bereichs, entlehnt sind. Ich glaube, daß der Begriff der »Unterdrückung« noch immer ein juristisch-disziplinärer Begriff ist, wie kritisch man ihn auch verwenden mag. In diesem Sinne wird von Anfang an die kritische Verwendung des Begriffs der »Unterdrückung« aufgrund des doppelten rechtlichen und disziplinarischen Bezugs auf die Souveränität und die sie implizierende Normalisierung verfälscht, verdreht, zunichte gemacht. Das nächste Mal werde ich also von der Repression sprechen, andernfalls gehe ich zum Problem des Kriegs über.

Vorlesung vom 21. Januar 1976

Die Theorie der Souveränität und die Herrschaftsoperatoren. – Der Krieg als Analysator der Machtbeziehungen. – Binäre Struktur der Gesellschaft. – Der historisch-politische Diskurs, der Diskurs des fortgesetzten Krieges. – Die Dialektik und ihre Kodifizierungen. – Der Diskurs des Rassenkampfes und seine Umschriften.

Beim letzten Mal habe ich mich in gewisser Weise von der Theorie der Souveränität verabschiedet, insofern sie sich als Methode zur Analyse der Machtbeziehungen anbot und noch anbietet. Ich wollte Ihnen zeigen, daß sich das Rechtsmodell der Souveränität für die konkrete Analyse der vielfältigen Machtbeziehungen nicht eignet. Mir scheint, daß die Theorie der Souveränität – wenn man sie in wenigen, genaugenommen drei Worten zusammenfassen will – zwangsläufig auf den Versuch hinausläuft, das zu konstituieren, was ich einen Zyklus, den Zyklus von Subjekt zu Subjekt nennen würde; daher habe ich zu zeigen versucht, wie ein Subjekt – verstanden als natürlicherweise (oder dank der Natur) mit Rechten und Fähigkeiten ausgestattetes Individuum – Subjekt werden kann oder muß, verstanden diesmal als in einer Machtbeziehung unterworfenes Element. Die Souveränität ist die Theorie, die von Subjekt zu Subjekt geht und eine politische Beziehung zwischen Subjekten errichtet. Des weiteren scheint mir, daß die Theorie der Souveränität sich zu Beginn eine Vielfalt von Mächten zuschreibt, die keine Mächte im politischen Sinn des Begriffs, sondern Fähigkeiten, Möglichkeiten, Potenzen sind, die sie nur unter der Bedingung zu Mächten im politischen Sinn des Begriffs machen kann, daß sie zwischen den Möglichkeiten und Mächten unter der Hand ein Moment fundamentaler und begründender Einheit, nämlich die Einheit der Macht, einführt. Dabei ist unwichtig, ob diese Einheit der Macht das Gesicht des Monarchen oder die Form des Staates annimmt; von dieser

Machteinheit lassen sich verschiedene Formen, Aspekte, Mechanismen und Machtinstitutionen ableiten. Die Vielfalt der Mächte, verstanden als politische Mächte, kann nur auf der Basis dieser Einheit der Macht, die sich auf die Theorie der Souveränität stützt, eingeführt werden und funktionieren. Schließlich scheint die Theorie der Souveränität zu zeigen oder zeigen zu wollen, daß sich eine Macht auf eine gewisse grundlegende Gesetzmäßigkeit stützen kann, die grundlegender als alle Gesetze, eine Art allgemeines Gesetz aller Gesetze ist und den verschiedenen Gesetzen ermöglicht, als Gesetze zu funktionieren. Anders gesagt ist die Theorie der Souveränität ein Kreislauf zwischen Subjekten, ein Kreislauf zwischen der Macht und den Mächten, ein Kreislauf zwischen Legitimität und Gesetz. Sagen wir, daß die Theorie der Souveränität auf die eine oder andere Weise – und natürlich entsprechend der unterschiedlichen theoretischen Modelle, in denen sie sich entfaltet – das Subjekt voraussetzt; sie zielt darauf ab, die wesentliche Einheit der Macht zu begründen, und entfaltet sich immer in dem vorgängigen Element des Gesetzes. Wir haben also eine dreifache »Primitivität«: jene des zu unterwerfenden Subjekts, jene der zu begründenden Einheit der Macht und jene der zu respektierenden Legitimität. Subjekt, Einheit der Macht und Gesetz: hier haben wir, scheint mir, die Elemente, mit denen die Theorie der Souveränität spielt, die sie sich zugleich vorgibt und die sie zu begründen sucht. Mein Anliegen – aber ich höre gleich damit auf – bestand darin, Ihnen zu zeigen, wie dieses Instrument, mit dem die politisch-psychologische Analyse seit bald drei oder vier Jahrhunderten arbeitet, nämlich mit dem Begriff der Unterdrückung – die dem Freudianismus oder dem Freudomarxismus entlehnt zu sein scheint –, tatsächlich zu einer bestimmten Entzifferung der Macht gehörte, die sich in Begriffen der Souveränität vollzog. Das aber hätte uns auf schon Gesagtes zurückgebracht; nun gehe ich weiter, nicht ohne vielleicht Ende des Jahres, wenn Zeit bleibt, darauf zurückzukommen.

Das allgemeine Vorhaben der vergangenen Jahre und dieses Jahres wird darin bestehen, die Analyse der Macht von der dreifachen Voraussetzung des Unterworfenen (sujet), der Einheit und des Gesetzes zu lösen oder zu befreien und anstelle des grundlegenden Elements der Souveränität das hervortreten zu lassen, was ich die Herrschaftsbeziehungen oder -träger nennen würde. Anstatt die Mächte der Souveränität abzuleiten, geht es nun viel eher darum, historisch und empirisch aus den Machtbeziehungen die Herrschaftsträger herauszulösen. Theorie der Herrschaft oder der Herrschaften eher als Theorie der Souveränität, das bedeutet: anstatt vom Untertan oder von Untertanen (sujet ou sujets) und diesen Elementen auszugehen, die dieser Beziehung vorangehen und die man lokalisieren könnte, sollte man besser von der Macht- und Herrschaftsbeziehung und dem, was sie an Faktischem und Effektivem hat, ausgehen und untersuchen, wie diese Beziehung sogar die Elemente, auf die sie sich bezieht, bestimmt. Also nicht die Untertanen (sujets) fragen, wie, warum und in wessen Namen sie es hinnehmen können, sich unterwerfen zu lassen, sondern zeigen, inwiefern die Unterwerfungsbeziehungen effektiv Untertanen (sujets) fabrizieren. Zum zweiten sollte man die Herrschaftsbeziehungen herausschälen und sie in ihrer Vielfalt, ihrer Differenz, ihrer Spezifik und ihrer Umkehrbarkeit zur Geltung bringen: also nicht eine Art Souveränität als Quelle der Macht suchen, sondern zeigen, wie die unterschiedlichen Herrschaftsträger sich aufeinander stützen, sich aufeinander beziehen und sich in einer bestimmten Zahl von Fällen verstärken und konvergieren, sich in anderen Fällen verneinen oder sogar zu annullieren bestrebt sind. Ich will natürlich nicht sagen, daß es die großen Machtapparate nicht gibt oder daß man sie nicht erreichen oder beschreiben kann. Aber ich denke, daß diese immer auf der Basis dieser Herrschaftsdispositive funktionieren. Konkret kann man natürlich den schulischen Apparat oder den gesamten Lernapparat in einer gegebenen Gesellschaft beschreiben, aber ich denke, daß man sie nur wirkungsvoll analysieren kann, wenn man sie nicht als globale Einheit versteht, wenn man sie nicht direkt von etwas abzuleiten versucht, was die staatliche Einheit der Souveränität wäre, sondern wenn man untersucht, wie sie agieren und sich stützen, wie dieser Apparat auf der Basis vielfältiger Unterwerfungen eine bestimmte Menge globaler Strategien festlegt (des Kindes unter den Erwachsenen, der Nachkommen unter die Eltern, des Unwissenden unter den Gelehrten, des Lehrlings unter den Meister, der Familie unter die Verwaltung usw.). All diese Mechanismen und Herrschaftsträger sind der effektive Sockel des globalen Apparats, der von dem schulischen Apparat konstituiert wird. Wenn Sie so wollen: die Machtstrukturen als globale Strategien betrachten, die lokale Herrschaftstaktiken durchqueren und benutzen.

Drittens bedeutet der Versuch, die Herrschaftsbeziehungen anstelle der Souveränitätsquelle in den Vordergrund treten lassen, Folgendes: nicht deren grundlegende Legitimität nachzuzeichnen, sondern die technischen Instrumente ausfindig zu machen, die sie ermöglichen. Zusammenfassend und um die Sache wenigstens vorläufig weniger abzuschließen als doch halbwegs klar zu machen, ließe sich sagen: anstatt die dreifache Voraussetzung des Gesetzes, der Einheit und des Subjekts zu übernehmen – die die Souveränität zur Quelle der Macht und zur Begründung der Institutionen erklärt –, sollte man, denke ich, den dreifachen Blickwinkel der Techniken, der Heterogenität der Techniken und ihrer Unterwerfungseffekte einnehmen, die die Herrschaftsverfahren zu dem wirksamen Raster der Machtbeziehungen und der großen Machtapparate werden lassen. Fabrikation der Untertanen (sujets) eher als Genese des Souveräns: das wäre das allgemeine Thema. Wie läßt sich aber, wenn ganz klar ist, daß die Herrschaftsverhältnisse der Zugangsweg zur Machtanalyse sind, diese Analyse der Herrschaftsverhältnisse durchführen? Wenn es stimmt, daß es die Herrschaft und nicht die Souveränität ist oder eher die Herrschaften oder Herrschaftsträger sind, die es zu untersuchen gilt, wie kann man auf diesem Gebiet der Herrschaftsverhältnisse vorwärtskommen? Inwiefern läßt sich ein Herrschaftsverhältnis auf den Begriff des Kräfteverhältnisses zurückführen oder auf ihn umlegen? Wie läßt sich ein Kräfteverhältnis auf ein Kriegsverhältnis zurückführen?

So lauten in etwa die Vorfragen, die ich in diesem Jahr ein wenig näher erörtern möchte: Kann der Krieg für die Analyse der Machtverhältnisse und als Matrix der Herrschaftstechniken wirksam werden? Sie werden mir sagen, daß man zur Spieleröffnung die Kräfteverhältnisse und Kriegsbeziehungen nicht vermischen sollte. Sicherlich. Aber ich sehe hierin einen Extremfall, insofern der Krieg als Punkt maximaler Spannung, als nackte Kräfteverhältnisse verstanden werden kann. Ist das Machtverhältnis im Grunde ein Verhältnis der Konfrontation, des Todeskampfes, des Krieges? Muß man unterhalb von Frieden, Ordnung, Reichtum, Autorität, unterhalb der ruhigen Ordnung der Unterordnungen, unterhalb des Staats und der Staatsapparate, unterhalb der Gesetze usw. eine Art primitiven Kriegs hören und wiederentdecken? Mit dieser Frage möchte ich das Spiel eröffnen, ohne die ganze Serie der anderen Fragen zu verkennen, die gestellt werden müssen, die ich in den kommenden Jahren anzugehen versuchen werde und aus denen sich, zum Zweck einer ersten Standortbestimmung, jene anführen läßt: Kann und muß die Tatsache des Krieges als vorgängig zu anderen Beziehungen gedacht werden (Beziehungen der Ungleichheit, der Asymmetrie, der Arbeitsteilungen, der Ausbeutung usw.)? Können und müssen die Phänomene des Antagonismus, der Rivalität, des Zusammenstoßes, des Kampfes zwischen Individuen oder Gruppen oder Klassen in einem allgemeinen Mechanismus, in dieser allgemeinen Form des Krieges zusammengeführt werden? Oder noch anders: Können die Begriffe, die sich von dem herleiten, was man im 18. und auch noch 19. Jahrhundert die Kriegskunst (Strategie, Taktik usw.) nannte, als solche ein gültiges und taugliches Instrument für die Analyse der Machtbeziehungen abgeben? Man könnte sich fragen, man wird sich fragen müssen, ob die militärischen Institutionen und die zu ihnen gehörenden Praktiken – und allgemeiner alle Verfahren, die eingesetzt werden, um Krieg zu führen – mittelbar oder unmittelbar den Kern der politischen Institutionen ausmachen.

Die erste Frage, der ich in diesem Jahr nachgehen möchte, ist folgende: Wie, ab wann und warum fing man an sich vorzustellen, daß es der Krieg ist, der unterhalb und innerhalb der Machtbeziehungen funktioniert? Seit wann, auf welche Weise und aus welchem Grund geht man davon aus, daß so etwas wie ein ununterbrochener Kampf den Frieden durchzieht, daß also die zivile Ordnung – an ihrer Basis, in ihrem Wesen, in ihren wesentlichen Mechanismen – eine Schlachtordnung ist? Wer ist auf die Idee gekommen, daß die zivile Ordnung eine Schlachtordnung ist? ... Wer hat den Krieg durch den Frieden hindurch wahrgenommen? Wer hat im Lärm, im Wirrwarr des Krieges, im Schlamm der Schlachten, das Erkenntnisprinzip der Ordnung, des Staates, seiner Institutionen und seiner Geschichte gesucht?

Dieser Frage werde ich in den kommenden Vorlesungen nachgehen, vielleicht bis zum Ende dieses Jahres. Im Grunde könnte man die Frage ganz einfach formulieren, und so habe ich es zunächst auch getan: »Wer hat eigentlich die Idee gehabt, den Grundsatz von Clausewitz umzudrehen, wer hat die Idee gehabt, zu sagen: es ist gut möglich, daß der Krieg die mit anderen Mitteln geführte Politik ist. Aber ist nicht auch die Politik der mit anderen Mitteln geführte Krieg?« Nun, glaube ich, besteht das Problem weniger darin zu erfahren, wer den Grundsatz von Clausewitz umgedreht hat, als vielmehr darin, welchen Grundsatz Clausewitz umgedreht hat, oder besser wer den Grundsatz formuliert hat, den Clausewitz umgedreht hat, als er sagte, der Krieg ist nur eine Fortsetzung der Politik. Ich glaube tatsächlich – und ich werde es zu zeigen versuchen –, daß es den Grundsatz, nach welchem die Politik der mit anderen Mitteln fortgesetzte Krieg ist, lange vor Clausewitz gab, der diese zugleich diffuse und präzise These, die seit dem 17. und 18. Jahrhundert zirkulierte, einfach umgedreht hat.

Also: Die Politik ist der mit anderen Mitteln fortgesetzte Krieg. In dieser These – in der Existenz dieser sogar Clausewitz vorgängigen These – liegt eine Art historisches Paradox. Etwas schematisch und ein wenig vergröbernd läßt sich tatsächlich sagen, daß mit dem Anwachsen und der Entwicklung der Staaten im Mittelalter und an der Schwelle zur Neuzeit die Einrichtungen und Praktiken des Krieges eine sehr charakteristische und sichtbare Wendung genommen haben, die sich folgendermaßen beschreiben läßt: Die Kriegshandlungen und -einrichtungen haben sich immer mehr in den Händen einer Zentralmacht konzentriert, bis es schließlich so weit kam, daß de facto und de jure nur die Staatsmächte Kriege anzetteln und Kriegsinstrumente einsetzen konnten: eine Art Verstaatlichung des Krieges mithin. Einhergehend mit dieser Verstaatlichung verschwand aus dem Gesellschaftskörper, aus der zwischenmenschlichen Beziehung das, was man den alltäglichen Krieg nennen könnte und tatsächlich den »Privatkrieg« nannte. Die Kriege, Kriegspraktiken und Kriegseinrichtungen befinden sich fast nurmehr an den Grenzen, an den äußeren Grenzen der großen staatlichen Einheiten – als wirksames oder bedrohliches Gewaltverhältnis zwischen den Staaten. Nach und nach wurde der gesamte Gesellschaftskörper von diesen kriegerischen Beziehungen gesäubert, die ihn während des Mittelalters vollständig ausgemacht haben.

Aufgrund dieser Verstaatlichung und der Tatsache, daß der Krieg in gewisser Weise eine nurmehr an den äußeren Grenzen des Staates ausgeübte Praxis war, wurde er zunehmend zum professionellen und technischen Monopol eines sorgfältig definierten und kontrollierten Militärapparats. Dies führte im großen und ganzen zur Entstehung der Armee als Institution, die als solche im Mittelalter nicht existiert hat. Erst mit dem ausgehenden Mittelalter zieht ein mit Militäreinrichtungen ausgestatteter Staat herauf, die an die Stelle der alltäglichen und globalen Kriegspraxis und an die Stelle einer Gesellschaft treten, welche nachhaltig von Kriegsverhältnissen geprägt war. Ich werde auf diese Entwicklung zurückkommen müssen; aber ich denke, daß wir sie zumindest als erste historische These hinnehmen können.

Wo liegt nun aber das Paradox? Das Paradox ist, daß zum Zeitpunkt dieser Transformation (oder vielleicht kurz danach), als der Krieg in seiner Ausübung zugleich zentralisiert und an die

Grenzen des Staates verdrängt wurde, ein bestimmter, seltsamer, neuartiger Diskurs aufkam. Neuartig insofern, als er, wie ich glaube, der erste historisch-politische Diskurs über die Gesellschaft ist, der sich von dem bis dahin gepflogenen philosophisch-juridischen Diskurs deutlich absetzt. Der historisch-politische Diskurs, der nun auftaucht, ist gleichzeitig ein Diskurs über den Krieg, verstanden als fortgesetzte soziale Beziehung und unauslöschlicher Grund aller Machtverhältnisse und -einrichtungen. Wann entsteht dieser historisch-politische Diskurs über den Krieg als Grundlage der sozialen Verhältnisse? Symptomatischerweise taucht er, wie ich glaube – ich werde es Ihnen zu zeigen versuchen –, nach dem Ende der Bürger- und Religionskriege des 16. Jahrhunderts auf. Er entsteht aber keineswegs als Aufzeichnung oder Analyse der Bürgerkriege des 16. Jahrhunderts. Er ist im Gegenteil schon da und zumindest zu Beginn der großen politischen Kämpfe im England des 17. Jahrhunderts, zum Zeitpunkt der bürgerlichen Revolution in England, bereits klar formuliert. Man begegnet ihm anschließend in Frankreich, gegen Ende des 17. Jahrhunderts, am Ende der Regierungszeit Ludwigs XIV. in anderen politischen Kämpfen – sagen wir, in den Nachhutgefechten der französischen Aristokratie gegen die Errichtung der großen absoluten und administrativen Monarchie. Es handelt sich somit, wie Sie sehen, um einen unmittelbar zweideutigen Diskurs: einerseits diente er in England den bürgerlichen, kleinbürgerlichen und eventuell sogar aus dem Volk stammenden politischen Gruppen als Instrument des Kampfes, der Polemik und der politischen Organisation gegen die absolutistische Monarchie. Andererseits war er auch ein aristokratischer Diskurs gegen diese Monarchie. Diese Rede wurde von heterogenen, häufig obskuren Leuten geführt. In England findet man darunter Leute wie Edward Coke[1] und

1 Die wichtigsten Schriften von E. Coke sind: *A Book of Entries,* London, 1614; *Commentaries on Littleton,* London, 1628; *A Treatise of Bail and Mainprize,* London, 1635; *Institutes of the Laws of England,* London, I, 1628; II, 1642; III-IV, 1644; *Reports,* London, I-XI, 1600-1615; XIII, 1659. Über Coke, s. unten, Vorlesung vom 4. Februar.

John Lilburne[2] als Vertreter der Volksbewegungen; in Frankreich begegnet man Namen wie jenen von Boulainvilliers[3], Freret[4] oder von jenem Mann aus dem Massif Central, der sich Compte d'Estaing[5] nannte. Wiederaufgenommen wurde er von Sieyès[6], aber auch von Buonarroti[7], Augustin Thierry[8] oder Courtet[9]. Und schließlich begegnen wir ihm bei jenen Rassen- und Eugenikbiologen des ausgehenden 19. Jahrhunderts. Ein ausgeklügelter, gelehrter, gebildeter Diskurs, aber auch ein Diskurs – das werden Sie sehen –, an dem sich sicherlich zahl-

2 Über J. Lilburne, s. unten.

3 Über H. de Boulainvilliers, s. unten, Vorlesung vom 11., 18. und 25. Februar.

4 Die meisten Werke von N. Freret wurden ursprünglich in *Mémoires de l'Académie des Sciences* veröffentlicht und wurden versammelt in *Œuvres complètes,* Paris, 1796-1799, 20 Bde.; s. unter anderem: *De l'origine des Français et de leur établissement dans la Gaule* (Bd. v); *Recherches historiques sur les mœurs et le gouvernement des Français, dans les divers temps de la monarchie* (Bd. vi); *Réflexions sur l'étude des anciennes histoires et sur le degré de certitude de leur preuves* (Bd. vi); *Vues générales sur l'origine et sur le mélange des anciennes nations et sur la manière d'en étudier l'histoire* (Bd. xviii); *Observations sur les Mérovingiens* (Bd. xx). Über Freret, s. unten, Vorlesung vom 3. März.

5 Joachim Comte d'Estaing, *Dissertation sur la noblesse d'extraction et sur les origines des fiefs, des surnoms et des armoiries,* Paris, 1690.

6 M. Foucault stützt sich in der Vorlesung vom 10. März im wesentlichen auf zwei Texte von E.-J. Sieyès, *Essai sur les privilèges*, Paris, 1788, und *Qu'est-ce que le Tiers-Etat?,* Paris 1789 (s. die Wiederauflagen dieses Textes: Paris, PUF, 1982 und Flammarion, 1988).

7 Vgl. F. Buonarroti, *Conspiration pour l'égalité, dite de Babeuf, suivie du procès auquel elle donna lieu et des pièces justificatives,* Brüssel, 1828, 2 Bde.

8 Die historischen Werke von A. Thierry, auf welche M. Foucault sich insbesondere in der Vorlesung vom 10. März bezieht, sind folgende: *Vues des révolutions d'Angleterre,* Paris, 1817; *Histoire de la conquète de l'Angleterre par les Normands, de ses causes et de ses suites jusqu'à nos jours,* Paris, 1825; *Lettres sur l'histoire de France pour servir d'introduction à l'étude de cette histoire,* Paris, 1827; *Dix ans d'études historiques,* Paris, 1834; *Récits des temps merovingiens, précédés des Considérations sur l'histoire de France,* Paris, 1840; *Essai sur l'histoire de la formation et des progrès du Tiers-Etat,* Paris, 1853.

9 Von A. V. Courtet de l'Isle, vgl. insb. *La Science politique fondée sur la science de l'homme,* Paris, 1837.

reiche Leute aus dem Volk oder anonymer Herkunft beteiligt haben.

Was sagt dieser Diskurs? Nun, ich denke, er sagt Folgendes: Im Gegensatz zu dem von der philosophisch-juridischen Theorie Behaupteten fängt die politische Macht nicht dann an, wenn der Krieg aufhört. Die Organisation, die rechtliche Struktur der Macht, der Staaten, Monarchien und Gesellschaften hat ihr Prinzip nicht dort, wo der Lärm der Waffen verstummt. Der Krieg ist nicht zu Ende. Zunächst hat er den Staaten zur Geburt verholfen: Recht, Frieden und Gesetze werden im Blut und im Schlamm der Schlachten geboren. Darunter hat man sich freilich nicht ideale Schlachten vorzustellen oder Rivalitäten, wie sie sich Philosophen oder Juristen vorstellen: Es geht nicht um eine Art theoretischer Wilderei. Das Gesetz kommt nicht aus der Natur und aus Quellen, an denen die ersten Hirten trinken; das Gesetz ergibt sich aus wirklichen Schlachten, Siegen, Massakern, Eroberungen, die ihr genaues Datum und ihre Schrekkensfiguren haben; es geht aus angezündeten Städten und verwüsteten Landschaften hervor und wird mit jenen berühmten Unschuldigen geboren, die im heraufziehenden Tag im Todeskampf liegen.

Das aber heißt nicht, daß die Gesellschaft, das Gesetz und der Staat gleichsam der Waffenstillstand in diesen Kriegen oder die definitive Sanktion der Siege sind. Das Gesetz bedeutet nicht Befriedung, denn unterhalb des Gesetzes wütet der Krieg in allen Machtmechanismen, selbst den geregeltsten weiter. Der Krieg ist der Motor der Institutionen und der Ordnung, und selbst der Friede erzeugt in seinen kleinsten Räderwerken stillschweigend den Krieg. Anders gesagt: man muß aus dem Frieden den Krieg herauslesen: Der Krieg ist nichts anderes als die Chiffre des Friedens. Wir stehen miteinander im Krieg; eine Schlachtlinie zieht sich durchgängig und dauerhaft durch die gesamte Gesellschaft, und diese Schlachtlinie ordnet jeden von uns dem einen oder anderen Lager zu. Es gibt kein neutrales Subjekt. Man ist zwangsläufig immer jemandes Gegner.

Eine binäre Struktur durchzieht die Gesellschaft. Und hier

kommt etwas Wichtiges zum Vorschein, auf das ich zurückkommen werde. Der großen pyramidenförmigen Beschreibung, die das Mittelalter oder die philosophisch-politischen Theorien vom Gesellschaftskörper lieferten, diesem großen Bild des Organismus oder des menschlichen Körpers, das Hobbes zeichnen wird, oder der dreigliedrigen Organisation (in drei Stände), die für Frankreich (und bis zu einem bestimmten Punkt für gewisse europäische Länder) gilt und noch später gewisse Diskurse, in jedem Fall aber die Mehrheit der Institutionen bestimmen wird, tritt eine binäre Gesellschaftsauffassung entgegen – nicht unbedingt zum ersten Mal, aber zum ersten Mal in einer historisch präzisen Artikulation. In ihr stehen sich zwei Gruppen, zwei Kategorien von Individuen, zwei Armeen gegenüber. Und unterhalb des Vergessens, der Illusionen, der Lügen, die uns davon überzeugen machen wollen, daß es eine dreigliedrige Ordnung, eine Pyramide von Unterordnungen und einen Organismus gibt, unterhalb dieser Lügen, die uns glauben lassen, daß der Gesellschaftskörper entweder von naturgegebenen Notwendigkeiten oder von funktionalen Erfordernissen geleitet wird, muß man den fortgesetzten Krieg wiederfinden, den Krieg mit seinen Zufällen und seinen Höhepunkten. Warum muß man den Krieg wiederfinden? Eben deswegen, weil dieser alte Krieg ein (...) permanenter Krieg ist. Wir müssen tatsächlich Schlachtenforscher werden, da der Krieg nicht zu Ende ist, Entscheidungsschlachten gerade erst vorbereitet werden und wir die Entscheidungsschlacht erst noch gewinnen müssen. Die uns gegenüberstehenden Feinde bedrohen uns weiterhin, und wir werden diesen Krieg nicht durch so etwas wie eine Versöhnung oder eine Befriedung beenden können, sondern nur in dem Maße, wie wir tatsächlich Sieger sein werden.

Soweit eine erste, wenn auch sehr unscharfe Charakterisierung dieser Art von Diskurs. Ich glaube, daß man selbst von hier aus seine Wichtigkeit schon verstehen kann, die darin liegt, daß er der erste Diskurs in der abendländischen Gesellschaft seit dem Mittelalter ist, den man strenggenommen historisch-politisch nennen kann. Inwiefern? Zunächst deswegen, weil das Subjekt, das in diesem Diskurs spricht, das »ich« oder »wir« sagt, nicht die Position des Juristen oder Philosophen, d. h. des universellen, totalisierenden oder neutralen Subjekts einnehmen kann oder will. In diesem allgemeinen Kampf, von dem er spricht, steht derjenige, der spricht, der die Wahrheit sagt, der die Geschichte erzählt, der die Erinnerung wiederfindet und das Vergessen abwendet, notgedrungen auf der einen oder anderen Seite: Er befindet sich in der Schlacht, er hat Gegner, er arbeitet für einen Teilsieg. Er hält natürlich den Diskurs des Rechts, er bringt das Recht zur Geltung, er beruft sich auf das Recht. Was er aber einklagt und zur Geltung bringt, sind »seine« Rechte – »unsere Rechte«, sagt er, einzelne Rechte, die nachhaltig durch Eigentums-, Eroberungs-, Sieges- und Naturverhältnisse geprägt sind. Rechte seiner Familie oder seiner Rasse, seiner Überlegenheit oder Altehrwürdigkeit, Rechte triumphierender Invasionen oder Rechte jüngst vergangener oder tausendjähriger Besetzungen. In jedem Fall ist es ein Recht, das zugleich in einer Geschichte verankert und in bezug auf eine rechtliche Universalität dezentriert ist. Und wenn dieses Subjekt, das vom Recht (oder besser von seinen Rechten) spricht, von der Wahrheit redet, ist diese Wahrheit auch nicht die universelle Wahrheit des Philosophen. Zwar stimmt es, daß dieser Diskurs über den allgemeinen Krieg, dieser Diskurs, der den Krieg unterhalb des Friedens zu entziffern sucht, daß dieser Diskurs so, wie er ist, die gesamte Schlacht zu versprachlichen und den globalen Verlauf des Krieges einzuholen sucht. Gleichwohl ist er kein Diskurs der Totalität oder Neutralität; er ist immer ein Diskurs der Perspektive. Er zielt auf die Totalität nur insofern, als er sie von seinem eigenen Blickwinkel aus anpeilt, durchquert und durchstößt, d. h., daß die Wahrheit eine ist, die sich nur von ihrer Kampfposition und vom anvisierten Sieg aus entfalten kann, in gewisser Weise also an der Überlebensgrenze des sprechenden Subjekts.

Dieser Diskurs errichtet ein fundamentales Band zwischen den

Kräfteverhältnissen und Wahrheitsbeziehungen. Die Zugehörigkeit der Wahrheit zum Frieden, zur Neutralität, zu dieser Mittlerposition, von der Jean-Pierre Vernant[10] gezeigt hat, daß sie konstitutiv für die griechische Philosophie, zumindest ab einem bestimmten Zeitpunkt, war, löst sich auf. In einem Diskurs wie diesem sagt man die Wahrheit besser, wenn man in einem Lager steht. Die Zugehörigkeit zu einem Lager – die dezentrierte Position – ermöglicht die Entzifferung der Wahrheit und die Denunziation der Illusionen und Irrtümer, dank welcher man uns glauben macht, dank welcher einen die Gegner glauben lassen, man befände sich in einer geordneten und befriedeten Welt. »Je mehr ich mich dezentriere, um so besser sehe ich die Wahrheit; je mehr ich das Kräfteverhältnis betone, je mehr ich mich schlage, um so wirksamer wird sich die Wahrheit vor mir entfalten, in dieser Perspektive des Kampfes, des Überlebens und Sieges.« Wenn umgekehrt das Kräfteverhältnis die Wahrheit freisetzt, so wird die Wahrheit ihrerseits zu einer Waffe in diesem Kräfteverhältnis – und nicht zuletzt darum gesucht. Entweder verleiht die Wahrheit Kraft oder bringt aus dem Gleichgewicht, akzentuiert die Asymmetrien und senkt schließlich die Waagschale des Sieges eher auf die eine als die andere Seite: Die Wahrheit ist ein Mehr an Kraft, so wie sie sich nur ausgehend von einem Kräfteverhältnis entfaltet. Die wesenhafte Zugehörigkeit der Wahrheit zum Kräfteverhältnis, zur Asymmetrie, zur Dezentrierung, zu Kampf und Krieg ist in diesen Typ von Diskurs selbst eingeschrieben.

10 Vgl. J.-P. Vernant, *Les Origines de la pensée grecque*, Paris, PUF, 1965 (insb. Kap. VII und VIII); *Mythe et Pensée chez les Grecs. Etudes de psychologie historique*, Paris, La Découverte, 1965 (insb. Kap. III, IV, VII); *Mythe et Société en Grèce ancienne*, Paris, Seuil, 1974; J.-P. Vernant & Vidal-Naquet, *Mythe et Tragédie en Grèce ancienne*, Paris, La Découverte, 1972 (insb. Kap. III); auf deutsch liegen vor: J.-P. Vernant, *Der maskierte Dionysos. Raum und Religion in der griechischen Antike*, Berlin, Wagenbach, 1996; *Mythos und Religion im antiken Griechenland*, Frankfurt a. M., Campus, 1995; *Die Ursprünge des griechischen Denkens*, Frankfurt a. M., Suhrkamp, 1982; *Zwischen Mythos und Politik. Eine intellektuelle Autobiographie*, Berlin, Wagenbach, 1997.

Diese befriedete Universalität, die – seit der griechischen Philosophie – der philosophisch-juridische Diskurs immer schon voraussetzte, wird hier radikal in Frage gestellt oder ganz einfach zynisch ignoriert.

Wir haben hier einen historischen und politischen Diskurs, der – und eben darin ist er historisch verankert und politisch dezentriert – auf Wahrheit und wahres Recht von einem Kräfteverhältnis aus und zugunsten der Vergrößerung dieses Kräfteverhältnisses Anspruch erhebt und dabei konsequenterweise das sprechende Subjekt – das Subjekt, das vom Recht spricht und die Wahrheit sucht – aus der juridisch-philosophischen Universalität ausschließt. Die Rolle desjenigen, der spricht, ist nicht die des Gesetzgebers oder Philosophen zwischen den Lagern, jener Person des Friedens und des Waffenstillstands, von der Solon und noch Kant[11] geträumt haben, die sich zwischen die Gegner, in die Mitte oder über sie stellt, jedem ein allgemeines Gesetz auferlegt und eine versöhnende Ordnung gründet – darum geht es hier nicht. Es geht vielmehr darum, ein asymmetrisches Recht zu setzen und eine Wahrheit zu begründen, die an ein Kräfteverhältnis, eine Wahrheits-Waffe und ein besonderes Recht gebunden ist. Das sprechende Subjekt ist ein – ich würde nicht einmal sagen polemisches, sondern – kriege-

11 Was Solon betrifft (s. insb. das Fragment 16, hg. von Diehl), verweisen wir auf die Analyse des »Maßes«, die M. Foucault in seiner Vorlesung im Collège de France im Jahr 1970-1971 in *La volonté de savoir* entwickelt hat. Für Kant beschränken wir uns auf den Verweis auf »Was ist Aufklärung?« (»Qu'est-ce que les Lumières?«) in *Dits et Ecrits,* IV, Nr. 339 und 351) und auf seinen Vortrag vom 27. Mai 1978 in der Société française de Philosophie, veröffentlicht unter dem Titel »Qu'est-ce que la critique?« (*Bulletin de la Société française de Philosophie*, April-Juni 1990, S. 35-36), auf deutsch *Was ist Kritik?*, Berlin, Merve, 1992. Von Kant, vgl. *Zum ewigen Frieden; ein philosophischer Entwurf* (Königsberg, 1795; s. insb. die zweite Ausgabe von 1796) in *Werke in zwölf Bänden*, Frankfurt a. M., Suhrkamp 1968, Bd. XI, S. 191-251; *Der Streit der Fakultäten in drei Abschnitten* (Königsberg, 1798), ebenda, S. 261-393. Foucault besaß die gesammelten Werke Kants in der Ausgabe von Bruno Cassirer (Berlin, 1922) und den Band von Ernst Cassirer, *Kants Leben und Lehre* (Berlin, 1918 und 1921).

risches Subjekt. Das ist einer der Gründe, warum dieser Typ von Diskurs wichtig ist und zweifellos einen Riß in den seit Jahrtausenden geführten Wahrheits- und Gesetzesdiskurs einführt.

Sodann ist es ein Diskurs, der die überlieferten Werte, Gleichgewichte und Polaritäten des Erkennens umstürzt und eine Erklärung von unten verlangt. Aber das Unten ist in dieser Erklärung darum nicht zwangsläufig das Klarste und Einfachste. Diese Erklärung von unten ist auch eine Erklärung mittels des Verworrensten, Dunkelsten, Ungeordnetsten, Zufälligsten; denn als Prinzip der Entzifferung der Gesellschaft und ihrer sichtbaren Ordnung müssen die verworrenen Gewalttaten, Leidenschaften, die Haß- und Wutausbrüche, der Groll und die Bitterkeiten ebenso Geltung beanspruchen wie die dunklen Zufälle, Kontingenzen und alle kleinen Umstände, die zu Niederlagen und Siegen führen. Dieser Diskurs verlangt im Grunde vom elliptischen Gott der Schlachten, die langen Tage der Ordnung, der Arbeit, des Friedens und der Gerechtigkeit aufzuklären. Die Raserei soll von der Ruhe und Ordnung Rechenschaft ablegen.

Was erhebt sie zum Prinzip der Geschichte? Zunächst eine Serie von nackten Tatsachen, die man physikalisch-biologisch nennen könnte: physische Kraft, Stärke, Energie, Vermehrung einer Rasse, Schwäche einer anderen usw.; desgleichen eine Serie von Zufällen und Kontingenzen: Niederlagen, Siege, Scheitern oder Gelingen von Aufständen, Erfolge oder Mißerfolge von Beschwörungen oder Bündnissen; schließlich ein Bündel physiologischer und moralischer Elemente (Mut, Angst, Verachtung, Haß, Vergessen usw.). Eine Verschränkung von Körpern, Leidenschaften und Zufällen, die in diesem Diskurs das bleibende Gewebe der Geschichte und Gesellschaften abgibt. Und oberhalb dieses Gemischs aus Körpern, Zufällen und Leidenschaften, oberhalb dieses dunklen und manchmal blutigen Gewimmels bildet sich etwas Brüchiges und Oberflächliches, eine wachsende Rationalität, die Rationalität der Berechnungen, Strategien und Listen, der technischen Verfahren zur Aufrechterhaltung des Sieges, zum scheinbaren Verstummen des Krieges, zur Bewahrung oder Umstürzung des Kräfteverhältnisses. Es ist eine Rationalität, die im Maße ihrer Entfaltung immer abstrakter wird und immer stärker an die Brüchigkeit und Verblendung, an die List und Bosheit derjenigen gebunden ist, die, wenn sie erst den Sieg errungen haben und im Herrschaftsverhältnis besser dastehen, kein Interesse mehr an deren Infragestellung haben.

In diesem Erklärungsschema gibt es also eine aufsteigende Achse, die sich in den von ihr verteilten Werten sehr von einer traditionellen unterscheidet. Wir haben eine Achse mit einer fundamentalen und andauernden Irrationalität an der Basis, einer nackten Irrationalität, in der aber Wahrheit aufscheint; in den oberen Partien eine brüchige und provisorische Rationalität, die immer an die Illusion und Bosheit gebunden ist und von ihnen kompromittiert wird. Die Vernunft steht auf seiten der Schimäre, der List, der Bösen; auf der anderen Seite, am anderen Ende der Achse haben wir eine elementare Grausamkeit: die Gesamtheit der Gesten, Akte, Leidenschaften, der zynischen und nackten Wutanfälle; wir haben eine Grausamkeit, die aber auch auf der Seite der Wahrheit ist. Die Wahrheit wird also auf der Seite der Unvernunft und der Grausamkeit stehen, die Vernunft dagegen auf der Seite der Schimäre und der Bosheit: hier haben wir folglich das genaue Gegenteil des expliziten Diskurses des Rechts und der Geschichte. Der ausdrückliche Versuch dieses Diskurses bestand darin, im Gegensatz zu der angeblich wesensmäßigen Bindung der Rationalität an alles Gute und Gerechte eine Rationalität aller oberflächlichen und gewaltsamen, mit dem Irrtum verbundenen Zufälle freizulegen. Also die Erklärungsachse von Gesetz und Geschichte, wie ich denke, umzukehren.

Drittens ist dieser Typ von Diskurs, den ich in diesem Jahr ein wenig analysieren möchte, bedeutsam, weil er sich gänzlich in der historischen Dimension entfaltet. Er entfaltet sich in einer Geschichte, die keine Ränder, keine Ziele und keine Grenzen hat. In einem Diskurs wie diesem geht es nicht darum, das

Grau in Grau der Geschichte als eine oberflächliche Gegebenheit zu begreifen, die auf einige dauerhafte und grundlegende Prinzipien zurückzuführen ist; es geht nicht darum, die ungerechten Regierungen, Mißbräuche und Gewaltsamkeiten zu verurteilen, indem man sie auf ein ideales Schema bezieht wie etwa das Naturrecht, den Willen Gottes oder sonstwelche Grundprinzipien. Vielmehr geht es darum, unterhalb der Formen des Gerechten, wie es institutionalisiert wurde, des Geordneten, wie es oktroyiert wurde, des Institutionellen, wie es eingerichtet wurde, die vergessene Vergangenheit der wirklichen Kämpfe, der tatsächlichen Siege und der Niederlagen, die vielleicht verschleiert wurden, aber in der Tiefe erhalten blieben, zu bestimmen und aufzudecken. Es geht darum, das in den Gesetzbüchern eingetrocknete Blut und nicht das Absolute des Rechts in der Flüchtigkeit der Geschichte wiederzufinden: nicht die Relativität der Geschichte auf das Absolute des Gesetzes und der Wahrheit zu beziehen, sondern unterhalb der Stabilität des Rechts das Endlose der Geschichte, unterhalb der Formel des Gesetzes das Kriegsgeschrei, unterhalb des Gleichgewichts der Gerechtigkeit die Asymmetrie der Kräfte wiederzufinden. In dem historischen Feld, das man nicht einmal ein relatives Feld nennen kann, da es in keiner Relation zu einem Absoluten steht, wird das Unendliche der Geschichte, jene ewige Auflösung in den Mechanismen und Ereignissen der Stärke, der Macht und des Krieges in gewisser Weise »irrelativiert«.

Man wird einwenden – und das dürfte ein weiterer Grund sein, diesen Diskurs für wichtig zu halten –, daß das ein trauriger und schwarzer, vielleicht ein Diskurs für nostalgische Aristokraten und Bibliotheksratten ist. Tatsächlich stützt sich dieser Diskurs seit seinen Anfängen und noch bis ins späte 19. und 20. Jahrhundert auf sehr traditionelle mythische Formen und bringt sich oft in sie ein. In diesem Diskurs vermischen sich zugleich subtile Wissen und wenn auch nicht grobe, so doch grundlegende, schwere und überladene Mythen. Es läßt sich sehr gut beobachten, wie sich ein solcher Diskurs mit Hilfe einer großen Mythologie artikuliert (und wie Sie sehen, tatsächlich artikuliert hat): (das verlorene Zeitalter der großen Ahnen, der Anbruch neuer Zeiten und tausendjähriger Rachefeldzüge, die Ankunft des neuen Reiches, welches die alten Niederlagen auslöschen wird)[12]. In dieser Mythologie erzählt man, daß die großen Siege der Riesen nach und nach vergessen und verschüttet wurden; daß es eine Götterdämmerung gab; daß die Helden verletzt wurden oder starben und daß die Könige in unzugänglichen Höhlen schlafen. Hier gibt es auch das Thema der Rechte und Besitztümer einer ersten Rasse, die von gewitzten Eindringlingen für nichtig erklärt wurden; das Thema des geheimen Krieges, der weitergeht; das Thema der Verschwörung, die man erneuern muß, um diesen Krieg wieder zu entfachen und die Eindringlinge oder Feinde zu verjagen; das Thema der legendären Schlacht des darauffolgenden Tages, die endlich die Kräfteverhältnisse umkehren und aus den jahrhundertelang Besiegten endlich Sieger machen wird, und zwar Sieger, die kein Erbarmen kennen und üben. So wird schon während des ganzen Mittelalters, aber auch noch später, ohne Unterlaß, der Gedanke des immerwährenden Krieges mit der großen Hoffnung auf den Tag der Rache, der Erwartung des Herrschers der letzten Tage, des *dux novus,* des neuen Anführers, des neuen *Führers,* der Idee der fünften Monarchie oder des dritten *Reiches* verbunden, das zugleich das Tier der Apokalypse und der Retter der Armen sein wird. Es gibt das Thema der Rückkehr Alexanders, der in Indien verschollen ist; in England jenes der so lange erwarteten Rückkehr Eduard des Bekenners; jenes von Karl dem Großen, der in seinem Grab eingeschlafen ist und wieder aufwachen wird, um den gerechten Krieg wieder zu entfachen; jenes der beiden Friedriche, Barbarossas und Friedrichs II., die unter der Erde auf das Erwachen ihres Volkes und Reiches warten; jenes des Königs von Portugal, der in der afrikanischen Wüste verschollen ist und zu einer

12 Entsprechend der Zusammenfassung der Vorlesung am Collège de France in diesem Jahr 1975-1976 (In *Dits et Ecrits,* III, Nr. 187, und oben).

neuen Schlacht, einem neuen Krieg, einem neuen Sieg wiederkommen wird, der dann endgültig sein wird.
Dieser Diskurs des immerwährenden Krieges ist also nicht nur die traurige Erfindung einiger Intellektueller, die tatsächlich lange Zeit am Rand standen. Dieser Diskurs scheint mir vielmehr jenseits der großen philosophisch-juridischen Systeme, die er kurzschließt, tatsächlich die großen mythischen Eingebungen und auch die hitzige Rache des Volkes mit dem Wissen der absteigenden Aristokratie zu verbinden. Insgesamt ist dieser Diskurs vielleicht der erste ausschließlich historisch-politische des Abendlandes im Gegensatz zum philosophisch-juridischen Diskurs. Es ist ein Diskurs, in dem die Wahrheit ausdrücklich als Waffe fungiert für einen Sieg, der ausschließlich parteiisch ist. Es ist ein verschleiert kritischer, aber auch intensiv mythischer Diskurs: einer von Verbitterungen (...), aber auch verrücktester Hoffnungen.
In seinen Grundelementen steht er der großen Tradition der philosophisch-juridischen Diskurse fremd gegenüber. Für die Philosophen und Juristen ist er ein zwangsläufig äußerlicher, fremder Diskurs. Er ist nicht einmal der Diskurs des Gegners, da sie mit ihm nicht diskutieren. Er ist ein zwangsläufig disqualifizierter Diskurs, den man im Abseits halten kann und muß, den man vorab annullieren muß, damit endlich – in der Mitte, zwischen den Gegnern, über ihnen – der gerechte und wahre Diskurs als Gesetz beginnen kann. Folglich tritt dieser Diskurs, von dem ich spreche, dieser parteiische Diskurs, dieser Diskurs von Krieg und Geschichte bei den Griechen vielleicht als der gewitzte Diskurs des Sophisten auf. In jedem Fall wird er als der Diskurs des parteiischen und naiven Historikers, des verbissenen Politikers, des entmachteten Aristokraten oder als abgenutzter Diskurs mit nicht ausgearbeiteten Forderungen denunziert.
Nun hat dieser Diskurs, der grundlegend und strukturell von dem der Philosophen und Juristen an den Rand gedrängt wurde, seine Karriere oder vielleicht eine neue Karriere im Abendland zwischen dem ausgehenden 16. und der Mitte des

17. Jahrhunderts begonnen, unter genau angebbaren Bedingungen, und zwar aus Anlaß einer doppelten – vom Volk und von der Aristokratie ausgehenden – Infragestellung der königlichen Macht. Von da aus hat er sich, glaube ich, beträchtlich ausgebreitet und seine Ausbreitungsoberfläche bis zum Ende des 19. und im 20. Jahrhundert schnell und bedeutsam erweitert. Man sollte jedoch in der Dialektik nicht die große, endlich philosophische Wiederherstellung dieses Diskurses sehen. Auf den ersten Blick mag es so scheinen, als sei die Dialektik der Diskurs der universellen und historischen Bewegung des Widerspruchs und des Krieges, aber ich denke, daß sie eigentlich keineswegs dessen philosophische Gültigkeit erweist. Im Gegenteil hat sie sich, wie mir scheint, als Wiederaufnahme und Verschiebung des genannten Diskurses in die alte Form des philosophisch-juridischen Diskurses erwiesen. Im Grunde kodifiziert die Dialektik den Kampf, den Krieg und die Zusammenstöße in einer Logik, einer sogenannten Logik des Widerspruchs; sie integriert sie in den doppelten Prozeß einer Totalisierung und einer zugleich endgültigen, grundlegenden und auf jeden Fall irreversiblen Rationalisierung. Schließlich garantiert die Dialektik durch die Geschichte hindurch die Bildung eines universellen Subjekts, einer versöhnten Wahrheit und eines Rechts, in dem alle Partikularitäten letztlich den ihnen zugewiesenen Platz gefunden hätten. Die Hegelsche Dialektik und all jene Diskurse, denke ich, die ihr gefolgt sind, müssen – das werde ich zu zeigen versuchen – als von Philosophie und Recht betriebene Kolonisierung und autoritäre Befriedung eines historisch-politischen Diskurses verstanden werden, der zugleich Feststellung, Ausrufung und Praxis des Gesellschaftskriegs war. Die Dialektik hat diesen historisch-politischen Diskurs kolonisiert, der sich manchmal mit Eklat, manchmal im Halbschatten, manchmal mittels Gelehrsamkeit und manchmal mit Blut seinen Weg durch die Jahrhunderte in Europa gebahnt hat. Die Dialektik ist die philosophisch und vielleicht politisch verordnete Pazifizierung dieses bitteren und parteiischen Diskurses des fundamentalen Krieges. Hier haben wir

also eine Art Rahmen, innerhalb dessen ich mich in diesem Jahr situieren möchte, um ein wenig die Geschichte dieses Diskurses nachzuzeichnen.

Ich möchte Ihnen nun sagen, wie ich diese Untersuchung anstellen und von welchem Punkt ich ausgehen möchte. Als erstes möchte ich einige falsche Vaterschaften ausräumen, die man diesem historisch-politischen Diskurs öfters zuspricht. Denn angesichts des Verhältnisses Macht/Krieg, Macht/Kräfteverhältnisse kommen einem zwei Namen in den Sinn: Machiavelli und Hobbes. Ich möchte Ihnen zeigen, daß es damit nichts ist und daß dieser historisch-politische Diskurs nicht derjenige des Fürsten[13] oder der absoluten Souveränität sein kann. Dieser Diskurs kann den Fürsten nur als Illusion, als Instrument oder bestenfalls als Feind betrachten. Es ist im Grunde ein Diskurs, der dem König den Kopf abschlägt, der sich in jedem Fall des Souveräns entledigt und ihn denunziert.

Nachdem ich diese falschen Vaterschaften ausgeräumt habe, möchte ich Ihnen zeigen, an welchem Punkt dieser Diskurs aufgetaucht ist. Mir scheint, daß man ihn in seinen wesentlichen Zügen im 17. Jahrhundert verorten muß, und zwar in einer sozusagen doppelten Geburt dieses Diskurses. Einerseits kann man ihn um das Jahr 1630 im Zusammenhang mit den Forderungen des Volkes und des Kleinbügertums im vorrevolutionären und revolutionären England auftauchen sehen: dies wird der Diskurs der Puritaner und der Levellers sein. Und dann findet man ihn fünfzig Jahre später wieder, nunmehr auf der Gegenseite, aber immer noch als Kampfansage gegen den König, diesmal von seiten der verbitterten Aristokraten in Frankreich zum Ende der Regierungszeit Ludwigs XIV. Schließlich läßt sich beobachten – und das ist ein wichtiger Punkt –,

13 Über Machiavelli, s. Vorlesung am Collège de France im Jahr 1977-1978, *Sécurité, Territoire et Population,* vom 1. Februar 1978 (»La gouvernemantalité«); vgl. auch »Omnes et singulatim: Toward a criticism of Political Reason« (1981), »The Political Technology of Individuals« (1982) (in *Dits et Ecrits,* III, Nr. 239; IV, Nr. 291 und 364).

daß die Vorstellung, nach welcher der Krieg den roten Faden der Geschichte abgibt, ab diesem Zeitpunkt, also mit Beginn des 17. Jahrhunderts, eine präzise Form annimmt: Der Krieg, der sich solchermaßen unterhalb von Ordnung und Frieden abspielt, der Krieg, der unsere Gesellschaft durchzieht und zweiteilt, ist im Grunde ein Krieg der Rassen. Sehr bald begegnet man diesen grundlegenden Elementen zur Ermöglichung und Aufrechterhaltung, zur Fortsetzung und Entfaltung des Kriegs: ethnischen Differenzen, Sprachdifferenzen; Unterschieden an Stärke, Kraft, Energie und Gewaltsamkeit, Wildheit und Barbarei; Eroberung und Unterwerfung einer Rasse durch eine andere. Der Gesellschaftskörper artikuliert sich im Grunde über zwei Rassen. Diese Vorstellung, daß die Gesellschaft vom einen zum anderen Ende von der Konfrontation der Rassen durchzogen ist, findet sich ab dem 17. Jahrhundert und bildet die Matrix aller Formen, in denen man später das Gesicht und die Mechanismen des Gesellschaftskrieges suchen wird.

Ausgehend von dieser Rassentheorie oder vielmehr dieser Theorie des Rassenkrieges möchte ich ihrer Geschichte unter der Französischen Revolution und vor allem zu Beginn des 19. Jahrhunderts mit Augustin und Amédée Thierry[14] folgen und untersuchen, wie sie dann zwei Umschriften erfahren hat. Einerseits eine offen biologische Umschrift, die übrigens schon vor Darwin auftaucht und ihre Elemente, ihre Begriffe, ihr Vokabular einer materialistischen Anatomie und Physiologie entlehnen wird. Sie wird auch eine Philologie bemühen und zur Geburt der Theorie der Rassen im historisch-biologischen Sinn des Begriffs führen. Das ist eine erneut sehr ambivalente Theorie, die sich ähnlich wie im 17. Jahrhundert einerseits zu den Nationalbewegungen in Europa und zum Kampf der Na-

14 Über Augustin Thierry, vgl. oben, Anm. 8. Was Amédée Thierry betrifft, vgl. *Histoire des Gaulois, depuis les temps les plus reculés jusqu'à l'entière soumission de la Gaule à la domination romaine*, Paris, 1828; *Histoire de la Gaule sous l'administration romaine*, Paris, 1840-1847.

tionalitäten gegen die großen Staatsapparate (vor allem den österreichischen und russischen), andererseits zur europäischen Kolonialpolitik äußern wird. Sie ist die erste – biologische – Umformulierung der Theorie des permanenten Kampfes und Rassenkampfes. Daneben begegnen wir einer zweiten Umformulierung, die von dem großen Thema und der Theorie des Gesellschaftskrieges ausgeht, die sich in den ersten Jahren des 19. Jahrhunderts entwickelt und alle Spuren des Rassenkonflikts zu tilgen versucht, um sich als Klassenkampf zu definieren. Hier liegt also eine entscheidende Verzweigung vor, die ich zu rekonstruieren versuche und die sich einerseits in der Wiederaufnahme der Analyse dieser Kämpfe in der Dialektik und andererseits des Themas der Rassenkonflikte in der Evolutionstheorie und jener Theorie des Überlebenskampfes zeigt. Indem ich diesen zweiten Zweig – die Umschrift in die Biologie – nun bevorzugt behandle, werde ich die Gesamtentwicklung des biologisch-sozialen Rassismus aufzuzeigen versuchen, der von der – absolut neuen und den Diskurs ganz anders funktionieren lassenden – Vorstellung geleitet wird, daß die andere Rasse im Grunde nicht eine ist, die von woanders herkommt und eine Zeit lang triumphiert und geherrscht hat, sondern eine, die ohne Unterlaß und auf Dauer in den Gesellschaftskörper eindringt oder vielmehr im sozialen Gewebe und ausgehend von ihm beständig neu entsteht. Anders gesagt: Die Polarität und binäre Spaltung, die wir in der Gesellschaft beobachten, ist nicht der Zusammenstoß zweier Rassen, die sich gegenüberstehen; es ist die Verdoppelung ein und derselben Rasse in eine Überrasse und eine Unterrasse. Noch anders gesagt: Mit einem Mal wird die Vergangenheit einer Rasse wiederentdeckt. Und damit tut sich ihre innere Kehr- und Unterseite auf.

Das führt zu einer grundlegenden Konsequenz: Dieser Diskurs des Rassenkampfes – der zu dem Zeitpunkt, da er im 17. Jahrhundert auftauchte und zu wirken begann, wesentlich ein Kampfinstrument für dezentrierte Lager war – wird rezentriert und zum Diskurs einer zentrierten, zentralisierten und zentralisierenden Macht; er wird zum Diskurs eines Kampfes, der nicht zwischen zwei Rassen, sondern von einer einzigen wahren Rasse aus geführt wird, nämlich jener, die die Macht innehat und die Norm vertritt, gegen jene, die von dieser Norm abweichen und für das biologische Erbe eine Gefahr darstellen. Zu diesem Zeitpunkt sind alle biologisch-rassistischen Diskurse über die Degeneration, aber auch alle Institutionen da, die nun den Diskurs des Rassenkampfes als Prinzip der Eliminierung, der Absonderung und schließlich der Normalisierung der Gesellschaft innerhalb des Gesellschaftskörpers seine Wirkung entfalten lassen. Ab diesem Zeitpunkt gibt der Diskurs, dessen Geschichte ich nachzeichnen möchte, seine anfängliche Grundformulierung preis, die da hieß: »Wir müssen uns gegen unsere Feinde wehren, weil die Staatsapparate, die Gesetze und die Machtstrukturen uns nicht vor unseren Feinden schützen, sondern sogar die Instrumente sind, mit denen uns unsere Feinde verfolgen und unterwerfen.« Dieser Diskurs wird jetzt verschwinden. Es wird nicht mehr heißen: »Wir müssen uns gegen die Gesellschaft verteidigen«, sondern: »Wir müssen die Gesellschaft gegen alle biologischen Gefahren dieser anderen Rasse, dieser Unter-Rasse, dieser Gegen-Rasse verteidigen, die wir – wider Willen – immer wieder hervorbringen«. Die rassistische Thematik erscheint nun nicht mehr als Kampfinstrument einer gesellschaftlichen Gruppe gegen eine andere, sondern dient als globale Strategie sozialer Konservativismen.

Es ist ein Paradox angesichts der Ziele und der anfänglichen Form des von mir dargestellten Diskurses, daß dieser nun in einen Staatsrassismus mündet, und zwar in einen Rassismus, den die Gesellschaft gegen sich selber, gegen ihre eigenen Elemente, ihre eigenen Produkte kehrt; ein innerer Rassismus permanenter Reinigung, der zu einer der grundlegenden Dimensionen der gesellschaftlichen Normalisierung wird. In diesem Jahr möchte ich noch ein wenig die Geschichte des Diskurses des Rassenkampfes und -krieges durchlaufen, ausgehend vom 17. Jahrhundert und in dessen Weiterführung bis zum Auftreten des Staatsrassismus zu Beginn des 20. Jahrhunderts.

Vorlesung vom 28. Januar 1976

Der historische Diskurs und seine Anhänger. – Die Gegen-Geschichte des Rassenkampfes. – Römische und biblische Geschichte. – Der revolutionäre Diskurs. – Geburt und Transformationen des Rassismus. – Reinheit der Rasse und Staatsrassismus: nationalsozialistische und sowjetische Transformation.

Beim letzten Mal haben Sie vielleicht gedacht, daß ich Ihnen die Geschichte des Rassendiskurses vortragen und eine Lobeshymne auf ihn anstimmen wollte. Diese Annahme war nicht ganz unrichtig, freilich nur bis zu einem bestimmten Punkt: Es war keineswegs der Rassendiskurs, den ich loben und in seiner Geschichte nachzeichnen wollte, sondern viel eher der Diskurs des Krieges und des Rassenkampfes. Ich denke, daß man den Ausdruck »Rassismus« und »rassistischen Diskurs« einer besonderen und lokalisierbaren Episode in diesem großen Diskurs des Krieges und des Rassenkampfes vorbehalten sollte. Genaugenommen war der rassistische Diskurs nur eine Episode, eine Phase, eine Umformulierung, in jedem Fall eine Wiederaufnahme des Diskurses des Rassenkrieges am Ende des 19. Jahrhunderts, eine Wiederaufnahme dieses alten, damals schon jahrhundertealten Diskurses in soziobiologischen Begriffen vornehmlich zu Zwecken des gesellschaftlichen Konservativismus und zum Teil zu kolonialen Herrschaftszwecken. Nachdem ich solchermaßen zum Zweck der Verortung zugleich das Verbindende wie Trennende zwischen dem rassistischen Diskurs und dem Diskurs des Rassenkrieges herausgestellt hatte, wollte ich den Diskurs des Rassenkrieges durchaus lobend hervorheben. Lobend in dem Sinn, als ich Ihnen gerne gezeigt hätte, wie dieser Diskurs des Rassenkriegs zumindest eine Zeitlang – also bis zum Ende des 19. Jahrhunderts, bis zu dem Zeitpunkt, da er in einen rassistischen Diskurs umschlägt – als Gegen-Geschichte funktioniert hat. Und heute möchte ich ein wenig über die Funktion dieser Gegen-Geschichte sprechen.

Mir scheint, man kann – wenn auch ein wenig vorschnell und schematisch, aber insgesamt und im wesentlichen doch zutreffend – zeigen, daß der historische Diskurs, der Diskurs der Historiker, diese Praxis des Geschichtenerzählens lange Zeit – wie vermutlich bereits in der Antike und noch im Mittelalter – mit den Ritualen der Macht verbunden gewesen ist. Den Diskurs des Historikers kann man meines Erachtens als eine Art gesprochener oder geschriebener Zeremonie verstehen, die zugleich eine Rechtfertigung der Macht und eine Verstärkung dieser Macht in der Realität hervorbringen mußte. Die traditionelle Funktion der Geschichte seit den ersten römischen Geschichtsschreibern[1] bis spät ins Mittelalter und vielleicht ins 17. Jahrhundert hinein und noch später scheint mir darin bestanden zu haben, das Recht auf Macht zu artikulieren und deren Glanz zu intensivieren. Eine doppelte Funktion mithin: einerseits die Geschichte zu erzählen, die Geschichte der Könige, der Machthabenden, der Souveräne und ihrer Siege (oder eventuell ihrer vorübergehenden Niederlagen) und die Menschen durch die Hervorhebung der Kontinuität des Gesetzes innerhalb dieser Macht und ihres Funktionierens rechtlich an die Macht zu binden: also die Menschen rechtlich an die Kontinuität der Macht und durch die Kontinuität der Macht zu binden. Andererseits sie durch die kaum erträgliche Intensität des Ruhms, seiner Beispiele und Leistungen zu faszinieren. Das Joch des Gesetzes und der Glanz des Ruhms scheinen mir die beiden Seiten zu sein, mit denen der historische Diskurs auf eine gewisse Machtverstärkung zielt. Die Historie ist, wie die Rituale, die Weihen, die Totenfeiern und Zeremonien und wie

1 Das Wort *Annalen* bezeichnete bei den römischen Schriftstellern vor Titus Livius die ihnen vorliegenden alten Geschichten. Die *Annalen* sind die ursprüngliche Form der Geschichte, in ihnen werden die Ereignisse Jahr für Jahr überliefert. Die *Annales maximi*, von dem *Großen Pontifex* redigiert, wurden zu Beginn des 2. Jahrhunderts vor unserer Zeitrechnung in 80 Büchern herausgegeben.

die legendären Berichte, ein Operator, ein Machtintensifikator.

Im Mittelalter kann man, wie mir scheint, dieser doppelten Funktion des historischen Diskurses in seinen drei traditionellen Achsen auf Schritt und Tritt begegnen. Auf der genealogischen Achse wird vom Alter der Königreiche erzählt, stehen die großen Vorfahren wieder auf und werden die Heldentaten der Gründerhelden der Reiche und Dynastien neu erzählt. Diese Art genealogischer Aufgabe verfolgt die Absicht, den Wert der Gegenwart durch die Größe vergangener Ereignisse oder Personen zu betonen und ihre Kleinheit und Alltäglichkeit in etwas zugleich Heroisches und Gerechtes zu verwandeln. Diese genealogische Achse der Geschichte – die man vor allem in historischen Erzählungen von alten Königreichen über große Vorfahren findet – muß von der Altehrwürdigkeit des Rechts Zeugnis ablegen: sie muß die ungebrochene Tradition des Rechts des Souveräns und folglich dessen unauslöschliche Kraft für die Gegenwart nachweisen; und schließlich muß die Genealogie das Ansehen aller vorangegangenen Könige und Prinzen steigern. Die großen Könige begründen also das Recht der Herrscher, die ihnen nachfolgen, und übertragen ihren Glanz auf ihre kleinen Nachfolger. Dies könnte man die genealogische Funktion der historischen Erzählung nennen. Daneben gibt es die Funktion der Erinnerung, der man freilich nicht in den Erzählungen von der Altehrwürdigkeit und in der Wiederbelebung der alten Könige und Helden begegnet, sondern im Gegenteil in den Annalen und Chroniken, die den Lauf der Geschichte von Tag zu Tag und von Jahr zu Jahr wiedergeben. Diese durchgängige Aufzeichnung der Geschichte, wie sie die Geschichtsschreiber praktizierten, dient ihrerseits der Stärkung der Macht. Sie ist auch eine Art Machtritual: Sie zeigt, daß das, was die Herrscher und Könige machen, niemals fruchtlos, nutzlos und klein, niemals unwürdig ist, berichtet zu werden. Alles, was sie tun, vermag und verdient, gesagt und für immer im Gedächtnis bewahrt zu werden: das bedeutet, daß man aus der kleinsten Handlung und Geste eines Königs eine glänzende Leistung und eine Heldentat machen kann und soll. Und gleichzeitig schreibt jede seiner Entscheidungen eine Art Gesetz für seine Untertanen, jedenfalls eine Verpflichtung für seine Nachfolger fest. Die Historie macht also denkwürdig und schreibt, indem sie denkwürdig macht, die Gesten in einen Diskurs ein, der die geringsten Taten in Monumenten immobilisiert, die sie versteinern und in gewisser Weise unbegrenzt gegenwärtig werden lassen.

Schließlich besteht die dritte Funktion innerhalb dieser machtintensivierenden Historie darin, Vorbilder in Umlauf zu bringen. Das Vorbild ist das lebende oder zum Leben wiedererweckte Gesetz; es ermöglicht, die Gegenwart zu beurteilen und sie einem Gesetz zu unterwerfen, das stärker ist als sie selbst. Das Vorbild ist in gewisser Weise die Glorie des Gesetzes, das Gesetz, das sich im Glanz eines Namens sonnt. In der Ausrichtung des Gesetzes und des Glanzes auf einen Namen gewinnt das Vorbild Kraft und funktioniert als Verstärker der Macht.

Binden und blenden, unterjochen, indem man Verpflichtungen geltend macht und den Glanz der Kraft intensiviert: Schematisch gesehen scheinen mir dies die beiden Funktionen zu sein, die man in den verschiedenen Formen der Historie vorfindet, wie sie in der römischen Zivilisation und in den Gesellschaften des Mittelalters praktiziert wurden. Diese beiden Funktionen entsprechen auch den beiden Aspekten der Macht, wie sie in den Religionen, Ritualen, Mythen, in römischen und, allgemeiner, indoeuropäischen Legenden dargestellt wurde. Im indoeuropäischen System der Machtrepräsentation[2] gibt es immer diese beiden miteinander verbundenen Aspekte und Gesichter. Auf der

2 M. Foucault bezieht sich hier natürlich auf die Arbeiten von G. Dumezil, insbesondere auf: *Mitra-Varuna. Essai sur les deux représentations indoeuropéennes de la souveraineté*, Paris, Gallimard, 1940; *Mythe et Epopée des peuples indo-européens*, 1968; II: *Types épiques indoeuropéens: un héros, un sorcier, un roi*, 1971; III: *Histoires romaines*, 1973; auf deutsch vorhanden: *Der schwarze Mönch in Varennes*, übers. v. E. Moldenhauer, Frankfurt a. M., Suhrkamp, 1989; »Götter und Mythen der kaukasischen und iranischen Völker«, in: *Wörterbuch der Mythologien*, hg. v. H. Haussig, unter Mitarbeit v. G. Dumezil, Stuttgart, Klett-Cotta, 1986.

einen Seite den rechtlichen Aspekt: Die Macht bindet durch Verpflichtung, Schwur, Engagement und Gesetz. Andererseits hat die Macht eine Funktion, eine Rolle, eine magische Wirksamkeit: Die Macht blendet, die Macht versteinert. Jupiter, ein höchst repräsentativer Gott der Macht, der Gott par excellence der ersten Funktion und ersten Ordnung in der indoeuropäischen Dreiteilung, ist zugleich der Gott der Bindungen und Blitze. Ich denke, daß die Geschichte im Mittelalter mit ihren Untersuchungen des Alters, ihren alltäglichen Chroniken, ihren in Umlauf gebrachten Beispielsammlungen noch immer die Macht auf eine Weise repräsentiert, daß nicht einfach deren Bild erstellt, sondern auch bestimmte Verfahren wiederbelebt werden. Die Historie ist der Diskurs der Macht, der Diskurs der Verbindlichkeiten, dank welcher die Macht unterwirft; sie ist der Diskurs der Prachtentfaltung, dank welcher die Macht fasziniert, terrorisiert, immobilisiert. Kurz, indem sie bindet und versteinert, ist die Macht Grundlegung und Garant der Ordnung; und die Historie ist eben der Diskurs, der diese beiden Funktionen, die die Ordnung sichern, intensiviert und wirksamer werden läßt. Allgemein kann man also sagen, daß die Historie in unserer Gesellschaft lange eine Geschichte der Souveränität gewesen ist, eine Geschichte mithin, die sich in der Dimension und Funktion der Souveränität entfaltet: eine »jupiterische« Geschichte also. Insofern stand die mittelalterliche Historie noch in direkter Kontinuität mit der Geschichte der Römer, der Geschichte, wie sie die Römer, Titus Livius[3] etwa oder die ersten Annalisten, erzählt haben. Und zwar nicht nur in bezug auf die Form des Berichts und die Tatsache, daß die Historiker des Mittelalters nie einen Unterschied, eine Diskontinuität oder Brüche zwischen der römischen Geschichte und der ihrigen gesehen haben. Dabei war die Kontinuität zwischen der mittelalterlichen Historie und der Historie der römischen Gesellschaft noch tiefer, insofern die historische Erzählung der Römer wie die des Mit-

3 Titus Livius, *Ab Urbe condita libri* (wovon uns die Bücher I-X, XXI-XLV und die Hälfte der fünften Dekade erhalten geblieben sind).

telalters eine bestimmte politische Funktion hatte: nämlich ein Ritual zur Stärkung der Souveränität zu sein.

Dies ist, wenn auch nur grob skizziert, der Hintergrund, denke ich, vor dem man das Spezifische dieser neuen Diskursform rekonstruieren und charakterisieren kann, wie sie am äußersten Ende des Mittelalters aufkommt, genaugenommen im 16. und zu Beginn des 17. Jahrhunderts. Hier handelt es sich nicht mehr um einen historischen Diskurs der Souveränität, sondern um einen Diskurs – nicht der Rasse, sondern – der Rassen, der Konfrontation der Rassen, des Kampfes der Rassen quer durch Nationen und Gesetze. Insofern ist er eine Historie, denke ich, die der Geschichte der Souveränität, wie sie bis dahin erzählt wurde, absolut entgegengesetzt ist. Es ist die erste nichtrömische, antirömische Historie, die das Abendland gekannt hat. Wieso anti-römisch, und wieso Gegen-Geschichte im Verhältnis zum Souveränitätsritual, von dem ich Ihnen vorher erzählt habe? Aus bestimmten, leicht ersichtlichen Gründen.

Zunächst, weil in dieser Historie der Rassen und des ständigen Rassenzusammenstoßes unterhalb der Gesetze und quer durch sie hindurch die implizite Identifizierung von Volk und Monarch, von Nation und Souverän, wie sie zur Geschichte der Souveränität, der Souveränitäten gehörte, hervortritt oder vielmehr verschwindet. In diesem neuen Typ von Diskurs und historischer Praxis führt die Souveränität nicht mehr alles zu einer Einheit zusammen, die eben die Einheit der Stadt, der Nation, des Staates ist. Die Souveränität hat eine besondere Funktion: Sie bindet nicht, sie unterwirft. Und dem Postulat, daß die Geschichte der Großen *a fortiori* die Geschichte der Kleinen wie daß die Geschichte der Starken die Geschichte der Schwachen mitliefert, wird nun ein Prinzip der Heterogenität entgegengesetzt: Die Geschichte der einen ist nicht die Geschichte der anderen. Man entdeckt oder behauptet in jedem Fall, daß die Geschichte der Sachsen, die in der Schlacht von Hastings besiegt wurden, nicht die der Normannen ist, die in dieser Schlacht siegreich waren. Man wird lernen, daß das, was für die einen Sieg ist, für die anderen Niederlage ist. Was für die Franken und Clovis Sieg war, muß umgekehrt als Niederlage, Unterwerfung und Versklavung der Galloromanen gelesen werden. Was aus dem Blickwinkel der Macht Recht, Gesetz und Verpflichtung ist, läßt der neue Diskurs aus einem anderen Blickwinkel als Mißbrauch, Gewalt und ungesetzliche Erpressung erscheinen. Der Besitz des Bodens durch die großen Lehensherren und die von ihnen geforderten Abgaben werden als gewaltsame Akte, als Raub und Plünderung und als Kriegsreparationen, die von den unterworfenen Völkern gewaltsam eingetrieben werden, offenkundig und denunziert. Folglich löst sich die große Form allgemeiner Verbindlichkeit, deren Kraft die Geschichte durch das Hohelied auf den Souverän noch verstärkte, auf; an ihre Stelle tritt das Gesetz als doppelgesichtige Realität: als Triumph der einen, Unterwerfung der anderen.

Insofern ist die nunmehr aufkommende Geschichte der Rassenkämpfe eine Gegen-Geschichte. Sie ist es, glaube ich, auch noch in einer anderen, wichtigeren Hinsicht. Tatsächlich spaltet diese Gegen-Geschichte nicht nur die Einheit des verpflichtenden souveränen Gesetzes, sondern sie zerbricht jenseits des Marktes die Kontinuität des Ruhms. Sie macht sichtbar, daß das Licht – diese berühmte Blendung der Macht – den gesamten Gesellschaftskörper nicht festigt und versteinert und damit in Ordnung hält, sondern ein teilendes Licht ist, das eine Seite erhellt und einen anderen Teil des Gesellschaftskörpers im Dunkel läßt oder in die Nacht zurückstößt. Und eben die Historie, die Gegen-Geschichte, die mit der Sage von den Rassenkämpfen anfängt, spricht von der Seite des Schattens, aus diesem Schatten heraus. Sie wird zum Diskurs jener, die keinen Ruhm genießen, oder jener, die ihn verloren haben und sich jetzt vielleicht für eine gewisse Zeit, sicherlich aber für lange, im Dunkel und im Schweigen aufhalten.

Das bewirkt, daß dieser Diskurs – im Unterschied zu dem ununterbrochenen Gesang, der die Macht perpetuierte und stärkte, indem er ihre Altehrwürdigkeit und ihre Genealogie zeigte – unversehens das Wort erhebt und einen Aufruf lanciert: »Wir haben keine Kontinuität hinter uns; wir haben keine große und glorreiche Genealogie hinter uns, in der sich Gesetz und Macht in ihrer Stärke und ihrem Glanz zeigen. Wir treten aus dem Schatten heraus, wir hatten kein Recht und keinen Ruhm, und genau deswegen ergreifen wir das Wort und fangen an, unsere Geschichte zu erzählen.« So eine Wortergreifung verbindet diesen Diskurstyp weniger mit der Suche nach der großen ununterbrochenen Rechtsprechung einer von alters her begründeten Macht als mit einer Art prophetischen Bruchs. Dadurch wird dieser neue Diskurs auch bestimmten epischen oder mythischen oder religiösen Formen ähnlich, die nicht mehr den makellosen und lückenlosen Ruhm des Souveräns erzählen, sondern sich zur Aufgabe setzen, das Unglück der Vorfahren, die Verbannungen und Verknechtungen zu formulieren. Er wird weniger die Siege als die Niederlagen aufzählen, unter denen man sich krümmt, solange man noch auf das verheißene Land und die Erfüllung der alten Verheißungen wartet, die eben die alten Rechte und den verlorenen Ruhm wiederherstellen sollen.

Mit diesem neuen Diskurs vom Krieg der Rassen zeichnet sich etwas ab, was sich im Grunde weit mehr der mythisch-religiösen Geschichte der Juden annähert als der politisch-legendären der Römer. Wir stehen hier eher auf seiten der Bibel als der des Titus Livius, eher in einer hebräisch-biblischen Tradition als in der der Annalisten, die Tag für Tag die Geschichte und den ununterbrochenen Ruhm der Macht erzählten. Überhaupt darf man nicht vergessen, daß die Bibel – zumindest ab der zweiten Hälfte des Mittelalters – die große Form war, in der sich die religiösen, moralischen und politischen Vorwürfe gegen die Macht der Könige und den Despotismus der Kirche artikuliert haben. Die biblische Form, wie übrigens auch sehr häufig die Bezugnahme auf biblische Texte, hatte in den meisten Fällen die Funktion eines Einwands, der Kritik und des oppositionellen Diskurses. Jerusalem wurde im Mittelalter allen wiedererstandenen Babylons entgegengehalten und ebenso gegen das ewige Rom, das Rom der Cäsaren, welche das Blut der Gerechten in den Circi vergossen haben, ausgespielt. Jerusalem ist im Mittelalter religiöser und politischer Einwand. Die Bibel war die Waffe des Elends und des Aufstands, sie war das Wort, das gegen das Gesetz und den Ruhm aufrichtet: gegen das ungerechte Gesetz der Könige und gegen den schönen Ruhm der Kirche. Insofern finde ich es nicht verwunderlich, daß mit dem ausgehenden Mittelalter, im 16. Jahrhundert, zur Zeit der Reformation und auch der englischen Revolution, eine Form der Historie auftritt, die der Geschichte der Souveränität und der Könige – der römischen Geschichte – strikt entgegengesetzt ist und sich in der großen biblischen Form der Prophetie und Verheißung artikuliert.

Und noch aus einem weiteren Grund kann der neue historische Diskurs als Gegen-Geschichte zur römischen Geschichte herangezogen werden: In diesem neuartigen Diskurs verändert nämlich die Funktion der Erinnerung gänzlich ihren Sinn. In der Geschichte römischen Typs hatte die Erinnerung wesentlich das Nicht-Vergessen sicherzustellen – d. h. die Bewahrung des Gesetzes und die ständige Steigerung des Glanzes der Macht, solange sie besteht. Hingegen geht es der neuen Geschichtsschreibung darum, etwas freizulegen, was verborgen war – verborgen nicht nur im Sinn von vernachlässigt, sondern von sorgfältig, bewußt und böswillig verschleiert und entstellt. Die neue Historie möchte im Grunde zeigen, daß die Macht, die Machthaber, die Könige und Gesetze verheimlicht haben, daß ihre Geburt eine Frage des Zufalls und der Ungerechtigkeit der Schlachten ist.

Dementsprechend wollte Wilhelm der Eroberer genau nicht der Eroberer genannt werden, da er verbergen wollte, daß die Rechte und Gewalten, die er über England ausübte, angemaßte Rechte waren. Er wollte als legitimer dynastischer Nachfolger erscheinen und den Titel des Eroberers verbergen – ebenso wie Chlodwig mit einem Pergament auftrat, demzufolge er sein Königtum irgendeinem römischen Kaiser verdankte. Diese ungerechten und partiellen Könige versuchten, sich für alle und im Namen aller Geltung zu verschaffen; man sollte von ihren Siegen sprechen, aber nicht erfahren, daß ihre Siege die Niederlage der anderen, »unsere Niederlage« waren. Die neue Historie wird also zu zeigen haben, daß die Gesetze täuschen, daß sich die Könige verstellen, daß die Macht eine Illusion ist und daß die Historiker lügen. Sie wird keine Geschichte der Kontinuität, sondern eine Geschichte der Entzifferung, der Aufdeckung des Geheimen, der Umwendung der List, der Wiederaneignung eines entstellten oder verborgenen Wissens sein. Sie wird die Entzifferung einer versiegelten Wahrheit sein.

Und schließlich denke ich, daß diese im 16. und 17. Jahrhundert aufkommende Geschichte des Rassenkampfes eine Gegen-Geschichte in einem anderen, zugleich einfacheren und elementareren, aber auch stärkeren Sinn ist. Sie stellt keineswegs ein Ritual dar, das zur Ausübung, Entfaltung und Stärkung der Macht beiträgt, sie übt nicht nur Kritik an ihr, sondern greift sie an und beansprucht sie für sich. Die Macht ist nicht deshalb ungerecht, weil sie hinter ihren höchsten Vorbildern zurückbleibt, sondern einfach, weil sie nicht uns gehört. In gewissem Sinn läßt sich sagen, daß diese neue Geschichte nicht weniger als die alte durch die Wandlungen der Zeit hindurch Recht zu sprechen unternimmt. Aber anstatt die große und lange Rechtsprechung der Macht, die ihre Rechte immer behalten hat, zu bestätigen oder zu zeigen, daß die Macht dort ist, wo sie ist, und immer dort war, wo sie noch immer ist, geht es ihr darum, verkannte Rechte einzufordern, d. h., den Krieg zu erklären, indem sie Rechte deklariert. Der historische Diskurs römischen Typs befriedet die Gesellschaft, rechtfertigt die Macht, begründet die Ordnung – oder die Ordnung der drei Stände, die den Gesellschaftskörper bilden. Der Diskurs hingegen, von dem ich nun spreche, der sich Ende des 16. Jahrhunderts entfaltet und den man einen historischen Diskurs biblischen Typs nennen kann, zerreißt die Gesellschaft und spricht nur vom gerechten Recht, um den Gesetzen den Krieg zu erklären.

Ich möchte nun all das zu folgender These zusammenfassen:

Könnte man nicht sagen, daß es bis zum Ende des Mittelalters und vielleicht noch darüber hinaus eine Historie gab – einen historischen Diskurs und eine historische Praxis –, die eines der großen diskursiven Rituale der Souveränität war, nur dank ihrer entstehen und sich ihrerseits als einheitliche, legitime, ununterbrochene und glänzende Souveränität konstituieren konnte? Dieser Historie trat nach und nach eine andere entgegen: eine Gegen-Geschichte düsterer Knechtschaft, voller Niederlagen, Prophezeiungen und Verheißungen, die ein geheimes Wissen wiederfinden und entschlüsseln wollte und schließlich parallel und gleichzeitig damit Rechte und Krieg erklären wollte. Die Historie römischen Typs war im Grunde tief in das indoeuropäische System der Repräsentation der Macht und ihres Funktionierens eingeschrieben; sie war mit Sicherheit an die Organisation der drei Stände gebunden, an deren Spitze die Ordnung der Souveränität stand, und blieb somit zwangsläufig an einen bestimmten Objektbereich und einen bestimmten Typ von Personen gebunden – an die Legende von Helden und Königen –, da sie der Diskurs des doppelten, zugleich magischen und rechtlichen Aspekts der Souveränität war. Dieser Geschichte römischen Typs und indoeuropäischer Funktionsweise trat eine Geschichte biblischen, quasi hebräischen Typs entgegen, die seit dem Ende des Mittelalters der Diskurs der Revolte und der Prophetie, des Wissens und des Aufrufs zum gewaltsamen Umsturz der Ordnung der Dinge war. Dieser neue Diskurs ist nicht mehr an eine dreigliedrige Ordnung gebunden, wie der historische Diskurs der indoeuropäischen Gesellschaften, sondern an eine binäre Wahrnehmung und Verteilung der Gesellschaft und Menschen: hier die einen und dort die anderen, die Ungerechten und Gerechten, die Herren und jene, die ihnen unterworfen sind, die Reichen und Armen, die Machthaber und jene, die nur ihre Arme haben, die gewaltsamen Eroberer und jene, die vor ihnen zittern, die Despoten und das murrende Volk, die Leute des gegenwärtigen Gesetzes und jene der künftigen Heimat.

Im hohen Mittelalter hatte Petrarca eine Frage gestellt, die ich ziemlich erstaunlich und in jedem Fall grundlegend finde. Er sagte folgendes: »Was gibt es eigentlich in der Geschichte, was nicht zum Ruhm Roms geschieht?«[4] Ich denke, daß Petrarca mit dieser einzelnen Frage die Historie ziemlich genau getroffen hat, wie sie immerzu, nicht nur in der römischen, sondern auch in der mittelalterlichen Gesellschaft, zu der Petrarca selbst gehörte, praktiziert wurde. Einige Jahrhunderte nach Petrarca kam im Abendland eine Geschichte auf, die alles andere war als die Lobpreisung Roms, eine Geschichte, in der es ganz im Gegenteil darum ging, Rom als ein neues Babylon zu demaskieren und gegen Rom die verlorenen Rechte Jerusalems geltend zu machen. Eine ganz andere Form der Historie, eine ganz andere Funktion des historischen Diskurses wurden geboren. Man könnte sagen, daß diese Geschichte der Anfang vom Ende der indoeuropäischen Geschichtlichkeit ist, d. h. einer bestimmten indoeuropäischen Art, die Geschichte zu erzählen und wahrzunehmen. Vielleicht könnte man sagen, daß mit der Geburt dieses großen Diskurses über die Geschichte des Rassenkampfes das Altertum zu Ende geht – unter Altertum verstehe ich das Bewußtsein der Kontinuität, das man noch spät im Mittelalter bezüglich der Antike hatte. Das Mittelalter wußte natürlich nicht, daß es Mittelalter war. Und genausowenig wußte es, wenn man das sagen kann, daß es nicht Antike, nicht mehr Antike war. Rom war noch gegenwärtig und wirkte im Mittelalter als eine Art andauernder und aktueller historischer Gegenwart fort. Rom wurde wahrgenommen als in tausend Kanäle unterteilt, die alle Europa durchqueren und nach Rom zurückführen. Man darf nicht vergessen, daß alle politischen und nationalen (oder pränationalen) Geschichtsschreibungen von damals sich immer von einem bestimmten trojanischen Mythos herleiteten. Alle Nationen Europas beanspruchten, aus dem Untergang Trojas hervorgegangen zu sein. Nachkomme des Untergangs Trojas zu sein bedeutete, daß alle Nationen, alle Staaten, alle Monar-

4 »Quid est enim aliud omnis historia quam romana laus« (Petrarca, *Invectiva contra eum qui maledixit Italiae*, hg. 1473).

chien Europas beanspruchten, die Schwestern Roms zu sein. So sollte die französische Monarchie von Francus, die englische von einem gewissen Brutus abstammen. Jede dieser großen Dynastien erklärte die Söhne des Priamus zu ihren Vorfahren und wollte über sie ein genealogisches Verwandtschaftsband zum antiken Rom sicherstellen. Und noch im 15. Jahrhundert schrieb ein Sultan aus Konstantinopel an den Dogen von Venedig: »Warum aber sollten wir Krieg führen, da wir doch Brüder sind?« Denn auch die Türken sind bekanntlich aus dem Brand Trojas hervorgegangen und ebenfalls Nachkommen von Priamus. Die Türken, sagte er, sind, wie man wohl weiß, die Nachkommen von Turkus, einem Sohn des Priamus wie Äneas und Francus. Rom ist also in diesem geschichtlichen Bewußtsein des Mittelalters selbst gegenwärtig; es gibt keinen Bruch zwischen Rom und diesen unzähligen Königreichen, die seit dem 5. und 6. Jahrhundert auftauchen.

Der Diskurs des Rassenkampfes bringt nun genau diese Art Bruch hervor, der etwas einer anderen Welt zuordnet und ab da als antiquiert erscheinen läßt: Es kommt zu einem Bewußtsein des Bruchs, das bis dahin unbekannt war. Im Bewußtsein Europas steigen Ereignisse auf, die bis dahin nur vage Wendungen gewesen waren und im Grunde die große Einheit, die große Legitimität, die große blendende Kraft Roms nicht angetastet hatten. Es kommt zu Ereignissen, die nun die wahren Anfänge Europas bilden werden – blutige Anfänge, Anfänge der Eroberung: die Invasionen der Franken, die Invasionen der Normannen. Es erscheint etwas, das sich als »Mittelalter« individualisieren wird (und erst zu Beginn des 18. Jahrhunderts wird im historischen Bewußtsein das Phänomen isoliert werden, das sich Feudalismus nennt). Es tauchen neue Personen auf, Franken, Gallier, Kelten; es tauchen auch andere, allgemeinere Figuren auf – Leute des Nordens und des Südens; es tauchen Herrscher und Untertanen, Sieger und Besiegte auf. Diese treten nun auf dem Theater des historischen Diskurses auf und bilden dessen Bezugsrahmen. Europa bevölkert sich mit Erinnerungen und Vorfahren, für die es bis dahin keine Genealogie gab. Und es nimmt vor allem eine Zweiteilung vor, die es bis dahin nicht gekannt hatte. Ein völlig anderes historisches Bewußtsein entsteht und artikuliert sich zugleich im Diskurs über den Rassenkrieg und im Aufruf zu dessen Wiederbelebung. Insofern kann man das Auftreten der Diskurse über den Rassenkrieg mit einer ganz anderen Organisation der Zeit im Bewußtsein, in der Praxis und Politik Europas gleichsetzen. Hieran würde ich gerne noch bestimmte Bemerkungen anschließen.

Zunächst möchte ich darauf bestehen, daß in bezug auf diesen Diskurs des Rassenkampfes die Annahme verfehlt wäre, daß er ganz und gar den Unterdrückten zuzuschlagen ist; zu Beginn war er allerdings wesentlich der Diskurs der Geknechteten, der Diskurs des Volkes, eine vom Volk beanspruchte und gesprochene Historie. Man wird sofort gewahr, daß es ein Diskurs ist, der eine beträchtliche Macht zur Zirkulation, eine große Fähigkeit zur Metamorphose und eine Art strategischer Polyvalenz aufweist. Richtig ist, daß er sich zunächst vermutlich in eschatologischen Themen oder Mythen abzeichnet, wie sie die Volksbewegungen in der zweiten Hälfte des Mittelalters begleitet haben. Aber ebenso trifft man auf ihn sehr bald – sofort – in der Form historischer Gelehrsamkeit, des volkstümlichen Romans und komisch-biologischer Spekulationen. Er war lange ein Diskurs der Oppositionen, der verschiedenen oppositionellen Gruppen; sehr schnell weitergereicht, wurde er zum Instrument der Kritik und des Kampfes gegen eine Form der Macht, die gleichwohl unter verschiedene Feinde und verschiedene Formen der Opposition gegen diese Macht aufgeteilt war. In seinen unterschiedlichen Formen diente er ebensowohl dem radikalen Denken in der Zeit der englischen Revolution des 17. Jahrhunderts wie nur wenige Jahre später, kaum verändert, der Reaktion der französischen Aristokratie gegen die Macht Ludwigs XIV. Zu Beginn des 19. Jahrhunderts verband er sich sicherlich mit dem postrevolutionären Projekt, endlich eine Geschichte zu schreiben, deren wahres Subjekt das Volk wäre.[5] Und wiederum einige Jahre später diente er der Disqualifizierung der kolonisierten Unterrassen. Beweglichkeit, Polyvalenz dieses Diskurses mithin: Seine Entstehung im ausgehenden Mittelalter hat ihn nicht so festgelegt, daß er nur in einer einzigen Richtung politisch wirksam werden könnte.

Zweite Bemerkung: In diesem Diskurs, in dem es um den Krieg der Rassen geht und in dem der Ausdruck »Rasse« sehr früh auftaucht, ist das Wort »Rasse« – das versteht sich von selbst – nicht auf einen unveränderlichen biologischen Sinn eingeschränkt. Dennoch ist das Wort nicht völlig unbestimmt. Es bezeichnet letztlich eine bestimmte historisch-politische Spaltung, die sicherlich weit und dennoch relativ fest ist. In diesem Diskurs wird von zwei Rassen gesprochen, wenn man die Geschichte zweier Gruppen schreibt, die nicht dieselbe örtliche Herkunft haben; zwei Gruppen, die zumindest zu Beginn nicht dieselbe Sprache und häufig nicht dieselbe Religion haben; zwei Gruppen, die eine Einheit und ein politisches Ganzes nur um den Preis von Kriegen, Invasionen, Eroberungen, Schlachten, Siegen und Niederlagen, also von Gewalt, gebildet haben; ein Band, das erst durch Krieg und Gewalt geknüpft worden ist. Schließlich spricht man also von zwei Rassen, wenn es um zwei Gruppen geht, die sich trotz ihres Zusammenlebens aufgrund von Unterschieden, Asymmetrien und Schranken, welche sich Privilegien, Sitten und Rechten, der Vermögensverteilung und der Art der Machtausübung verdanken, nicht vermischt haben.

Dritte Bemerkung: Wir können also zwei große Morphologien, zwei Hauptzentren, zwei große politische Funktionsweisen des historischen Diskurses ausmachen. Auf der einen Seite die römische Geschichte der Souveränität, auf der anderen die biblische Geschichte der Knechtschaft und des Exils. Ich denke nicht, daß die Differenz zwischen diesen beiden Historien genau die Differenz zwischen einem offiziellen und, sagen wir,

5 Von Mignet bis Michelet einschließlich all der Autoren, die M. Foucault in den späteren Vorlesungen untersuchen wird.

einem rohen Diskurs ist, der durch die politischen Imperative derart konditioniert ist, daß er kein Wissen hervorbringen kann. Tatsächlich hat die Historie, die sich die Entzifferung der Geheimnisse und die Entmystifizierung der Macht zur Aufgabe machte, mindestens ebensoviel Wissen produziert wie diejenige, die die große, ununterbrochene Rechtsprechung der Macht zu rekonstruieren suchte. Man könnte sogar sagen, daß die großen Entriegelungen, die fruchtbaren Momente in der Konstituierung eines historischen Wissens in Europa in den Augenblicken einer Interferenz und des Zusammenstoßes zwischen der Geschichte der Souveränität und der Geschichte des Rassenkrieges liegen. So beispielsweise zu Beginn des 17. Jahrhunderts in England, als sich der Diskurs, der von den Invasionen und der großen Ungerechtigkeit der Normannen gegen die Sachsen erzählte, mit der Gelehrtenarbeit der monarchistischen Juristen überlagerte, um die ununterbrochene Geschichte der Macht der englischen Könige zu erzählen. Diese Überkreuzung der beiden historischen Praktiken hat zur Explosion eines ganzen Wissensfeldes geführt. Ebenso gegen Ende des 17. und zu Beginn des 18. Jahrhunderts, als der französische Adel begann, seine Genealogie nicht in der Form der Kontinuität, sondern im Gegenteil in der Form von Privilegien zu erzählen, über welche er früher verfügt habe, die er dann verloren habe und die es wiederzuerlangen gelte, haben sich all die historischen Forschungen, die auf dieser Achse lagen, mit der Geschichtsschreibung der französischen Monarchie überlagert, wie sie von Ludwig XIV. veranlaßt worden ist; auch daraus ergab sich eine beachtliche Ausweitung des historischen Wissens. Ein ebenso fruchtbarer Moment ist zu Beginn des 19. Jahrhunderts auszumachen, als der Diskurs über die Geschichte des Volkes, seiner Verknechtung und seiner Versklavung, als die Historie der Gallier und Franken, der Bauern und des Dritten Standes sich mit der Rechtsgeschichte der Regime zu überkreuzen begann. Auffällig sind also diese fortgesetzten Interferenzen und Produktionen von Wissensfeldern und -inhalten, bedingt durch den Zusammenstoß zwischen der

Geschichte der Souveränität und der Geschichte des Rassenkampfes.

Letzte Bemerkung: Durch all diese Überlagerungen hindurch und trotz ihrer läßt sich sagen, daß der revolutionäre Diskurs auf der Seite der biblischen Geschichte, in jedem Fall der Forderungen erhebenden und aufständischen Geschichte zu situieren ist – im England des 17. Jahrhunderts und im Frankreich und Europa des 19. Jahrhunderts. Die Idee der Revolution, die alle politischen Mechanismen und die gesamte Geschichte des Abendlands seit mehr als zwei Jahrhunderten durchzieht und in ihrem Ursprung und ihrem Gehalt im übrigen höchst rätselhaft ist, kann, denke ich, vom Auftreten und der Existenz dieser Praktik einer Gegen-Geschichte nicht getrennt werden. Denn was könnten die Idee und das revolutionäre Projekt sein und bedeuten ohne diese Entzifferung der Asymmetrien, der Ungleichgewichte, der Ungerechtigkeiten und Gewaltsamkeiten, die trotz der Gesetzesordnung, unterhalb der Gesetzesordnung, durch sie hindurch und dank ihrer funktionieren? Was wären revolutionäre Idee, Praxis und Projekt ohne den Willen, auf einen realen Krieg aufmerksam zu machen, der sich abgespielt hat und weiterhin abspielt und den die schweigende Ordnung der Macht gemäß ihrer Funktion und ihrem Interesse zu ersticken und zu verbergen trachtet? Was wären revolutionäre Praxis, Projekt und Diskurs ohne den Willen, diesen Krieg wiederzubeleben – mit Hilfe eines präzisen historischen Wissens, aber ohne Verwendung dieses Wissens als Instrument und taktisches Element in diesem realen Krieg, der geführt wird? Was würden das revolutionäre Projekt und sein Diskurs bedeuten ohne die Absicht einer gewissen endgültigen Umkehrung des Kräfteverhältnisses und die definitive Verschiebung in der Ausübung der Macht?

Entzifferung der Asymmetrien, Hervorkehrung des Krieges, Reaktivierung des Krieges: Das sind noch nicht alle Merkmale des revolutionären Diskurses, der nicht aufgehört hat, Europa zumindest seit dem ausgehenden 18. Jahrhundert zu bearbeiten, sondern nur der durchgängige Strang, den diese große

Gegen-Geschichte des Rassenkampfes seit dem ausgehenden Mittelalter angelegt, definiert, eingerichtet und organisiert hat. Man darf nicht vergessen, daß Marx am Ende seines Lebens, 1882, an Engels schrieb: »Also unseren Klassenkampf, du weißt genau, wo wir ihn gefunden haben: wir haben ihn bei den französischen Historikern gefunden, als sie den Rassenkampf erzählten!«[6] Die Geschichte des Projekts und der Praxis der Revolution ist, glaube ich, nicht von dieser Gegen-Geschichte zu trennen, die mit der indoeuropäischen Form der historischen Praktiken, gebunden an die Ausübung der Souveränität, brach: sie ist nicht zu trennen vom Auftreten dieser Gegen-Geschichte der Rassen und der Rolle, die ihre Konfrontationen im Abendland gespielt haben. Mit einem Wort könnte man sagen, daß man mit dem Ende des Mittelalters, im 16. und 17. Jahrhundert, nach und nach die Gesellschaft verließ, deren historisches Bewußtsein noch römischen Typs, noch um Rituale der Souveränität und um Mythen zentriert war, und in eine Gesellschaft, sagen wir, modernen Typs eintrat (wir haben keine andere Bezeichnung dafür, obwohl das Wort »modern« heute keine Bedeutung mehr hat) – eine Gesellschaft, deren historisches Bewußtsein nicht um die Souveränität und das Problem ihrer Begründung, sondern um das der Revolution,

6 Es müßte sich in Wirklichkeit um den Brief von K. Marx an J. Weydemeyer vom 5. März 1852 handeln, in dem Marx unter anderem schreibt: »Schließlich würde ich an Deiner Stelle den Herrn Demokraten en général bemerken, daß sie besser thäten, sich erst mit der Bourgeoislitheratur selbst bekannt zu machen, ehe sie sich unterfangen, den Gegensatz zu derselben anzubellen. Die Herrn sollten z. B. die historischen Werke von Thierry, Guizot, John Wade etc. studieren, um sich über die vergangene ›Geschichte der Klassen‹ aufzuklären« (*Karl Marx – Friedrich Engels – Gesamtausgabe. Dritte Abteilung, Briefwechsel*, Bd. 5, Berlin, 1987, S. 75). Vgl. auch den Brief von Marx an Engels vom 27. Juli 1854, in dem Thierry »Vater des Klassenkampfes in der französischen Geschichtsschreibung« genannt wird (*Gesamtausgabe*, Bd. 7, Berlin, 1989, S. 129-132, Zitat S. 130). Im Manuskript schreibt M. Foucault: »1882 sagte Marx noch zu Engels: Die Geschichte des Projekts und der revolutionären Praxis ist von dieser Gegen-Geschichte der Rassen und der Rolle, die sie im Abendland in den politischen Kämpfen gehabt hat, nicht zu trennen« (mit Sicherheit aus dem Gedächtnis zitiert).

ihrer Verheißungen und um die Prophezeiungen zukünftiger Befreiungen kreiste.

Von da aus läßt sich verstehen, denke ich, wie und warum dieser Diskurs um die Mitte des 19. Jahrhunderts zum Neuansatz werden konnte. Und zwar zu dem Zeitpunkt, da er dabei ist, sich in einen revolutionären Diskurs zu verwandeln oder zu übersetzen oder überzugehen, in welchem der Terminus Rassenkampf durch den des Klassenkampfes ersetzt wird. Wenn ich von der »Mitte des 19. Jahrhunderts« spreche, ist das zu spät, bereits in der ersten Hälfte des 19. Jahrhunderts wurde diese Transformation des Rassenkampfes in Klassenkampf von Thiers[7] durchgeführt. Zum Zeitpunkt, da sich dieser Wechsel vollzieht, ist es normal, daß man in Begriffen nicht des Klassenkampfes, sondern des Rassenkampfes – Rassen im biologischen und medizinischen Sinn des Begriffs – diese alte Gegen-Geschichte zu rekodieren versucht. Sobald sich eine Gegen-Geschichte revolutionären Typs herausbildet, formiert sich noch eine weitere Gegen-Geschichte, die in dem Maße zur Gegen-Geschichte wird, wie sie in einer biologisch-medizinischen Perspektive die in diesem Diskurs gegenwärtige historische Dimension tilgt. Damit tritt in Erscheinung, was als Rassismus bezeichnet werden muß. Indem er Form, Absicht und Funktion des Diskurses des Rassenkampfes übernimmt, aber umfunktioniert und verdreht, läßt sich dieser Rassismus als einer charakterisieren, der das Thema des historischen Krieges – mit seinen Schlachten, Invasionen, Plünderungen, Siegen und Niederlagen – durch das biologische, post-evolutionistische Thema des Kampfs ums Überleben ersetzt. Es geht nicht mehr um Schlacht im kriegerischen Sinn, sondern um Kampf im biologischen Sinn: um Differenzierung der Arten, Selektion des Stärksten, Bewahrung der am besten angepaßten Rassen usw. An die Stelle des Themas der binär strukturierten Gesellschaft, die dank Sprache, Recht usw. in zwei Rassen und zwei Gruppen geteilt ist, tritt das Thema einer Gesellschaft, die im Gegen-

7 Vgl. insb. A. Thiers, *Histoire de la révolution française*, Paris, 1823-27, 10 Bde., und *Histoire du Consulat et de l'Empire*, Paris, 1845-62, 20 Bde.

teil biologisch monistisch sein wird. Sie wird nur von gewissen heterogenen Elementen bedroht, die jedoch nicht wesentlich für sie sind und den Gesellschaftskörper, den lebendigen Körper der Gesellschaft, nicht in zwei Teile teilen, sondern in gewisser Weise zufällig sind. Es ist die Vorstellung von Fremden, die sich einschleichen, und von Abweichlern, die die Nebenprodukte dieser Gesellschaft sind. Schließlich wird sich das Thema des Staates, der in der Gegen-Geschichte der Rassen notgedrungen ungerecht war, in das gegenteilige Thema verkehren: Der Staat ist nicht mehr das Instrument einer Rasse gegen eine andere, sondern ist und wird zum Beschützer der Integrität, der Überlegenheit und Reinheit der Rasse. Die Idee der Reinheit der Rasse mit allem, was sie zugleich an Monistischem, Staatlichem und Biologischem enthält, tritt an die Stelle der Idee des Rassenkampfes.

Sobald das Thema der Reinheit der Rasse jenes des Rassenkampfes ablöst, wird, wie mir scheint, der Rassismus geboren, vollzieht sich die Umwandlung der Gegen-Geschichte in biologischen Rassismus. Der Rassismus im Abendland ist nicht zufällig an den antirevolutionären Diskurs und dessen Politik gebunden; er ist nicht einfach ein zusätzliches ideologisches Gebäude, welches seinerzeit in einer Art antirevolutionären Großprojekts mitentstanden wäre. Ab dem Zeitpunkt, da der Diskurs des Rassenkampfes in den revolutionären Diskurs übergeht, entsteht der Rassismus aus der Wurzel des Rassenkampfdiskurses als der in die Gegenrichtung gewendete revolutionäre Gedanke mitsamt seinem Projekt und seiner Prophezeiung. Der Rassismus ist buchstäblich der umgedrehte revolutionäre Diskurs. Oder anders: Wenn der Diskurs der Rassen, der gegeneinander kämpfenden Rassen, die Waffe war, die gegen den historisch-politischen Diskurs der römischen Souveränität gerichtet war, so ist der Diskurs der Rasse (der Rasse im Singular) eine Methode, diese Waffe umzukehren und ihre Schärfe zugunsten der bewahrten Staatssouveränität einzusetzen, einer Souveränität, deren Glanz und Kraft nun nicht mehr durch magisch-rechtliche Rituale, sondern durch medizinischnormalisierende Techniken gesichert werden. Dank des Übergangs vom Gesetz auf die Norm, vom Rechtlichen auf das Biologische, vom Plural der Rassen zum Singular der Rasse, dank einer Transformation, die aus der Absicht der Befreiung die Sorge um Reinheit werden ließ, hat die Staatssouveränität den Diskurs des Rassenkampfes eingesetzt, in ihre Überlegung miteinbezogen und in ihrer Strategie wiederverwendet. Die Souveränität des Staates hat so aus ihm den Imperativ des Rassenschutzes gemacht – als Alternative und Blockade gegen den Aufruf zur Revolution, der seinerseits von jenem alten Diskurs der Kämpfe, der Entzifferungen, Forderungen und Verheißungen abstammte.

Schließlich würde ich gerne noch etwas hinzufügen. Dieser Rassismus, der solchermaßen als Transformation des alten Diskurses vom Rassenkampf zur Alternative des revolutionären Diskurses geworden ist, hat im 20. Jahrhundert noch zwei Transformationen erfahren. Gegen Ende des 19. Jahrhunderts läßt sich, wie mir scheint, von einem Staatsrassismus, einem biologischen und zentralisierten Rassismus sprechen, auch wenn damit das Thema nicht nur zutiefst modifiziert, sondern auch transformiert und den spezifischen Strategien des 20. Jahrhunderts angepaßt wurde. Einerseits greift die nationalsozialistische Transformation das Thema des Staatsrassismus des 19. Jahrhunderts, der die Rasse biologisch zu schützen beauftragt ist, auf, allerdings regressiv gewendet, erneut in einen prophetischen Diskurs eingebettet und in eben dem Diskurs zum Funktionieren gebracht, in dem es seinerzeit als Rassenkampf ja auch aufgekommen war. So wird der Nationalsozialismus auf die gesamte volkstümliche und quasi mittelalterliche Mythologie zurückgreifen, um den Staatsrassismus in einer ideologisch-mythischen Landschaft funktionieren zu lassen, die derjenigen der Völkerkämpfe ähnelt, welche seinerzeit das Thema des Rassenkampfes zu stützen und zu formulieren erlaubt haben. So umgab sich der Staatsrassismus zur Nazizeit mit einer Menge von Motiven und Konnotationen, wie beispielsweise jenen des Kampfes und der Unterwerfung der germanischen Rasse durch vorübergehende Sieger, die für Deutschland immer europäische Mächte, Slawen, der Vertrag von Versailles usw. waren. Begleitet wurde er auch vom Thema der Rückkehr des Helden, der Helden (das Erwachen Friedrichs und all jener, die Anführer und *Führer* der Nation gewesen sind); vom Thema der Wiederaufnahme eines Krieges der Vorfahren; vom Thema der Ankunft eines neuen *Reiches*, welches das Reich der letzten Tage ist und den tausendjährigen Triumph der Rasse garantieren muß, zu welchem notwendigerweise auch das drohende Bevorstehen der Apokalypse und der letzten Tage gehört. So wird der Staatsrassismus also erneut in die Legende von den kämpfenden Rassen eingepflanzt und eingeschrieben.

Neben dieser nationalsozialistischen Transformation haben wir die Transformation sowjetischen Typs, die in gewisser Weise umgekehrt vorgeht und nicht eine dramatische und theatralische Transformation, sondern eine stille Transformation ohne legendäre Dramaturgie, dafür mit einer diffus »wissenschaftlichen« durchführt. Der revolutionäre Diskurs der gesellschaftlichen Kämpfe – eben jener, der in vielen seiner Elemente aus dem alten Rassenkampfdiskurs hervorgegangen war – wird wiederaufgenommen und einer polizeilichen Führung zugewiesen, die die stille Hygiene einer geordneten Gesellschaft sicherzustellen hat. Was der revolutionäre Diskurs als Klassenfeind bezeichnete, wird im sowjetischen Staatsrassismus zu einer Art biologischer Gefahr. Wer ist nun der Klassenfeind? Nun, es ist der Kranke, der Abweichler, der Verrückte. Folglich kann die Waffe, die seinerzeit gegen den Klassenfeind (die Waffe des Kriegs oder eventuell der Dialektik oder der Überzeugung) geführt wurde, jetzt nur mehr eine medizinische Polizei sein, die den Klassenfeind wie einen Rassenfeind eliminiert. Einerseits haben wir also die nationalsozialistische Wiedereinschreibung des Staatsrassismus in die alte Legende von den kriegerischen Rassen und andererseits die sowjetische Wiedereinschreibung des Klassenkampfes in die stummen Mechanismen eines Staatsrassismus. Der rauhe Gesang der Rassen, die sich jenseits der Lügen der Gesetze und

Könige gegenüberstehen, dieser Gesang, der der erste Ausdruck des revolutionären Diskurses war, ist zur administrativen Prosa eines Staates geworden, der sich im Namen eines rein zu erhaltenden gesellschaftlichen Erbes schützt.

Das ist die Glorie und die Infamie eines Diskurses von kämpfenden Rassen. Ich wollte Ihnen diesen Diskurs vorführen, der uns mit Sicherheit von einem um die Souveränität zentrierten historisch-rechtlichen Bewußtsein befreit hat und uns in eine andere Form der Geschichte, eine zugleich erträumte und gewußte, geträumte und bekannte Form der Zeit hat eintreten lassen, in welcher die Frage der Macht nicht mehr von der der Unterwerfungen, der Befreiungen und Freilassungen zu trennen ist. Petrarca fragte sich: »Was gibt es denn in der Geschichte, was nicht dem Ruhm Roms dient?« Wir dagegen fragen uns – und das charakterisiert zweifellos unser historisches Bewußtsein und hat mit dem Auftreten dieser Gegen-Geschichte zu tun: »Was gibt es in der Geschichte, was nicht Ruf nach oder Angst vor der Revolution wäre?« Und wir fügen einfach die Frage an: »Und wenn Rom nun die Revolution eroberte?«

Nach diesen Streifzügen werde ich ab dem nächsten Mal versuchen, die Geschichte des Rassendiskurses, wie sie sich im 17. Jahrhundert, zu Beginn des 19. und im 20. Jahrhundert darstellt, wiederaufzunehmen.

Vorlesung vom 4. Februar 1976

Antwort auf den Antisemitismus. – Krieg und Souveränität bei Hobbes. – Der Diskurs der Eroberung in England bei den Royalisten, den Parlamentaristen und den Levellers. – Das binäre Schema und der politische Historismus. – Was Hobbes eliminieren wollte.

In den letzten beiden Wochen wurden zahlreiche Fragen oder Einwände an mich herangetragen, in schriftlicher und mündlicher Form. Ich würde gerne mit Ihnen darüber diskutieren, aber in diesem Raum und Klima ist das schwierig. Wenn Sie Fragen haben, können Sie aber nach der Vorlesung in jedem Fall in mein Büro kommen. Es gibt dennoch eine Frage, auf die ich gerne ein wenig näher eingehen würde, schon weil sie mir mehrfach gestellt worden ist und ich dachte, sie bereits beantwortet zu haben; so aber muß ich annehmen, daß meine Erläuterungen nicht deutlich genug waren. Man hat mich gefragt: »Was soll das heißen, den Rassismus im 16. oder 17. Jahrhundert beginnen zu lassen und ihn nicht an Probleme der Souveränität und des Staates zu binden, wo man doch weiß, daß es religiösen Rassismus (insbesondere antisemitischen Rassismus) seit dem Mittelalter gibt?« Ich möchte also auf das zurückkommen, was ich offenbar nicht klar genug erläutert habe.

Für mich geht es im Moment nicht darum, eine Geschichte des Rassismus im allgemeinen und traditionellen Sinn des Begriffs zu skizzieren. Nicht die Geschichte des abendländischen Selbstverständnisses als Zugehörigkeit zu einer Rasse soll hier erzählt werden und auch nicht die Geschichte der Riten und Mechanismen, mit deren Hilfe man eine Rasse auszuschließen, zu disqualifizieren und physisch zu zerstören versucht hat. Das Problem, das ich aufwerfen wollte, ist ein anderes und betrifft weder den Rassismus noch in erster Linie die Rassen. Es ging – und geht für mich noch immer – darum, wie das Abendland zu einer bestimmten (kritischen, historischen und politischen) Analyse des Staates, seiner Institutionen und Machtmechanismen gelangen konnte. Diese Analyse vollzieht sich in binären Termini: Der Gesellschaftskörper baut sich nicht pyramidenförmig oder hierarchisch auf, noch bildet er einen zusammenhängenden und einheitlichen Organismus, sondern er besteht aus zwei nicht nur vollkommen verschiedenen, sondern einander entgegengesetzten Teilen. Und diese oppositionelle Beziehung zwischen den beiden Teilbereichen, die den Gesellschaftskörper bilden und den Staat durchziehen, ist tatsächlich eine Kriegsbeziehung, eine andauernde Kriegsbeziehung, in welcher der Staat nichts anderes ist als die Form der scheinbar friedlichen Austragung dieses Krieges zwischen den beiden fraglichen Teilen. Auf dieser Grundlage würde ich gerne zeigen, inwiefern sich eine Analyse dieses Typs zugleich auf eine Hoffnung, einen Imperativ und eine Politik der Revolte oder der Revolution stützt. Das ist die Grundlage meines Problems, nicht der Rassismus.

Dabei scheint es mir historisch gerechtfertigt, diese Form politischer Analyse der Machtbeziehungen (als Kriegsbeziehungen zwischen zwei Rassen innerhalb einer Gesellschaft) nicht mit dem religiösen Problem, zumindest nicht in erster Linie, zusammenzubringen. Wie Sie sehen können, beginnt sich diese Analyse Ende des 16. und zu Beginn des 17. Jahrhunderts zu artikulieren bzw. ist bereits artikuliert. Anders gesagt nimmt die Teilung, die Wahrnehmung des Rassenkrieges, die Vorstellungen vom gesellschaftlichen Kampf oder vom Klassenkampf vorweg, aber sie läßt sich keineswegs mit einem Rassismus, wenn Sie so wollen, religiösen Typs gleichsetzen. Ich habe nicht vom Antisemitismus gesprochen, das stimmt. Ich wollte das beim letzten Mal tun, als ich das Thema des Rassenkampfes überblicksartig dargestellt habe, aber ich kam nicht dazu. Vermutlich läßt sich Folgendes sagen – ich werde später darauf zurückkommen: Der Antisemitismus als religiöse und rassistische Haltung hat nicht direkt genug interveniert, um in der Geschichte vor dem 19. Jahrhundert, die ich für Sie rekonstruieren möchte, Berücksichtigung zu finden. Der alte Antisemitismus religiösen Typs kam erst im 19. Jahrhundert in einem Staatsrassismus erneut zur Anwendung und auch erst nach Auftreten jenes Staatsrassismus, als es an der Zeit schien, den Staat als das erscheinen und funktionieren zu lassen und für das auszugeben, was den Zusammenhalt und die Reinheit der Rasse garantiert gegen eine eindringende Rasse oder Rassen, die schädliche Elemente in seinen Körper einführen und die man folglich aus Gründen zugleich politischer und biologischer Natur verjagen muß. Zu diesem Zeitpunkt erstarkte der Antisemitismus, wobei er aus der alten Kraft des Antisemitismus schöpfte und die gesamte Energie und Mythologie aus ihm bezog und all das zum Einsatz brachte, was in der politischen Analyse des inneren Krieges, des Gesellschaftskrieges bis dahin nicht in Anwendung gekommen war. Zu diesem Zeitpunkt begriff man die Juden als eine in allen Rassen gegenwärtige Rasse – sie wurden als Rasse beschrieben, deren biologisch gefährlicher Charakter von seiten des Staates gewisse Mechanismen der Zurückweisung und des Ausschlusses verlangt. Im Staatsrassismus kam ein Antisemitismus zum Einsatz, der, wie ich denke, andere Gründe hatte und im 19. Jahrhundert jene Erscheinungen zeitigte, die schließlich dazu führten, daß die alten Mechanismen des Antisemitismus die kritische und politische Analyse des Rassenkampfes in der Gesellschaft überlagerten. Daher habe ich weder das Problem des religiösen Rassismus noch das des Antisemitismus im Mittelalter herausgestellt. Ich werde darüber zu sprechen versuchen, wenn ich zum 19. Jahrhundert komme. Ich bin aber bereit, um es noch einmal zu sagen, auf genauere Fragen einzugehen.

Heute würde ich gerne untersuchen, wie sich mit dem ausgehenden 16. und beginnenden 17. Jahrhundert der Krieg als Analyseinstrument der Machtbeziehungen herausschält. Natürlich stößt man sofort auf den Namen von Hobbes, der auf den ersten Blick derjenige zu sein scheint, der das Kriegsverhältnis in den Machtbeziehungen gründen und dort ihr Prinzip finden läßt. Für Hobbes gibt es als Grundlage der Ordnung, hinter dem Frieden, unterhalb des Gesetzes und bei der Geburt des großen Automaten, der den Staat, den Souverän, den Leviathan konstituiert, nicht nur Krieg, sondern den allgemeinsten Krieg aller Kriege, jenen, der sich zu jedem Zeitpunkt und in alle Richtungen ausbreitet: »den Krieg aller gegen alle«.[1] Und diesen Krieg aller gegen alle läßt Hobbes nicht nur mit der Geburt des Staates – mit der realen und fiktiven Morgendämmerung des Leviathan – beginnen, sondern er geht ihm nach und sieht ihn sogar nach Errichtung des Staates aus dessen Zwischenräumen hervorquellen und die Grenzen und Ränder des Staates bedrohen. Sie erinnern sich an die drei von ihm angeführten Beispiele für fortgesetzten Krieg. Zunächst sagt er: Sogar in einem zivilisierten Staat soll ein Reisender, wenn er sein Heim verläßt, nie vergessen, seine Türen sorgfältig abzuschließen, da er davon ausgehen muß, daß es dauernd Krieg zwischen Dieben und Bestohlenen gibt.[2] Das andere Beispiel, das er anführt: In den Wäldern Amerikas findet man noch wilde Völker, deren Herrschaftsform der Krieg aller gegen alle ist.[3] Und welche zwischenstaatlichen Beziehungen gibt es in unseren europäischen Staaten, wenn nicht die zwischen zwei Männern, die sich von Angesicht zu Angesicht gegenüberstehen, mit gezogenem Schwert, den Blick aufeinander geheftet?[4] Selbst nach Errichtung des Staates droht folglich Krieg, immer ist Krieg. Daraus ergibt sich das Problem: Was ist dieser Krieg, der dem Staat vorangeht und der ihn prinzipiell zum Verschwinden bringen soll, dieser Krieg, den der Staat in seine vor-

1 »Außerhalb der bürgerlichen Staaten gibt es Krieg eines jeden gegen jeden.« »Daraus ergibt sich klar, daß die Menschen während der Zeit, in der sie ohne eine allgemeine, sie alle im Zaum haltende Macht leben, sich in einem Zustand befinden, der Krieg genannt wird, und zwar in einem Krieg eines jeden gegen jeden« (Th. Hobbes, *Leviathan,* Neuwied und Berlin, Luchterhand, 1966, 1. Teil, 13. Kap., S. 96). Über »*bellum omnium contra omnes*« vgl. auch *Elementorum philosophiae sectio tertia de cive,* Paris, 1642, I, 1, XIII.

2 Th. Hobbes, *Leviathan,* a. a. O.

3 Ebenda, S. 97.

4 Ebenda.

moderne Geschichte, in seine Wildheit und seine mysteriösen Grenzen zurückverweist und der dennoch da ist? Wie bringt dieser Krieg den Staat hervor? Welche Wirkung auf die Konstitution des Staates hat die Tatsache, daß er vom Krieg erzeugt worden ist? Inwiefern stigmatisiert der Krieg den Körper des Staates noch nach seiner Konstitution? Das sind die beiden Fragen, die ich gerne ein wenig näher betrachten möchte.

Was hat es also mit diesem Krieg auf sich, diesem Krieg, den Hobbes als der Konstitution des Staates vorgängiges Prinzip beschreibt? Ist der Krieg der Starken gegen die Schwachen, der Gewalttätigen gegen die Furchtsamen, der Mutigen gegen die Feigen, der Großen gegen die Kleinen, der arroganten Wilden gegen die furchtsamen Schäfer gemeint? Oder ein Krieg, der das Ergebnis unmittelbarer natürlicher Differenzen ist? Sie wissen, daß das bei Hobbes keineswegs der Fall ist. Der elementare Krieg, der Krieg aller gegen alle, ist ein Krieg unter Gleichen, der aus Gleichheit hervorgeht und sich im Element dieser Gleichheit entfaltet. Der Krieg ist die unmittelbare Wirkung einer Nicht-Differenz oder in jedem Fall unzureichender Differenzen. Denn wenn es, wie Hobbes sagt, große Unterschiede gegeben hätte, wenn es zwischen den Menschen wirklich sichtbare und zu beobachtende Abstände gegeben hätte, die ganz eindeutig unumkehrbar sind, dann würde der Krieg unmittelbar verhindert. Wenn es markante, sichtbare, handfeste natürliche Unterschiede zwischen zwei Dingen gäbe, dann gäbe es entweder tatsächlich einen Zusammenstoß zwischen dem Starken und dem Schwachen – aber dieser Zusammenstoß und dieser reale Krieg würden sich sofort durch den Sieg des Starken über den Schwachen erledigen, einen Sieg, der dank der Stärke des Starken endgültig wäre; oder es gäbe keinen wirklichen Zusammenstoß, was bedeuten würde, daß der Schwache, der seine Schwäche einsieht und erkennt, auf die Konfrontation verzichten würde. Daher gäbe es – sagt Hobbes – bei erkennbaren natürlichen Unterschieden keinen Krieg; denn entweder würde das Kräfteverhältnis zu Beginn durch einen Eröffnungskrieg festgelegt, welcher verhindern würde, daß er weiterginge, oder das Kräfteverhältnis bliebe dank der Furchtsamkeit der Schwachen virtuell. Wenn es also Unterschied gäbe, gäbe es keinen Krieg. Der Unterschied befriedet.[5] Was geschieht dagegen im Zustand der Nicht-Differenz, der ungenügenden Differenz – in jenem Zustand, von dem man sagen kann, daß er Differenzen enthält, aber gleitende, temporäre, winzige und instabile, ohne Ordnung und Unterscheidung; was geschieht in dieser Anarchie kleiner Differenzen, die den Naturzustand ausmacht? Selbst derjenige, der ein wenig schwächer ist als die anderen oder ein einzelner anderer, fühlt sich immer noch dem Stärksten ausreichend gewachsen, um nicht nachgeben zu müssen. Also gibt der Schwache nie nach. Was den Starken betrifft, der nur ein wenig stärker ist als die anderen, so ist er nie stark genug, um sich endgültig sicher fühlen zu können und sich folglich nicht zusammenreißen zu müssen. Die natürliche Ununterscheidbarkeit bringt also Ungewißheiten, Risiken, Zufälle und demnach hier und dort den Willen zur Konfrontation hervor; das Zufällige im elementaren Kräfteverhältnis erzeugt den Kriegszustand.

Was aber ist dieser Kriegszustand genau? Selbst der Schwache weiß – oder glaubt es jedenfalls –, daß er fast genauso stark ist wie sein Nachbar. Er wird also nicht auf den Krieg verzichten. Aber der Stärkste – oder zumindest derjenige, der ein wenig stärker ist als die anderen – weiß, daß er auch einmal schwächer sein kann als der andere, besonders wenn dieser auf List, Überraschung oder Bündnisse usw. zurückgreift. Also wird der eine nicht auf den Krieg verzichten, der andere aber – der Stärkere – wird trotz allem ihn zu vermeiden trachten. Nun kann derjenige, der den Krieg vermeiden will, ihn nur unter einer Bedingung vermeiden: indem er zeigt, daß er zum Krieg bereit ist und nicht auf ihn verzichten will. Was tut er, um zu zeigen, daß er nicht auf den Krieg zu verzichten bereit ist? Nun, er verhält sich so, daß der andere, der drauf und dran ist, Krieg zu führen, an seiner eigenen Kraft zu zweifeln beginnt und folglich darauf

5 Ebenda, S. 94-95.

verzichtet; und dieser andere wird in dem Maße darauf verzichten, wie er weiß, daß ersterer nicht bereit ist, darauf zu verzichten. Worin besteht also das Kräfteverhältnis in diesem Beziehungstyp, der auf sich langsam entwickelnden und zufälligen Konfrontationen mit ungewissem Ausgang beruht? Es besteht aus einem Spiel dreier Serien von Elementen. Zunächst aus berechnenden Vorstellungen: Ich stelle mir die Kraft des anderen vor, ich stelle mir vor, daß der andere sich meine Kraft vorstellt, usw. Zum zweiten aus emphatischen und zielbewußten Bekundungen: Man macht deutlich, daß man den Krieg will, man zeigt, daß man auf den Krieg nicht verzichtet. Drittens schließlich greift man zu einem Geflecht von Abschrekkungstaktiken: Ich fürchte mich derartig vor dem Krieg, daß ich nur beruhigt wäre, wenn du dich mindestens ebenso sehr vor dem Krieg fürchtetest wie ich – und wenn möglich sogar ein wenig mehr. Das bedeutet insgesamt, daß der Zustand, den Hobbes beschreibt, keineswegs ein natürlicher und roher Zustand des direkten Kräftemessens ist: Wir befinden uns nicht in einem Bereich, in dem sich reale Kräfte direkt aufeinander beziehen. In dem elementaren Kriegszustand von Hobbes stoßen nicht wilde und entfesselte Kräfte aufeinander, werden keine Waffen gekreuzt oder Fäuste geschwungen. In dem elementaren Krieg von Hobbes gibt es keine Schlachten, kein Blut, keine Leichen. Es gibt Vorstellungen, Bekundungen, Zeichen, emphatische, listige, lügenhafte Ausdrucksformen; es gibt Lockungen und Willensäußerungen, die in ihr Gegenteil verkehrt werden, Ungewißheiten, die als Gewißheiten ausgegeben werden. Wir befinden uns auf dem Theater des Austauschs von Repräsentationen, in einem zeitlich unbestimmten Angstverhältnis; wir sind nicht wirklich im Krieg. Das bedeutet schließlich, daß der Zustand bestialischer Wildheit, in dem lebende Individuen sich gegenseitig verschlingen, mit Hobbes in keinster Weise als das hervorstechende Merkmal des Kriegszustands angesehen werden kann. Der Kriegszustand ist durch eine Art unendlicher Diplomatie von Rivalitäten, die natürlich nicht gleichwertig sind, charakterisiert. Wir befinden uns nicht »im Krieg«; wir befinden uns in dem, was Hobbes genau »Kriegszustand« nennt. Es gibt einen Text, in dem er sagt: »*Krieg* besteht nicht nur in Schlachten oder tatsächlichen Kampfhandlungen, sondern in einem Zeitraum – das ist der Kriegszustand –, in dem der Wille zur Konfrontation in der Schlacht ausreichend bekannt ist.«[6] Der Zeitraum bezeichnet also den Zustand und nicht die Schlacht, in der nicht die Kräfte selbst auf dem Spiel stehen, sondern der Wille, ein Wille, der in ausreichendem Maße Vorstellungen und Willensäußerungen hervorbringt, um in diesem Feld elementarer Diplomatie zu operieren.

Es wird damit leicht verständlich, warum und inwiefern dieser Zustand – der nicht die Schlacht, das direkte Kräftemessen, sondern ein gewisser Stand wechselseitiger Vorstellungen ist – kein Stadium sein kann, das der Mensch mit der Geburt des Staates endgültig aufgibt; es handelt sich vielmehr um eine Art immerwährender Grundlage, bei der Listen und Berechnungen immer dann angewandt werden, wenn die Sicherheit nicht mehr gewährleistet, die Differenz nicht bestimmt und die Kraft schließlich nicht einer bestimmten Seite zugewiesen ist. Es gibt also anfangs bei Hobbes keinen Krieg.

Wie aber wird dieser Zustand, der nicht Krieg ist, sondern ein Spiel von Vorstellungen, dank derer man gerade nicht Krieg spielt, den Staat – in Großbuchstaben – hervorbringen, den Leviathan, die Souveränität? Auf diese zweite Frage antwortet Hobbes, indem er zwei Kategorien von Souveränität unterscheidet: den »Staat durch Einsetzung« und den »Staat durch Aneignung«.[7] Von dem Staat durch Einsetzung spricht man viel, und im allgemeinen beschränkt man Hobbes' Analyse auf ihn. Aber eigentlich sind die Dinge komplizierter. Wir haben eine Republik durch Einsetzung und eine durch Aneignung und innerhalb dieser nochmals zwei Formen von Souveränität, so daß Staaten durch Einsetzung, Staaten durch Aneignung

6 Ebenda, S. 96.

7 In der gesamten folgenden Diskussion bezieht sich M. Foucault auf den *Leviathan*, Teil II, 17., 18., 19. und 20. Kap.

und drei weitere Typen, drei Formen von Souveränität diese Machtformen in gewisser Weise durchziehen.

Nehmen wir zunächst die Republiken durch Einsetzung, die am bekanntesten sind: ich gehe schnell darüber hinweg. Was wird im Kriegszustand getan, um diesem Kriegszustand Einhalt zu gebieten, oder noch einmal: Sind hier nicht eher Vorstellungen und Drohungen mit Krieg als Krieg selbst im Spiel? Nun, die Menschen werden entscheiden. Aber worüber? Weniger darüber, ob sie jemandem – oder mehreren – einen Teil ihrer Rechte oder ihrer Macht abtreten. Sie entscheiden im Grunde nicht einmal darüber, ob sie alle ihre Rechte abtreten. Sie entscheiden vielmehr darüber, ob sie jemandem – der auch mehrere oder eine Versammlung sein kann – das Recht, sie zu repräsentieren, vollständig und integral zugestehen. Es geht nicht um ein Verhältnis des Überlassens oder Abtretens von etwas, das Individuen gehört, sondern um die Selbstrepräsentation der Individuen. Das heißt, daß der solchermaßen konstituierte Souverän vollständig für die Individuen zu stehen hat. Er hat nicht einfach nur einen Teil ihrer Rechte inne; er tritt wirklich an ihre Stelle, mit der Totalität ihrer Macht. Wie Hobbes sagt: »Die solchermaßen konstituierte Souveränität nimmt die Persönlichkeit aller an.«[8] Und unter der Bedingung dieser Verschiebung sind die solchermaßen repräsentierten Individuen in ihrem Repräsentanten präsent; und was der Repräsentant – d. h. der Souverän – tut, sieht jeder von ihnen eben deswegen sich selber tun. Als Repräsentant der Individuen ist der Souverän den Individuen genau nachgebildet. Er ist also eine künstlich hergestellte und dennoch reale Individualität. Auch wenn dieser Souverän natürlich ein individueller Monarch ist, ist er als Souverän deswegen nicht weniger künstlich fabriziert; und selbst wenn es sich um eine Versammlung handelt – auch wenn diese aus einer Gruppe von Individuen besteht –, handelt es sich dennoch um eine Individualität. Soweit die Republiken der Einsetzung. Sie sehen, daß es in

8 Ebenda, 18. Kap.

diesem Mechanismus nur das Spiel des Willens, des Vertrags und der Repräsentation gibt.
Betrachten wir nun die andere Form der Konstitution von Republiken, wie sie in der einen oder anderen Republik zustandegekommen ist: den Mechanismus der Aneignung.[9] Allem Anschein nach ist das etwas ganz anderes, sogar das genaue Gegenteil. Im Fall der Republiken der Aneignung scheint man es mit einer Souveränität zu tun zu haben, die zugleich auf realen, historischen und unmittelbaren Kräfteverhältnissen beruht. Um diesen Mechanismus zu verstehen, muß man nicht nur einen elementaren Kriegszustand voraussetzen, sondern sogar eine Schlacht. Gegeben sei ein nach dem Modell der Einsetzung, von dem ich soeben gesprochen habe, gebildeter Staat. Nehmen wir an, daß dieser Staat von einem anderen im Krieg, in realen Schlachten und bewaffneten Auseinandersetzungen, angegriffen würde. Nehmen wir des weiteren an, daß der eine dieser beiden solchermaßen konstituierten Staaten von dem anderen besiegt würde: seine Armee wird besiegt, auseinandergetrieben, seine Souveränität zerstört; der Feind besetzt das Land. Wir hätten hier endlich das, was wir von Anfang an gesucht haben, d. h. einen wahren Krieg, mit einer wahren Schlacht, einem wahren Kräfteverhältnis. Es gibt Sieger und Besiegte, die Besiegten sind den Siegern ausgeliefert, stehen in ihrer Verfügungsgewalt. Sehen wir uns nun an, was geschehen wird: Die Besiegten stehen in der Verfügungsgewalt der Sieger, d. h., diese können die Besiegten töten. Wenn sie sie töten, hat sich das Problem erübrigt: Die Souveränität des Staates verschwindet einfach deshalb, weil die Individuen dieses Staates verschwunden sind. Wenn aber die Sieger den Besiegten das Leben lassen, was ereignet sich dann? Wenn sie den Besiegten das Leben lassen, oder die Besiegten vorübergehend die Gnade erfahren, weiterleben zu dürfen, kann zweierlei geschehen: Entweder werden sie sich gegen die Sieger auflehnen, d. h. den Krieg wiederaufnehmen, das Kräfteverhältnis umzukehren

9 Ebenda, 20. Kap.

suchen, und wir haben einen wirklichen Krieg, der von der Niederlage, zumindest vorübergehend, aufgehoben wurde; entweder sie riskieren tatsächlich den Tod oder sie verzichten auf den Krieg, fügen sich, gehorchen, arbeiten für die anderen, überlassen das Land den Siegern und zahlen ihnen Abgaben; dann haben wir ein Herrschaftsverhältnis, welches gänzlich auf Krieg und der Verlängerung der Auswirkungen des Kriegs im Frieden basiert. Herrschaft, werden Sie sagen, und nicht Souveränität. Aber nein, sagt Hobbes; wir befinden uns immer noch in einem Souveränitätsverhältnis. Wieso? Weil die Besiegten ab dem Moment, da sie sich für das Leben und den Gehorsam entscheiden, eine Art Souveränität wiederherstellen, aus den Siegern ihre Repräsentanten machen und einen Souverän an die Stelle desjenigen setzen, der den Krieg verloren hat. Nicht die Niederlage begründet auf brutale und außerrechtliche Weise eine Gesellschaft der Beherrschung, der Versklavung, der Knechtschaft, sondern das, was sich in dieser Niederlage vollzieht, nach Ausgang der Schlacht, nach der Niederlage und unabhängig von ihr: etwas, was mit Angst und dem Verzicht auf Angst und dem Verzicht auf Lebensgefahr zu tun hat. Das ermöglicht den Eintritt in die Ordnung der Souveränität und in die Rechtsordnung der absolutistischen Macht. Der Wille, das Leben dem Tod vorzuziehen, begründet die Souveränität, eine Souveränität, die ebenso rechtlich und legitim ist wie jene, die sich auf den Modus der Einsetzung und der wechselseitigen Übereinkunft gründet.

Merkwürdigerweise fügt Hobbes diesen beiden Formen der Souveränität – jener der Aneignung und jener der Einsetzung – noch eine dritte hinzu, von der er behauptet, daß sie jener der Aneignung, jener, die am Ende des Kriegs und nach der Niederlage hervortritt, nahestünde. Dieser andere Typ von Souveränität ist derjenige, sagt er, der das Kind an seine Eltern – oder genauer an seine Mutter[10] – bindet. Nehmen wir ein neugeborenes Kind. Seine Eltern (sein Vater in einer zivilen Gesell-

10 Ebenda. Vgl. auch *De Cive*, II, IX.

schaft, seine Mutter im Naturzustand) können es ohne weiteres sterben lassen oder es einfach dem Sterben ausliefern. Es kann auf keinen Fall ohne seine Eltern, ohne seine Mutter leben. Über Jahre hinweg wird das Kind, ohne daß es seinen Willen anders als durch die Bekundung seiner Bedürfnisse, durch Angstschreie usw., artikulieren könnte, seinen Eltern, seiner Mutter gehorchen und genau das tun, was diese ihm zu tun aufgibt, da von ihr, von ihr allein sein Leben abhängt. Sie wird also ihre Souveränität über das Kind ausüben. Und wie Hobbes sagt, besteht kein grundsätzlicher Unterschied zwischen dem Einverständnis des Kindes (ein Einverständnis, das nicht einmal von einem ausdrücklichen Wunsch oder einem Vertrag abhängt) hinsichtlich der Souveränität der Mutter, um sein Leben zu erhalten, und jenem der Besiegten nach der Niederlage. In der Tat möchte Hobbes zeigen, daß das Entscheidende in der Konstitution der Souveränität weder die Qualität des Willens noch die Form seines Ausdrucks oder sein Niveau ist. Im Grunde geht es nicht darum, ob man das Messer an der Gurgel hat, ob man explizit seinen Willen formulieren kann oder nicht. Damit es Souveränität gibt, genügt es, daß ein bestimmter radikaler Wille gegeben ist, der auf Leben drängt, selbst wenn man den nicht ohne den Willen des anderen durchsetzen kann.

Souveränität konstituiert sich somit auf der Grundlage einer grundlegenden Willensbekundung, wobei die Form von geringer Bedeutung ist. Dieser Wille ist an Angst gebunden, und die Souveränität bildet sich nie von oben, d. h. durch die Entscheidung des Stärksten, des Siegers oder der Eltern. Die Souveränität entsteht immer von unten, kraft des Willens derjenigen, die Angst haben. Trotz des Einschnitts zwischen den beiden großen Formen der Republik (jener der Einsetzung, die aus einer wechselseitigen Beziehung hervorgegangen ist, und jener der Aneignung als Ergebnis einer Schlacht) zeigen sich zwischen der einen und der anderen zutiefst identische Mechanismen. Ob es nun um eine Übereinkunft, eine Schlacht, ein Verhältnis Eltern/Kind geht, immer begegnet man derselben Serie: Wille,

Angst, Souveränität. Unwichtig ist auch, ob diese Serie durch implizite Berechnung, durch ein Gewaltverhältnis oder eine Naturgegebenheit ausgelöst wird; ebenso unwichtig ist, ob diese Angst, die zu unendlichen diplomatischen Verhandlungen führt, die Angst vor dem Messer an der Gurgel oder der Schrei eines Kindes ist. In jedem Fall wird Souveränität begründet.

Im Grunde vollzieht sich alles, als habe Hobbes, alles andere als ein Theoretiker der Beziehungen zwischen Krieg und politischer Macht, den Krieg als historische Realität abschaffen, als habe er ihn aus der Entstehungsgeschichte der Souveränität entfernen wollen. Es gibt im *Leviathan* eine ganze Diskursfront, die besagt: Es ist egal, ob man gekämpft hat oder nicht, ob man besiegt worden ist oder nicht; in jedem Fall ist es derselbe Mechanismus, der für euch Besiegte gilt, egal ob ihr euch im Naturzustand befindet, in einem konstituierten Staat oder in der natürlicherweise zärtlichsten und natürlichsten Beziehung, die es gibt, jener zwischen Eltern und Kindern. Hobbes erklärt den Krieg, die Tatsache des Krieges, das allein in der Schlacht manifestierte Kräfteverhältnis für gleichgültig bezüglich der Konstitution der Souveränität. Die Konstitution der Souveränität ignoriert den Krieg. Ob es Krieg gibt oder nicht, die Konstitution vollzieht sich immer auf dieselbe Weise. Im Grunde ist dieser Diskurs von Hobbes ein bestimmtes »Nein« zum Krieg: Er bringt die Staaten nicht wirklich hervor, noch wird er in Beziehungen der Souveränität überführt, noch leitet er die früheren Asymmetrien eines Kräfteverhältnisses, wie sie sich in der gegebenen Schlacht manifestiert haben, in zivile Macht – und deren Ungleichheiten – über.

So ergibt sich das Problem: Für wen, wozu soll dieser Krieg beseitigt werden, wo man doch weiß, daß in den früher formulierten Rechtstheorien der Macht dem Krieg niemals diese Rolle zuerkannt wurde, die Hobbes ihm hartnäckig verweigert? Gegen welchen Gegner wendet sich Hobbes, wenn er auf einer bestimmten Ebene, in einer bestimmten Richtung, an einer bestimmten Front seines Diskurses hartnäckig wiederholt: Aber es hat auf jeden Fall keine Bedeutung, ob es Krieg gibt oder nicht; es geht nicht um Krieg bei der Konstitution von Souveränitäten. Hobbes' Diskurs wendet sich, wenn Sie so wollen, gegen keine genaue und bestimmte Theorie, gegen bestimmte Gegner oder polemische Ansprechpartner; es geht auch nicht darum, daß Hobbes das Nicht-Gesagte, das Unfaßbare des Diskurses trotz allem zu erfassen suchte. Zu der Zeit, in der Hobbes schrieb, gab es etwas, was man zwar nicht seinen polemischen Gegner, aber sein strategisches Gegenüber nennen könnte. Das heißt: weniger einen bestimmten Inhalt des Diskurses, den es abzulehnen galt, als ein bestimmtes diskursives Spiel, eine bestimmte theoretische und politische Strategie, die Hobbes unterbinden und unmöglich machen wollte. Das strategische Gegenüber, das Hobbes, wenn nicht zurückweisen, so doch beseitigen und unmöglich machen wollte, ist eine bestimmte Art, historisches Wissen im politischen Kampf einzusetzen. Genauer gesagt ist das strategische Gegenüber des Leviathan, wie ich denke, die politische Verwendung eines bestimmten historischen Wissens in den damaligen Kämpfen, und zwar desjenigen, das sich auf die Kriege, Invasionen, Plünderungen, Enteignungen, Beschlagnahmungen, Raubzüge, Erpressungen und deren Auswirkungen, auf die Folgen all dieser Kriegshandlungen, all dieser Schlachten und realen Kämpfe auf die Gesetze und Institutionen bezieht, die augenscheinlich die Macht regeln.

Hobbes will also, mit einem Wort, die Eroberung oder auch die Verwendung der Eroberung im historischen Diskurs und in der politischen Praxis beseitigen. Der unsichtbare Gegner des Leviathan ist die Eroberung. Dieser riesige künstliche Mann, der alle ordentlichen Denker des Rechts und der Philosophie derart zum Zittern brachte, dieser staatliche Riese, diese riesige Silhouette, die sich auf der Vignette, die den *Leviathan* eröffnet, abzeichnet und einen König mit gezücktem Schwert und dem Krummstab in der Hand zeigt, meinte es im Grunde gut. Daher wird er von den Philosophen, die ihn so geschmäht haben, im Grunde geliebt, daher hat sein Zynismus sogar die

Zögerlichsten bezaubert. Indem er scheinbar überall Krieg erklärt, vom Moment des Aufbruchs bis hin zur Ankunft, besagt der Diskurs von Hobbes in Wirklichkeit genau das Gegenteil. Er behauptet, daß Krieg oder Nicht-Krieg, Niederlage oder nicht, Eroberung oder Übereinkunft dasselbe seien: »Ihr habt sie gewollt, ihr, die Untertanen (sujets), habt die Souveränität konstituiert, die euch repräsentiert. Ärgert euch also nicht mehr über eure historischen Fährnisse: am Ausgang der Eroberung (wenn ihr wirklich wollt, daß es eine Eroberung gibt) steht doch wieder der Vertrag, der verängstigte Wille der Untertanen (sujets).« Das Problem der Eroberung löst sich solchermaßen auf, nach oben hin dank der Vorstellung des Kriegs aller gegen alle und nach unten hin dank des sogar rechtlich gültigen Willens der vom Ausgang der Schlacht verschreckten Untertanen (sujets). Ich denke, daß Hobbes sehr wohl als jemand betrachtet werden kann, der Skandale verursacht. De facto stellt er aber eher ruhig: Er hält immer den Diskurs von Vertrag und Souveränität, d. h. den Diskurs des Staates. Natürlich hat man ihm vorgeworfen und wird man ihm weiterhin lauthals vorwerfen, diesem Staat zu viel zu geben. Gleichwohl ist es besser für Philosophie und Recht, für den rechtlich-philosophischen Diskurs, dem Staat zu viel zu geben als zu wenig. Und während man sich beklagt, dem Staat zu viel gegeben zu haben, ist man ihm im stillen dafür dankbar, daß er einen bestimmten hinterhältigen und barbarischen Feind gebannt hat.

Der Feind – oder besser der feindliche Diskurs, gegen den sich Hobbes wendet – ist derjenige, den man in den Bürgerkriegen gehört hat, die den englischen Staat damals entzweiten. Es ist ein Diskurs mit zwei Stimmen. Die eine sagte: »Wir sind die Eroberer und ihr seid die Besiegten. Wir sind vielleicht Fremde, aber ihr seid Unterworfene (sujets).« Worauf die andere antwortete: »Wir sind vielleicht erobert worden, aber wir werden es nicht immer bleiben. Wir sind hier zu Hause und ihr werdet weggehen.« Diesem Diskurs des Kampfes und des permanenten Bürgerkriegs hat Hobbes Einhalt geboten, indem er den Vertrag hinter jeden Krieg und jede Eroberung gesetzt und solchermaßen die Theorie des Staates gerettet hat. So erklärt sich die Tatsache, daß die Rechtsphilosophie Hobbes zum Ausgleich den Ehrentitel des Vaters der politischen Philosophie verliehen hat. Als das Kapitol des Staates bedroht war, hat eine Gans die schlafenden Philosophen geweckt. Ihr Name ist Hobbes.

Dieser Diskurs (oder diese Praxis), gegen welche Hobbes die ganze Mauer des *Leviathan* errichtet, ist, wie mir scheint – wenn auch nicht zum ersten Mal, so doch in seinen wesentlichen Dimensionen und seiner politischen Virulenz –, in England zutage getreten, vermutlich dank der Wirkung, die sich aus der Verbindung zweier Phänomene ergab: aus dem frühreifen politischen Kampf des Bürgertums gegen die absolutistische Monarchie einerseits und die Aristokratie andererseits; und aus jenem anderen Phänomen, das sich dazu gesellte, nämlich dem Bewußtsein der Spaltung aufgrund der historischen Tatsache der Eroberung, das seit Jahrhunderten bis in weite Bevölkerungsschichten hinein sehr lebendig war.

Diese Gegenwärtigkeit der normannischen Eroberung durch Wilhelm 1066 in Hastings schlug sich auf vielfältige Weise in den Institutionen und der historischen Erfahrung der politischen Subjekte in England nieder und bekundete sich auch weiterhin. Sie manifestierte sich zunächst ausdrücklich in den Machtritualen, da bis zu Heinrich VII., zu Beginn des 16. Jahrhunderts, die königlichen Akten sehr genau angaben, daß dem König von England seine Souveränität nur dank des Rechts der Eroberung zukam. Er gab sich als Rechtsnachfolger der normannischen Eroberer. Die Gegenwärtigkeit der Eroberung zeigte sich aber auch in der Rechtspraxis, deren Schriftstücke und Verfahren in französischer Sprache abgefaßt bzw. durchgeführt wurden; in ihr wurden auch die Konflikte zwischen niederer Gerichtsbarkeit und königlichen Gerichtshöfen ausnahmslos ausgetragen. Von oben aufgezwungen und in fremder Sprache abgefaßt, trug das Recht in England das Stigma ausländischer Präsenz, das Kennzeichen einer anderen Nation. In dieser Rechtspraxis, in diesem in einer anderen Sprache formulierten Recht verband sich das, was ich das »sprachliche

Leid« jener nennen würde, die sich rechtlich nicht in ihrer eigenen Sprache verteidigen können, mit einer gewissen gesetzesfremden Figur. In doppelter Weise war die Rechtspraxis somit unzugänglich. Daraus erklärt sich die Forderung, der man im englischen Mittelalter sehr früh begegnet: »Wir wollen ein Recht, das uns gehört, ein Recht, das in unserer Sprache formuliert und von unten vereinheitlicht ist, auf der Basis jenes gemeinsamen Gesetzes, das sich den königlichen Statuten widersetzt.« Die Eroberung – ich greife ein wenig beliebig Beispiele heraus – manifestierte sich außerdem in der Präsenz, der Überlagerung und dem Zusammenstoß zweier heterogener Sagengruppen: zwischen all den angelsächsischen Berichten einerseits, die im Grunde volkstümliche Erzählungen, mythische Glaubensgeschichten (die Rückkehr des Königs Harold), Kulte heiliger Könige (wie jener des Königs Eduard) und volkstümliche Erzählungen vom Typ Robin Hood waren (aus dieser Mythologie wird Walter Scott, wie Sie wissen – einer der größten Inspiratoren von Marx[11] –, seinen *Ivanhoe* und zahlreiche Romane[12] schöpfen, die im historischen Bewußtsein des 19. Jahrhunderts äußerst wichtig gewesen sind). Dieser mythologischen und populären Gruppe steht andererseits eine Gruppe von aristokratischen und quasi monarchischen Sagen gegenüber, die sich am Hofe der Normannenkönige ausgebreitet haben und im 16. Jahrhundert, zum Zeitpunkt der Entfaltung des königlichen Absolutismus bei den Tudor, reaktiviert wurden. Es geht im wesentlichen um die Sage des Artuszyklus.[13] Sicherlich ist das

11 Über K. Marx als Leser von W. Scott, vgl. E. Marx-Aveling, »Karl Marx – Lose Blätter«, in: *Österreichischer Arbeiter-Kalender für das Jahr 1895*, S. 51-54; F. Mehring, *Karl Marx; Geschichte seines Lebens*, Leipzig/Berlin, 1933, XV,I; I. Berlin, *Karl Marx*, London, 1939, Kap. XI.

12 Die Handlung von *Ivanhoe* (1819) spielt im England von Richard Löwenherz; *Quentin Durward* (1823) hat das Frankreich Ludwigs XI. zum Hintergrund. Man kennt den Einfluß von *Ivanhoe* auf A. Thierry und seine Theorie der Eroberer und Eroberten.

13 Gemeint ist der Sagenzyklus rund um die mythische Figur des bretonischen Herrschers Artus, Anführer des Widerstands gegen die Invasion der Angelsachsen um die erste Hälfte des 5. Jahrhunderts. Diese

nicht unbedingt eine normannische Sage, aber in keinem Fall eine angelsächsische. Sie basiert auf alten keltischen Sagen, die von den Normannen sogar unterhalb der angelsächsischen Bevölkerungsschicht aufgedeckt wurden. Die Normannen griffen auf diese keltischen Sagen zu Gunsten der normannischen Aristokratie und Monarchie ganz selbstverständlich zurück, schon dank der vielfältigen Beziehungen, die es zwischen den Normannen in ihrem Herkunftsland und der Bretagne und den Bretonen gab. Wir haben folglich zwei starke mythologische Gefüge, um die herum England auf ganz unterschiedliche Weise seine Vergangenheit und Geschichte träumte.

Wichtiger als all das und bezeichnender für die Präsenz und die Auswirkungen der Eroberung in England war die gesamte historische Erinnerung an die Aufstände, von denen jeder ganz präzise politische Auswirkungen hatte. Einige dieser Aufstände hatten im übrigen einen ausgeprägt rassischen Charakter, wie die ersten unter ihnen, jene von Monmouth beispielsweise.[14] Andere (wie diejenigen, deren Ende durch die *Magna Charta* besiegelt worden war) hatten zur Begrenzung der königlichen Macht und zu präzisen Maßnahmen der Vertreibung von Fremden beigetragen (in diesem Fall weniger der Normannen als der Poitevins, Angevins usw.). Aber es handelte sich um ein Recht des englischen Volkes, das mit der Notwendigkeit verbunden

Traditionen und Berichte werden zum ersten Mal im 12. Jahrhundert von Geoffrey of Monmouth in *De origine et gestis regum Britanniae Libri XII* (Heidelberg, 1687) und schließlich von Robert Wace im *Roman de Brut* (1155) und dem *Roman de Rou* (1160-174) zusammengetragen: das ist das sogenannte »bretonische Material«, bearbeitet von Chrétien de Troyes in *Lancelot* und *Perceval* während der 2. Hälfte des 12. Jahrhunderts.

14 Geoffrey of Monmouth (12. Jahrhundert) ist also der Autor der *Historia regum Britanniae (De origine …*, a. a. O.) (1136-1148), die die Geschichte der bretonischen Nation ab dem ersten Eroberer, dem Trojaner Brutus, erzählt; eine Geschichte, die nach den römischen Eroberungen zum Widerstand der Bretonen gegen die angelsächsischen Invasoren und zum Niedergang des bretonischen Reiches führt. Es handelt sich um eines der populärsten Bücher des Mittelalters, welches die Artussage in die europäischen Literaturen eingeführt hat.

wurde, Fremde zu vertreiben. Es gab also eine ganze Serie von Elementen, die es ermöglichten, die großen sozialen Oppositionen in den historischen Formen der Eroberung und Herrschaft einer Rasse über eine andere zu kodieren. Diese Kodierung oder in jedem Fall die Elemente, die diese Kodierung erlaubten, waren alt. Man findet schon im Mittelalter in den Chroniken Sätze wie diese: »Von den Normannen stammen die großen Personen dieses Landes ab; die Personen einfacher Lebensumstände sind Söhne der Angelsachsen.«[15] Das heißt, daß die – politischen, ökonomischen und rechtlichen – Konflikte aufgrund der genannten Elemente sehr leicht artikuliert, kodiert und in einen Diskurs transformiert werden konnten, der nichts anderes als der Diskurs des Rassengegensatzes ist. Diese neuen Elemente kamen gegen Ende des 16. und zu Beginn des 17. Jahrhunderts, als sich neue politische Kampfformen zwischen dem Bürgertum einerseits und der Aristokratie und Monarchie andererseits entwickelten, erneut im Vokabular des Rassenkampfes zum Ausdruck. Diese Art der Kodierung ging, zumindest was die für diese Kodierung empfänglichen Elemente anbetraf, ganz natürlich vor sich. Ich spreche von Kodierung, da die Rassentheorie nicht als eine besondere Behauptung einer Gruppe gegen eine andere wirksam wurde. In der Rassentrennung und ihren Oppositionssystemen hatte man eine Art zugleich diskursiven und politischen Instruments, das den einen wie den anderen die Formulierung ihrer eigenen Thesen ermöglichte. Die rechtlich-politische Diskussion der Rechte des Souveräns und der Rechte des Volkes vollzog sich im England des 17. Jahrhunderts auf der Grundlage dieses Vokabulars, welches Ergebnis der Eroberung, der Herrschaft einer Rasse über eine andere und des Aufstandes – oder der fortwährenden Drohung mit Aufstand – der Besiegten gegen die Sieger – war. Daher treffen Sie auf die Theorie der Rassen oder das Thema der Rassen ebenso in den Positionen des königlichen Absolutismus, der Parlamentarier oder Par-

15 M. Foucault erwähnt im Manuskript die »Chronik von Gloucester«.

lamentaristen wie in den extremeren der *Levellers* oder *Diggers.*

Das Primat der Eroberung und Herrschaft finden Sie tatsächlich in dem formuliert, was ich mit einem Wort den »Diskurs des Königs« nennen möchte. Als Jakob I. im Thronsaal erklärte, daß die Könige den Thron Gottes besetzen,[16] bezog er sich natürlich auf die theologisch-politische Theorie des göttlichen Rechts. Aber für ihn hatte diese göttliche Erwählung – die bewirkte, daß er tatsächlich der Eigentümer Englands war – ihren historischen Index und ihre Bürgschaft im normannischen Sieg. Als er noch König von Schottland war, sagte Jakob I., daß die Normannen England in Besitz genommen und die Gesetze des Königreichs erlassen hätten[17] – was zwei Konsequenzen hatte. Zum einen, daß England in Besitz genommen worden war und folglich alle englischen Ländereien den Normannen und dem

16 »Monarchae proprie sunt judices, quibus juris dicendi potestam proprie commisit Deus. Nam in throno Dei sedent, unde omnis ea facultas derivata est« (James I, *Oratio habita in camera stellata* (1616), in *Opera edita a Jacobo Montacuto* ..., Francofurti ad Moenum et Lipsiae, 1689, S. 253). »Nihil est in terris quod non sit infra Monarchiae fastigium. Nec enim solum Dei Vicarii sunt Reges, deique throno insident: sed ab ipso Deo Deorum nomine honorantur« (*Oratio habita in comitis regni ad omnes ordines in palatio albaulae* (1609), in *Opera edita* ..., S. 245); über »Divine Rights of Kings«, siehe auch *Basilikon doron, sive De institutione principis,* in *Opera edita* ..., S. 63-85).

17 »Et quamquam in aliis regionibus ingentes regii sanguinis factae sint mutationes, sceptri jure ad novos Dominos jure belli translato; eadem tamen illic cernitur in terram et subditos potestatis regiae vis, quae apud nos, qui Dominos numquam mutavimus. Quum spurius ille Normandicus validissimo cum exercitu in Angliam transiisset, quo, obsecro nisi armorum et belli jure Rex factus est? At ille leges dedit, non accepit, et vetus jus, et consuetudinem regni antiquavit, et avitis possessionibus eversis homines novos et peregrinos imposuit, suae militiae comites; quemadmodum hodie pleraque Angliae nobilitas Normannicam prae se fert originem; et leges Normannico scriptae idiomatem facilem testantur auctorem. Nihilominus posteri ejus sceptrum illud hactenus faciliter tenuerunt. Nec hoc soli Normanno licuit: idem jus omnibus fuit, qui ante illum victae Angliae leges dederunt« (James I, *Jus liberae Monarchiae, sive De mutuis regis liberi et populi nascendi conditione illi subditi officiis* (1598), in *Opera edita* ..., a. a. O., S. 91).

Chef der Normannen, d. h. dem König gehörten. Als Chef der Normannen versteht sich der König tatsächlich als Eigentümer im Besitz der englischen Erde. Zum anderen hat das Recht nicht das gemeinsame Recht der verschiedenen Bevölkerungsgruppen zu sein, welche der Souveränität unterstehen; das Recht ist das Kennzeichen der normannischen Souveränität, es wurde von den Normannen und selbstverständlich für sie eingeführt. Und mit einem Geschick, das die Gegner einigermaßen lahmlegen sollte, machten der König oder zumindest die Statthalter des Diskurses des Königs eine äußerst seltsame, aber bedeutsame Analogie geltend. Ich glaube, es war Blackwood, der sie zum ersten Mal 1581 in einem Text mit dem Titel *Apologia pro regibus* formulierte, in dem er etwas sehr Seltsames sagte. Er sagte: »Man muß die Lage Englands zum Zeitpunkt der normannischen Invasion so verstehen, wie man jetzt die Lage Amerikas gegenüber den noch nicht als kolonial bezeichneten Mächten zu verstehen hat. Die Normannen waren in England, was die Europäer gegenwärtig in Amerika sind.« Blackwood zog eine Parallele zwischen Wilhelm dem Eroberer und Karl v. Er sagte in bezug auf Karl v.: »Er hat gewaltsam einen Teil Westindiens unterworfen, er hat den Besiegten ihre Güter nicht als eingeschränktes Eigentum, sondern nur zur Nutznießung überlassen und Abgaben erhoben. Was Karl v. in Amerika getan hat und wir vollkommen legitim finden, da wir dasselbe tun, haben die Normannen, täuschen wir uns da nicht, in England getan. Die Normannen sind mit demselben Recht in England wie wir in Amerika, d. h. dank des Rechts der Kolonisierung.«[18]

Gegen Ende des 16. Jahrhunderts begegnen wir, wenn nicht zum

18 »Carolus quintus imperator nostra memoria partem quondam occidentalium insularum, veteribus ignotam, nobis Americae vocabulo non ita pridem auditam, vi subegit, victis sua reliquit, non mancipio, sed usu, nec eo quidem perpetuo, nec gratuito, ac immuni (quod Anglis obtigit Vilielmi nothi beneficio) sed in vitae tempus annuae prestationi certa lege locationis obligata« (A. Blackwood, *Adversus Georgii Buchanani dialogum, de jure regni apud Scotos, pro regibus apologia*, Pictavis apud Pagaeum, 1581, S. 69).

allerersten Mal, so doch erstmalig, wie ich denke, einer Art Rückwirkung der Kolonialpraxis auf die rechtlich-politischen Strukturen des Abendlands. Man sollte nicht vergessen, daß die Kolonisation mit ihren Techniken und ihren politischen und rechtlichen Waffen europäische Modelle auf andere Kontinente übertragen, daß sie aber auch zahlreiche Rückwirkungen auf die Machtmechanismen, die Apparate, die Institutionen und Machttechniken im Abendland gehabt hat. Es gab eine ganze Serie von kolonialen Modellen, die ins Abendland zurückgebracht wurden und bewirkt haben, daß das Abendland an sich selbst so etwas wie eine Kolonisierung, einen internen Kolonialismus, durchgeführt hat.

So funktionierte das Thema des Rassengegensatzes im Diskurs des Königs. Dasselbe Thema der normannischen Eroberung hat aber auch die Antwort der Parlamentarier auf diesen Diskurs des Königs bestimmt. Die Art, wie die Parlamentarier die Ansprüche des königlichen Absolutismus zurückwiesen, hatte ebenfalls mit dem Dualismus der Rassen und der Tatsache der Eroberung zu tun. Die Analyse der Parlamentarier und Parlamentaristen begann paradoxerweise mit einer Art Leugnung der Eroberung oder vielmehr der Einbettung der Eroberung in das Hohelied auf Wilhelm den Eroberer und seine Legitimität. Ihre Analyse besagte: Man sollte sich nicht täuschen – und hierin stehen sie, wie Sie sehen, Hobbes nahe –, Hastings, die Schlacht, sogar der Krieg sind nicht wichtig. Im Grunde war Wilhelm der legitime König. Und er war der legitime König ganz einfach deshalb, weil Harold (und hierbei grub man eine gewisse Zahl historischer, wahrer oder falscher Fakten aus) – noch vor dem Tod von Eduard dem Bekenner, der Wilhelm zu seinem Nachfolger bestimmt hatte – den Eid abgelegt hatte, daß er niemals König von England werden würde, sondern den Thron abträte oder akzeptieren würde, daß Wilhelm den Thron von England bestiege. In jedem Fall kam es dazu nicht: Nachdem Harold in der Schlacht von Hastings gefallen war, gab es keinen legitimen Nachfolger mehr – wenn man von der Legitimität Harolds ausgeht –, und folglich mußte die Krone ganz natürlich an Wilhelm übergehen. Und so mußte sich Wilhelm nicht als Eroberer Englands fühlen, sondern als Erbe von Rechten, nicht von Rechten einer Eroberung, sondern des Königreichs England, wie es jetzt existierte. Er sah sich als Erbe eines Königreiches, das durch eine gewisse Zahl von Gesetzen gebunden war – und als Erbe einer Souveränität, die durch die Gesetze der angelsächsischen Herrschaft selbst begrenzt war. Die Monarchie Wilhelms legitimiert sich in dieser Analyse also genau durch das, was seine Macht limitiert. Im übrigen, ergänzen die Parlamentaristen, wenn es sich um eine Eroberung gehandelt hätte, wenn die Schlacht von Hastings wirklich zu einer reinen Herrschaftsbeziehung der Normannen über die Angelsachsen geführt hätte, hätte die Eroberung niemals Bestand haben können. Wie hätten sich ein paar Zehntausend armseliger Normannen, über die englischen Ländereien verstreut, dort halten und wirklich eine dauerhafte Macht begründen können? Man hätte sie nach Ausgang der Schlacht sicherlich in ihren Betten ermordet. Nun gab es aber zumindest in der ersten Zeit keine großen Aufstände, was deutlich macht, daß sich im Grunde die Besiegten nicht so sehr als Besiegte und als von den Siegern Besetzte betrachteten, sondern in den Normannen tatsächlich Leute sahen, die die Macht ausüben konnten. Durch diese Hinnahme, durch dieses Nicht-Massaker der Normannen und diese Nicht-Revolte verliehen sie der Monarchie von Wilhelm Gültigkeit. Wilhelm hatte im übrigen einen Eid geleistet, war vom Erzbischof von York gekrönt worden; man hatte ihm die Krone gegeben, und er hatte sich im Laufe dieser Zeremonie dahingehend ausgesprochen, daß er die Gesetze, die die Chronisten für gut, alt, akzeptiert und bewährt erklärten, respektieren würde. Er hatte sich also mit diesem ihm vorgängigen System der angelsächsischen Monarchie verbunden.

In einem Text mit dem Titel *Argumentum anti-normannicum*,[19]

19 *Argumentum Anti-Normannicum, or an Argument proving, from ancient histories and records, that William, duke of Normandy, made no absolute conquest of England by the word, in the sense of modern*

der diese These vertritt, sieht man eine Art Vignette, die man zu der des *Leviathan* in Beziehung setzen kann, folgendermaßen arrangiert: als längliches Band eine Schlacht zweier bewaffneter Truppen (es handelt sich natürlich um die Normannen und Angelsachsen in Hastings) und in der Mitte dieser beiden Truppen die Leiche des Königs Harold: damit ist die legitime Macht der Angelsachsen tatsächlich ausgelöscht. Darunter stellt eine Szene von größerem Format die Krönung von Wilhelm dar. Aber diese Krönung wird auf folgende Weise inszeniert: Eine Britannia genannte Statue überreicht Wilhelm ein Papier, auf dem zu lesen steht: »Die Gesetze Englands«.[20] König Wilhelm erhält seine Krone vom Erzbischof von York, während ihm ein anderer kirchlicher Würdenträger ein Papier überreicht, auf dem »Eid des Königs«[21] steht. Auf diese Weise macht man deutlich, daß Wilhelm tatsächlich nicht der Eroberer ist, der er zu sein beanspruchte, sondern der legitime Erbe, ein Erbe, dessen Souveränität durch die englischen Gesetze, die Anerkennung der Kirche und den von ihm geleisteten Eid beschnitten wird. Winston Churchill, jener des 17. Jahrhunderts, schrieb 1675: »Im Grunde hat Wilhelm England nicht erobert; vielmehr haben die Engländer Wilhelm erobert.«[22] Und erst nach dieser – völlig legitimen – Übertragung der sächsischen Macht auf den normannischen König, sagen die Parlamentaristen, hat die Eroberung wirklich begonnen, d. h. ein ganzes Spiel von Entmächtigungen, Erpressungen und Rechtsmißbrauch. Die Eroberung war dieser lange Umweg, der auf den Einzug der Normannen folgte und in England das zuwege gebracht hat, was man damals den »Normannismus« oder das »normanni-

writers, London, 1682. Dieses Werk wurde fälschlich E. Coke zugeschrieben.

20 »The excellent and most famous Laws of St. Edward«.

21 »Coronation Dath«. Für die Illustration dieser Vignette, siehe »An Explanation of the Frontispiece«, in *Argumentum Anti-Normannicum* ..., a. a. O.

22 W. Churchill, *Divi britannici, being a remark upon the lives of all the Kings of this Isle, from the year of the world 2855 unto the year of grace 1660*, London, 1675. Folio 189-190.

sche Joch«[23] nannte, d. h. eine systematisch unsymmetrische und systematisch der Aristokratie und der normannischen Monarchie gewogene politische Herrschaft. Gegen diesen »Normannismus« – und nicht gegen Wilhelm – richteten sich sämtliche Revolten des Mittelalters; und gegen diese mit der normannischen Monarchie verbundenen Mißbräuche hat man die Rechte des Parlaments als des wirklichen Erben der angelsächsischen Tradition betont; gegen diesen auf Hastings und die Ankunft Wilhelms folgenden »Normannismus« haben die unteren Gerichtshöfe gekämpft, als sie unbedingt das »Common Law« gegen die königlichen Statuten durchdrücken wollten. Und der Kampf des 17. Jahrhunderts richtet sich noch immer gegen ihn.

Worin besteht nun dieses alte angelsächsische Recht, welches Wilhelm de facto und de jure akzeptiert, das aber von den Normannen in den auf die Eroberung folgenden Jahren unterdrückt und verdreht werden und mit der *Magna Charta*, mit der Einrichtung des Parlaments und in der Revolution des 17. Jahrhunderts wiederhergestellt werden sollte? Nun, es ist ein bestimmtes angelsächsisches Gesetz, in welchem der Einfluß eines Juristen namens Coke eine bedeutende Rolle spielte, der angeblich und tatsächlich ein Manuskript des 13. Jahrhunderts wiederentdeckte, von dem er behauptete, daß es die Formulierung der alten angelsächsischen Gesetze[24] sei, während es sich

23 Die Theorie des »Norman Yoke« (oder der »Norman bondage«) war im Laufe des 16. und 17. Jahrhunderts von politischen Schriftstellern (Blackwood u. a.), von »Elizabethan Chroniclers« (Holinshed, Speed, Daniel u. a.), von der »Society of Antiquarians« (Selden, Harrison, Nowell), von Juristen (Coke u. a.) mit dem Ziel, »to glorify the pre-Norman past« vor der Invasion und Eroberung verbreitet worden.

24 »I have a very auntient and learned treatise of the Lawes of this Kingdome whereby this Realme was governed about 1100 years past, of the title and subject of which booke the Author shaltel you himself in these words. Wich Summary I have intituled ›The Mirrors of Justice‹, according to the vertues and substances embellies which I have observed, and which have been used by holy customs since the time of King Arthur and C. (...) In this booke in effect appeareth the whole frame of the auntient common Lawes of the Realme« (E. Coke, *La Neuf.me Part*

in Wirklichkeit unter dem Titel *Miroirs de justice*[25] um die Beschreibung gewisser Praktiken der Rechtsprechung, des privaten und öffentlichen Rechts des Mittelalters handelte. Coke hat es als Zusammenfassung des angelsächsischen Rechts ausgegeben. Dieses angelsächsische Recht wurde zugleich als ursprüngliches und historisch authentisches Gesetz – von daher die Bedeutung dieses Manuskripts – des angelsächsischen Volkes vorgestellt, welches selbst seine Anführer wählte, seine eigenen Richter hatte und die Macht des Königs nur zu Kriegszeiten, ihn somit nur als Kriegsherrn und nicht als jemanden anerkannte, der die absolute und unkontrollierte Souveränität über den Gesellschaftskörper ausübt. Es handelte sich also um eine historische Figur, die man durch Nachforschungen hinsichtlich des Alters des Rechts in einer historisch präzisen Form zu fixieren suchte. Zugleich erschien dieses angelsächsische Recht als reiner Ausdruck der menschlichen Vernunft im Naturzustand und wurde auch als solches präsentiert. Juristen wie Selden[26] beispielsweise bemerkten, daß es ein wunderbares

des Reports de S.Edv. Coke, London, 1613, Vorwort »Lectori/The Reader«, fol. 1-32 s.pag., vgl. auch *Le Tierce Part des Reports del Edward Coke,* London, 1602, Vorwort, fol. 9-17; *La Huictieme Part des reports de S.Edv. Coke,* London, 1611, Vorwort; *La Dix.me Part des Reports de S.Edv. Coke,* London, 1614, Vorwort, fol. 1-48, für das Exposé der Geschichte »of the nattionall Lawes of their native country«. Man muß darauf hinweisen, daß Coke sich auf *Mirrors of Justice* auch in *Institutes* bezieht. Siehe insb. *The fourth Part of the Institutes of the Laws of England,* London, 1644, Kap. VIII, XI, XIII, XXXV; aber besonders *The second Part of the Institutes of the Laws of England,* London, 1642, S. 5-78).

25 *The Mirror of Justice* ist ein Text, ursprünglich auf französisch gegen Ende des 14. Jahrhunderts, vermutlich von Andrew Horn verfaßt. Eine englische Übersetzung macht diesen Text 1648 zu einer der Hauptreferenzquellen für alle Anhänger, die Parlamentarier wie die revolutionären Radikalen des »*Common Law*«.

26 M. Foucault bezieht sich vermutlich auf *An Historical Discourse of the uniformity of Government of England. The First Part,* London, 1647, 2 Bde., *with a continuation in 1651*, abgefaßt von Nathaniel Bacon auf der Grundlage der Manuskripte von John Selden (siehe *An Historical and Political Discourse of the Laws and Government of England ... collected from some manuscript notes of John Selden ... by Nathaniel*

und der menschlichen Vernunft nahestehendes Recht sei, da es im bürgerlichen Bereich jenem von Athen gliche und im militärischen Bereich jenem von Sparta ebenbürtig sei. Was den Inhalt der religiösen und moralischen Gesetze anging, habe der angelsächsische Staat den Gesetzen Moses ganz nahe gestanden. Athen, Sparta, Moses; der angelsächsische war natürlich der perfekte Staat. Die »Angelsachsen wurden« (das sagt ein Text von 1647) »ein wenig zu dem, was die Juden waren, nämlich von jedem anderen Volk unterschieden: Ihre Gesetze waren ehrwürdig als Gesetze, und ihre Regierung war wie das Königreich Gottes, dessen Joch bequem und dessen Bürde leicht ist.«[27] Auf diese Weise verwandelte sich der Historismus, den man dem Absolutismus der Stuart entgegensetzte, in eine Begründungsutopie, in der sich die Theorie der Naturrechte, ein gültiges historisches Modell und der Traum von einer Art Gottesreich mischten. Diese Utopie vom angelsächsischen Recht, das die normannische Monarchie als anerkannt voraussetzte, sollte der rechtliche Sockel der neuen Republik werden, die die Parlamentaristen errichten wollten.

Eben dieser Tatsache der Eroberung werden Sie noch ein drittes Mal begegnen, diesmal allerdings in der radikalen Position jener, die sich nicht nur der Monarchie, sondern sogar den Parlamentaristen widersetzen, d. h. in dem kleinbürgerlichen oder, wenn Sie so wollen, volkstümlicheren Diskurs der *Levellers*, der *Diggers* usw. Aber diesmal wird sich der Historismus nur in Extremfällen zu dieser Utopie natürlicher Rechte, von der

Bacon, London, 1689). In bezug auf die Angelsachsen sagt Selden, daß »their judicial were very suitable to the Athenian, but their military more like the Lacedemonian« (S. 15; s. Kap. IV-XLIII). Von J. Selden vgl. auch *Analecton Anglobritannicon libri duo*, Frankfurt, 1615; *Jani Anglorum*, in *Opera omnia latina et anglica*, London, 1726, Bd. II.

27 »Thus the Saxons become somewhat like the Jewes, divers from all other people; their lawes honourable for the Kind, easie for the subject; and their governement above all other likest unto that of Christs Kingdome, whose yoke is easie, and burthen light: but their motion proved so irregular as God was pleased to reduce them by another way« (*An Historical Discourse* ..., a. a. O., S. 112-113).

ich gerade gesprochen habe, verwandeln. Im Grunde wird man bei den *Levellers* buchstäblich die These des königlichen Absolutismus wiederfinden. Die *Levellers* werden Folgendes sagen: »In der Tat hat die Monarchie recht, wenn sie sagt, daß es Invasion, Niederlage und Eroberung gegeben hat. Es stimmt, daß es die Eroberung gegeben hat, von ihr ist auszugehen. Aber die absolutistische Monarchie bedient sich der Tatsache der Eroberung, um ihre Rechte zu legitimieren und zu begründen. Wir dagegen, die wir sehen, daß es die Eroberung und die effektive Niederlage der Angelsachsen gab, müssen in Betracht ziehen, daß diese Niederlage und diese Eroberung keineswegs der Ausgangspunkt des Rechts – des absoluten Rechts – sind, sondern eines Zustands des Nicht-Rechts, der alle Gesetze und sozialen Differenzen, die die Aristokratie und die Herrschaft des Eigentums kennzeichnen usw., für ungültig erklärt.« Alle Gesetze Englands – ein Text von John Warr, *La Corruption et le Déficience des lois anglaises* besagt das – müssen als »*Tricks,* Fallen, Bösartigkeiten«[28] angesehen werden. Gesetze sind Fallen: Sie sind keineswegs Machtgrenzen, sondern Machtinstrumente; nicht Mittel, Gerechtigkeit walten zu lassen, sondern Mittel zur Wahrung von Interessen. Folglich muß das erste Ziel der Revolution die Beseitigung aller post-normannischen Gesetze sein, in dem Maße, wie sie auf direkte oder indirekte Weise das *Norman Yoke,* das normannische Joch, perpetuieren. Die Gesetze, sagte Lilburne, werden von den Eroberern gemacht.[29] Daher plädiert er für die Beseitigung des gesamten Rechtsapparats.

28 »The laws of England are full of tricks, doubts and contrary tho themselves; for they were invented and established by the Normans, which were of all nations the most quarrelsome and most fallacious in contriving of controversies and suits« (J.Warr, *The Corruption and Deficiency of the Laws of England,* London, 1649, S. 1; vgl. insb. Kap. II und III. Siehe auch *Administration Civil and Spiritual in Two Treatises,* London, 1648, I, XXXVII).

29 Siehe insb. J. Lilburne, *The Just Mans Justification,* London, 1649, S. 11-13; siehe auch *A Discourse betwixt John Lilburne, close prisonner in the Tower of London, and Mr. Hugh Peters,* London, 1649; *England Birth Right Justified against all arbitrary usurpation,* London, 1645;

Zum zweiten sollen alle Unterschiede zwischen der Aristokratie – und nicht nur der Aristokratie, sondern Aristokratie und König, dem König als einem der Aristokraten – und dem Volk beseitigt werden, da die Adeligen und der König das Volk nicht beschützen, sondern einfach fortgesetzt ausrauben und bestehlen. Nicht der königliche Schutz wird dem Volk zuteil, sondern die Erpressung des Adels, von der der König profitiert und die der König mitunterstützt. Wilhelm und seine Nachfolger, sagte Lilburne, haben aus denjenigen, mit denen sie Straßenraub, Plünderung und Diebstahl begangen haben, Herzöge, Barone und Lords[30] gemacht. Folglich ist das Eigentumsverhältnis zu eben diesem Zeitpunkt noch immer der Kriegszustand der Besetzung, der Konfiszierung und Plünderung. Alle Eigentumsverhältnisse – wie das gesamte Rechtssystem – müssen erneut überprüft und grundsätzlich neu betrachtet werden. Die Eigentumsverhältnisse sind durch die Tatsache der Eroberung zur Gänze ungültig geworden.

Drittens kann man einen Beweis dafür – sagen die *Diggers* –, daß die Regierung, die Gesetze, der Status des Eigentums im Grunde nichts anderes sind als die Verlängerung des Krieges, der Invasion und Niederlage, in der Tatsache sehen, daß das Volk seine Regierungen, seine Gesetze und Eigentumsverhältnisse immer als Konsequenzen der Eroberung begriffen hat. Das Volk hat in gewisser Weise ununterbrochen gegen die Entwendung des Eigentums, die Gesetzesübertretungen und die Regierungsherrschaft protestiert. Es hat sein Mißfallen einfach dadurch bekundet, daß es sich fortwährend erhoben hat – der Aufstand ist für die *Diggers* nichts anderes als das andere Ge-

Regall Tyrannie Discovered, London, 1647; *Englands New Chains Discovered,* London, 1648. Die meisten Pamphlete der *Levellers* wurden gesammelt von W. Haller & G. Davies, Hg., *The Levellers Tracts 1647-1653,* New York, 1944.

30 Wilhelm der Eroberer und seine Nachfolger »made Dukes, Earles, Barrons and Lords of their fellow Robbers, Rogues and Thieves« (*Regall Tyrannie ...,* a. a. O., S. 86). Die Zuschreibung dieses Pamphlets an J. Lilburne ist nicht gesichert; R. Overton war vermutlich an seiner Abfassung beteiligt.

sicht des Krieges, dessen nach außen präsentiertes Gesicht Gesetz, Macht und Regierung sind. Gesetz, Macht und Regierung sind Krieg, Krieg gegeneinander. Der Aufstand ist also nicht der Bruch mit einem friedlichen Gesetzessystem aus einem beliebigen Grund. Die Revolte ist die Kehrseite eines Krieges, der von der Regierung fortgesetzt wird. Die Regierung ist der Krieg der einen gegen die anderen; die Revolte wird der Krieg der anderen gegen die einen sein. Natürlich haben die Aufstände bis zum gegebenen Zeitpunkt nicht aufgehört – nicht nur, weil die Normannen gewonnen haben, sondern auch weil die reichen Leute vom normannischen System profitiert haben und den »Normannismus« mittels Verrat befördert haben. Es gab Verrat der Reichen und Verrat der Kirche. Und selbst diese Elemente, welche die Parlamentarier als Begrenzung des normannischen Rechts gelten ließen – sogar die *Magna Charta*, das Parlament, die Praxis der Gerichtshöfe –, all das ist im Grunde immer noch normannisches System und Teil der von ihm begangenen Gesetzesübertretungen, getragen von einer Gruppe der Bevölkerung, der privilegiertesten und reichsten, die die angelsächsische Sache verraten hat und auf die normannische Seite übergelaufen ist. In der Tat war alles, was augenscheinlich Zugeständnis war, nur Verrat und Kriegslist. Die *Levellers* und *Diggers* werden keinesfalls mit den Parlamentariern für die Beibehaltung der Gesetze plädieren und nur die Vorherrschaft des königlichen Absolutismus über sie verhindern wollen, sondern sagen, daß man sich von den Gesetzen durch einen Krieg, als Antwort auf den gegebenen Krieg, freimachen muß. Man muß den Bürgerkrieg weiterführen, gegen die normannische Macht.

Von diesem Ausgangspunkt wird der Diskurs der *Levellers* in verschiedene Richtungen, von denen die meisten kaum ausgearbeitet wurden, auseinanderdriften. Die eine war eine eigentlich theologisch-rassische Richtung, ähnlich jener der Parlamentaristen: »Rückkehr zu den angelsächsischen Gesetzen, die die unsrigen und gerecht sind, weil sie auch die Gesetze der Natur sind.« Danach taucht eine andere Form des Diskurses auf, die ein wenig in der Schwebe bleibt und Folgendes besagt: die normannische Herrschaft ist eine Herrschaft der Plünderung und der Übertretung, sie ist Sanktionierung eines Krieges; was findet man unterhalb ihrer? Historisch findet man angelsächsische Gesetze. Könnte man nun nicht dieselbe Analyse in bezug auf die angelsächsischen Gesetze anstellen? Waren die angelsächsischen Gesetze nicht selbst Sanktionierung eines Krieges, eine Form der Plünderung und der Übertretung? War das Regime der Angelsachsen nicht auch ein Herrschaftsregime, genau wie das normannische? Muß man folglich nicht noch weiter zurückgehen und sagen – wie man es in gewissen Texten der *Diggers*[31] findet –, daß die Herrschaft im Grunde mit jeder Form der Macht beginnt, d. h., daß es keine wie immer gearteten historischen Machtformen gibt, die nicht in Begriffen der Herrschaft der einen über die anderen zu analysieren wären? Sicherlich bleibt diese Formulierung in der Schwebe. Man findet sie als abschließende Sätze: Sie haben tatsächlich nie Anlaß zu einer historischen Analyse oder zu einer kohärenten politischen Praxis gegeben. Trotzdem können Sie sehen, daß hier zum ersten Mal die Vorstellung ausgesprochen wird, daß jedes wie auch immer beschaffene Gesetz, jede wie auch immer beschaffene Form der Souveränität, jeder wie auch immer beschaffene Typ von Macht nicht in den Begriffen des Naturrechts und der Konstituierung von Souveränität, sondern als unendliche – unendlich historische – Bewegung der Herrschaftsverhältnisse der einen über die anderen analysiert werden müssen.

31 Die bekanntesten Texte der *Diggers*, auf die sich Foucault hier beziehen könnte, sind zwei anonyme Manifeste: *Light Shining in Buckinghamshire*, o.O., 1648; *More Light Shining in Buckinghamshire*, o.O., 1649. Vgl. G. Winstanley *et al.*, *To his Excellency the Lord Fairfax and the Counsell of Warre the brotherly request of those that are called Diggers sheweth*, London, 1650; G. Winstanley, *Fire in the Bush*, London, 1650; *The Law of Freedom in a Platform, or True Magistracy Restored*, London, 1652 (vgl. G. H. Sabine, Hg., *The Works of Gerrard Winstanley, with an appendix of documents relating to the Digger Movement*, New York, 1941).

Ich habe ausführlich diesen englischen Diskurs rund um den Rassenkrieg hervorgehoben, weil ich denke, daß man hier zum ersten Mal zugleich im politischen und historischen Modus, als politisches Aktionsprogramm und als Erforschung historischen Wissens, das binäre Schema, ein gewisses binäres Schema am Werk sieht. Dieses Schema der Opposition zwischen Arm und Reich bestand bereits vorher und hatte die Wahrnehmung der Gesellschaft im Mittelalter wie in den griechischen Städten geprägt. Aber zum ersten Mal diente das binäre Schema nicht einfach dazu, eine Klage, eine Forderung oder eine bestehende Gefahr zu artikulieren. Zum ersten Mal konnte sich dieses binäre Schema, das die Gesellschaft teilte, auf Gegebenheiten der Nationalität beziehen: auf Sprache, Herkunftsland, Sitten der Vorfahren, Dichte einer gemeinsamen Vergangenheit, Existenz eines archaischen Rechts, Wiederentdeckung alter Gesetze.

Ein binäres Schema, welches andererseits sämtliche Institutionen über die gesamte Geschichte hinweg in ihrer Entwicklung zu entziffern erlaubte. Es ermöglichte auch, die gegebenen Institutionen in Begriffen von zugleich wissentlich, heuchlerisch, aber gewaltsam geführten Konfrontationen und Kriegen zwischen den Rassen zu analysieren. Ein binäres Schema schließlich, welches die Revolte nicht einfach auf die Tatsache gründete, daß die Lage der Ärmsten unerträglich geworden war und daß sie sich endlich erheben sollten, weil sie sich nicht Gehör verschaffen konnten (das war, wenn Sie so wollen, der Diskurs der Revolten im Mittelalter). Nun haben wir eine Revolte, die sich als eine Art absolutes Recht ausgibt: Wir haben ein Recht auf Revolte, nicht weil wir uns kein Gehör verschaffen konnten und man die Ordnung zerstören muß, wenn man eine gerechtere Gerechtigkeit errichten möchte. Jetzt wird der Aufstand als eine Art historische Notwendigkeit gerechtfertigt: Er antwortet auf eine bestimmte Gesellschaftsordnung, nämlich jene des Krieges, welche er in einem letzten Aufbäumen ihrem Ende zuführt.

Folglich schreibt sich die logische und historische Notwendigkeit der Revolte in jede historische Analyse ein, die den Krieg als durchgängigen Strang der gesellschaftlichen Beziehungen, als roten Faden oder Geheimnis der Institutionen und Machtsysteme herausstellt. Und ich denke, daß er der große Gegner von Hobbes war. Gegen ihn hat dieser die gesamte Front des *Leviathan* errichtet, er ist der Gegner jedes philosophischen Diskurses zur Begründung von staatlicher Souveränität. Gegen ihn richtete Hobbes also seine Analyse der Geburt der Souveränität. Er wollte den Krieg unbedingt abschaffen, weil er auf präzise und punktuelle Weise dieses schreckliche Problem der englischen Eroberung, diese schmerzhafte historische Kategorie, diese schwierige rechtliche Kategorie eliminieren wollte. Dieses Problem der Eroberung, um das sich schließlich alle Diskurse und alle politischen Programme der ersten Hälfte des 17. Jahrhunderts gruppierten, galt es zu umschiffen und zu eliminieren. In einem allgemeineren Sinn und auf lange Sicht galt es zu verhindern, was ich den »politischen Historismus« nennen würde, d. h. jene Art von Diskurs, die sich durch die von mir vorgestellten Diskussionspunkte hindurch herauskristallisiert und sich in gewissen sehr radikalen Phasen artikuliert und darin besteht zu sagen: Sobald man es mit Machtbeziehungen zu tun hat, befindet man sich nicht im Recht und auch nicht in der Souveränität; man wird beherrscht von einer historisch unbestimmten, unbestimmt dichten und vielfältigen Herrschaftsform. Man tritt nicht aus der Herrschaft aus, man verläßt die Geschichte nicht. Der philosophisch-rechtliche Diskurs von Hobbes war eine Methode, diesen politischen Historismus zu blockieren, welcher doch der tatsächlich aktive Diskurs und das Wissen in den politischen Kämpfen des 17. Jahrhunderts war. Es ging darum, ihn zu blockieren, genau wie im 19. Jahrhundert der dialektische Materialismus seinerseits den Diskurs des politischen Historismus blockierte. Der politische Historismus hatte zwei Hindernisse zu überwinden: Im 17. Jahrhundert versuchte ihn der philosophisch-rechtliche Diskurs zu disqualifizieren; im 19. Jahrhundert wird der dialektische Materialismus ihn behindern. Die Operation von Hobbes bestand darin, alle Möglichkeiten, selbst die extremsten des philosophisch-rechtlichen Diskurses aufzubieten, um diesen Diskurs des politischen Historismus zum Schweigen zu bringen. Ich würde nun gerne die Geschichte dieses Diskurses des politischen Historismus erzählen und zugleich seine Lobeshymne anstimmen.

Vorlesung vom 11. Februar 1976

Die Erzählung von den Ursprüngen. – Der trojanische Mythos. – Die Erbschaft Frankreichs. – »Franco-Gallia«. – Invasion, Geschichte und öffentliches Recht. – Der nationale Dualismus. – Das Wissen des Prinzen. – »Etat de la France« von Boulainvilliers. – Kanzlei, Amt und Wissen des Adels. – Ein neues Subjekt der Geschichte. – Geschichte und Verfassung.

Ich werde mit einer Erzählung beginnen, die seit Beginn des Mittelalters und beinahe bis zur Renaissance in Frankreich zirkulierte: mit der Geschichte der Franzosen, nach welcher sie von den Franken abstammen oder die Franken selbst Trojaner waren und unter der Führung des Königs Francus, des Sohns des Priamos, die brennende Stadt Troja verließen und sich zunächst an die Ufer der Donau flüchteten, dann in Germanien an die Ufer des Rheins begaben und schließlich in Frankreich ihre Heimat fanden oder vielmehr gegründet haben. Ich will gar nicht wissen, was diese Erzählung im Mittelalter bedeutet haben mag oder welche Rolle diese sagenhafte Rundreise und die Gründung der Heimat gespielt haben mögen. Ich frage nur nach einem einzigen Punkt: danach, wie es kommt, daß diese Erzählung wiederaufgegriffen wurde und in einer Epoche wie der Renaissance[1] erneut in Umlauf kam. Nicht wegen des phan-

1 Man kennt seit der *Historia Francorum* des Pseudo-Frégédaire (727) bis zur *Franciade* von Ronsard mindestens fünzig Varianten der Sage vom trojanischen Ursprung der Franken. Entweder bezieht sich M. Foucault auf diese Tradition oder er stützt sich auf einen präzisen Text, eventuell auf jenen, von dem A. Thierry in *Récits des temps mérovingiens, précédés de Considerations sur l'histoire de France,* Paris, 1840, spricht: *Les Grandes Chroniques de Saint-Denis* (abgefaßt in der zweiten Hälfte des 12. Jahrhunderts und veröffentlicht von Paulin Paris, 1836; wiederveröffentlicht von J. Viard 1920). Man kann einen großen Teil dieser Berichte in Dom M. Bouquet, *Recueil des historiens des Gaules et de la France,* Paris, 1739-1752, Band II und III lesen.

tastischen Charakters der Dynastien oder historischen Tatsachen, auf die sie Bezug nahm, sondern eher, weil in dieser Sage Rom und Gallien im Grunde völlig ausgespart werden: Gallien zunächst, weil es als Feind Roms in Italien einfällt und Rom belagert; aber selbst als römische Kolonie findet es keine Erwähnung, ebensowenig wie Cäsar und das kaiserliche Rom. Und wie folglich die gesamte römische Literatur, die gleichwohl zu jener Zeit bereits vollständig bekannt war.
Die Aussparung Roms in dem trojanischen Bericht läßt sich, denke ich, nur verstehen, wenn man die Erzählung von den Ursprüngen nicht als eine Art historischen Versuchs betrachtet, der noch in alten Glaubensvorstellungen verhaftet ist. Mir scheint er eher ein Diskurs mit einer präzisen Funktion zu sein, die weniger darin besteht, die Vergangenheit zu erzählen oder von den Ursprüngen zu berichten, als vom Recht zu künden, vom Recht auf Macht: Er ist im Grunde eine Lektion in öffentlichem Recht. Ich denke, daß dieser Bericht als Lektion in öffentlichem Recht die Runde machte. Und weil es sich um eine Lektion in öffentlichem Recht handelt, kommt Rom in ihm nicht vor. Gleichwohl ist es in einer irgendwie verdoppelten, verschobenen, zwillingshaften Form gegenwärtig: Rom ist da, aber im Spiegel und als Bild. Wenn man behauptet, daß Franken und Römer trojanische Flüchtlinge sind, oder sagt, daß Frankreich in jenem trojanischen Stammbaum eine Seitenlinie neben jenem anderen, römischen Zweig abgibt, hat das politisch und rechtlich, wie ich denke, die eine oder andere Bedeutung.
Die Behauptung, daß Franken und Römer Flüchtlinge aus Troja sind, besagt zunächst, daß mit dem Untergang des römischen Staates (der demnach nur ein Bruder und darüber hinaus ein älterer Bruder war) die anderen – jüngeren Brüder – ganz selbstverständlich im Sinne des Stammesrechts erben. Frankreich ist dank eines natürlichen und von allen anerkannten Rechts der Nachfolger des Kaiserreichs. Das bedeutet zweierlei: zunächst daß der König von Frankreich Rechte und Machtansprüche gegenüber seinen Untertanen erbt, die früher dem römischen Kaiser in bezug auf seine Untertanen zukamen. Die

Souveränität des Königs von Frankreich ist vom selben Typ wie die Souveränität des römischen Kaisers. Das Recht des Königs ist das römische Recht. Und die trojanische Sage ist eine Art, in Bildern zu erzählen oder das Prinzip in Bilder zu kleiden, welches im Mittelalter insbesondere von Boutillier mit der Aussage wiedergegeben wurde, daß der König von Frankreich Kaiser in seinem Königreich[2] sei. Eine wichtige These, müssen Sie wissen, da es das ganze Mittelalter über um die historisch-mythische Begleitung der königlichen Macht geht, die sich nach dem Vorbild des römischen *Imperiums* und mittels Reaktivierung der imperialen Rechte entwickelt, wie sie in der Epoche Justinians kodifiziert worden sind.

Die Behauptung, daß Frankreich das Imperium beerbt, heißt aber auch, daß Frankreich als Schwester oder Cousine Roms gleiche Rechte wie Rom selber hat. Das bedeutet, daß Frankreich nicht von einer universellen Monarchie abstammt, die nach dem Kaiserreich das römische Reich wiedererstehen lassen möchte. Frankreich ist genauso imperial wie alle anderen Nachkommen des römischen Reichs; es ist genauso imperial wie das deutsche Reich; es steht den deutschen Cäsaren in nichts nach. Kein Vassallitätsband kann es legitimerweise an die Habsburger Monarchie binden und folglich den von dieser damals gehegten Träumen einer universellen Monarchie unterordnen. Unter diesen Bedingungen mußte Rom ausgespart werden. Ebenso wie das römische Gallien, jenes von Cäsar und jenes der Kolonisierung: Gallien und die Nachfolger der Gallier sollten auf keinen Fall als Untertanen irgendeines Reichs erscheinen. Außerdem mußten die Frankeneinfälle, die die Kontinuität mit dem römischen Reich brachen, ausgespart werden. Der Gedanke der inneren Kontinuität zwischen dem römischen *Imperium* und der französischen Monarchie machte

2 »Sie müssen wissen, daß er Herrscher in seinem Reich ist, daß er alles tun kann und so viel, wie das imperiale Recht zugesteht« (J. Boutillier, *Somme rurale, ou le Grand Coutumier général de pratiques civiles* (XIV siècle), Brügge, 1479). Dieser Text wird in der Ausgabe von 1611 von A. Thierry in *Considerations sur l'histoire de France,* a. a. O., zitiert.

es erforderlich, die Invasionen, die einen Bruch darstellten, auszuschließen. Diese Nicht-Unterwerfung Frankreichs unter das Reich, unter die Erben des Reichs (und insbesonderes unter die universelle Habsburger Monarchie) brachte es mit sich, daß die Unterordnung Frankreichs unter das alte Rom nicht sichtbar werden durfte und das alte Gallien verschwinden mußte; anders gesagt, daß Frankreich als eine Art anderes Rom erscheinen mußte – wobei »anders« hier unabhängig von Rom, aber immer noch von Rom hieß. Der Absolutismus des Königs sollte hier ebenso viel wie in Rom gelten. Das ist im großen und ganzen die Funktion der Lektionen in öffentlichem Recht, der man in der Reaktivierung oder der Fortsetzung dieser trojanischen Mythologie bis spät in die Renaissance begegnet, einer Epoche immerhin, in der die römischen Texte über Gallien und das römische Gallien wohlbekannt waren.

Manchmal wird gesagt, daß es die Religionskriege waren, die diese alten Mythologien durcheinandergebracht haben (welche, wie ich denke, eine Lektion in öffentlichem Recht waren) und die zum ersten Mal das Thema aufbrachten, welches Augustin Thierry später die »nationale Dualität«[3] nennen wird: das Thema zweier feindlicher Gruppen, wenn Sie so wollen, die auf Dauer die Substruktur des Staates bilden; ich glaube jedoch nicht, daß das ganz richtig ist. Wenn man behauptet, daß es die Religionskriege waren, die zu dem Gedanken nationaler Dualität geführt haben, bezieht man sich auf einen Text von François Hotman, *Franco-Gallia*[4] von 1573, dessen Titel bereits darauf hinzuweisen scheint, daß der Autor eine Art Dualität im Sinn hatte. In der Tat greift Hotman in diesem Text die germanische These wieder auf, die damals im Habsburger Reich zirkulierte und im Grunde das Äquivalent, das Gegenstück zu jener trojanischen, in Frankreich zirkulierenden These war. Die germanische These, die ausreichend oft formu-

3 A. Thierry, ebenda, S. 41 (Ausgabe von 1868).

4 F. Hotman, *Franco-Gallia,* Genf, 1573 (übersetzt ins frz.: *La Gaule françoise,* Köln, 1574; wiederveröffentlicht: *La Gaule française,* Paris, Fayard, 1981).

liert worden ist, insbesondere von jemandem, der sich Beatus Rhenanus nannte, besagt: »Wir sind keine Römer, wir Deutschen, wir sind Germanen. Aber dank der imperialen Form, die wir geerbt haben, sind wir die natürlichen und rechtmäßigen Nachfolger Roms. Nun aber sind die Franken, die in Gallien eingefallen sind, Germanen wie wir. Als sie in Gallien einfielen, haben sie zwar ihr angestammtes Germanien verlassen; aber insofern sie Germanen sind, bleiben sie auch weiterhin Germanen. Sie bleiben folglich innerhalb unseres *Imperiums*; da sie andererseits in Gallien eingefallen sind und es besetzt und die Gallier besiegt haben, üben sie auf ganz natürliche Weise über dieses Land der Eroberung und Kolonisierung das *Imperium*, die imperiale Macht, aus, die ihnen als Germanen bevorzugt zukommt. Folglich erheben sich Gallien, die gallische Erde, das heutige Frankreich, aus einem doppeltem Grund, zugleich wegen eines Rechts auf Eroberung und Sieg und wegen des germanischen Ursprungs der Franken aus der Unterordnung unter die universelle Monarchie der Habsburger.«[5]
Merkwürdigerweise greift François Hotman diese These, freilich nur bis zu einem bestimmten Punkt, wieder auf und führt sie 1573 in Frankreich ein. Von da an und mindestens bis zum Beginn des 17. Jahrhunderts hat sie einen beachtlichen Erfolg. Hotman nimmt die deutsche These auf und sagt: »Eigentlich sind die Franken, die seinerzeit in Gallien eingefallen sind und eine neue Monarchie begründet haben, keine Trojaner; sie sind Germanen. Sie haben die Römer besiegt und verjagt« – eine beinahe wörtliche Wiederauflage der germanischen These von

5 Vgl. *Beati Rhenani Rerum Germanicarum libri tres,* Basel, 1531. Man muß sich gleichwohl auf die Ausgabe von Ulm von 1693 beziehen, um im Kommentar und in den von den Mitgliedern des Historischen Kaiserlichen Kollegiums redigierten Anmerkungen die Genealogie und das Loblied der »Europae Corona« der Habsburger wiederzufinden (vgl. *Beati Rhenani libri tres Institutionum rerum Germanicarum nov-antiquarum, historico-geographicarum, juxta primarium Collegi Historici Imperialis scopum illustratarum,* Ulm, 1693, insb. S. 569-600. Siehe auch die Kommentare im Anhang zur Ausgabe von Straßburg, 1610).

Rhenanus. Ich sage »beinahe«, da es trotz allem einen grundlegenden Unterschied gibt: Hotman sagt nicht, daß die Franken die Gallier besiegt haben; er sagt, daß sie die Römer besiegt haben.[6]

Die These von Hotman ist wichtig, weil sie etwa zum gleichen Zeitpunkt wie in England auftaucht und die Invasion zu etwas erklärt, was Staaten untergehen und andere emporkommen läßt (und damit zugleich das Kreuz der Juristen und der Schrecken von Königen ist). Tatsächlich kreisen alle rechtlich-politischen Debatten um sie. Mit ihr, mit dieser Behauptung grundlegender Diskontinuität wird man selbstverständlich keine Lektion in öffentlichem Recht mehr erteilen können, der noch die Funktion zukäme, die ununterbrochene Genealogie der Könige und ihrer Macht nachzuweisen. Ab da besteht das große Problem des öffentlichen Rechts in dem, was ein Nachfolger von Hotman, Etienne Pasquier, die »andere Folge«[7] nennt, d. h. in der Frage: Was geschieht, wenn Staaten aufeinanderfolgen? Was geschieht – und was hat es mit dem öffentlichen Recht und der Macht der Könige auf sich –, wenn die Staaten nicht dank (der Wirkung) einer gewissen Kontinuität und ohne Unterbrechung aufeinanderfolgen, sondern emporkommen, die Phase ihrer Macht und dann ihren Niedergang erleben und schließlich ganz verschwinden? Hotman hat dieses Problem in der Tat aufgeworfen – aber ich denke, daß er im Grunde kein anderes Problem als jenes der zyklischen Natur und des prekären Lebens der Staaten hatte –, d. h. das Problem zweier fremder Nationen innerhalb eines einzigen Staates. Im übrigen konnte keiner der Autoren, die zur Zeit der Religionskriege lebten, sich vorstellen, daß eine Dualität – der Rasse, des Ursprungs, der Nation – die Monarchie spalten könnte. Das schien unmöglich, da die Statthalter einer Einheitsreligion – die natür-

6 Vgl. F. Hotman, *Franco-Gallia,* a. a. O., Kap. IV: »De ortu Francorum, qui Gallia occupata, eius nomen in Franciam vel Francogalliam mutarunt« (S. 40-52, Ausg. v. 1576).

7 E. Pasquier, *Recherches de la France,* Paris, 1560-1567, Band III. Pasquier war Schüler von Hotman.

lich an dem Prinzip »ein Glaube, ein Gesetz, ein König« festhielten – die Einheit der Religion mit dem Zugeständnis einer der Nation internen Dualität nicht vereinbaren konnten; dagegen konnten jene, die im Gegenzug dazu die Möglichkeit einer religiösen Wahl und die Freiheit des Gewissens forderten, ihrer These nur Anerkennung verschaffen, indem sie sagten: »Weder die Freiheit des Gewissens noch die Möglichkeit religiöser Wahl, noch die Existenz sogar zweier Religionen im Körper einer einzigen Nation können irgendwie die Einheit des Staates kompromittieren. Die Einheit des Staates wird durch die Freiheit des Gewissens nicht bedroht.« Ob man nun die These der religiösen Einheit oder die Möglichkeit der Gewissensfreiheit nimmt – in jedem Fall erfuhr die These der Einheit des Staates im Laufe der Religionskriege eine Bekräftigung.
Als Hotman seine Geschichte erzählte, wollte er etwas anderes zum Ausdruck bringen. Er wollte damit einer Regierung ein Rechtsmodell vorschlagen, das dem römischen Absolutismus, den die französische Monarchie wiedereinführen wollte, widersprach. Die Geschichte des germanischen Ursprungs der Invasion zu erzählen besagt folglich: »Nein, es stimmt nicht, der König Frankreichs hat nicht das Recht, über seine Untertanen ein *Imperium* römischen Typs zu errichten.« Hotmans Problem ist also nicht jenes der Trennung zweier heterogener Elemente im Volk; es ist jenes der inneren Begrenzung der königlichen Macht.[8] Daraus erklärt sich die Art der Erzählung der Fabel, wenn er beispielsweise sagt: »Die Gallier und Germanen waren ursprünglich eigentlich Brudervölker. Sie haben sich in zwei angrenzenden Gebieten niedergelassen, diesseits und jenseits des Rheins. Wenn die Germanen nach Gallien kommen, hat das also nicht den Charakter einer fremden Invasion. In Wirklichkeit kommen sie fast zu sich nach Hause, in jedem Fall zu ihren Brüdern.[9] Wer also ist den Galliern fremd? Die Frem-

8 »Semper reges Franci habuerunt ... non tyrannos, aut carnefices: sed libertatis suae custodes, praefectos, tutores sibi constituerunt« (F. Hotman, *Franco-Gallia,* zit. Ausg., S. 54).

9 Vgl. ebenda, S. 62.

den sind die Römer, die ihnen mittels Invasion und Krieg (dem von Cäsar[10] erzählten Krieg) ein politisches Regime aufgezwungen haben, den Absolutismus; sie, die Fremden, haben etwas errichtet, was Gallien gänzlich fremd ist: das römische *Imperium.* Die Gallier haben Jahrhunderte lang Widerstand geleistet, allerdings auf eine Art, die von keinem Erfolg gekrönt war. Schließlich haben ihre germanischen Brüder um das 4. und 5. Jahrhundert zugunsten der gallischen Brüder einen Befreiungskrieg angefangen. Daher sind die Germanen nicht als Eindringlinge, sondern als Brudervolk gekommen, das dem Brudervolk helfen wollte, sich von den Eindringlingen, den römischen Eroberern,[11] zu befreien.« Man hat sie also verjagt, die Römer, und die Gallier befreit; mit den germanischen Brüdern bilden sie nunmehr eine einzige Nation, deren Verfassung und deren grundlegende Gesetze – wie die Juristen dieser Epoche mehr und mehr betonen – die Grundgesetze der germanischen Gesellschaft sind. Diese sind: die Souveränität des Volkes, das sich regelmäßig auf dem Marsfeld oder in den Maikundgebungen versammelt; die Souveränität des Volkes, das seinen König wählt, wie es will, und ihn absetzt, wenn es nötig ist; die Souveränität eines Volkes, das nur von Magistratsbeamten regiert wird, deren Funktionen zeitlich begrenzt sind und die immer der Verfügungsgewalt des Rates unterstehen. Diese germanische Verfassung haben die Könige späterhin verletzt, um jenen Absolutismus zu errichten, von dem die französische Monarchie des 16. Jahrhunderts Zeugnis ablegt.[12] In der von Hotman erzählten Geschichte geht es also ebenfalls nicht um die Entfaltung einer Dualität. Sondern im Gegenteil um die Behauptung einer irgendwie germanisch-französischen, fränkisch-gallischen Einheit, wie er sie nennt. Es geht darum, eine tiefe Einheit zu begründen und zugleich in geschichtlicher

10 Julius Cäsar, *Commentarii de bello gallico,* vgl. insb. Buch VI, VII, VIII.

11 F. Hotman, *Franco-Gallia,* zit. Ausg., S. 55-62.

12 Ebenda, S. 65 ff., wo Hotman insbesondere die »Kontinuität der Mächte des öffentlichen Rats« durch verschiedene Dynastien hindurch beschreibt.

Form von der Verdoppelung der Gegenwart zu erzählen. Es ist klar, daß die römischen Eindringlinge, von denen Hotman spricht, das in die Vergangenheit verlegte Äquivalent des päpstlichen Roms und seines Klerus sind. Die brüderlichen und befreienden Germanen sind natürlich die reformierte Religion von jenseits des Rheins; die Einheit des Königreiches in der Souveränität des Volkes ist das politische Projekt einer konstitutionellen Monarchie, wie sie von zahlreichen protestantischen Zirkeln der Zeit gefordert wird.

Dieser Diskurs von Hotman ist wichtig, da er den Plan zur Begrenzung des königlichen Absolutismus sicherlich definitiv an die Wiederentdeckung eines präzisen historischen Modells der Vergangenheit bindet, welches seinerzeit wechselseitige Verpflichtungen zwischen König und Volk festgeschrieben habe und späterhin vergessen und verletzt worden sei. Hotman verbindet also die Begrenzung des königlichen Rechts mit der Erneuerung eines früheren Modells und in gewisser Weise der Revolution als Offenbarerin einer fundamentalen und vergessenen Verfassung, er behauptet jedoch, wie mir scheint, keineswegs einen Dualismus. Diese germanische These war zu Beginn protestantischen Ursprungs. Tatsächlich verbreitet sie sich sehr schnell nicht nur in protestantischen Kreisen, sondern auch in katholischen ab dem Zeitpunkt, da (unter der Herrschaft von Heinrich III. und besonders zum Zeitpunkt der Eroberung der Macht durch Heinrich IV.) die Katholiken ebenfalls ein Interesse daran bekundeten, die königliche Macht zu begrenzen und sich ihrerseits plötzlich gegen den königlichen Absolutismus wandten. So begegnet man der protestantischen These über den germanischen Ursprung auch bei katholischen Historikern wie Jean de Tillet, Jean de Serres und anderen.[13]

13 Jean de Tillet, *Les Mémoires et Recherches*, Rouen, 1578; *Recueil de Roys de France*, 1580; *Remonstrance ou Advertissement à la noblesse tant du parti du Roy que des rebelles*, o.O., o.J.
Jean de Serres, *Mémoires de la troisième guerre civile, et des derniers troubles de la France*, Paris, 1570; *Inventaire général de l'histoire de France*, Paris, 1597.

Gegen Ende des ersten Drittels des 17. Jahrhunderts wird diese These zum Gegenstand eines Vorhabens, das darauf abzielt, den germanischen Ursprung, das germanische Element wenn nicht zu disqualifizieren, so doch auszuschalten, mit dem Hinweis auf etwas, was sie für die monarchische Macht doppelt inakzeptabel macht: inakzeptabel, was die Ausübung der Macht und die Prinzipien des öffentlichen Rechts betrifft; inakzeptabel auch für die europäische Politik Richelieus und Ludwigs XIV.

Um diese Vorstellung der germanischen Begründung Frankreichs auszuschalten, wurden mehrere Mittel, insbesondere zwei, in Anschlag gebracht: zum einen eine Art Rückkehr zum trojanischen Mythos, der in der Tat Mitte des 17. Jahrhunderts wiederbelebt wird; aber vor allem wurde ein absolut neues, grundlegendes Thema in Umlauf gebracht. Dieses Thema werde ich den radikalen »Gallo-Zentrismus« nennen. Die Gallier, die Hotman als wichtige Partner in dieser Vorgeschichte der französischen Monarchie erscheinen ließ, waren in gewisser Weise eine träge Materie, ein Substrat: Leute, die besiegt, besetzt worden waren und von außen befreit werden mußten. Ab dem 17. Jahrhundert werden diese Gallier dagegen zum führenden Prinzip der Geschichte und in gewisser Weise zu ihrem Motor erklärt. Dank einer Umkehrung der Polaritäten und Werte werden die Gallier zum ersten, grundlegenden Element, die Germanen dagegen zu einer Art Verlängerung der Gallier. Die Germanen sind ab da nurmehr eine Episode in der Geschichte der Gallier. Diese These finden Sie bei Leuten wie Audigier[14] oder Tarault[15] usw. So erzählt Audigier zum Beispiel, daß die Gallier die Väter aller Völker Europas waren. Ein gewisser gallischer König namens Ambigate soll vor einer so reichen, so vollen und vollblütigen Nation, mit einer derarti-

14 P. Audigier, *De l'origine des François et de leur empire*, Paris, 1676.

15 J.-E. Tarault, *Annales de France, avec les alliances, généalogies, conquètes, fondations ecclésiastiques et civiles en l'un et l'autre empire et dans les royaumes étrangers, depuis Pharamond jusqu'au roi Louis treizième*, Paris, 1635.

gen Überbevölkerung gestanden haben, daß Teile von ihr liquidiert werden mußten. Er schickte daher einen seiner Neffen nach Italien und einen anderen, einen gewissen Sigovège, nach Germanien. Mit Beginn dieser Expansion und Kolonisierung wurden die Gallier und die französische Nation aus seiner Sicht gewissermaßen zur Matrix aller anderen Völker Europas (und sogar über Europa hinaus). So hatte die französische Nation, sagt Audigier, »denselben Ursprung wie alles, was die Welt an Schrecklichem, Starkem und Ruhmreichen hatte, wie Vandalen, Goten, Burgunder, Engländer, Herulen, Silinger, Hunnen, Gepiden, Alanen, Quaden, Uronen, Ruffinen, Thüringern, Lombarden, Türken, Tartaren, Persern und sogar Normannen.«[16]

Die Franken, die im 4. und 5. Jahrhundert in Gallien einfielen, wären demgemäß nur die Nachkommen jenes ursprünglichen Galliens gewesen; sie wären einfach Gallier gewesen, die gierig darauf waren, ihr Land wiederzusehen. Es ging ihnen absolut nicht darum, das geknechtete Gallien und ihre besiegten Brüder zu befreien. Nur tiefe Sehnsucht und der Wunsch, von einer einst blühenden gallo-römischen Zivilisation zu profitieren, trieb sie dorthin zurück. Die Cousins, die verlorenen Söhne, kamen zurück. Mit ihrer Rückkehr brachten sie keineswegs das in Gallien eingepflanzte römische Recht ins Wanken, sondern übernahmen es vielmehr. Sie haben das römische Gallien erneut absorbiert – oder sich von diesem Gallien absorbieren lassen. Die Bekehrung Chlodwigs ist ein Hinweis darauf, daß die zu Germanen und Franken gewordenen Gallier die Werte und das politische wie religiöse System des römischen Reiches übernahmen. Die Franken mußten sich bei ihrer Rückkehr zwar schlagen, aber nicht mit den Galliern und nicht einmal mit den Römern (deren Werte sie übernahmen), sondern mit den Burgunden und Goten (die als Arianer Ketzer waren) oder mit den ungläubigen Sarazenen. Nur gegen sie haben sie Krieg geführt. Und um die Krieger, die gegen die

16 P. Audigier, *De l'origine des François ...*, a. a. O., S. 3.

Goten, Burgunden und Sarazenen gekämpft haben, zu entschädigen, verliehen ihnen die Könige Lehen. Der Ursprung dessen, was zum damaligen Zeitpunkt noch nicht Feudalismus heißt, liegt in einem Krieg.

Diese Fabel trug zur Stärkung des autochthonen Charakters der gallischen Bevölkerung bei. Sie bekräftigte auch die Existenz jener natürlichen, von Cäsar[17] beschriebenen Grenzen Galliens – die der politische Gegenstand der Außenpolitik von Richelieu und Ludwigs XIV. waren. In dieser Erzählung ging es außerdem darum, nicht nur jeden Rassenunterschied auszumerzen, sondern vor allem jede Heterogenität zwischen germanischem und römischem Recht zu tilgen. Gezeigt werden sollte, daß die Germanen auf ihr eigenes Recht verzichtet hatten, um das rechtlich-politische System der Römer zu übernehmen. Und schließlich sollten die Lehensgüter und Vorrechte des Adels nicht von fundamentalen und archaischen Rechten dieses Adels hergeleitet werden, sondern einfach vom Willen des Königs, dessen Macht und Absolutismus der Organisation des Feudalismus selbst vorgängig erscheinen sollten. Nicht zuletzt ging es darum, den Anspruch auf universelle Monarchie auf die französische Seite zu ziehen. Wem kam ab dem Moment, da Gallien zur *vagina nationum*[18] geworden war, wie Tacitus (im übrigen in bezug auf Germanien) sagte, und da Gallien tatsächlich zur Matrix aller Nationen geworden war, die universelle Monarchie zu, wenn nicht jenem Monarchen, der diese gallische Erde geerbt hatte?

17 Vgl. Cäsar, *De bello gallico,* Buch I,I.

18 In Wirklichkeit ist es der Bischof Ragvaldsson, der beim Konzil von Basel 1434 in bezug auf die Frage nach der »Fabrik der Menschengattung« Skandinavien als Ursprungsland und Wiege der Menschheit angibt, indem er sich auf eine Chronik von Jordanis aus dem 6. Jahrhundert stützt: »Hac igitur Scandza insula quasi officina gentium aut certe velut *vagina nationum* … Gothi quondam memorantur egressi« (*De origine actibusque Getarum,* in *Monumenta Germaniae Historica, Auctorum antiquissimorum tomi v, pars I,* Berlin, 1882, S. 53-138, Zitat S. 60). Rund um diese Frage wird nach der Wiederentdeckung des Textes von Tacitus, *De origine et situ Germaniae,* hg. 1472, eine große Debatte eröffnet.

Natürlich gab es auf der Grundlage dieses Schemas Varianten, welche ich hier übergehe. Ich habe Ihnen diesen etwas langen Bericht geboten, um einen Vergleich mit dem anstellen zu können, was sich zur selben Zeit in England abgespielt hat. Es gibt sowohl etwas Gemeinsames zwischen dem, was in England über den Ursprung und die Begründung der englischen Monarchie gesagt wurde, und dem, was man Mitte des 17. Jahrhunderts über die Begründung der französischen Monarchie sagte, als auch einen fundamentalen Unterschied. Der gemeinsame Punkt – und ich denke, daß er wichtig ist – liegt in der Tatsache, daß die Invasion mit ihren Formen, Motiven und Folgen in dem Maße ein historisches Problem geworden ist, wie ein wichtiger rechtlich-politischer Faktor ins Spiel kam: Die Invasion mußte als Erklärung herhalten für die Natur, die Rechte und die Grenzen der königlichen Macht; die Geschichte der Invasion muß als Erklärung dienen für die Räte des Königs, die Versammlungen und souveränen Höfe wie für den Adel, die Rechte des Adels gegenüber dem König, die Räte des Königs und des Volkes. Man verlangte von der Invasion, die Prinzipien des öffentlichen Rechts zu formulieren.

Zu dem Zeitpunkt, da Grotius, Pufendorf und Hobbes die Konstitutionsregeln des gerechten Staates von der Seite des Naturrechts her zu formulieren suchten, setzte im Gegenzug und in Opposition dazu eine großangelegte historische Untersuchung über den Ursprung und die Gültigkeit der tatsächlich ausgeübten Rechte ein – auf der Grundlage eines historischen Faktums oder, wenn Sie so wollen, einer gewissen historischen Schicht, die rechtlich und politisch das empfindlichste Gebiet der gesamten Geschichte Frankreichs ist. Es ist die Periode, die, grob gesprochen, von Merowech bis zu Karl dem Großen reicht, vom 5. bis zum 9. Jahrhundert, und von der man immer behauptet hat (wiederholt seit dem 17. Jahrhundert), daß es die verkannteste Periode war. Verkannt? Vielleicht. Aber sicherlich die abgegrasteste. In jedem Fall treten jetzt – zum ersten Mal, glaube ich – in der Geschichte Frankreichs, die bis dahin die Kontinuität der Macht des königlichen *Imperiums* sicherzustellen hatte und nur Geschichten von Trojanern und Franken erzählte, neue Personen, neue Texte, neue Probleme auf den Plan: die Personen sind Merowech, Chlodwig, Karl Martell, Karl der Große und Pippin; die Texte sind jene von Gregorius von Tours[19] und die Kirchenarchive von Karl dem Großen. Gewisse Bräuche kommen auf wie das Marsfeld, die Maiversammlungen, das Ritual der auf den Schild gehobenen Könige usw. Es kommt zu Ereignissen wie der Taufe Chlodwigs, der Schlacht von Poitiers, der Krönung Karls des Großen; oder es kommt zu symbolischen Anekdoten wie der um die Vase von Soisson, auf der man sehen kann, wie Chlodwig angesichts des Rechts seiner Krieger auf seinen Anspruch verzichtet und sich anschließend rächt.

All das liefert uns eine neue historische Landschaft, neue Bezugspunkte, die nur in dem Maße verständlich werden, wie es starke Entsprechungen zwischen diesem neuen Material und den politischen Diskussionen über das öffentliche Recht gibt. Tatsächlich gehen Geschichte und öffentliches Recht Hand in Hand. Die durch das öffentliche Recht aufgegebenen Probleme und die Begrenzung des historischen Feldes stehen in enger Korrelation – und im übrigen wird »Geschichte und öffentliches Recht« ein heiliger Ausdruck bis zum Ende des 18. Jahrhunderts. Wenn Sie sich ansehen, wie man noch weit über das 18. Jahrhundert hinaus und bis ins 20. Jahrhundert hinein Geschichte und Pädagogik der Geschichte unterrichtet, werden Sie sehen, daß man vom öffentlichen Recht erzählt. Ich weiß nicht, wie Schulbücher heute aussehen, aber vor noch nicht langer Zeit begann die Geschichte Frankreichs mit der Geschichte der Gallier. Und der Satz »unsere Vorfahren, die Gallier« (der lächerlich ist, da man ihn den Algeriern und Afrikanern beibrachte), hat einen sehr präzisen Sinn. Wenn man sagt, »unsere Vorfahren, die Gallier«, macht man im Grunde eine Aussage, die nur innerhalb der Theorie des Verfassungsrechts und der vom öffentlichen Recht aufgegebenen Probleme

19 Grégoire de Tours, *Historia Francorum* (575-592), Paris, 1512.

sinnvoll ist. Wenn man im Detail die Schlacht von Poitiers erzählt, hat auch das einen sehr präzisen Sinn, insofern es tatsächlich dieser Krieg zwar nicht zwischen den Franken und Galliern, sondern zwischen den Franken, Galliern und den Eroberern einer anderen Rasse und anderen Religion war, die den Ursprung des Feudalismus auf anderes denn den internen Konflikt zwischen Franken und Galliern zurückzuführen erlaubt. Und die Geschichte der Vase von Soissons – die, wie mir scheint, durch alle Geschichtsbücher gewandert ist und die man heute vielleicht noch immer lehrt – war sicherlich eine derjenigen, die im gesamten 18. Jahrhundert am ernsthaftesten untersucht worden sind. Die Geschichte der Vase von Soissons ist die Geschichte eines Problems des Verfassungsrechts: Welche Rechte kamen dem König ursprünglich neben den Rechten seiner Krieger und eventuell des Adels bei der Aufteilung der Schätze zu (insofern die Krieger der Ursprung des Adels sind)? Man glaubte, Geschichte zu lernen; aber im 19. und noch im 20. Jahrhundert waren die Geschichtsbücher Handbücher des öffentlichen Rechts. Man lernte öffentliches und Verfassungsrecht in gewissen Geschichtsvorstellungen kennen.

Punkt eins also: In Frankreich tut sich dieses neue historische Feld auf, welches im übrigen (was das Material betrifft) durchaus mit den Vorgängen in England vergleichbar ist, da im Zusammenhang mit dem Problem der Monarchie das Thema der Invasion wiederaufgegriffen wird. Dennoch gibt es im Hinblick auf England einen grundlegenden Unterschied. Während sich in England Geschichte entscheidend über die Eroberung und die rassische Dualität zwischen Normannen und Angelsachsen artikulierte, begegnet man in Frankreich bis zum Ende des 17. Jahrhunderts keiner Heterogenität im Körper der Nation, und das ganze System der fabelhaften Verwandtschaft zwischen Galliern und Trojanern, dann zwischen Galliern und Germanen und schließlich zwischen Galliern und Römern dient nur der Bekräftigung der kontinuierlichen Weitergabe der Macht und der unproblematischen Homogenität des Körpers der Nation. Nun wird genau diese Homogenität Ende des

17. Jahrhunderts brüchig, und zwar nicht wegen des theoretischen oder theoretisch-mythologischen, komplementären oder differenten Gebäudes, von dem ich soeben gesprochen habe, sondern dank eines Diskurses, der, wie ich denke, in seinen Funktionen, Gegenständen und Konsequenzen absolut neu ist.

Weder die Bürgerkriege noch die gesellschaftlichen Kämpfe, weder die religiösen Kämpfe der Renaissance noch die Konflikte der Fronde haben das Thema des nationalen Dualismus zur Reflexionsform gehabt oder zum Ausdruck gebracht; es ist augenscheinlich ein Randkonflikt und ein Nebenproblem, etwas, das man im allgemeinen als Nachhutgefecht bezeichnet und das, wie ich denke – und wie Sie sehen werden – zwei entscheidende Dinge, die noch nicht in die Geschichte und ins öffentliche Recht eingeschrieben sind, zu denken ermöglicht hat. Nämlich einerseits das Problem, ob wirklich der Krieg verfeindeter Gruppen die Substruktur des Staates ausmacht; und andererseits das Problem, ob die politische Macht zugleich als Produkt, bis zu einem bestimmten Punkt als Schiedsrichter, aber noch häufiger als Werkzeug, als Gewinnler, als destabilisierendes und parteiisches Element in diesem Krieg zu betrachten ist. Es ist ein präzises und begrenztes, aber immerhin wichtiges Problem, denke ich, von dem ausgehend die implizite These der Homogenität des Gesellschaftskörpers (die nicht einmal mehr formuliert werden muß, so selbstverständlich wird sie akzeptiert) zerlegt wird. Freilich wie? Nun, ausgehend von einem Problem, welches ich der politischen Pädagogik zurechnen würde: Was muß der Prinz wissen, von woher und von wem muß er sein Wissen erhalten; wer ist befähigt, über das Wissen des Prinzen zu verfügen? Genauer gesagt ging es ganz einfach um die berühmte Erziehung des Herzogs von Burgund, die, wie Sie wissen, aus tausend Gründen Probleme aufgab (ich denke hier nicht nur an den Elementarunterricht, da er zum Zeitpunkt der Ereignisse, von denen ich Ihnen erzählen werde, bereits erwachsen war). Es geht um die gesamten Kenntnisse, den Staat, die Regierung und das Land betreffend, über die derjenige verfügen muß, der in einigen Jahren, wenn Ludwig XIV. gestorben sein wird, diesen Staat, diese Regierung und dieses Land zu lenken aufgerufen sein wird. Es handelt sich folglich nicht um den *Télémaque,*[20] sondern um jenen umfassenden Bericht über den Zustand Frankreichs, den Ludwig XIV. bei seiner Verwaltung und seinen Verwaltern in Auftrag gab und der für seinen Enkel und Erben, den Herzog von Burgund, bestimmt war. Eine Bilanz Frankreichs (eine allgemeine Studie zur Lage der Wirtschaft, der Institutionen und der Sitten Frankreichs), die das Wissen des Königs abgeben sollte, das Wissen, dank dessen er regieren können sollte.

Ludwig XIV. verlangt also diese Berichte von seinen Verwaltern. Nach mehreren Monaten sind sie zusammengetragen und vereinheitlicht. Die Umgebung des Herzogs von Burgund – eine Umgebung, die sich aus einem ganzen Kern adliger Oppositioneller und Adliger zusammensetzt, die der Regierung Ludwigs XIV. vorwarfen, ihre ökonomische Potenz und politische Macht beschnitten zu haben – erhält diesen Bericht und beauftragt jemanden namens Boulainvilliers, ihn dem Herzog von Burgund zu präsentieren, ihn zu kürzen, denn er war äußerst umfangreich, zu erläutern und zu interpretieren: ihn zu rekodieren – wenn Sie so wollen. Boulainvilliers sortiert tatsächlich, säubert diese umfassenden Berichte, faßt sie zu zwei großen Bänden zusammen. Schließlich redigiert er die Darstellung, versieht sie mit gewissen kritischen Anmerkungen und einem Diskurs als notwendiger Ergänzung zu dieser riesigen administrativen Arbeit der Beschreibung und Analyse des Staates. Dieser Diskurs ist ziemlich merkwürdig, da zum Zweck der Erhellung des aktuellen Zustands Frankreichs[21] der Versuch

20 François Fénélon, *Les Aventures de Télémach*, Paris, 1695; zu deutsch: *Die Begebenheiten des Prinzen von Ithaka, oder: Der seinen Vater Ulysses suchende Telemach*, Onolzbach, 1727-1739.

21 Es geht um *Etat de la France dans lequel on voit tout ce qui regarde le gouvernement ecclésiastique, le militaire, la justice, les finances, le commerce, les manufactures, le nombre et les habitants, et en général tout ce qui peut faire connoitre à fond cette monarchie; extrait des mémoires dressés par les intendants du royaume, par ordre du roy Louis XIV*

unternommen wird, die alte Regierung Frankreichs bis zu Hugo dem Kapetinger zu rekonstruieren.

In diesem Text von Boulainvilliers – seine Nachfolger werden dieses Problem wiederaufnehmen[22] – geht es also darum, Thesen zur Geltung zu bringen, die für den Adel günstig sind. Man kritisiert daher die Käuflichkeit der Ämter, die dem verarmten Adel zum Nachteil gereicht; man protestiert gegen die Tatsache, daß der Adel seines Rechts der Rechtsprechung und der damit verbundenen Vorteile enthoben wurde; man reklamiert im Rat des Königs einen rechtlichen Platz für den Adel; man kritisiert die Rolle der Verwalter in der Provinzverwaltung. Aber vor allem geht es in dem Text von Boulainvilliers und in

à la sollicitation de Monseigneur le duc de Bourgogne, père de Louis XV à présent régnant. Avec des mémoires historiques sur l'ancien gouvernement de cette monarchie jusqu'à Hugues Capet, par M. le comte de Boulaivilliers, London, 1727, 2 Bde. Im folgenden Jahr kommt ein dritter Band heraus mit dem Titel *Etat de la France, contenant XIV lettres sur les anciens Parlemens de France, avec l'histoire de ce royaume depuis le commencement de la monarchie jusqu'à Charles VIII.* Man hat ihm die *Mémoires présentés à M. le duc d'Orléans* hinzugefügt, London, 1728.

22 M. Foucault spielt auf die historischen Werke von Boulainvilliers an, die sich auf die politischen Institutionen Frankreichs beziehen. Es handelt sich insbesondere um *Mémoire sur la noblesse du roiaume de France fait par M. le comte de Boulainvilliers* (1791) (Auszüge veröffentlicht in A. Devyver, *Le sang épuré. Les préjugés de race chez les gentilhommes français de l'Ancien Régime,* Brüssel, 1973, S. 500-548); *Mémoire pour la noblesse de France contre les Ducs et Pairs,* o.O., 1717; *Mémoires présentés à Mgr. le duc d'Orléans, Régent de France,* La Haye/Amsterdam, 1727; *Histoire de l'ancien gouvernement de la France avec quatorze lettres historiques sur les Parlements ou Etats Généraux,* La Haye/Amsterdam, 1727, 3 Bde. (gekürzte und geänderte Version der *Mémoires*); *Traité sur l'origine et les droits de la noblesse* (1700), in *Constitution des mémoires de littérature et d'histoire,* Paris, 1730, Bd. IX, S. 3-106 (mit zahlreichen Änderungen wiederveröffentlicht unter dem Titel *Essai sur la noblesse contenant une dissertation sur son origine et abaissement, par le feu M. le comte de Boulainvilliers, avec des notes historiques, critiques et politiques,* Amsterdam, 1732); *Abrégé chronologique de l'histoire de France,* Paris, 1733, 3 Bde.; *Histoire des anciens Parlemens de France ou Etats Généraux du royaume,* London, 1737.

diesem Unternehmen der Rekodierung der Beziehungen zum König darum, gegen die Tatsache zu protestieren, daß das dem König und später dem Prinzen verliehene Wissen ein von der Verwaltungsmaschinerie bereitgestelltes Wissen ist. Es geht darum, gegen die Tatsache zu protestieren, daß das Wissen des Königs von seinen Untertanen vollständig kolonisiert, besetzt, vorgeschrieben und vom Wissen des Staats über den Staat definiert ist. Das Problem stellt sich also folgendermaßen: Ist das Wissen des Königs in bezug auf sein Königsreich und seine Untertanen isomorph dem Wissen des Staates über den Staat? Müssen die bürokratischen, fiskalischen, ökonomischen, rechtlichen Kenntnisse, die man braucht, um die administrative Monarchie zum Funktionieren zu bringen, in den Prinzen injiziert werden, damit er regierungsfähig wird? Insgesamt lautet das Problem also folgendermaßen: Die Verwaltung, der große Verwaltungsapparat, den der König der Monarchie beigegeben hat, ist in gewisser Weise im Prinzen selbst verschweißt, wird mit dem Prinzen dank der unbegrenzten Willkür, mit der dieser der gänzlich in seinen Händen liegenden und zu seiner Verfügung stehenden Verwaltung begegnet, zu einem einzigen Körper; daher kann man ihm nicht widerstehen. Der Prinz (und die Verwaltung bildet dank der Macht des Prinzen mit ihm einen Körper) wird freiwillig oder gewaltsam mit Hilfe des Wissens, welches ihm die Verwaltung diesmal von unten nach oben verleiht, mit ihr zu einem Körper verschweißt. Die Verwaltung erlaubt dem König, über sein Land in grenzenloser Willkür zu herrschen. Umgekehrt regiert die Verwaltung über den König dank der Qualität und Art des Wissens, welches sie ihm auferlegt.

Ich denke, daß die Zielscheibe von Boulainvilliers und jener, die ihn damals umgaben – die Zielscheibe auch seiner Nachfolger Mitte des 18. Jahrhunderts wie des Comte du Buat-Nancay[23]

23 Zu den Werken mit historischem Charakter von L. G. Comte du Buat-Nancay vgl. *Les origines ou l'Ancien Gouvernement de la France, de l'Italie, de l'Allemagne,* Paris, 1757; *Histoire ancienne des peuples de l'Europe,* Paris, 1772, 12 Bde.; *Elements de la politique, ou Recherche sur*

oder von Montlosier[24] (dessen Problem komplizierter sein wird, da er zu Beginn der Restauration gegen die kaiserliche Verwaltung argumentieren wird) –, daß die wahre Zielscheibe all dieser Historiker, die mit der adligen Reaktion verbunden sind, der Mechanimus des Macht-Wissens sein wird, das seit dem 17. Jahrhundert den Verwaltungsapparat an den Absolutismus des Staates bindet. Ich denke, folgendes hat sich zugetragen: der verarmte und teilweise von der Machtausübung ausgeschlossene Adel hat sich zum vorrangigen Ziel seiner Offensive und Gegenoffensive weniger die direkte und unmittelbare Rückeroberung seiner Macht und auch nicht die Wiedererlangung seiner Reichtümer (die er sicherlich endgültig verloren hatte) gesetzt, sondern hat sich vielmehr für ein bedeutendes Glied im Machtsystem interessiert, welches er in früheren Zeiten und selbst in jener Epoche, da er auf dem Höhepunkt seiner Macht stand, vernachlässigt hatte: Dieser vom Adel vernachlässigte strategische Punkt war an seiner Stelle von der Kirche, dem Klerus, den Magistratsbeamten und dann von der Bourgeoisie, ihren Verwaltern und Finanziers besetzt worden. Die Position, die es in erster Linie wiederzubesetzen gilt, das strategische Ziel, welches Boulainvilliers von nun an dem Adel vorschreiben wird, die Bedingung für alle Racheakte, ist nicht, wie man im Vokabular des Hofes sagte, »die Gunst des Prinzen«. Was man zurückerobern und jetzt besetzen mußte, ist das Wissen des Königs; das Wissen des Königs oder ein bestimmtes Wissen, welches den Königen und Adligen gemeinsam ist: ein implizites Gesetz, eine wechselseitige Verpflichtung zwischen König und Aristokratie.

les vrais principes de l'economie sociale, London, 1773; *Les Maximes du gouvernement monarchique pour servir de suite aux éléments de la politique,* London, 1778.

24 Die Werke historischen Charakters von F. de Reynaud, Comte de Montlosier, sind zahlreich. Wir beschränken uns auf die Angabe jener, die zu den Problemen in Beziehung stehen, die Foucault in der Vorlesung aufwirft: *De la monarchie française depuis son établissement jusqu'à nos jours,* Paris, 1814, 3 Bde.; *Mémoires sur la Revolution française, le Consulat, l'Empire, la Restauration et les principaux événements qui l'ont suivie,* Paris, 1830. Über Montlosier vgl. unten, Vorlesung vom 1. März.

Es geht darum, das schlechte Gedächtnis der Adligen aufzufrischen und die Erinnerungen des Monarchen, die absichtlich und vielleicht böswillig verdrängt worden sind, zurückzuholen, um das richtige Wissen des Königs, die richtige Begründung einer gerechten Regierung zur Verfügung zu stellen. Es geht folglich um ein Gegen-Wissen, um eine Arbeit, die die Form absolut neuer historischer Forschungen annehmen wird. Ich sage Gegen-Wissen, da dieses neue Wissen und diese neuen Methoden zur Erstellung des königlichen Wissens sich für Boulainvilliers und seine Nachfolger zunächst nur auf negative Weise in bezug auf zwei gelehrte Wissensformen bestimmen lassen, zwei Wissensformen, die die zwei Seiten (und vielleicht auch die beiden Phasen) des administrativen Wissens sind. Der große Feind dieses neuen Wissens, mit dessen Hilfe der Adel im Wissen des Königs wieder Fuß fassen möchte, das Wissen, das ausgeschaltet werden muß, ist zu diesem Zeitpunkt das juristische Wissen: jenes des Gerichtshofs, des Staatsanwalts, des Rechtsgelehrten und des Kanzlisten. Ein den Adligen verhaßtes Wissen, da sie von diesem Wissen reingelegt und mit undurchschaubaren Spitzfindigkeiten entmachtet und ihrer Rechte auf Rechtsprechung und ihrer Güter beraubt worden sind, ohne daß sie es überhaupt bemerkten. Aber es ist auch ein verhaßtes Wissen, weil es ein in gewisser Weise bewegliches, selbstreferentielles Wissen ist. Welche Antwort kann der König, der seine Rechte kennenlernen möchte, von seinen Kanzlisten und Rechtsgelehrten erhalten außer einem Wissen aus dem Blickwinkel des Richters und Staatsanwalts, die er als König doch selbst eingesetzt hat? Überrascht es da noch, daß der König natürlich nur Loblieder auf seine eigene Macht zu hören bekommt (Loblieder, die im übrigen vielleicht die subtilen Verdrehungen der Macht durch seine Staatsanwälte und Kanzlisten usw. verbergen)? In jedem Fall ein zirkuläres Wissen. Ein Wissen, in dem der König nur dem Bild seines eigenen Absolutismus begegnen kann, welches ihm in der Rechtsform sämtliche Usurpationen, die er, der König, gegenüber dem Adel begangen hat, zurückspiegelt.

Gegen dieses Wissen der Kanzlisten möchte der Adel eine andere Form des Wissens geltend machen, jenes der Geschichte. Eine Geschichte, deren Charakteristikum darin bestehen wird, in das Außen des Rechts, hinter das Recht, in die Zwischenräume dieses Rechts vorzustoßen; eine Geschichte, die nicht mehr nur wie bisher der vorgestellte, dramatisierte Ablauf des öffentlichen Rechts sein wird. Sie wird im Gegenteil versuchen, das öffentliche Recht an seiner Wurzel zu packen, die Institutionen des öffentlichen Rechts in ein älteres Netz tieferer, feierlicherer und wesentlicherer Verpflichtungen einzubinden. Gegen das Wissen des Kanzlisten, in dem der König nur das Loblied auf seinen Absolutismus wiedererkennen kann (d. h. noch immer das Lob Roms), soll historische Gleichheit zur Geltung gebracht werden. Hinter der Geschichte des Rechts sollen ungeschriebene Verpflichtungen und Treuegelübde wiedererweckt werden, die an keinen Buchstaben und sicherlich an keine Texte gebunden waren. Vergessene Thesen und vom Adel für den König vergossenes Blut sollen reaktiviert werden. Das Rechtsgebäude selbst soll in Erscheinung treten, in seinen gültigsten Institutionen, in den ausdrücklichsten und anerkanntesten Verordnungen – als Ergebnis einer ganzen Serie von Ungleichheiten, Ungerechtigkeiten, Mißbräuchen, Entmachtungen, Verrätereien und Treulosigkeiten, die die königliche Macht in ihrer Pflichtvergessenheit gegenüber dem Adel, aber auch gewisse Rechtsverdreher begangen haben, die sich zugleich die Macht des Adels und vielleicht auch, ohne sich darüber klar zu sein, die Macht des Königs widerrechtlich angeeignet haben. Die Geschichte des Rechts soll zur Denunziation des Verrats und aller Rechtsbrüche, die auf Rechtsbrüche aufbauen, dienen. In dieser Geschichte, die sich schon in ihrer Form dem Wissen des Gerichtsschreibers und Richters entgegenstellt, geht es darum, dem Prinzen die Augen zu öffnen für die Usurpationen, von denen er keine Ahnung hat, und ihm Kräfte und Erinnerungen an Verbindungen wiederzugeben, die zu vergessen und ins Vergessen abzudrängen sicherlich in seinem eigenen Interesse lag. Gegen das Wissen der Gerichtsschreiber, welches immer von einer Aktualität auf die nächste, von einer Macht auf die nächste, vom Gesetzestext auf den Willen des Königs und umgekehrt verweist, wird die Geschichte zur Waffe des verratenen und erniedrigten Adels; eine Geschichte, deren zutiefst anti-rechtliche Form das hinter der Schrift Liegende entziffert und jenseits aller Überalterung in Wiedererinnerung bringt und das in diesem Wissen an offensichtlicher Feindseligkeit Schlummernde denunziert. Hier haben wir den ersten großen Gegner des historischen Wissens, das der Adel in Umlauf bringen möchte, um das königliche Wissen wiederzubesetzen.

Der andere große Gegner ist nicht mehr das Wissen des Richters oder Gerichtsschreibers, sondern das des Verwalters: nicht mehr die Kanzlei, sondern das Amt. Auch das ist ein verhaßtes Wissen. Und zwar aus ähnlichen Gründen, da dieses Wissen der Verwalter die Reichtümer und Macht der Adligen zu beschneiden erlaubt. Ein Wissen, welches den König blendet und ihn in Illusionen wiegt, da er dank seiner seine Macht durchsetzen, den Gehorsam einfordern und das Steuerwesen absichern usw. kann. Ein administratives, vor allem ökonomisches und quantitatives Wissen: das Wissen von aktuellen oder virtuellen Reichtümern, das Wissen von unerträglichen Steuern und nutzlosen Auflagen. Gegen dieses Wissen der Verwalter und Ämter bringt der Adel eine andere Form von Kenntnis zur Geltung: eine Geschichte der Reichtümer diesmal und nicht mehr eine Wirtschaftsgeschichte, d. h. eine Geschichte der Verschiebungen der Reichtümer, der Erpressungen, Diebstähle, Schmiergeldaffären, Verdrehungen, der Verarmung und des Ruins. Eine Geschichte folglich, die unterhalb des Problems der Produktion von Reichtümern abläuft und zeigen will, daß nur aufgrund von Bankrotten, Schulden und mißbräuchlichen Akkumulationen tatsächlich eine gewisse Menge an Reichtümern zusammengekommen ist, die demnach nur Anhäufungen von Unlauterkeiten sind, die der König dem Bürgertum zugefügt hat. Anders als die Analyse der Reichtümer wird diese Geschichte vom Ruin der Adeligen in den endlosen Kriegen und von der Art und Weise erzählen, wie die Kirche mit List zu Ländereien und Einkommen kam, wie die Bourgeoisie den Adel in die Verschuldung getrieben hat und wie der königliche Fiskus die Einkommen der Adeligen angetastet hat usw.

Diese beiden großen Diskurse – jener des Kanzlisten und jener des Verwalters, jener des Gerichts und jener des Amts –, denen die Geschichte des Adels entgegentreten möchte, kannten nicht dieselbe Chronologie: Der Kampf gegen das juridische Wissen entfaltet sich sicherlich heftiger, aktiver und intensiver als zur Zeit Boulainvilliers zwischen dem ausgehenden 17. und beginnenden 18. Jahrhundert; und auch der Kampf gegen das ökonomische Wissen wurde Mitte des 18. Jahrhunderts zur Zeit der Physiokraten (die Physiokratie wird der große Gegner von du Buat-Nancay sein[25]) viel gewaltsamer geführt. Ob es sich nun um das Wissen der Verwalter, der Ämter, um das ökonomische Wissen oder das Wissen von Kanzlei und Gericht handelt: Dieses Wissen, das sich von Staat zu Staat konstituiert, wird fragwürdig; an seine Stelle tritt eine andere Wissensform, deren allgemeiner Gewinn die Geschichte ist. Aber die Geschichte wessen?

Bis dahin war die Geschichte nie nur die Geschichte gewesen, die sich die Macht über sich selbst erzählte, oder die Geschichte, welche die Macht über sich erzählen ließ: Es war die Geschichte der Macht durch die Macht. Die Geschichte, die der Adel nun gegen den Diskurs des Staates über den Staat, der Macht über die Macht zu erzählen beginnt, ist ein Diskurs, der, wie ich denke, das Funktionieren des historischen Wissens selbst zum Einsturz bringt. Hier löst sich, wie ich denke – und die Sache ist wichtig –, das Zusammenspiel der historischen Erzählung mit der Ausübung der Macht, ihrer rituellen Bestätigung und ihrer imaginierten Formulierung des öffentlichen Rechts auf. Mit Boulainvilliers, mit diesem Diskurs des reaktionären Adels des ausgehenden 17. Jahrhunderts, taucht ein neues Subjekt der Geschichte auf. Ein neues Subjekt, das spricht:

25 Vgl. L. G. Comte du Buat-Nancay, *Remarques d'un Français, ou Examen impartial du livre de M. Necker sur les finances*, Genf, 1785.

Jemand anderer übernimmt das Wort in der Geschichte und wird die Geschichte erzählen; jemand anderer wird »ich« und »wir« sagen, wenn er die Geschichte erzählt; jemand anderer wird die Erzählung seiner eigenen Geschichte liefern; jemand anderer wird die Vergangenheit, die Ereignisse, die Rechte, Ungerechtigkeiten, Niederlagen und Siege um sich und sein eigenes Schicksal herum gruppieren. Das sprechende Subjekt verschiebt sich in dieser Geschichte, es verschiebt sich aber auch in dem Sinn, daß es zu einer Modifikation hinsichtlich des Gegenstands des Berichts und des als Su(b)je(k)t verstandenen Themas, des Objekts, wenn Sie so wollen, kommt: zu einer Modifikation des ersten, früheren, tieferen Elements, welches möglich macht, daß die Rechte, Institutionen, die Monarchie und die Erde selbst in bezug auf es neu definiert werden. Sprechen wird man von Wendepunkten, die sich auf einer Ebene weit unterhalb des Staates ereignen, das Recht durchziehen und zugleich älter und tiefer sind als die Institutionen.

Wer ist dieses neue Subjekt der Geschichte, welches in der historischen Erzählung spricht und von dem in dieser historischen Erzählung zugleich gesprochen wird, dieses neue Subjekt, welches auftaucht, wenn man den administrativen oder rechtlichen Diskurs des Staates über den Staat beiseite läßt? Es ist, was ein Historiker der damaligen Zeit die »Gesellschaft« nennt: eine als Zusammenschluß, Gruppe, Gesamtheit von durch ein Statut verbundenen Individuen verstandene Gesellschaft; eine Gesellschaft, die sich aus einer gewissen Zahl von Individuen zusammensetzt und besondere Sitten, Bräuche und sogar ihr eigenes Gesetz hat. Dieses Etwas, das nunmehr in der Geschichte spricht, das Wort in der Geschichte ergreift und von dem man in der Geschichte sprechen wird, ist das, was im Vokabular der Epoche mit dem Wort »Nation« bezeichnet wird.

Die Nation läßt sich zur damaligen Zeit keineswegs durch ein abgestecktes Territorium oder eine bestimmte politische Morphologie oder ein System der Unterwerfung unter ein beliebiges *imperium* charakterisieren. Die Nation ist grenzenlos und hat kein bestimmtes Machtsystem, sie ist staatenlos. Die Nation zirkuliert hinter den Grenzen und Institutionen, die Nation oder vielmehr »die« Nationen, d.h. die Gesamtheiten, Gesellschaften, Gruppierungen der Leute, Personen, Individuen, die ein Statut, Sitten, Bräuche, ein bestimmtes besonderes Gesetz gemeinsam haben – Gesetz, verstanden freilich eher im Sinne von statutenhafter Regelhaftigkeit als von staatlichem Gesetz. Um diese Elemente wird es in der neuen Geschichte gehen. Diese Elemente, die Nation, werden das Wort ergreifen. Der Adel ist eine Nation neben anderen Nationen, die alle im Staat zirkulieren und gegeneinander antreten. Aus dieser Vorstellung, aus diesem Begriff von Nation geht das berühmte revolutionäre Problem der Nation hervor; aus ihr gehen natürlich auch die fundamentalen Begriffe des Nationalismus des 19. Jahrhunderts hervor; aus ihr geht auch der Begriff der Rasse und schließlich der Begriff der Klasse hervor.

Mit diesem neuen Subjekt der Geschichte – einem in der Geschichte sprechenden und in der Geschichte besprochenen Subjekt – taucht natürlich auch eine ganz neue Morphologie des historischen Wissens mit einem neuen Objektbereich, einem neuen Referenten und einem ganzen Feld von bislang nicht nur dunklen, sondern völlig vernachlässigten Verfahren auf. All diese dunklen Prozesse auf der Ebene von Gruppen, die unterhalb des Staates und quer durch die Gesetze hindurch aufeinandertreffen, kommen als wichtigstes Thema der Geschichte wieder an die Oberfläche. Es ist die düstere Geschichte der Bündnisse, der Gruppenrivalitäten, der versteckten oder verratenen Interessen; die Geschichte der Rechtsverdrehungen und Vermögensverschiebungen; eine Geschichte von Ehrlichkeit und Verrat; von Defiziten, Erpressungen, Schulden, Übervorteilungen, aber auch des Vergessens, des Unbewußten usw. Es ist andererseits ein Wissen, dessen Methode nicht in der rituellen Reaktivierung der grundlegenden Machtvollzüge besteht, sondern vielmehr in einer systematischen Entzifferung ihrer bösen Intentionen und in der Erinnerung an all das, was systematisch vergessen wird. Seine

Methode besteht in der fortgesetzten Denunziation dessen, was es an Üblem in der Geschichte gegeben hat. Es geht nicht mehr um die ruhmreiche Geschichte der Macht, sondern um die Geschichte ihrer Untergründe, ihrer Boshaftigheiten, ihrer Verrätereien.

Damit einhergehend wird dieser neue Diskurs (der also ein neues Subjekt und einen neuen Referenten hat) auch von einem neuen Pathos begleitet, welches sich gänzlich von dem großen feierlichen Ritual unterscheidet, welches noch dunkel den Diskurs der Geschichte, diese Geschichten von Trojanern, Germanen usw. begleitet hat. Es hat nicht mehr den zeremoniellen Charakter der Stärkung der Macht, sondern wird als neues *Pathos* mit seiner Pracht ein Denken prägen, welches großenteils das rechte Denken Frankreichs sein wird: also zum einen die quasi erotische Leidenschaft für historisches Wissen, zum anderen die systematische Pervertierung einer interpretierenden Intelligenz, zum dritten deren verbissene Denunziation und viertens schließlich die geschichtliche Artikulation von Komplotten, Angriffen gegen den Staat, Staatsstreichen oder Schlägen auf oder gegen den Staat.

Bei all dem wollte ich nicht eigentlich das vorführen, was man »Ideengeschichte« nennt. Ebensowenig wollte ich zeigen, wie der Adel seine Forderungen oder sein Unglück durch den historischen Diskurs hindurch vorgeführt hat, sondern ganz einfach, wie sich rund um die Funktionsweise der Macht ein bestimmtes Kampfinstrument herausgebildet hat – in der Macht und gegen die Macht; dieses Instrument ist ein Wissen, ein neues (oder zumindest teilweise neues) Wissen, eben diese neue Form der Geschichte. Die Erinnerung an die Geschichte in dieser Form wird der Keil sein, den der Adel zwischen das Wissen des Souveräns und die Kenntnisse der Verwaltung zu treiben versucht; und zwar zu dem Zweck, den absoluten Willen des Souveräns von der absoluten Fügsamkeit seiner Verwaltung zu lösen. Also weniger, um das Lied alter Freiheiten anzustimmen, als um das administrative Macht-Wissen abzutrennen, werden der Diskurs der Geschichte, diese alte Geschichte der Gallier und Germanen, dieser lange Bericht von Chlodwig und Karl dem Großen zu Kampfinstrumenten gegen den Absolutismus. Daher zirkuliert dieser Typ von Diskurs – der somit adligen und reaktionären Ursprungs ist – zunächst mit gewissen Modifikationen und formalen Abweichungen, und zwar immer dann, wenn eine politische Gruppe aus dem einen oder anderen Grund sich dieses Macht- und Wissensscharniers in der Funktionsweise des absoluten Staates der Verwaltungsmonarchie bemächtigt. Daher werden Sie diesen Diskurstyp ganz selbstverständlich ebenso bei der Rechten wie der Linken wiederfinden, in der adligen Reaktion oder in den Texten der Revolutionäre vor oder nach 1789. Ich lese Ihnen einfach einen Text vor, in dem es um den ungerechten König, den boshaften und verräterischen König geht: »Was denkst du, welche Strafe« – sagt der Autor, der sich in diesem Moment an Ludwig XIV. wendet – »verdient ein so barbarischer Mensch wie du, der armselige Erbe einer solchen Menge von Plünderungen? Denkst du, daß das Gesetz Gottes für dich nicht gilt? Oder bist du mehr als ein Mensch, daß alles deinem Ruhm und deiner Befriedigung dienen muß? Wer bist du denn? Denn wenn du kein Gott bist, bist du ein Monster!« Dieser Satz ist nicht von Marat, er ist vom Comte du Buat-Nancay, der ihn 1778 an Ludwig XVI. schrieb.[26] Zehn Jahre später wird dieser Text von den Revolutionären wiederaufgenommen werden.

Wenn dieser neue Typ historischen Wissens, dieser neue Typ von Diskurs tatsächlich diese politische Schlüsselstellung an der Schaltstelle von Macht und Wissen der administrativen Monarchie einnimmt, läßt sich verstehen, warum die königliche Macht ihrerseits versuchte, erneut die Kontrolle über ihn zu erlangen. Genau wie dieser Diskurs von der Rechten zur Linken, von der adligen Reaktion zum revolutionären bürgerlichen Projekt weitergereicht wurde, hat die königliche Macht versucht, ihn sich anzueignen oder ihn zu kontrollieren. Und

26 L. G. Comte du Buat-Nancay, *Les maximes du gouvernement monarchique ...*, a. a. O., Bd. II, S. 286-287.

so kann man verfolgen, wie die königliche Macht ab 1760 versucht – was den politischen Wert, den ungeheuren politischen Einsatz in diesem historischen Wissen beweist –, dieses historische Wissen zu organisieren und es in gewisser Weise erneut in ihr Spiel von Wissen und Macht zwischen die administrative Macht und die auf ihr beruhenden Kenntnisse einzufügen. Ab 1760 kann man Institutionen sich abzeichnen sehen, die, grob gesprochen, eine Art Ministerium der Geschichte sein werden: ab 1760 zunächst die Einrichtung einer *Bibliothèque des finances,* die allen Ministern seiner Majestät die notwendigen Erinnerungen, Auskünfte und Erhellungen liefern muß; um 1763 die Errichtung eines *Dépot des chartes* für jene, die Geschichte und öffentliches Recht in Frankreich studieren werden. Schließlich werden diese beiden Institutionen 1781 zur *Bibliothèque de législation* vereint – schreiben Sie sich diese Bezeichnungen gut auf – *d'administration, histoire et droit public.* Ein Text, der ein wenig später erschienen ist, besagt, daß diese Bibliothek für die Minister seiner Majestät bestimmt ist, für jene, die mit einem Teil der allgemeinen Verwaltung zu tun haben, und für die Gelehrten und Rechtsberater, die vom Kanzler oder Justizminister mit Arbeiten und Aufgaben beauftragt sind, die der Rechtsprechung, der Geschichte und der Öffentlichkeit dienen, von Ihrer Majestät[27] bezahlt werden.
Dieses Ministerium der Geschichte hatte Jacob-Nicolas Moreau beauftragt, in Zusammenarbeit mit zahlreichen anderen die riesige Sammlung[28] mittelalterlicher und vormittelalterlicher Dokumente zusammenzutragen, mit welchen zu Beginn des 19. Jahrhunderts Historiker wie Augustin Thierry und Guizot arbeiten werden. In jedem Fall ist zu dem Zeitpunkt, da diese Institution – dieses wahre Ministerium der Geschichte –

27 Zu dieser Frage vgl. J.-N. Moreau, *Plan des travaux littéraires ordonnés par Sa Majesté pour la recherche, la collection et l'emploi des monuments de l'histoire et du droit public de la monarchie française,* Paris, 1782.

28 Vgl. J.-N. Moreau, *Principes de morale, de politique et de droit public puisés dans l'histoire de notre monarchie, ou Discours sur l'histoire de France,* Paris, 1777-1789, 21. Bd.

entsteht, ihr Zweck ziemlich eindeutig: zu dem Zeitpunkt, da die politischen Konflikte des 18. Jahrhunderts in einem historischen Diskurs weitergegeben wurden, zu dem Zeitpunkt, da das historische Wissen sehr wohl zur politischen Waffe gegen das Wissen administrativen Typs der absoluten Monarchie wurde, wollte die Monarchie in gewisser Weise dieses Wissen erneut kolonisieren. Wenn Sie so wollen, ist die Einrichtung des Ministeriums für Geschichte ein Zugeständnis, das erste implizite Zugeständnis des Königs, daß es eine historische Materie gibt, die vielleicht fundamentale Gesetze des Königreichs freilegen kann. Zehn Jahre vor den Generalständen bedeutet das bereits das erste implizite Zugeständnis einer Art Konstitution. Im übrigen werden die Generalstände ab 1789 auf der Grundlage dieser zusammengetragenen Materialien geplant und organisiert: eine erste Konzession der königlichen Macht, eine erste implizite Annahme, daß sich etwas zwischen die Macht und die Verwaltung einschleichen kann, etwas wie die Verfassung, die Grundgesetze und die Repräsentation des Volkes usw.; aber ebenso wird dieses historische Wissen in autoritärer Form wiedereingeführt, und zwar genau an der Stelle, an der man sich seiner als Waffe gegen den Absolutismus bedienen und das Wissen des Prinzen erneut besetzen wollte: zwischen der Macht, den Kenntnissen und der Ausübung der Verwaltung. Zwischen den Prinzen und die Verwaltung wurde ein Geschichtsministerium geschoben, um das Band in gewisser Weise wiederherzustellen und die Geschichte im Spiel der monarchischen Macht und ihrer Verwaltung funktionieren zu lassen. Zwischen das Wissen des Prinzen und die Kenntnisse seiner Verwaltung hat man ein Geschichtsministerium geschoben, welches zwischen dem König und seiner Verwaltung die ungebrochene Tradition der Monarchie in kontrollierter Weise bekräftigen sollte.
Das war es, was ich Ihnen über die Errichtung dieses neuen Typs von historischem Wissen erzählen wollte. Ich werde später untersuchen, wie auf dieser Grundlage und in diesem Element der Kampf zwischen den Nationen, d.h. etwas entstehen wird, was zum Rassen- und Klassenkampf wird.

Vorlesung vom 18. Februar 1976

Nation und Nationen. – Die römische Eroberung. – Größe und Untergang der Römer. – Von der Freiheit der Germanen nach Boulainvilliers. – Die Vase von Soissons. – Ursprünge des Feudalismus. – Kirche, Recht, Sprache des Staates. – Die drei Verallgemeinerungen des Krieges bei Boulainvilliers: das Gesetz der Geschichte und das Gesetz der Natur; die Institutionen des Krieges; das Kalkül der Kräfte. – Bemerkungen über den Krieg.

Beim letzten Mal habe ich Ihnen zu zeigen versucht, wie im Zusammenhang mit der Reaktion des Adels der historische Diskurs nicht unbedingt erfunden, wohl aber ein vorangehender historischer Diskurs erneut aufgegriffen wurde, der bis dahin die Funktion der Lobpreisung Roms hatte, wie Petrarca[1] sagte. Bis dahin war er dem vom Staat über sich selbst geführten Diskurs inhärent und hatte die Funktion, das Recht des Staates zu bekräftigen, die Souveränität zu begründen, seine ununterbrochene Genealogie zu erzählen und durch Heldentaten und Dynastien das Wohlbegründete des öffentlichen Rechts zu illustrieren. Mit dem ausgehenden 17. und beginnenden 18. Jahrhundert wurde das Lob Roms auf zweierlei Weise angestimmt. Zum einen dadurch, daß man die Tatsache der Invasion wieder in Erinnerung brachte und wiederbelebte – welche, wie Sie sich erinnern, von der protestantischen Geschichtsschreibung des 16. Jahrhunderts dem königlichen Absolutismus entgegengehalten worden war. Man erinnerte also an die Invasion und führte einen großen Bruch in die Zeit ein: die Invasion der Germanen im 5. und 6. Jahrhundert ist ein Rechtsweg, ein Moment des Bruchs mit dem öffentlichen Recht, der Moment, in dem die von Germanien ausströmenden Horden dem römischen Absolutismus ein Ende bereiten. Die andere Seite des Bruchs, das Prinzip, das ebenfalls für ihn verantwortlich ist – und, wie ich denke, wichtiger ist –, besteht in

1 Vgl. oben, Vorlesung vom 28. Januar.

der Einführung eines neuen Subjekts in die Geschichte, in dem doppelten Sinn, daß sich im historischen Bericht ein neuer Objektbereich und zugleich ein neues Subjekt, das in der Geschichte spricht, eröffnet. Nicht mehr der Staat spricht über sich selbst, sondern etwas anderes spricht über sich, und dieses andere, das in der Geschichte spricht und sich zum Gegenstand dieses historischen Berichts macht, ist eine Art neuer Entität der Nation. Nation, verstanden selbstverständlich im weiten Sinn des Begriffs. Ich werde versuchen, darauf zurückzukommen, denn um diesen Begriff der Nation werden sich Begriffe herausbilden oder von ihm herleiten wie der der Nationalität, der Rasse, der Klasse. Im 18. Jahrhundert muß diese Vorstellung noch in einem sehr weiten Sinn verstanden werden.

Es stimmt, daß sich in der *Enzyklopädie* eine Definition finden läßt, die ich die staatliche Definition der Nation nennen würde, da die Enzyklopädisten vier Kriterien für die Existenz der Nation angeben.[2] Zunächst gehört zu ihr eine große Menge Menschen; zweitens muß diese Menschenmenge in einem bestimmten Land leben; drittens muß dieses Land von Grenzen umgeben sein; viertens muß diese Menschenmenge, die innerhalb dieser Grenzen lebt, einheitlichen Gesetzen und einer Regierung unterstehen. Wir haben hier also eine Definition oder eine Bestimmung der Nation, die sich auf die Grenzen eines Staates wie auf die Form des Staates bezieht. Mir scheint das eine polemische Definition zu sein, deren Absicht es ist, die damals herrschende weite Definition, die man ebenso in den Texten des Adels wie in jenen des Bürgertums findet und die besagte, daß Adel und Bürgertum gleichermaßen Nationen sind, wenn nicht abzulehnen, so doch auszuschließen. All das wird eine entscheidende Bedeutung zur Zeit der Revolution bekommen, insbesondere in dem Text von Sieyès über den

2 »Mot collectif dont on fait usage pour exprimer une quantité considérable de peuple, qui habite une certaine étendue de pays, renfermée dans de certains limites, et qui obéit au même gouvernement« (Art. ›Nation‹ in *Encyclopédie, ou dictionnaire raisonné des sciences, des arts et des métiers,* Lucques, 1758, Bd. XI, S. 29-30).

dritten Stand,[3] den ich zu kommentieren versuchen werde. Aber diese vage, unklare, bewegliche Vorstellung der Nation, diese Vorstellung von einer Nation, die sich nicht eingrenzen läßt, sondern im Gegenteil aus einer Menge von Individuen besteht, die sich zwischen Grenzen, über Staaten und unter Staaten auf einer innerstaatlichen Ebene verschieben, werden Sie im 19. Jahrhundert noch lange bei Augustin Thierry[4], bei Guizot[5] u. a. wiederfinden.

Wir haben also ein neues Subjekt der Geschichte, und ich werde Ihnen zu zeigen versuchen, wie und warum der Adel in die große staatliche Organisation des historischen Diskurses dieses Explosionsprinzip der Nation als Subjekt-Objekt der neuen Geschichte einführt. Was aber ist diese neue Geschichte, worin besteht sie, wie wird sie zu Beginn des 18. Jahrhunderts eingeführt? Der Grund für die Entwicklung dieses neuen Typs von Geschichte im Diskurs des französischen Adels tritt klar hervor, wenn man ihn mit dem im 17. Jahrhundert, etwa ein Jahrhundert früher auftauchenden englischen Problem vergleicht.

Die parlamentarische und vom Volk ausgehende Opposition in England hatte zwischen dem ausgehenden 16. und beginnenden 17. Jahrhundert im Grunde ein relativ einfaches Problem zu lösen. Es ging für sie um den Nachweis, daß es in der englischen Monarchie zwei einander widersprechende Rechtssysteme und gleichzeitig zwei Nationen gab. Einerseits das Rechtssystem, das zur normannischen Nation gehört: In diesem Rechtssystem blockieren sich Aristokratie und Monarchie in gewisser Weise gegenseitig. Diese Nation enthält ein absolutistisches Rechtssystem, das sie mittels Invasion gewaltsam durchgedrückt hat. Hier also Monarchie und Aristokratie (ein Recht absolutistischen Typs und die Invasion). Nun sollte gegen dieses Ensemble ein anderes, nämlich jenes angelsächsi-

3 E.-J. Sieyès, *Qu'est-ce que le Tiers-Etat?* a.a.O.; zu deutsch: *Was ist der Dritte Stand?*, a. a. O. Über Sieyès, vgl. unten, Vorlesung vom 10. März.

4 Über Augustin Thierry, s. dieselbe Vorlesung.

5 Über François Guizot, vgl. dieselbe Vorlesung.

sche Recht geltend gemacht werden: ein Recht grundlegender Freiheiten, das zugleich von den ältesten Bewohnern und den Ärmsten, in jedem Fall von jenen beansprucht wurde, die weder der königlichen noch den aristokratischen Familien angehörten. Zwei große Gefüge mithin, in denen es darum ging, das älteste und liberalste gegen das neue zu stellen, welches – mit der Invasion – den Absolutismus gebracht hatte. Ein einfaches Problem im Grunde.

Vergleichsweise war das Problem des französischen Adels ein Jahrhundert später, gegen Ende des 17. und zu Beginn des 18. Jahrhunderts, tatsächlich viel komplizierter, da dieser an zwei Fronten zu kämpfen hatte. Einerseits gegen die Monarchie und ihren Machtmißbrauch, andererseits gegen den dritten Stand, der von der absolutistischen Monarchie profitierte, um sich seinerseits und zu seinen Gunsten an den Rechten des Adels zu vergreifen. Also Kampf an zwei Fronten, der an der einen und anderen nicht auf dieselbe Weise geführt werden kann. Gegen den Absolutismus der Monarchie wird der Adel auf seinen grundlegenden Freiheiten bestehen, die jene des germanischen oder fränkischen Volks zum Zeitpunkt seines Einfalls in Gallien gewesen sein sollen. Gegen die Monarchie macht er also Freiheiten geltend. Gegen den dritten Stand macht er dagegen die der Invasion geschuldeten unbegrenzten Rechte geltend. Das heißt, daß er einerseits – gegenüber dem dritten Stand – in gewisser Weise absoluter Sieger mit unbegrenzten Rechten ist; daß er andererseits – gegenüber der Monarchie – ein quasi konstitutionelles Recht grundlegender Freiheiten geltend machen muß. Daraus ergibt sich die Komplexität des Problems und der unendlich viel elaboriertere Charakter der Analyse von Boulainvilliers, wenn man sie mit denen einige Jahrzehnte vorher vergleicht.

Ich nehme Boulainvilliers hier nur als Beispiel, da es tatsächlich eine ganze Menge, eine ganze Galaxie von adligen Historikern gibt, die in der zweiten Hälfte des 17. Jahrhunderts (der Comte von Estaing beispielsweise zwischen 1660-1670[6]) ihre Theo-

6 Joachim Comte d'Estaing, *Dissertation sur la noblesse d'extraction ...*, a.a.O.

rien zu formulieren beginnen; das setzt sich fort bis zum Comte von Buat-Nancay[7] oder bis zum Comte von Montlosier[8], bis zur Revolution, dem Kaiserreich und der Restauration. Die Rolle von Boulainvilliers ist wichtig, da er die Aufgabe übernommen hat, die Berichte der Verwalter für den Herzog von Burgund zu redigieren: Er kann uns also als Anhaltspunkt dienen und ein allgemeines, für alle geltendes Profil abgeben.[9] Wie stellt Boulainvilliers seine Analyse an? Er beginnt mit der Frage: Wen finden die Franken bei ihrem Einfall in Gallien vor? Sie finden natürlich nicht jenen verlorenen Teil vor, zu dem sie wegen seines Reichtums und seiner Zivilisation zurückkehren wollen (wie es der alte historisch-sagenhafte Bericht des 17. Jahrhunderts besagt, laut welchem die Franken nach Verlassen ihrer gallischen Heimat später in diese zurückzukehren wünschten). Das Gallien, welches Boulainvilliers beschreibt, ist kein glückliches, kein arkadisches Gallien, das die Gewalttaten Cäsars in der glücklichen Verschmelzung der neuerdings konstituierten Einheit vergessen hätte. Bei ihrem Einfall in Gallien finden die Franken ein erobertes Land vor. Und erobertes Land bedeutet, daß der römische Absolutismus, dieses von den Römern geschaffene königliche oder kaiserliche Recht, ein diesem Gallien keineswegs angepaßtes und in ihm akzeptiertes und überliefertes Recht war, das mit dem Land und dem Volk zu einem Körper verschmolzen wäre. Dieses Recht besteht als Ergebnis der Eroberung, Gallien ist ein unterworfenes Land. Das dort herrschende Recht hat sich

7 Über du Buat-Nancay, vgl. unten, Vorlesung vom 10. März.

8 Über Montlosier, s. dieselbe Vorlesung.

9 Die Analyse der historischen Arbeit von Boulainvilliers, die M. Foucault in dieser Vorlesung (und in der folgenden) entwickelt, beruht auf den schon angegebenen Texten in der Fußnote 21 der Vorlesung vom 11. Februar, insbesondere auf: *Mémoires sur l'histoire du gouvernement de la France*, in *Etat de la France* ... a. a. O.; *Histoire de l'ancien gouvernement de la France* ..., a.a.O.; *Dissertation sur la noblesse françoise servant de Préface aux Mémoires de la maison de Croi et de Boulainvilliers*, in A. Devyver, *Le Sang épuré* ..., a. a. O.; *Mémoires présentés à Mrg. le duc d'Orléans* ...., a. a. O.

keineswegs aus der Zustimmung zu einer Souveränität ergeben, sondern aus der Tatsache der Beherrschung. Den Mechanismus der Beherrschung, der die ganze römische Besatzungszeit über fortbestand, sucht Boulainvilliers zu erforschen und unterscheidet dafür gewisse Phasen.

Zunächst hätten es die in Gallien einfallenden Römer darauf angelegt, die Kriegeraristokratie, die sich ihnen als einzige militärische Kraft tatsächlich in den Weg stellte, zu entwaffnen; den Adel zu entwaffnen, ihn politisch und ökonomisch zu erniedrigen, und zwar durch eine künstliche Aufwertung des niederen Volkes (oder in jedem Fall in Verbindung damit), indem man ihm mit der Idee der Gleichheit, wie Boulainvilliers sagt, schmeichelte. In einer alle Despotien kennzeichnenden Prozedur (die sich übrigens in der römischen Republik zwischen Marius und Cäsar herausgebildet hat) sucht man die Untertanen davon zu überzeugen, daß ein wenig mehr Gleichheit zu ihren Gunsten allen mehr Freiheit bringen würde. Mit dieser »Gleichmacherei« gelangt man zu einer despotischen Regierung. Auf eben diese Weise haben die Römer die gallische Gesellschaft egalitär gemacht, indem sie den Adel erniedrigten und das niedrige Volk erhöhten: So konnten sie ihren eigenen Cäsarismus errichten. Das ist die erste Phase, die unter Caligula mit dem systematischen Massaker am alten gallischen Adel, der den Römern und ihrer erniedrigenden Politik Widerstand leistete, zu Ende geht. Auf dieser Grundlage bauen die Römer eine von ihnen benötigte Adelsschicht auf, nicht einen Militäradel – der sich ihnen hätte widersetzen können –, sondern einen Verwaltungsadel, der ihnen bei der Organisation des römischen Gallien und insbesondere bei all den Verfahren zur Ausbeutung seines Reichtums und zur Absicherung eines für sie günstigen Steuerwesens behilflich sein soll. So entsteht ein neuer Adel, ein bürgerlicher, juridischer, administrativer Adel, der zunächst über einen fein ausgearbeiteten und gut beherrschten Umgang mit dem römischen Recht und darüber hinaus über Kenntnisse der römischen Sprache verfügt. Aus der Kenntnis der Sprache und der Rechtspraxis ergibt sich dieser neue Adel.

Diese Beschreibung macht es möglich, den alten Mythos des 17. Jahrhunderts von einem glücklichen und arkadischen Gallien zu zerstreuen. Die Zurückweisung dieses Mythos ist sicherlich eine Methode, um dem König von Frankreich zu sagen: Wenn Sie sich auf den römischen Absolutismus berufen, dann erheben Sie keinen grundlegenden und entscheidenden Anspruch auf das Land Gallien, sondern auf eine präzise und besondere Geschichte, deren Abläufe nicht sonderlich ehrenswert sind. In jedem Fall schreiben Sie sich in einen Mechanismus der Unterwerfung ein. Darüber hinaus wurde dieser römische, durch gewisse Herrschaftsmechanismen eingepflanzte Absolutismus schließlich von den Germanen auf den Kopf gestellt, weggefegt, besiegt – weniger dank der Zufälle einer militärischen Niederlage als dank der Notwendigkeit einer internen Degradierung. Hier nun beginnt der zweite Analysestrang von Boulainvilliers – mit der Untersuchung der realen Effekte der römischen Beherrschung Galliens. Bei ihrem Einfall in Gallien haben die Germanen (oder Franken) ein erobertes Land mit einer gewissen militärischen Stärke angetroffen. Dabei verfügten die Römer über nichts mehr, um Gallien gegen die Invasionen von der anderen Rheinseite zu verteidigen. Da sie keinen Adel hatten, der die von ihnen besetzte gallische Erde hätte verteidigen können, waren sie verpflichtet, Söldner auszuheben und somit Leute, die sich nicht um ihrer selbst willen oder zur Verteidigung ihrer Erde, sondern um des Lohns willen schlugen. Die Existenz einer Söldnerarmee, einer besoldeten Armee, setzt natürlich ein riesiges Besteuerungssystem voraus. Man wird in Gallien also nicht nur Söldner, sondern auch etwas zu ihrer Bezahlung ausheben müssen. Das macht zweierlei erforderlich: zum einen eine beträchtliche Anhebung der Geldsteuern. Zum zweiten eine Überteuerung des Geldes oder, wie wir heute sagen, dessen Abwertung. Daraus ergibt sich ein doppeltes Phänomen: Das Geld verliert aufgrund dieser Abwertung an Wert und wird danach, was noch seltsamer ist, knapper und knapper. Diese Geldknappheit bringt eine Verlangsamung der Geschäfte und eine allgemeine Verarmung mit sich. In diesem Zustand allgemeiner Trostlosigkeit vollzieht sich die fränkische Eroberung oder wird diese vielmehr möglich. Die Aufnahmebereitschaft Galliens für die fränkische Invasion ist von diesem Ruin des Landes und der Existenz von Söldnertruppen bedingt.

Ich werde später auf diesen Analysetyp zurückkommen. Interessant und beachtenswert an dieser Analyse von Boulainvilliers ist ihr Abstand zu jener noch vor einigen Jahrzehnten aufgeworfenen Frage, die im wesentlichen die des öffentlichen Rechts war, nämlich folgender: Besteht der römische Absolutismus mit seinem Rechtssystem selbst nach der fränkischen Invasion rechtmäßig weiter? Haben die Franken, berechtigterweise oder nicht, den römischen Souveränitätstyp abgeschafft? So stellte sich das Problem im großen und ganzen im 17. Jahrhundert dar. Für Boulainvilliers besteht das Problem nun nicht mehr darin, ob dieses Recht bestehen bleibt oder nicht und ob ein Recht das Recht hat, an die Stelle eines anderen Rechts zu treten. Solche Probleme haben sich nicht mehr gestellt. Es wird im Grunde nicht mehr danach gefragt, ob das römische oder fränkische Regime legitim war oder nicht. Das Problem liegt nunmehr in der Untersuchung der inneren Gründe der Niederlage, das heißt in der Frage, inwiefern die römische Regierung (ob legitim oder nicht, ist nicht das Problem) logisch absurd oder politisch widersprüchlich war. Dieses berühmte Problem der Ursachen des Aufstiegs und Niedergangs des römischen Reichs – eines der Schablonen der historischen oder politischen Literatur des 18. Jahrhunderts[10] und nach Boulainvilliers von Montes-

10 Diese Literatur beginnt mit Machiavelli (*Discorsi sopra la prima deca de Tito Livio,* (1513-1517), Florenz, 1531), setzt sich fort mit Bossuet (*Discours sur l'Histoire universelle,* Paris, 1681), mit E. W. Montagu (*Reflections on the Rise and Fall of the Ancient Republics,* London, 1759), mit A. Ferguson (*The History of the Progress and Termination of the Roman Republic,* London, 1783) und endet mit dem Werk von Edward Gibbon, *History of the Decline and Fall of the Roman Empire,* London, 1776-1788, 6 Bde.

quieu[11] wiederaufgegriffen – hat einen sehr präzisen Sinn. Man unternimmt hier zum ersten Mal eine Analyse ökonomisch-politischen Typs, während es bis dahin nur das Problem des Rechtswegs, der Rechtsablösung, der Ablösung eines absolutistischen Rechts durch ein Recht germanischen Typs gab, d.h. ein anderes Modell. Hier wird das Problem der Ursachen des Niedergangs des römischen Reichs zum Modell eines neuen Typs historischer Analyse. Soweit zum ersten Teil der Analysen, wie man sie bei Boulainvillers findet. Ich systematisiere das alles ein wenig, aber nur um des Versuchs willen, schneller voranzukommen.

Das zweite Problem oder die Gruppe der Probleme, die sich nach jenen rund um Gallien und die Römer stellen und die ich am Beispiel der Analysen Boulainvilliers vorführen werde, hat mit den Franken zu tun und lautet: Wer sind diese Franken, die in Gallien einfallen? Dieses Problem ist die Kehrseite jenes anderen, von dem ich soeben gesprochen habe, und gibt die Frage auf: Worin besteht die Kraft dieser Personen, die einerseits ungebildet, barbarisch und zahlenmäßig wenige sind, andererseits in Gallien einfallen konnten und das beste aller bis dahin in der Geschichte bekannten Reiche zerstören konnten? Es geht also darum, die Stärke der Franken gegenüber den schwachen Römern nachzuweisen. Zunächst zur Stärke der Franken: Sie profitieren von etwas, worauf die Römer glaubten verzichten zu können, nämlich von der Existenz einer Kriegeraristokratie. Die fränkische Gesellschaft ist vollständig um diese Krieger herum organisiert, die, obwohl sie eine ganze Menge Leute, nämlich Sklaven, hinter sich haben (oder in jedem Fall Untergebene, von ihren Brotherrn Abhängige), im Grunde das gesamte fränkische Volk sind, da das germanische Volk sich wesentlich aus *Leute, leudes* zusammensetzt, aus Leuten, die Waffenträger

11 Charles-Louis de Montesquieu, *Considérations sur les causes de la grandeur des Romains et de leur décadence,* Amsterdam, 1734; zu deutsch: *Betrachtungen über die Ursachen der Größe und des Verfalls der Römer,* übers. v. Adolf Schill, Berlin, Rowohlt, 1923.

sind, also das Gegenteil von Söldnern. Andererseits geben sich diese Waffenträger, diese kriegerischen Aristokratien, einen König, der aber nur die Funktion hat, Zwistigkeiten oder Probleme der Gerechtigkeit in Friedenszeiten zu regeln. Die Könige sind nur zivile Magistratsbeamte und nichts anderes. Darüber hinaus werden die Könige durch gemeinsame Übereinkunft von den Gruppen der *Leute,* von den Gruppen der Waffenträger, gewählt. Nur wenn ein Krieg ausbricht – wenn man eine starke Organisation oder eine einheitliche Macht braucht –, gibt man sich ein Oberhaupt, dessen Führerschaft dann ganz anderen Prinzipien gehorcht bzw. absolut ist. Das Oberhaupt ist ein Kriegsherr und nicht zwangsläufig der König einer bürgerlichen Gesellschaft, kann es aber in bestimmten Fällen werden. Jemand wie Chlodwig – der historische Bedeutung hat – war zugleich ziviler Schiedsrichter, ziviler Magistratsbeamter, gewählt, um Zwistigkeiten zu schlichten, aber auch Kriegsherr. In jedem Fall haben wir hier eine Gesellschaft, in der zumindest in Friedenszeiten die Macht minimal und folglich die Freiheit maximal ist.

Worin besteht nun diese Freiheit, in dessen Genuß die Leute dieser Kriegeraristokratie kommen? Diese Freiheit beruht keineswegs auf Unabhängigkeit, ist nicht jene Freiheit, dank welcher man andere grundsätzlich respektiert. Die Freiheit, die die germanischen Krieger genießen, ist wesentlich eine egoistische Freiheit, eine der Gier, der Lust auf Schlachten, der Lust auf Eroberung und Raubzüge. Die Freiheit dieser Krieger besteht nicht in Toleranz und Gleichheit für alle; sie kann nur durch Herrschaft ausgeübt werden. Sie ist alles andere als eine Freiheit des Respekts, sie ist eine Freiheit der Wildheit. Einer der Nachfahren von Boulainvilliers, Freret, deutet die Etymologie des Wortes »franc« dahingehend, daß es keineswegs »frei« in unserem heutigen Sinn meint, sondern wesentlich »wild«, *ferox.* Das Wort »franc« hat genau dieselben Konnotationen wie das lateinische Wort *ferox*, es hat all seine Bedeutungen, sagt Freret, die günstigen wie die ungünstigen. Es will »stolz, unerschrocken, hochmütig, grausam« besagen.[12] Und so beginnt dieses berühmte große Porträt vom »Barbaren«, wie man es bis zum Ende des 19. Jahrhunderts und natürlich bei Nietzsche finden wird, (für den) Freiheit ein Äquivalent zu Wildheit ist, Wille zur Macht und eine klar umrissene Gier, die Unfähigkeit zu dienen, aber ein allzeit bereiter Wunsch zu unterwerfen, »unhöfliche und grobe Sitten, ein Haß auf Namen, Sprache, römische Gepflogenheiten. Die Liebhaber der Freiheit sind tapfer, leichtsinnig, untreu, gewinnsüchtig, ungeduldig, unruhig«[13] usw.: Hier haben wir die Attribute, die Boulainvilliers und seine Nachfolger benutzen, um diesen neuen großen blonden Barbaren zu beschreiben, der dank ihrer Texte den feierlichen Eintritt in die europäische Geschichte, will sagen, in die europäische Geschichtsschreibung, vollzieht.

Dieses Porträt der großen blonden Wildheit der Germanen liefert uns zunächst die Erklärung dafür, warum die in Gallien einfallenden fränkischen Krieger zwangsläufig jede Assimilierung mit den Gallo-Römern und insbesondere jede Unterwerfung unter dieses kaiserliche Recht verweigern konnten und mußten. Sie waren viel zu frei, will sagen viel zu stolz, arrogant usw., um ihren Kriegsherrn nicht daran zu hindern, zum Souverän im römischen Sinn des Wortes zu werden. In ihrer Freiheit waren sie viel zu süchtig auf Eroberung und Herrschaft, um sich nicht individuell der gallischen Erde zu bemächtigen. Auf diese Weise wurde ihr König, der ... ihr Kriegsherr war, durch den Sieg der Franken nicht Besitzer der gallischen Erde, sondern jeder Krieger hat selbst und direkt von Sieg und Eroberung profitiert; er hat sich sein Teil gallischer Erde genommen. Hier haben wir mehr oder weniger – ich gehe über

12 Vgl. N. Freret, *De l'origine des Français et de leur établissement dans la Gaule,* in: *Œuvres complètes,* Paris 1796-1799, Bd. v, Paris, Jahr VII, S. 202.

13 Vgl. F. Nietzsche, *Zur Genealogie der Moral; eine Streitschrift,* Leipzig, 1887, Erste Abhandlung: »Gut und Böse«, »Gut und Schlecht«, 11; Zweite Abhandlung: »Schuld«, »Schlechtes Gewissen und Verwandtes«, 16, 17 und 18; siehe auch *Morgenröte; Gedanken über die moralischen Vorurteile,* Leipzig, 1881, Zweites Buch, 112.

die komplizierten Einzelheiten in der Analyse von Boulainvilliers hinweg – den Beginn des Feudalismus. Tatsächlich hat jeder ein Stück Land an sich gerissen; der König bekam ebenfalls nur das ihm zukommende Land und hatte folglich kein dem Typ römischer Souveränität entsprechendes Recht auf die gesamte gallische Erde. Indem die Krieger solchermaßen zu unabhängigen und individuellen Eigentümern wurden, gab es für sie keinen Grund, über sich einen König zu akzeptieren, einen König, der in gewisser Weise der Erbe der römischen Kaiser gewesen wäre.

Hier beginnt die Geschichte der Vase von Soissons oder vielmehr die Geschichtsschreibung der Vase von Soissons. Was ist das für eine Geschichte? Sie haben das sicherlich in ihren Schulbüchern gelernt. Sie ist eine Erfindung von Boulainvillers, seiner Vorgänger und Nachfolger. Diese Geschichte haben sie bei Gregoire von Tours geklaut; sie wird in der Folge zu einem der Gemeinplätze der unendlichen historischen Diskussion. Als Chlodwig nach ich weiß nicht mehr welcher Schlacht[14] die Beute verteilt oder vielmehr als ziviler Magistratsbeamter die Verteilung der Beute beaufsichtigt, sagt er, wie Sie wissen, angesichts einer bestimmten Vase: »Diese da hätte ich gerne!«, aber ein Krieger erhebt sich und sagt: »Du hast kein Recht auf diese Vase, denn du bist zwar König, aber du hast gleichwohl die Beute mit den anderen zu teilen. Du hast kein Vorkaufsrecht, du hast kein vorrangiges und absolutes Eigentumsrecht an dem, was im Krieg dazugewonnen wurde. Die Kriegsbeute muß als absolutes Eigentum unter den verschiedenen Siegern verteilt werden, und der König hat keinerlei Vorkauf.« Das ist der erste Satz der Geschichte der Vase von Soissons. Wir kommen nun auf den zweiten zu sprechen.

Diese Beschreibung einer germanischen Gemeinschaft durch Boulainvilliers bietet uns also eine Erklärung dafür, wie die Germanen der römischen Machtorganisation Widerstand leisten konnten. Und sie gibt uns auch die Erklärung dafür, wie

14 Es geht um die Einnahme von Soissons gegen den Römer Syagrius 486.

und warum die Eroberung des reichen und bevölkerten Galliens durch dieses arme und zahlenmäßig kleine Volk trotz allem fortdauern konnte. Hier ist ein weiteres Mal der Vergleich mit England interessant. Sie erinnern sich, daß die Engländer ebenfalls vor diesem Problem standen: Wie kommt es, daß es 60 000 normannischen Kriegern gelingen konnte, sich in England niederzulassen und zu halten? Boulainvilliers hat dasselbe Problem. Er löst es, indem er sagt: Die Franken konnten sich in diesem eroberten Land halten, weil sie als erste Vorsichtsmaßnahme nicht nur nichts gegeben, sondern die Waffen der Gallier beschlagnahmt haben; gut abgeschottet, von den anderen deutlich unterschieden und vollständig germanisch, konnten sie sich mitten im Land halten. Die Gallier haben nun keine Waffen mehr, dafür gesteht man ihnen ihre Ländereien zu, da die Franken über keine andere Fertigkeit verfügen, als sich zu schlagen. Die einen schlagen sich also, die anderen bleiben auf ihren Ländereien und bestellen sie. Man treibt von ihnen nur gewisse Abgaben zur Absicherung der Militäraufgaben ein. Abgaben, die sicherlich nicht gering sind, aber dennoch viel weniger schwer wiegen als die Steuern, die die Römer früher von ihnen zu erheben versuchten. Viel weniger schwer, da quantitativ weniger bedeutsam, insbesondere da die Bauern die Geldsteuern, die die Römer zur Bezahlung ihrer Söldner von ihnen verlangt haben, nicht bezahlen konnten. Jetzt verlangt man nur Abgaben in Naturalien, die man immer erbringen kann. Daher besteht zwischen den gallischen Bauern, von denen man Naturalabgaben verlangt, und dieser Kriegerkaste keine Feindseligkeit mehr. Wir haben also eine Art glückliches, stabiles, viel weniger armes fränkisches Gallien, als es das römische Gallien am Ende der römischen Eroberung gewesen ist. Die einen wie die anderen, Gallier wie Franken, waren – laut Boulainvilliers – dank ihres ungetrübten Besitztums zufrieden: der Franke dank des Fleißes des Galliers und dieser dank der Sicherheit, die ihm ersterer garantierte. Wir haben hier den Kern dessen, was Boulainvilliers erfunden hat: den Feudalismus als historisch-rechtliches System, welches die europäischen Gesellschaften seit dem 6., 7., 8. Jahrhundert bis etwa zum Ende des 15. Jahrhunderts charakterisiert. Dieses Feudalsystem war vor den Analysen von Boulainvilliers weder von den Historikern noch von den Juristen isoliert betrachtet worden. Dieses Glück einer von der bäuerlichen Bevölkerung unterhaltenen Militärkaste, die ihr die Abgaben in Naturalien zahlt, bestimmt das Klima der juridisch-politischen Einheit des Feudalismus.

Die dritte Gruppe von Tatsachen, die Boulainvilliers analysiert und die auch ich wegen ihrer Bedeutung offenlegen möchte, ist die Serie von Vorgängen, die dazu führte, daß dieser Adel oder vielmehr diese in Gallien installierte Kriegeraristokratie den größten Teil ihrer Macht und ihres Reichtums verlor und letztlich von der Macht des Königs einkassiert wurde. Boulainvilliers Analyse sagt etwa folgendes: Der König der Franken war also zu Beginn ein König zweifacher politischer Zustände, in dem Sinne, daß er nur zu Kriegszeiten als Kriegsherr bestellt war. Der absolute Charakter seiner Macht galt folglich nur während der Dauer des Kriegs. Andererseits war er als ziviler Magistratsbeamter nicht in erster Linie Angehöriger einer bestimmten Dynastie: Es gab kein Erbfolgerecht; er mußte gewählt werden. Nun wird dieser Souverän, dieses Oberhaupt zweifacher Konstellationen nach und nach zum erblichen und absoluten König auf Lebenzeit – das kennzeichnet die meisten europäischen Monarchien, insbesondere die französische. Wie kam es zu dieser Veränderung? Dafür verantwortlich war zunächst die Tatsache der Eroberung, des militärischen Erfolgs, der Festsetzung einer zahlenmäßig kleinen Armee in einem riesigen Land, von dem man zumindest zu Beginn annehmen konnte, daß es Widerstand leisten würde. Es ist daher verständlich, daß die fränkische Armee in diesem soeben eroberten Gallien in gewisser Weise auf Kriegsfuß geblieben ist. Aufgrund der Besetzung bleibt nun aber auch derjenige, der zu Kriegszeiten Kriegsherr war, als ziviles Oberhaupt weiterhin Kriegsherr. Die militärische Organisation wird wegen der Besetzung aufrechterhalten. Das birgt durchaus Probleme,

Schwierigkeiten und Revolten von seiten der Franken, der fränkischen Krieger, da diese die Fortdauer der Militärdiktatur bis in die Friedenszeiten hinein nicht dulden. So sieht sich der König nun seinerseits gezwungen, zum Zweck des Erhalts seiner Macht Söldner auszuheben, die er natürlich aus dem gallischen Volk, das besser weiterhin unbewaffnet hätte bleiben sollen, oder aus dem Ausland bezieht. In jedem Fall befindet sich die Kriegeraristokratie in einer Zwickmühle zwischen der königlichen Macht, die ihren absolutistischen Charakter aufrechtzuerhalten sucht, und einem gallischen Volk, das der Monarch mehr und mehr auffordert, seine absolutistische Macht zu stützen.

Hier stößt man auf die zweite Episode der Vase von Soissons. Das ist jener Moment, in dem Chlodwig, der das Verbot, die Vase anzutasten, nicht akzeptiert hatte, bei einer Militärparade den Krieger wiedererkennt, der ihn daran gehindert hatte, Hand an die genannte Vase zu legen. Da greift der gute Chlodwig nach seiner großen Axt und spaltet den Schädel des Kriegers mit folgenden Worten: »Erinnere dich an die Vase von Soissons.« Hier haben wir den Moment, in dem Chlodwig, der bislang nur ziviler Magistratsbeamter war, die militärische Form seiner Macht beibehält, nicht zuletzt, um Fragen des zivilen Zusammenlebens zu regeln. Er greift zur Militärparade, das heißt zu einer Form, die den absolutistischen Charakter seiner Macht unterstreicht, um ein Problem zu regeln, das nur ein ziviles Problem sein dürfte. Der absolutistische Monarch wird also in jenem Moment geboren, da die militärische Form der Macht und der Disziplin das Zivilrecht zu organisieren beginnt.

Die zweite, wichtigere Operation, dank welcher die zivile Macht eine absolutistische Form annimmt, ist folgende: Einerseits ergeht von der zivilen Macht der Appell an das gallische Volk, eine Söldnerbande zu bilden. Dagegen wird ein Bündnis, eine Allianz zwischen der königlichen Macht und der alten gallischen Aristokratie geschlossen. Und Boulainvillers analysiert dies folgendermaßen: Welche Bevölkerungsschichten der Gallier haben unter dem Einfall der Franken am meisten gelitten? Weniger die Bauern (welche vielmehr erleben durften, daß die Geldabgaben in Naturalabgaben verwandelt wurden) als die gallische Aristokratie, deren Ländereien natürlich von den germanischen und fränkischen Kriegern konfisziert wurden. Diese Aristokratie sah sich tatsächlich enteignet. Sie hat darunter gelitten – und was hat sie getan? Da sie keine Ländereien mehr hatte und der römische Staat verschwunden war, blieb ihr nur ein einziger Ausweg: es gab nur einen Schutz, und der war die Kirche. So hat sich die gallische Aristokratie in den Schoß der Kirche geflüchtet; sie hat nicht nur den Kirchenapparat ausgebaut, sondern mit Hilfe der Kirche ihren Einfluß auf das Volk vertieft und durch das von ihr in Umlauf gebrachte Glaubenssystem ausgedehnt; zudem hat sie in der Kirche ihre Kenntnisse des Lateinischen entwickelt und das römische Recht gepflegt, welches absolutistisch war. Welch bessere Verbündete konnten die fränkischen Souveräne bei ihrem Versuch, sich einerseits gegen die germanische Aristokratie auf das Volk zu stützen und andererseits einen Staat zu gründen, finden als diese Leute, die auf das Volk so großen Einfluß hatten und dank ihres Lateins das römische Recht so gut kannten? Die gallischen Aristokraten, der gallische in die Kirche geflüchtete Adel wird ab dem Moment ganz selbstverständlich zum natürlichen Verbündeten der neuen Monarchen, als diese ihren Absolutismus zu errichten versuchen. Auf diese Weise wird die Kirche dank des Lateins, des römischen Rechts und der Rechtspraxis zum großen Alliierten der absolutistischen Monarchie.

Es gibt bei Boulainvilliers, wie Sie sehen, eine ganz wichtige Konstellation, die man die Sprache der Wissen, das System Sprache-Wissen nennen könnte. Sie läßt deutlich werden, welche Verbindung die gallische Kriegeraristokratie dank des Bündnisses zwischen Monarchie und Volk mit Hilfe der Kirche, des Lateins und der Rechtspraxis hergestellt hat. Das Latein wurde Staatssprache, Sprache des Wissens und des Rechts. Der Adel verlor in dem Maße seine Macht, wie er einem anderen sprachlichen System angehörte. Der Adel sprach germanische Sprachen und konnte kein Latein. Zu dem Zeitpunkt, als sich das gesamte neue Rechtssystem mittels lateinischer Verordnungen zu etablieren begann, verstand er nicht, was mit ihm geschah. Er verstand es so wenig – und es wurde so wichtig, daß er es nicht verstand –, daß die Kirche einerseits und der König andererseits alles Erdenkliche taten, um ihn in Unwissenheit zu halten. Boulainvilliers macht die Adelserziehung zu einer großen Angelegenheit, indem er zeigt, daß beispielsweise die Kirche auf dem Leben im Jenseits als der einzigen Berechtigung für das Leben im Diesseits bestand, um die wohlerzogenen Menschen glauben zu lassen, daß eigentlich nichts von dem, was sich hier abspielte, Bedeutung hatte und daß ihr Schicksal sich im wesentlichen auf der anderen Seite entscheiden würde. Und so sahen sich diese besitz- und herrschaftsbegierigen Germanen, diese der Gegenwart so verbundenen großen blonden Krieger nach und nach in einen Typ von Ritter, in einen Mischtyp transformiert, der vollständig vernachlässigte, was sich auf seinen eigenen Ländereien und in seinem eigenen Land abspielte, und sah sich seiner Vermögen und seiner Macht beraubt. Die Kreuzzüge als großer Weg ins Jenseits sind für Boulainvilliers der Ausdruck und die Manifestation dieser vollständigen Zuwendung des Adels zur jenseitigen Welt; was freilich geschah im Diesseits, auf ihren Ländereien, als sie in Jerusalem weilten? Der König, die Kirche und die alte gallische Aristokratie veränderten die lateinischen Gesetze, dank welcher sie ihrer Ländereien und ihrer Rechte enthoben werden sollten.

Von daher der Aufruf von Boulainvilliers – zu welchem Zweck? In erster Linie nicht – und das durchzieht sein gesamtes Werk –, um die ihrer Rechte enthobenen Adeligen zur Revolte aufzurufen, wie es beispielsweise die englischen parlamentarischen Geschichtsschreiber des 17. Jahrhunderts (und insbesondere die aus dem Volk) taten. Der Adel wird vielmehr im wesentlichen zur Zurückgewinnung des Wissens aufgerufen: zur Wiederentdeckung seiner eigenen Erinnerung, zur Bewußtmachung und Wiederaneignung der Kenntnisse und des Wissens. Das ist der Appell, den Boulainvilliers in erster Linie an den Adel richtet: »Ihr werdet die Macht nicht wiedergewinnen, wenn ihr nicht den Wissensstand wiedergewinnt, dessen ihr enthoben worden seid – oder in den zu gelangen ihr nie versucht habt. Ihr habt euch immer geschlagen, ohne euch darüber im klaren zu sein, daß die wahre Schlacht innerhalb der Gesellschaft ab einem bestimmten Zeitpunkt nicht mehr mit Waffen, sondern mit Wissen ausgetragen wurde.« Unsere Vorfahren – sagt Boulainvilliers – haben sich die launenhafte Eitelkeit erlaubt, nicht zu wissen, wer sie sind. Sie haben sich fortwährend selbst vergessen, aus Dummheit oder Verblendung. Sich seiner selbst wieder bewußt zu werden, die Quellen des Wissens und Gedächtnisses offenzulegen, bedeutet, alle Mystifikationen der Geschichte denunzieren zu wollen. Wenn der Adel sich seiner selbst wieder bewußt würde und sich in den Wissensstand hineinbegäbe, könnte er erneut zu einer Kraft werden und sich als Subjekt der Geschichte behaupten. Sich als Kraft in der Geschichte behaupten, verlangt also in einer ersten Phase die Wiedererlangung des Selbstbewußtseins und die erneute Einschreibung in die Ordnung des Wissens.

Diese Fragestellungen sind also eine Auswahl aus der Vielzahl von Themen in dem beachtlichen Werk von Boulainvilliers. Ich habe sie herausgelöst, da sie mir einen Analysetyp einzuführen scheinen, der für alle historisch-politischen Analysen vom 18. Jahrhundert bis heute grundlegend ist. Inwiefern haben diese Analysen Bedeutung? Zunächst aufgrund der allgemeinen Vorrangstellung, die dem Krieg zuerkannt wird. Das dem Krieg zuerkannte Primat drückt sich in der Form der Analysen des Kriegsverhältnisses aus – daher gilt es zu untersuchen, welche Rolle Boulainvilliers diesem Kriegsverhältnis verleiht. Um den Krieg, wie er es tut, zum allgemeinen Analysefaktor der Gesellschaft zu machen, unterzieht ihn Boulainvilliers drei aufeinanderfolgenden und sich überschneidenden Verallgemeinerungen. Erstens verallgemeinert er ihn im Hinblick auf die Grundlegungen des Rechts; zweitens generalisiert er ihn im

Hinblick auf die Form der Schlacht und drittens im Hinblick auf die Tatsache der Invasion und die Kehrseite der Invasion, die die Revolte ist. Diese drei Verallgemeinerungen möchte ich jetzt gerne ein wenig skizzieren.

Erstens zur Verallgemeinerung des Krieges im Hinblick auf das Recht und die Begründungen des Rechts. In den vorangehenden Analysen, jenen der französischen Protestanten des 16. Jahrhunderts, der französischen Parlamentarier des 17. Jahrhunderts und der englischen Parlamentarier derselben Zeit ist der Krieg eine Episode des Bruchs, die das Recht suspendiert und außer Kraft setzt. Der Krieg ist der Transmitter, der es ermöglicht, von einem Rechtssystem zu einem anderen überzugehen. Bei Boulainvillers spielt der Krieg nicht diese Rolle, er unterbricht nicht das Recht. Der Krieg deckt das Recht vollständig ab, deckt sogar das Naturrecht vollständig ab und läßt es schließlich irreal, abstrakt und in gewisser Weise fiktiv werden. Boulainvilliers liefert drei Beweise dafür, daß der Krieg das Naturrecht so weitgehend abdeckt, daß es nurmehr eine unnütze Abstraktion darstellt; diese Idee setzt er in seinem Werk auf dreierlei Weise um. Zunächst sagt er im historischen Modus: Man kann die Geschichte durchlaufen, wie man will, in alle Richtungen, man wird sowieso niemals Naturrechte finden. In keiner Gesellschaft, wie auch immer sie beschaffen sein mag, gibt es Naturrechte. Was die Historiker beispielsweise bei den Angelsachen oder Kelten zu entdecken glaubten, eine Art kleiner Naturrechtsinsel, ist alles absolut falsch. Überall findet man entweder direkt Krieg (unter den Franzosen gab es die Invasion der Franken, unter den Gallo-Römern die Invasion der Römer) oder immerhin Ungleichheiten, die von Kriegen und Gewaltsamkeiten zeugen. So wurden die Gallier beispielsweise in Aristokraten und Nicht-Aristokraten eingeteilt. Bei den Medern, bei den Persern finden sich ebenfalls eine Aristokratie und ein Volk. Was nur zu gut beweist, daß alles auf Kämpfe, Gewalttätigkeiten und Kriege zurückgeht. Im übrigen kann man davon ausgehen, daß jedesmal, wenn die Unterschiede zwischen Aristokratie und Volk in einer Gesellschaft oder einem Staat abnehmen, der Staat im Niedergang begriffen ist. Griechenland und Rom haben ihren Status eingebüßt und sind als Staaten verschwunden, als ihre Aristokratie sich innerlich zu zersetzen begann. Es gibt folglich überall Ungleichheiten, Gewalttätigkeiten, die Ungleichheiten begründen, Kriege. Es gibt keine Gesellschaft, die ohne diese Art kriegerischer Spannung zwischen der Aristokratie und der Masse des Volks existieren kann.

Aus dieser Vorstellung ergibt sich folgende theoretische Umsetzung. Boulainvilliers sagt: Man kann vielleicht von einer Art vorgängiger Freiheit vor jeder Herrschaft, jeder Macht, jedem Krieg, jeder Knechtschaft ausgehen; muß diese Freiheit zwischen Individuen, die unter sich kein Herrschaftsverhältnis kennen, diese Freiheit, in der jedermann, in der alle Leute untereinander gleich wären, muß dieses Freiheit-Gleichheits-Paar nicht aber notgedrungen saft- und kraftlos sein? Denn … was ist Freiheit denn? Freiheit besteht natürlich nicht darin, davon abzusehen, die Freiheit anderer zu beeinträchtigen, denn dann wäre sie keine Freiheit mehr. Worin besteht Freiheit also? Sie besteht darin, zuzulangen, sich Dinge anzueignen und von ihnen zu profitieren, zu kommandieren und Gehorsam zu erzwingen. Das erste Kriterium für Freiheit liegt in der Möglichkeit, andere der Freiheit zu berauben. Wozu diente und worin bestünde konkret das Faktum der Freiheit, wenn nicht darin, die Freiheit der anderen beeinträchtigen zu können? Das ist der erste Ausdruck von Freiheit. Freiheit ist für Boulainvilliers also das genaue Gegenteil von Gleichheit. Sie kommt im Unterschied, in Herrschaft und Krieg, in einem ganzen System von Kräfteverhältnissen zum Ausdruck. Eine Freiheit, die sich nicht in ein ungleiches Kräfteverhältnis übersetzt, kann nur eine abstrakte, ohnmächtige und schwache Freiheit sein.

Von daher gibt es eine zugleich historische und theoretische Umsetzung dieser Idee. Boulainvilliers sagt (und hier schematisiere ich erneut stark): Nehmen wir an, daß es das Naturrecht tatsächlich zu einem bestimmten Zeitpunkt gegeben hat, nämlich zum Zeitpunkt der Begründung von Geschichte, ein

Recht, das die Leute frei und gleich gemacht hat. Die Schwäche dieser Freiheit liegt darin, daß sie eine abstrakte und fiktive Freiheit ohne tatsächlichen Inhalt ist und vor der historischen Kraft einer Freiheit zurücktreten muß, die als Ungleichheit funktioniert. Wenn es stimmt, daß sie irgendwo oder zu irgendeinem Zeitpunkt existiert hat, dann konnte diese natürliche Freiheit, diese egalitäre Freiheit, dieses Naturrecht dem Gesetz der Geschichte nicht widerstehen, welches besagt, daß die Freiheit nur dann stark, kräftig und vollständig ist, wenn sie die Freiheit einiger weniger auf Kosten anderer ist und wenn eine Gesellschaft existiert, die diese entscheidende Ungleichheit garantiert.

Das egalitäre Gesetz der Natur ist zu schwach gegenüber dem ungleichen Gesetz der Geschichte. Es ist also verständlich, daß das egalitäre Gesetz der Natur dem nicht-egalitären Gesetz der Geschichte weichen muß. Da das Naturrecht das ursprüngliche Recht war, stiftet es nicht die Grundlegung, wie die Juristen sagen, sondern ist dank der größeren Kraft der Geschichte immer schon ausgeschlossen. Das Gesetz der Geschichte ist immer stärker als jenes der Natur. Nichts anderes behauptet Boulainvilliers, wenn er sagt, daß es der Geschichte schließlich gelungen sei, ein natürliches Gesetz der Antithese zwischen Freiheit und Gleichheit hervorzubringen, und daß dieses natürliche Gesetz stärker ist als das in das sogenannte Naturrecht eingeschriebene Gesetz. Die im Vergleich mit der Kraft der Natur größere Kraft der Geschichte bewirkt, daß die Geschichte die Natur schließlich vollständig überlagert hat. Die Natur kann nicht mehr sprechen, wenn die Geschichte anfängt, da in dem Krieg zwischen Geschichte und Natur immer die Geschichte gewinnt. Es gibt ein Kräfteverhältnis zwischen Natur und Geschichte, und dieses Kräfteverhältnis entscheidet endgültig zu Gunsten der Geschichte. Also existiert das Naturrecht nicht oder es existiert nur als besiegtes: Es ist immer der große Besiegte der Geschichte, es ist »das andere« (wie die Gallier gegenüber den Römern, wie die Gallo-Römer gegenüber den Germanen). Die Geschichte ist die Germanität, wenn Sie so wollen, gegenüber der Natur. Die erste Verallgemeinerung lautet folglich: Der Krieg deckt die Geschichte vollständig ab, er ist nicht nur ihr Umsturz und ihre Unterbrechung.

Zweite Verallgemeinerung des Krieges im Hinblick auf die Form der Schlacht. Boulainvilliers geht davon aus, daß Eroberung, Invasion, gewonnene oder verlorene Schlachten ein Kräfteverhältnis festlegen; aber tatsächlich wurde das Kräfteverhältnis, das sich in der Schlacht abzeichnet, im Grunde vor und durch etwas anderes entschieden als durch zurückliegende Schlachten. Wer oder was bestimmt das Kräfteverhältnis und bewirkt, daß eine Nation eine Schlacht gewinnen und eine andere verlieren wird? Nun, die Art und Organisation der Militärinstitutionen, die Armee. Sie sind einerseits wichtig, natürlich weil sie den Sieg ermöglichen, aber auch, weil sie die Gesamtgesellschaft zum Ausdruck bringen. Wichtig für Boulainvilliers ist das, was den Krieg effektiv zum Analyseprinzip einer Gesellschaft macht; bestimmend in der sozialen Organisation ist für ihn im Grunde das Problem der Militärorganisation oder, ganz einfach, die Frage: Wer besitzt die Waffen? Die Organisation der Germanen beruhte im wesentlichen darauf, daß einige – die *leudes* – Waffen hatten und andere nicht. Das Regime der Franken, das ist sein Charakteristikum, hat darauf geachtet, den Galliern die Waffen wegzunehmen und sie den Germanen auszuhändigen (welche als Waffenträger von den Galliern unterhalten werden mußten). Ein Wechsel trat erst ein, als diese Gesetze der Waffenverteilung in der Gesellschaft allmählich durcheinandergerieten, als die Römer Söldner aushoben, als die fränkischen Könige Milizen organisierten, als Philippe Auguste fremde Ritter herbeirief usw. Von diesem Moment an geriet die einfache Organisation, die es den Germanen und allein den Germanen oder der Kriegsaristokratie erlaubte, Waffen zu besitzen, durcheinander.

Nun ist der Waffenbesitz – und in diesem Sinn kann er als Ausgangspunkt für eine allgemeine Analyse der Gesellschaft dienen – einerseits natürlich an technische Probleme gebunden.

Wer zum Beispiel Ritter sagt, sagt Lanzen, schwere Rüstungen usw., sagt aber zugleich eine zahlenmäßig kleine Armee von reichen Leuten. Wer im Gegenteil Bogenschützen sagt, sagt leichte Rüstungen und eine zahlenmäßig starke Armee. Von daher ergibt sich eine Menge ökonomischer und institutioneller Probleme: Mit einer Armee von Rittern, einer schweren und zahlenmäßig kleinen Armee von Rittern ist die Macht des Königs zweifellos beschränkt, denn ein König kann sich die kostspielige Ritterarmee nicht leisten. Die Ritter werden für sich selbst aufkommen müssen. Mit einer Armee von Infanteristen hat man dagegen eine zahlenmäßig große Armee, welche sich die Könige leisten können; damit nimmt die königliche Macht, aber auch die Steuerbelastung zu. Wie Sie sehen, wird der Krieg nun nicht mehr als Invasion gelesen, die ihre Spuren auf dem Gesellschaftskörper hinterläßt, sondern als etwas, das mittels Militärinstitutionen auf die gesamte zivile Ordnung einwirkt. Diese Art einfacher Dualität Besetzer/Besetzte, Sieger/Besiegte, Erinnerung an die Schlacht von Hastings oder Erinnerung an die Invasion der Franken dient nicht länger als Gesellschaftsanalysator. Der einfache binäre Mechanismus, der seinen Kriegsstempel dem gesamten Gesellschaftskörper aufdrückt, hat ausgedient; an seine Stelle tritt ein Krieg diesseits und jenseits der Schlacht, Krieg als eine Art Kriegführung, als Art und Weise der Vorbereitung und Organisation des Krieges. Krieg als Form der Waffenverteilung, Waffengattungen, Kampftechniken, Einberufung, Verteilung der Soldaten und Steuern für die Armee; Krieg als interne Institution und nicht als nacktes Ereignis der Schlacht: auf diese Weise fungiert er in den Analysen von Boulainvilliers als Operator. Wenn es ihm gelingt, die Geschichte der französischen Gesellschaft zu erzählen, dann deswegen, weil er diesen Strang kontinuierlich verfolgt, der hinter der Schlacht und der Invasion die Militärinstitution und jenseits der Militärinstitution die Gesamtheit der Institutionen und der Ökonomie des Landes sichtbar werden läßt. Der Krieg ist eine allgemeine Ökonomie der Waffen, eine Ökonomie bewaffneter und entwaffneter Leute in einem gegebenen Staat, mit all den sich daraus ergebenden institutionellen und ökonomischen Folgen. Diese wunderbare Verallgemeinerung des Krieges, vergleicht man sie mit den Analysen der Historiker des 17. Jahrhunderts, verleiht Boulainvilliers diese einzigartige Bedeutung, die ich Ihnen zu zeigen versuche.

Die dritte Verallgemeinerung des Krieges in der Analyse von Boulainvilliers bezieht sich schließlich nicht auf die Tatsache der Schlacht, sondern auf das System Invasion-Revolte, auf diese zwei großen Momente, die man ins Spiel brachte, um den Krieg in den Gesellschaften wieder ausfindig zu machen (zum Beispiel in der englischen Geschichtsschreibung des 17. Jahrhunderts). Boulainvilliers fragt nicht einfach nach den Wirkungen der Invasion, auch nicht danach, ob es Aufstände gegeben hat oder nicht. Er will vielmehr zeigen, wie sich ein bestimmtes, in der Invasion oder Schlacht deutlich gewordenes Kräfteverhältnis nach und nach und auf undurchsichtige Weise umgekehrt hat. Das Problem der englischen Geschichtsschreiber bestand darin, überall, in allen Institutionen, die Starken (die Normannen) und die Schwachen (die Angelsachsen) ausfindig zu machen. Das Problem von Boulainvilliers artikuliert sich dagegen in der Frage, wie die Starken schwach und die Schwachen stark werden konnten. Dieses Problem des Übergangs von der Stärke zur Schwäche und von der Schwäche zur Stärke macht das Wesentliche seiner Analyse aus.

Diese Analyse und Beschreibung der Veränderung nimmt Boulainvilliers auf der Grundlage dessen vor, was man die Bestimmung der inneren Mechanismen der Umkehrung nennen könnte, für die sich leicht Beispiele finden lassen. Woraus hat die fränkische Aristokratie ihre Stärke bezogen – zu Beginn dessen, was man bald das Mittelalter nennen wird? Aus der Tatsache, daß sie sich nach ihrem Einfall in Gallien und nach dessen Besetzung die Ländereien selbst und direkt zugeteilt haben. Sie waren also direkt Eigentümer der Ländereien und bezogen daraus Abgaben in Naturalien, die einerseits die Ruhe der bäuerlichen Bevölkerung und andererseits die Stärke der Ritterschaft sicherstellten. Nun wird genau dieses Prinzip ihrer

Stärke nach und nach zum Prinzip ihrer Schwächung, eben aufgrund der Zerstreuung der Adeligen über ihre Ländereien und aufgrund der Tatsache, daß sie zum Zweck der Kriegführung von einem Abgabensystem unterhalten werden, somit immer mehr aus der Umgebung des Königs, der aus ihrer Mitte hervorgegangen ist, entfernt werden und sich gemeinsam immer nur mit Kriegführung beschäftigt haben. Sie haben daher alles vernachlässigt, was Erziehung, Bildung, Lateinlernen und Wissen angeht. All diese Dinge tragen zu ihrem Machtverlust bei.
Wenn Sie sich umgekehrt das Beispiel der gallischen Aristokratie ansehen, so war sie zu Beginn der fränkischen Eroberung auf der untersten Stufe ihrer Schwäche angekommen: jeder gallische Eigentümer war all seines Hab und Guts enteignet worden. Und genau diese Schwäche war dank einer notwendigen Entwicklung historisch zu ihrer Stärke geworden. Die Tatsache, daß sie von ihren Ländereien verjagt worden waren, hat sie in den Schoß der Kirche getrieben und hat ihnen einen Einfluß auf das Volk und zudem Rechtskenntnisse verliehen. Das brachte sie nach und nach in Positionen, in denen sie dem König als Berater sehr nahe standen und folglich die Hand auf seine politische Macht und auf den ökonomischen Reichtum, der ihnen einst entglitten war, legen konnten. Die Form und die Elemente der einstigen Schwäche der gallischen Aristokratie wurden ab einem bestimmten Zeitpunkt gleichermaßen zu den Prinzipien von deren Umkehrung.
Das von Boulainvilliers analysierte Problem ist also nicht: Wer war Sieger und wer ist besiegt worden, sondern wer ist stärker und wer schwächer geworden? Warum ist der Starke schwach geworden und warum der Schwache stark? Geschichte wird jetzt wesentlich als Kräftekalkül begriffen. Wohin aber führt eine Analyse notgedrungen, wenn man die Mechanismen der Kräfteverhältnisse beschreibt? Dahin, daß die große, einfache Dichotomie Sieger/Besiegte für die Beschreibung dieses ganzen Prozesses nicht mehr triftig ist. Ab dem Moment, da der Starke schwach wird und der Schwache sich stark macht, gibt

es neue Oppositionen, neue Spaltungen, neue Verteilungen: Die Schwachen verbünden sich untereinander, bestimmte Starke suchen bestimmte Allianzen mit anderen. Was zum Zeitpunkt der Invasionen noch eine Art großer massiver Schlacht, Armee gegen Armee, Franken gegen Gallier, Normannen gegen Angelsachsen war – diese beiden großen nationalen Massen werden sich teilen und sich in vielfältige Kanäle verzweigen. Es wird also zu verschiedenen Kämpfen kommen, mit Frontverschiebungen, vorübergehenden Bündnissen, mehr oder weniger dauerhaften Gruppierungen: zur Allianz der königlichen Macht mit dem alten gallischen Adel, die sich auf das Volk stützt; zum Bruch des geheimen Einverständnisses zwischen den fränkischen Kriegern und den gallischen Bauern ab dem Zeitpunkt, da die fränkischen und verarmten Krieger ihre Forderungen erhöhen und erhöhte Abgaben verlangen usw. Dieses ganze System von Unterstützungen, Allianzen und inneren Konflikten wird sich in gewisser Weise in einer kriegerischen Form verallgemeinern, die von den Historikern bis zum 17. Jahrhundert im wesentlichen nach dem Modus der großen Konfrontation der Invasion gedacht worden ist.
Bis zum 17. Jahrhundert war der Krieg vor allem der Krieg einer Masse gegen eine andere Masse. Boulainvilliers läßt das kriegerische Verhältnis in die gesamten gesellschaftlichen Verhältnisse eindringen, teilt es in tausend verschiedene Kanäle auf und läßt den Krieg als eine Art Dauerzustand zwischen Gruppen, Fronten und verschwiegenen Einheiten hervortreten, die sich gegenseitig zivilisieren, einander entgegentreten oder sich im Gegenteil miteinander verbünden. Es gibt nicht mehr diese großen stabilen und vielfältigen Massen, dafür einen vielfältigen Krieg, in gewissem Sinn einen Krieg aller gegen alle, aber einen Krieg aller gegen alle natürlich keineswegs mehr in dem abstrakten und irrealen Sinn, den Hobbes ihm verlieh, als er vom Krieg aller gegen alle sprach und zu zeigen versuchte, inwiefern es gerade nicht der Krieg aller gegen alle ist, der innerhalb des Gesellschaftskörpers operiert. Bei Boulainvilliers trifft man dagegen einen verallgemeinerten Krieg, der den

gesamten Gesellschaftskörper und zugleich die gesamte Geschichte dieses Gesellschaftskörpers durchzieht; aber natürlich nicht als Krieg der Individuen gegen Individuen, sondern als Krieg von Gruppen gegen Gruppen. Diese Verallgemeinerung des Krieges ist, wie mir scheint, charakteristisch für das Denken von Boulainvilliers.

Ich möchte die Vorlesung beenden, indem ich noch folgende Frage stelle: Wohin führt diese dreifache Verallgemeinerung des Krieges? Dank ihrer ist Boulainvillers dahin gelangt, wo die Historiker des Rechts ...

Für diese Historiker, die die Geschichte innerhalb des öffentlichen Rechts, innerhalb des Staates erzählten, war der Krieg noch im wesentlichen ein Rechtsbruch, ein Rätsel, eine Art dunkler Masse oder nackten Ereignisses, das man zu nehmen hatte, wie es war, und das nicht nur Erkenntnisprinzip war – davon war nicht die Rede –, sondern vielmehr Prinzip des Bruchs. Nun wird der Krieg statt dessen als eine Art Erkenntnisraster in den Rechtsbruch eintauchen und damit die Bestimmung des Kräfteverhältnisses ermöglichen, welches ein bestimmtes Rechtsverhältnis auf Dauer unterstützt. Boulainvilliers integriert solchermaßen die Ereignisse – die einst nur als Gewalt und in ihrer Massivität vorlagen –, die Kriege, Invasionen, Veränderungen in ein ganzes Netz von Inhalten und Prophezeiungen, das die gesamte Gesellschaft überzieht (da es sich, wie Sie gesehen haben, auf das Recht, die Ökonomie, Fiskalität, Religion, Glaubensrichtungen, Bildung, Sprachpraxis und juridische Institutionen bezieht). Ausgehend von der Tatsache des Krieges und der Analyse, die man in Begriffen des Krieges anstellt, kann die Geschichte alles zueinander in Beziehung setzen: Krieg, Religion, Politik, Sitten und Charaktere, und wird somit zum Erkenntnisprinzip von Gesellschaft. Bei Boulainvilliers läßt der Krieg die Gesellschaft, wie mir scheint, im gesamten historischen Diskurs erkennbar werden. Wenn ich von Erkenntnisraster spreche, will ich damit nicht behaupten, daß das von Boulainvilliers Gesagte stimmt. Man kann wahrscheinlich nachweisen, daß alles, was er gesagt hat, Stück für Stück falsch ist. Ich würde aber denken, daß man es jetzt nachweisen kann. Zum Beispiel kann man nicht sagen, daß der im 17. Jahrhundert gehaltene Diskurs über die trojanischen Ursprünge und über die Emigration der Franken, die Gallien zu einem bestimmten Zeitpunkt unter einem gewissen Sigovège verlassen hätten und anschließend zurückgekommen seien, aus dem Reich der Wahrheit oder des Irrtums, welches unseres wäre, stammt. In Begriffen von wahr und falsch ist das nicht angebbar. Das Erkenntnisraster von Boulainvilliers hat vielmehr, denke ich, ein gewisses Regime errichtet, eine gewisse Machtverteilung von Wahrheit und Irrtum, die man auf den Diskurs von Boulainvilliers selbst anlegen kann und die im übrigen die Aussage nahelegt, daß sein Diskurs als gesamter und im Detail falsch ist. Sogar, wenn Sie so wollen, vollkommen falsch. Dennoch wurde dieses Erkenntnisraster für unseren historischen Diskurs ausschlaggebend. Auf der Grundlage dieses Erkenntnistyps können wir nämlich von nun an sagen, was wahr und falsch ist im Diskurs von Boulainvilliers.

Hinweisen möchte ich noch darauf, daß Boulainvilliers durch Einführung des Kräfteverhältnisses als eine Art fortgesetzten Krieges innerhalb der Gesellschaft – diesmal in historischen Termini – einen ganzen Analysetyp zurückgewonnen hat, den es schon einmal bei Machiavelli gab. Aber bei Machiavelli wurde das Kräfteverhältnis im wesentlichen als politische Technik in den Händen des Souveräns beschrieben. Von nun an ist das Kräfteverhältnis ein historischer Gegenstand, den jemand anderer als der Souverän – etwa eine Nation (wie die Aristokratie oder später das Bürgertum usw.) – innerhalb seiner Geschichte festlegen und bestimmen kann. Das Kräfteverhältnis, welches ein im wesentlichen politischer Gegenstand war, wird jetzt zum historischen Gegenstand oder vielmehr zum historisch-politischen Gegenstand, da der Adel durch die Analyse dieses Kräfteverhältnisses zum Beispiel zu Selbstbewußtsein gelangen, sein Wissen wiedererlangen und eine politische Kraft in dem Feld politischer Kräfte werden kann. Die Konstitution eines historisch-politischen Feldes und das

Funktionieren der Geschichte im politischen Kampf wurden ab dem Moment möglich, da in einem Diskurs wie dem von Boulainvilliers dieses Kräfteverhältnis (womit sich in gewisser Weise der Prinz ausschließlich beschäftigte) zum Wissensziel einer Gruppe, einer Nation, einer Minderheit, einer Klasse usw. werden konnte. Die Organisation des historisch-politischen Feldes fängt hier an. Geschichte als Funktion innerhalb der Politik, politisches Handeln als Kalkül von Kräfteverhältnissen in der Geschichte – all das wird hier angelegt.

Noch eine weitere Bemerkung. Wie Sie sehen, gelangte man zu der Vorstellung, daß der Krieg im Grunde die Matrix der Wahrheit des historischen Diskurses sei. »Matrix der Wahrheit des historischen Diskurses« will Folgendes besagen: Wahrheit beginnt im Gegensatz zu dem, wovon uns Philosophie oder Recht überzeugen wollten, nicht da, Wahrheit und *logos* beginnen nicht dort, wo die Gewalt endet. Im Gegenteil, als der Adel seinen politischen Krieg zugleich gegen den dritten Stand und gegen die Monarchie führte, hat sich der politische Diskurs, wie wir ihn jetzt kennen, innerhalb dieses Krieges und im Gedenken an die Geschichte als Krieg herausgebildet.

Vorletzte Bemerkung: Es gibt den Gemeinplatz, nach welchem es die aufsteigenden Klassen sind, die zugleich die Werte des Universellen und die Macht des Rationalen verkörpern. Man hat sich fast umgebracht bei dem Versuch, nachzuweisen, daß es das Bürgertum war, das die Geschichte erfunden hat, da die Geschichte – das weiß jedermann – das Rationale war und das Bürgertum des 18. Jahrhunderts als aufsteigende Klasse das Universelle und Rationale verkörperte. Nun, ich denke, wenn man ein wenig genauer hinsieht, stößt man auf das Beispiel einer Klasse, die, ihrer politischen und ökonomischen Macht enthoben, in ihrem Niedergang eine bestimmte historische Rationalität entwickelt, deren sich nach ihr das Bürgertum und später das Proletariat bemächtigen werden. Aber ich würde nicht den Niedergang dafür verantwortlich machen, daß die französische Aristokratie die Geschichte erfunden hat. Da sie Krieg führte, konnte sie den Krieg zu ihrem Gegenstand machen, wobei der Krieg zugleich der Ausgangspunkt des Diskurses, die Bedingung der Möglichkeit des Auftauchens eines historischen Diskurses und des Referenten war, des Gegenstandes, dem sich der Diskurs zuwendet, wobei der Krieg zugleich das ist, von dem aus der Diskurs spricht und worüber er spricht.

Schließlich eine letzte Bemerkung: Wenn Clausewitz seinerzeit, ein Jahrhundert nach Boulainvilliers und folglich zwei Jahrhunderte nach den englischen Historikern, sagen konnte, daß der Krieg die mit anderen Mitteln fortgesetzte Politik ist, dann weil es jemanden gab, der im 17. Jahrhundert und im Übergang vom 17. zum 18. Jahrhundert die Politik als mit anderen Mitteln fortgesetzten Krieg analysieren, beschreiben und aufweisen konnte.

Vorlesung vom 25. Februar 1976

Boulainvilliers und die Konstitution eines historisch-politischen Kontinuums. – Der Historismus. – Tragödie und öffentliches Recht. – Die zentrale Verwaltung der Geschichte. – Problematik der Aufklärung und Genealogie der Wissen. – Die vier Operationen des disziplinarischen Wissens und ihre Wirkungen. – Philosophie und Wissenschaft. – Die Disziplinierung der Wissen.

Mit meiner Erzählung von Boulainvilliers wollte ich Ihnen nicht unbedingt zeigen, daß mit ihm die Historie angefangen hat, da sich wohl schwerlich behaupten ließe, daß die Geschichtsschreibung eher mit ihm begonnen hat als beispielsweise mit jenen Juristen des 16. Jahrhunderts, die die Monumente des öffentlichen Rechts verglichen, oder mit jenen Parlamentariern, die das gesamte 17. Jahrhundert über in den Archiven und in der staatlichen Rechtssprechung nach den Grundgesetzen des Königsreichs forschten, oder mit jenen Benediktinern, die seit dem Ende des 16. Jahrhunderts die großen Sammler der Charten waren. Mit Boulainvilliers hat sich allerdings tatsächlich zu Beginn des 18. Jahrhunderts so etwas wie ein historisch-politisches Feld konstituiert. In welchem Sinn? Nun, in dem Sinn, daß Boulainvilliers die Nation oder Nationen zum Untersuchungsgegenstand machte und – unterhalb der Institutionen, Ereignisse, Könige und ihrer Macht – etwas anderes, nämlich jene Gesellschaften, wie man damals sagte, analysierte, in denen Interessen, Gewohnheiten und Gesetze miteinander verschmolzen. Indem er sie sich zum Gegenstand erkor, führte er eine doppelte Umkehrung durch. Zum einen erzählte er (und ich denke, erstmalig) die Geschichte der Unterworfenen (sujets), was bedeutet, daß er im Hinblick auf die Macht auf die andere Seite wechselte; in der Geschichte begann er einer Sache einen Status zu verleihen, die im 19. Jahrhundert bei Michelet zur Geschichte des Volkes oder der Völker[1] werden würde. Er entdeckte eine bestimmte Materie der Geschichte, die die andere Seite der Machtbeziehung war. Aber er analysierte diese neue Materie der Geschichte nicht als träge Substanz, sondern als Kraft oder Kräfte, wobei die Macht nur eine von ihnen sein sollte, eine Kraft besonderer Art, die seltsamste all der innerhalb des Gesellschaftskörpers gegeneinander kämpfenden Kräfte. Macht meint hier die kleine Gruppe derer, die sie ausüben, aber über keine Kraft verfügen; gleichwohl wird diese Macht letzten Endes zur stärksten aller Kräfte, zu einer Kraft, der außer Gewalt oder Aufstand nichts Widerstand leisten kann. Boulainvilliers entdeckte, daß die Geschichte nicht unbedingt die Geschichte der Macht sein mußte, sondern die Geschichte eines monströsen und in jedem Fall seltsamen Paares sein konnte, dessen Rätselhaftigkeit durch keine Rechtsfiktion gebannt oder analysiert werden konnte: jener Verschwisterung zwischen den ursprünglichen Kräften des Volkes und der schließlich von irgendwoher kommenden Kraft, die keine Kraft hat und dennoch Macht ist.

Indem er die Achse und das Gravitationszentrum seiner Analyse verschob, tat Boulainvilliers etwas Entscheidendes. Zunächst definierte er das Prinzip dessen, was man den relationalen Charakter der Macht nennen könnte: Die Macht ist kein Eigentum, sie ist keine Potenz; die Macht ist immer nur eine Relation, die ausschließlich als Funktion der Begriffe studiert werden kann und muß, welche diese Relation ausmachen. Man kann also weder die Geschichte der Könige noch die Geschichte der Völker erzählen, sondern nur die Geschichte der Konstitution dieser beiden Begriffe, deren einer niemals unendlich und deren anderer niemals null sein kann. Indem er die Geschichte auf diese Weise erzählte, den relationalen Charakter der Macht definierte und ihn in der Geschichte analysierte, wies Boulainvilliers – und das ist, denke ich, der andere Aspekt seiner Operation – das rechtliche Modell der Souveränität

1 J. Michelet, *Le Peuple*, Paris, 1846.

zurück, welches bis dahin allein die Möglichkeit gewährte, die Beziehung zwischen Volk und Monarch oder auch zwischen Volk und Regierenden zu denken. Boulainvilliers faßte dieses Machtphänomen nicht in den rechtlichen Begriffen der Souveränität, sondern in den historischen Begriffen der Herrschaft und des Spiels zwischen Kräfteverhältnissen. In diesem Feld siedelte er den Gegenstand seiner historischen Analyse an. Indem er das tat und sich eine Macht zum Untersuchungsgegenstand wählte, die im wesentlichen relational war und nicht der rechtlichen Form der Souveränität entsprach, indem er also ein Kräftefeld der Machtbeziehung definierte, erklärte Boulainvilliers eben das zum Gegenstand historischen Wissens, dessen Analyse Machiavelli[2] in den präskriptiven Begriffen einer Strategie durchgeführt hatte – einer Strategie, die er freilich nur aus dem Blickwinkel der Macht und des Prinzen betrachtete. Zwar kann man einwenden, daß Machiavelli auch noch anderes im Sinn hatte, als nur dem Prinzen ernstgemeinte oder ironische Ratschläge für die Lenkung und Organisation der Macht zu geben – das ist aber eine andere Frage; und der Text des *Principe* ist voller historischer Bezüge. Man kann auch anführen, daß Machiavelli die *Discorsi sopra la prima deca di Tito Livio* usw. geschrieben hat. Aber tatsächlich ist die Geschichte bei Machiavelli nicht der Bereich, in dem er die Machtbeziehungen analysieren wird. Die Geschichte ist einfach ein Fundort für Beispiele, eine Sammlung von Rechtsauslegungen oder taktischen Modellen zur Ausübung der Macht. Für Ma-

2 N. Machiavelli, *Il Principe,* Rom, 1532; zu deutsch: *Der Fürst,* übers. v. Franz Baur, Rudolstadt, 1804; *Discorsi sopra la prima deca di Tito Livio,* a. a. O.; zu deutsch: s. vorangehende Vorlesung, Anm. 10; *Dell'arte della guerra,* Florenz, 1521; zu deutsch: *Die Kriegskunst,* übers. v. Johann Ziegler, Karlsruhe, 1833; *Istorie fiorentine,* Florenz, 1532; zu deutsch: *Florentinische Geschichte,* übers. v. Friedrich Wilhelm Neumann, Berlin, 1809. Foucault spricht über Machiavelli vor allem in zwei Essays, »Omnes et singulatim« (1981) und »The Political technology of Individuals« (1982); siehe auch die Vorlesungen am Collège de France vom 1. Februar 1978 über »La gouvernementalité« (Text zitiert oben, in Vorlesung vom 21. Januar, Anm. 9).

chiavelli registriert die Geschichte die Kräfteverhältnisse und Kalküle, welche aus diese Beziehungen folgten.

Für Boulainvilliers dagegen (und das ist, denke ich, das Entscheidende) sind das Kräfteverhältnis und das Machtspiel die Substanz der Geschichte selbst. Es gibt Geschichte, Ereignisse oder etwas, dessen Erinnerung bewahrt werden kann und muß nur insofern, als es Macht- und Kräfteverhältnisse zwischen Menschen gibt und ein bestimmtes Machtspiel abläuft. Der historische Bericht und das politische Kalkül haben für Boulainvilliers folglich genau denselben Gegenstand. Zwar verfolgen der historische Bericht und das politische Kalkül nicht denselben Zweck, aber das, wovon sie sprechen, das, worum es im Bericht und im Kalkül geht, steht in Kontinuität. Bei Boulainvilliers haben wir damit erstmalig, wie mir scheint, ein historisch-politisches *Kontinuum.* In einem anderen Sinn läßt sich auch sagen, daß Boulainvilliers ein historisch-politisches Feld eröffnet hat, und zwar aus folgendem Grund. Ich habe Ihnen gesagt – und ich denke, daß das zum Verständnis der Ausgangsposition von Boulainvilliers grundlegend ist –, daß es für ihn darum ging, das Wissen der Verwalter bzw. jene Art von Analyse und Regierungsprogramm, die die Verwalter oder allgemeiner die monarchische Verwaltung der Macht unausgesetzt vorsetzten, einer kritischen Überprüfung zu unterziehen. Es stimmt, daß sich Boulainvilliers diesem Wissen radikal widersetzt, indem er es in seinen eigenen Diskurs einführt, um die Analysen im Wissen der Verwalter für seine eigenen Zwecke zu nutzen. Es geht ihm darum, dieses Wissen zu beschlagnahmen und es gegen das System der absoluten Monarchie zu wenden, die der Entstehungsort und das Anwendungsfeld dieses administrativen Wissens, dieses ökonomischen Wissens der Verwalter ist.

Und im Grunde tut Boulainvilliers, wenn er quer durch die Geschichte eine ganze Reihe von Beziehungen zwischen der Militärorganisation und dem Steuerwesen analysiert, nichts anderes, als eine Beziehungsform, einen Erkenntnistyp, ein Beziehungsmodell an seine historischen Analysen anzulegen oder für sie zu verwenden, die im übrigen genau mit jenen übereinstimmen, die im administrativen und fiskalischen Wissen der Verwalter festgelegt worden sind. Wenn Boulainvilliers beispielsweise das Verhältnis zwischen dem Söldnertum, der Steuererhebung, der bäuerlichen Verschuldung und der Unmöglichkeit, die Produkte des Bodens zu kommerzialisieren, erklärt, greift er in einer historischen Dimension auf, was damals bei den Verwaltern oder Finanziers unter der Regierung Ludwigs XIV. erörtert worden ist. Sie begegnen genau denselben Spekulationen unter anderem bei Leuten wie Boisguilbert[3] oder Vauban[4]. Die Beziehung zwischen ländlicher Verschuldung und städtischer Bereicherung stand auch im ausgehenden 17. und beginnenden 18. Jahrhundert im Mittelpunkt der Diskussion. Wir finden also denselben Erkenntnismodus im Wissen der Verwalter und in den historischen Analysen von Boulainvilliers, aber er führt als erster diesen Beziehungstyp in den Bereich der historischen Erzählung ein. Anders gesagt erhebt Boulainvilliers zum Erkenntnisprinzip der Geschichte, was bis dahin Rationalitätsprinzip der Staatslenkung war. Daß Geschichtserzählung und Staatsführung nun in Kontinuität zueinander treten, ist ein beachtenswerter Vorgang. Die Verwendung des Rationalitätsmodells der Staatsführung als spekulatives Erkenntnisraster der Geschichte konstituiert ein historisch-politisches *Kontinuum.* Ein *Kontinuum*, das dazu führt, daß man von nun an in demselben Vokabular und mit demselben Erkenntnisraster und Kalkül über die Geschichte sprechen und die Staatsverwaltung analysieren kann.

Und schließlich denke ich, daß Boulainvilliers in dem Maße ein historisch-politisches *Kontinuum* angelegt hat, wie er beim

3 Pierre le Pesant de Boisguilbert, *Le Détail de la France,* o. O. 1695; *Factum de la France* (1707), in *Economistes financiers du XVIII siècle,* Paris, 1843; *Testament politique de M. de Vauban, Maréchal de France,* o. O., 1707, 2 Bde.; *Dissertation sur la nature des richesses, de l'argent et des tributs,* Paris, o. J.

4 Sébastien le Prestre de Vauban, *Methode générale et facile pour faire le dénombrement des peuples,* Paris, 1686; *Projet d'une dixme royale,* o. O., 1707.

Erzählen einen genauen und besonderen Plan verfolgt: Geht es ihm doch darum, dem Adel zugleich das verlorene Gedächtnis und ein vernachlässigtes Wissen zurückzugeben. Indem er ihm Gedächtnis und Wissen wiedergibt, verleiht er ihm erneut Kraft und baut ihn als Kraft innerhalb der Kräfte des gesellschaftlichen Feldes wieder auf. Im Bereich der Geschichte das Wort ergreifen, eine Geschichte erzählen, bedeutet für Boulainvilliers nicht einfach, ein Kräfteverhältnis zu beschreiben, es bedeutet auch nicht nur, ein bislang der Regierung vorbehaltenes Erkenntniskalkül nun zu Gunsten des Adels in Einsatz zu bringen. Ihm geht es darum, die Kräfteverhältnisse in ihrem Dispositiv und ihrem aktuellen Gleichgewicht zu modifizieren. Die Geschichte ist nicht nur ein Analysator oder ein Kräfteentzifferer, sondern bringt Veränderung. Folglich bedeuten die Kontrolle und die Tatsache, im Bereich des historischen Wissens Recht zu haben, kurz die Wahrheit der Geschichte zu sagen, eine entscheidende strategische Position zu besetzen.
Zusammenfassend läßt sich sagen, daß sich die Konstitution eines historisch-politischen Feldes in der Tatsache verrät, daß man von einer Geschichte, die bislang die Funktion hatte, mittels Wiedergabe der Leistungen der Helden und Könige, ihrer Schlachten, ihrer Kriege usw. Recht zu sprechen, daß man also von einer Geschichte, die im Erzählen der Kriege Recht sprach, zu einer Geschichte überging, die mittels Entzifferung der durch alle Institutionen des Rechts und Friedens sich hindurchziehenden Kämpfe und Kriege Krieg führt. Die Geschichte ist zu einem Wissen um Kämpfe geworden und entfaltet sich und funktioniert in einem Kampffeld: Politischer Kampf und historisches Wissen sind von nun an nicht mehr voneinander zu trennen. Wenn es auch vermutlich stimmt, daß es nie Auseinandersetzungen ohne begleitende Erinnerungen, Gedächtnisse und diverse Rituale der Memorierung gegeben hat, so denke ich doch, daß ab dem 18. Jahrhundert – und hier beginnen sich politisches Leben und Wissen in die realen Kämpfe der Gesellschaft einzuschreiben – die Strategie und das zu diesen Kämpfen gehörende Kalkül sich in einem histori-

schen Wissen der Entzifferung und der Kräfteanalyse artikulieren. Man kann diese spezifisch moderne Dimension der Politik und ihr Auftauchen nicht verstehen, wenn man nicht versteht, wie das historische Wissen ab dem 18. Jahrhundert zum Kampfelement werden konnte: zugleich als Beschreibung der Kämpfe und als Kampfwaffe. Von ihm wurde das historisch-politische Feld organisiert. Die Geschichte vermittelt uns die Vorstellung, daß wir uns im Krieg befinden und daß wir Krieg durch die Geschichte hindurch machen.

Hierzu – nachdem dies festgestellt ist – noch zwei Worte, bevor wir den Krieg wiederaufnehmen, der sich durch die Geschichte der Völker hindurchzieht. Zunächst eines zum *Historismus.* Jedermann weiß natürlich, daß der Historismus die schrecklichste Sache der Welt ist. Es gibt keine Philosophie, die diesen Namen verdient, keine Gesellschaftstheorie, keine ein wenig ausgeklügelte oder gehobene Epistemologie, die nicht gegen die Platitüden des Historismus angekämpft hat. Niemand wagte zu gestehen, daß er Historist sei. Ich denke, man könnte leicht zeigen, daß alle großen Philosophien ab dem 19. Jahrhundert auf die eine oder andere Weise anti-historistisch gewesen sind. Man könnte auch zeigen, daß die Humanwissenschaften sich nur dadurch behaupten und vielleicht nur deshalb existieren, weil sie anti-historistisch sind.[5] Man könnte außerdem zeigen, wie die Geschichte, die historische Disziplin, in ihren Rückgriffen (die sie so begeistern), sei es auf eine Philosophie der Geschichte oder eine rechtliche und moralische Idealität oder die Humanwissenschaften, ihrem inneren und schicksalshaften Hang zum Historismus zu entgehen sucht.

Worin aber besteht dieser Historismus, vor dem sich jedermann, sei es die Philosophie, die Humanwissenschaften oder die Geschichte derart in acht nehmen? Worin besteht dieser Historismus, den man um jeden Preis bannen muß und den die philosophische, wissenschaftliche und sogar politische Moderne immer zu bannen gesucht hat? Nun, ich denke, daß

5 Über den Antihistorismus des zeitgenössischen Wissens, vgl. insbesondere *Die Ordnung der Dinge*, a. a. O., Kap. X, IV.

der Historismus nichts anderes ist als das, was ich soeben erwähnt habe: dieser Knoten, diese unumgängliche Zugehörigkeit des Krieges zur Geschichte und umgekehrt der Geschichte zum Krieg. Das historische Wissen, so weit es auch reichen mag, stößt nie auf Natur, Recht, Ordnung, Frieden. So weit es auch reichen mag, stößt das historische Wissen nur auf unbestimmte Kriege, d. h. auf Kräfte in ihren Beziehungen und ihren Auseinandersetzungen und auf die Ereignisse, in denen die Kräfteverhältnisse immer provisorisch entschieden werden. Die Geschichte stößt immer auf Krieg, aber die Geschichte kann über diesen Krieg nie endgültig hinauskommen; sie kann den Krieg weder jemals eindämmen noch seine Grundgesetze finden, noch ihm Grenzen auferlegen, ganz einfach, weil der Krieg selbst dieses Wissen stützt, durch dieses Wissen hindurchgeht, es durchzieht und bestimmt. Dieses Wissen ist immer nur eine Waffe in diesem Krieg oder allenfalls ein taktisches Dispositiv innerhalb dieses Krieges. Der Krieg wird durch die Geschichte, durch die ihn erzählende Geschichte hindurch geführt. Und die Geschichte kann ihrerseits immer nur den Krieg, den sie selbst führt oder der durch sie hindurchgeht, entziffern.

Nun, ich denke, daß der Knoten zwischen dem historischen Wissen und der Praxis des Krieges im großen und ganzen den Kern des Historismus ausmacht, diesen Kern, der zugleich irreduzibel ist und den man dank der Vorstellung, die seit einem oder zwei Jahrtausenden immer wieder verbreitet wird und platonisch genannt werden kann (obwohl man sich vor dieser allgemeinen Zuschreibung, die man auf alles anwendet, was man an diesem armen Platon bannen will, hüten sollte), ausgetrieben werden soll; diese Vorstellung, die wahrscheinlich an die gesamte Organisation des okzidentalen Wissens gebunden ist und darin besteht, Wissen und Wahrheit notwendig dem Register von Ordnung und Frieden zuzuschlagen und nie auf der Seite der Gewalt, der Unordnung und des Krieges zu verorten. Was die Vorstellung betrifft (sei sie nun platonisch oder nicht, darauf kommt es nicht an), daß Wissen und Wahrheit nicht zum Krieg, sondern nur zu Ordnung und Frieden gehören, so sollte man, denke ich, festhalten, daß der moderne Staat von dieser Vorstellung dank dessen, was man die »Disziplinierung« der Wissen im 18. Jahrhundert nennen könnte, heute tief geprägt ist. Diese Vorstellung macht den Historismus inakzeptabel, macht es inakzeptabel, so etwas wie die unauflösliche Zirkularität zwischen historischem Wissen und den Kriegen, die zugleich von ihm erzählt werden und das Wissen durchziehen, anzuerkennen. Als Problem und erste Aufgabe ergibt sich somit der Versuch, Historist zu sein, d. h., diese dauerhafte und unumgängliche Beziehung zwischen dem in der Geschichte erzählten Krieg und der von diesem Krieg durchzogenen Geschichte zu analysieren. Auf dieser Linie möchte ich versuchen, die kleine Geschichte der Gallier und Franken, die ich begonnen habe, weiterzuerzählen.

Soweit die erste Bemerkung, der erste Exkurs zum Historismus. Zum zweiten habe ich soeben ein Thema angeschnitten: die Disziplinierung der Wissen im 18. Jahrhundert oder vielmehr, wenn Sie wollen, von einer anderen Seite – ein Einwand, den man vorbringen könnte. Indem man die Geschichte, die Geschichte der Kriege und den Krieg durch die Geschichte hindurch zum großen diskursiven Apparat macht, mit dessen Hilfe im 18. Jahrhundert die Kritik des Staates vollzogen wird, indem man aus dieser Kriegs-Geschichtsbeziehung die Bedingung des Auftretens »der« Politik macht …, kommt der Ordnung die Funktion zu, in ihren Diskurs erneut Kontinuität einzuführen.

(Zu dem Zeitpunkt, als die Juristen zum Zweck der Erforschung der Grundgesetze des Königreichs die Archive durchforsteten, begann sich eine Geschichte der Historiker abzuzeichnen, die nicht das Hohelied der Macht über sich selbst war. Man darf nicht vergessen, daß im 17. Jahrhundert und nicht nur in Frankreich die Tragödie eine der großen rituellen Formen war, in welcher sich das öffentliche Recht kundtat und die Probleme erörtert wurden. Die »historischen« Tragödien Shakespeares sind Tragödien des Rechts und des Königs, die

wesentlich um das Problem der Usurpation und des Niedergangs, der Ermordung der Könige und um die Geburt eines neuen Wesens kreisen, wie es die Krönung eines Königs hervorbringt. Wie kann ein Individuum mittels Gewalt, Intrige, Mord und Krieg zu öffentlicher Macht kommen, die Frieden, Gerechtigkeit, Ordnung und Glück herrschen läßt? Wie kann Ungesetzlichkeit Gesetze hervorbringen? Während die Theorie und Geschichte des Rechts sich gleichzeitig darum bemühten, eine bruchlose Kontinuität der öffentlichen Macht nachzuweisen, verbeißt sich die Tragödie Shakespeares)[6] im Gegenteil in diese Wunde, in diese Art wiederholter Verletzung auf dem Körper des Königs, die mit dem Zeitpunkt des gewaltsamen Todes der Könige und des Auftretens illegitimer Souveräne auftaucht. Ich denke daher, daß die Shakespearesche Tragödie wenigstens auf einer ihrer Achsen eine Art Zeremonie und Ritual der Wiedererinnerung an die Probleme des öffentlichen Rechts ist. Man könnte dasselbe von der französischen Tragödie von Corneille und auch Racine sagen. Und ist nicht auch die griechische Tragödie im wesentlichen immer eine Tragödie des Rechts? Mir scheint, daß es eine grundlegende und entscheidende Zusammengehörigkeit von Tragödie und Recht, von Tragödie und öffentlichem Recht gibt, genau wie es wahrscheinlich eine entscheidende Zusammengehörigkeit von Roman und Normproblemen gibt. Tragödie und Recht, Roman und Norm: Das müßte man näher betrachten.
In jedem Fall ist die Tragödie im Frankreich des 17. Jahrhunderts auch eine Art Repräsentation des öffentlichen Rechts, eine historisch-rechtliche Repräsentation der öffentlichen Macht. Weitgehend natürlich – und das ist der grundsätzliche Unterschied zu Shakespeare (mal abgesehen von seinem Genie) – ist in der klassischen französischen Tragödie im allgemeinen nur von antiken Königen die Rede. Diese Kodierung ergibt sich sicherlich aus politischen Rücksichten. Man darf aber trotz allem nicht vergessen, daß zu all den Gründen der Bezug-

6 Der Text in Klammern wurde nach einem Manuskript von M. Foucault eingefügt.

nahme auf die Antike auch dieser eine gehört: daß sich das königliche Recht im Frankreich des 17. Jahrhunderts und insbesondere unter Ludwig XIV. in seiner Form und sogar in der Kontinuität seiner Geschichte als direkte Fortsetzung der antiken Monarchien begreift. Es ist derselbe Typ von Macht und Monarchie, es ist substantiell und rechtlich dieselbe Monarchie, die man bei Augustus und Nero und unter Umständen sogar bei Pyrrhus und Ludwig XIV. findet. Andererseits gibt es in der klassischen französischen Tragödie zum einen eine Bezugnahme auf die Antike, zum anderen aber eine Präsenz der Institution, die in gewisser Weise die tragische Macht der Tragödie zu begrenzen scheint und sie auf dem Theater der Galanterie und Intrige schaukeln läßt: die Präsenz des Hofes. Tragödie der Antike und Tragödie des Hofes. Worin aber besteht dieser Hof, wenn nicht genau – und das in hervorstechender Weise bei Ludwig XIV. – in einer Art Lektion öffentlichen Rechts? Der Hof hat im wesentlichen die Funktion, der Ort täglicher und fortgesetzter Behauptung der königlichen Macht in ihrem Glanz zu sein und diese zu errichten. Im Grunde ist der Hof diese Art permanenter ritueller Operation, die täglich neu angefangen wird und ein Individuum, einen besonderen Menschen als König, als Monarchen, als Souverän auszeichnet. Der Hof ist in seinem monotonen Ritual die unablässig erneuerte Operation, dank welcher ein Mensch, der sich erhebt, spazieren geht, ißt, Lieben und Leidenschaften hat, gleichzeitig und eben aufgrund dessen, aufgrund dieser Voraussetzung und ohne daß irgend etwas ausgespart würde, Souverän ist. Seine Liebe souverän machen, seine Nahrung souverän machen, sein Aufstehen und Schlafengehen souverän machen: Darin besteht die spezifische Operation des Rituals und Zeremoniells des Hofes. Und während der Hof das Alltägliche in der Person des Monarchen, der die Substanz der Monarchie selbst ist, ununterbrochen zum Souverän erklärt, tut die Tragödie das in gewisser Weise in umgekehrter Richtung: Die Tragödie löst auf und komponiert, wenn man so will, das zeremonielle Ritual des Hofes jeden Tag neu.

Was macht die klassische Tragödie, was macht die Tragödie Racines? Sie hat die Funktion – das ist in jedem Fall eine ihrer Achsen –, die Kehrseite der Zeremonie abzugeben, die zerrissene Zeremonie zu zeigen, den Moment, in dem der Statthalter der öffentlichen Macht, der Souverän, sich nach und nach in den Menschen der Leidenschaft, der Wut, der Rache, der Liebe, des Inzests usw. auflöst..., und in dem das Problem auftaucht, ob angesichts dieser Auflösung des Souveräns in den Menschen der Leidenschaft der König-Souverän wiedergeboren werden und sich erneut zusammensetzen kann: die Frage nach Tod und Wiederaufstehung des Körpers des Königs im Herzen des Monarchen. Die Racinesche Tragödie wirft eher ein rechtliches als ein psychologisches Problem auf. Insofern können Sie gut verstehen, daß Ludwig XIV. mit der an Racine ergehenden Bitte, sein Historiograph zu werden, nichts anderes tat, als die Linie fortzusetzen, die die Historiographie der Monarchie bis dahin verfolgte, nämlich die Macht zu besingen; gleichzeitig erlaubte er Racine freilich auch, die von ihm in seinen Tragödien ausgeübte Funktion weiterhin wahrzunehmen. Im Grunde bat er ihn darum, als Historiograph den fünften Akt einer glücklichen Tragödie, d. h. den Wiederaufstieg des Privatmannes, des Mannes des Hofs und Herzens bis zu dem Punkt zu schreiben, an welchem er Kriegsherr und Monarch, Statthalter der Souveränität wird. Die Geschichtsschreibung einem tragischen Poeten zu übertragen, bedeutete keineswegs, die Rechtsordnung zu verlassen, bedeutete nicht, die alte Funktion der Geschichte zu verraten, die darin bestand, Recht zu sprechen und das Recht des souveränen Staates zu sprechen. Es bedeutete vielmehr – dank einer mit dem Absolutismus des Königs verbundenen Notwendigkeit –, zur reinsten und elementarsten Funktion der königlichen Geschichtsschreibung in dieser absoluten Monarchie zurückzukehren, die, wie man nicht vergessen darf, dank einer gewissen eigenartigen Rückkehr zum Archaischen aus der Zeremonie der Macht ein intensives politisches Moment und die höfische Machtzeremonie zur täglichen Lektion in öffentlichem Recht, zur täglichen

Manifestation des öffentlichen Rechts machte. Es wird verständlich, daß die Geschichte des Königs solchermaßen ihre reine Form, in gewisser Weise ihre magisch-poetische Form zurückgewinnen konnte. Die Geschichte des Königs konnte nur zum Gesang der Macht auf sich selbst werden. Hier also Absolutismus, Zeremonie des Hofes, Vorführung des öffentlichen Rechts, klassische Tragödie, Geschichtsschreibung des Königs: All das, denke ich, gehörte zum selben Gefüge.

Verzeihen Sie diese Spekulationen über Racine und die Geschichtsschreibung. Lassen Sie uns ein Jahrhundert überspringen (das Jahrhundert eben, das durch Boulainvilliers eröffnet wurde) und den letzten absolutistischen Monarchen mit seinem letzten Historiographen, Ludwig XVI. und Jacob-Nicolas Moreau, den fernen Nachfolger von Racine, betrachten, über den ich schon einige Worte verloren habe und der jener Verwalter war, jener Minister der Geschichte, den Ludwig XIV. gegen 1780 ernannt hatte. Wer ist Moreau, wenn man ihn mit Racine vergleicht? Eine gefährliche Parallele, die aber vielleicht nicht zu seinen Ungunsten ausfällt, wie man glauben könnte. Moreau ist natürlich der gelehrte Verteidiger eines Königs, der in seinem Leben in soundso viele Situationen kommt, in denen er der Verteidigung bedarf. Verteidiger ist die ihm zukommende Rolle; er wird – gegen 1789 – dazu ernannt, zu einem Zeitpunkt, da die Rechte der Monarchie im Namen der Geschichte angegriffen werden und das aus verschiedenen Perspektiven, nicht nur von Seiten des Adels, sondern auch der Parlamentarier und des Bürgertums. Das ist der Zeitpunkt, da die Geschichte eben der Diskurs geworden ist, dank dessen jede »Nation«, in Klammern, und jedenfalls jede Ordnung, jede Klasse, ihr eigenes Recht anmeldet; der Zeitpunkt, zu dem die Geschichte, wenn Sie so wollen, zum allgemeinen Diskurs der politischen Kämpfe geworden ist. Zu diesem Zeitpunkt wird ein Ministerium der Geschichte eingerichtet. Hier werden Sie mir sagen: Ist die Geschichte an diesem Punkt wirklich dem Staat entglitten, wenn man ein Jahrhundert nach Racine einen Geschichtsschreiber auftauchen sieht, der nicht weniger an die Macht des Staates gebunden ist, da er wirklich, wie ich gesagt habe, eine wenn auch nicht ministerielle, so doch administrative Funktion ausübt?

Worum ging es also bei dieser Einrichtung, dieser Zentralverwaltung der Geschichte? Es ging darum, in dieser politischen Schlacht den König zu bewaffnen, obwohl er nur eine Kraft unter anderen war und von den anderen angegriffen wurde. Es ging auch um den Versuch, den historisch-politischen Kämpfen eine Art Zwangsfrieden aufzuerlegen. Es ging darum, ein für alle Mal den Diskurs der Geschichte zu kodieren, damit er in die Praxis des Staates integrierbar wird. So lassen sich die Moreau anvertrauten Aufgaben erklären: Ihm war auferlegt, die Dokumente der Verwaltung zu überprüfen, sie der Verwaltung zur Verfügung zu stellen (zunächst jene der Finanzen und dann die anderen) und schließlich diese Dokumente, diesen Schatz von Dokumenten Leuten zugänglich zu machen, die vom König bezahlt wurden, um diese Recherche durchzuführen.[7] Gleichwohl ist Moreau nicht Racine, Ludwig XVI. nicht Ludwig XIV.; auch sind wir von zeremoniellen Beschreibungen der Rheinüberschreitung weit entfernt. Worin besteht der Unterschied zwischen Racine und Moreau, zwischen der alten Historiographie (die man gegen Ende des 17. Jahrhunderts in gewisser Weise im Reinzustand vorfindet) und dieser Art Geschichte, die sich der Staat angelegen sein läßt und die er gegen Ende des 18. Jahrhunderts kontrolliert? Kann man sagen, daß die Geschichte ab diesem Zeitpunkt kein Diskurs des Staates über sich selbst mehr ist, da er die Hofgeschichtsschreibung aufgibt und in eine Geschichtsschreibung administrativen Typs eintritt? Ich denke, daß der Unterschied beträchtlich ist und in jedem Fall danach verlangt, bemessen zu werden.

7 Das Ergebnis dieser riesigen, von J.-N. Moreau fertiggestellten Arbeit findet sich in *Principes de morale, de politique et de droit public*… a. a. O. Zur Illustration der von Moreau verwendeten Kriterien in der Vorbereitung dieser Arbeit und zu ihrer Geschichte, vgl. auch *Plan des travaux littéraires ordonnés par Sa Majesté pour la recherche, la collection et l'emploi des monuments de l'histoire et du droit public de la monarchie française,* Paris, 1782.

Hier also ein neuer *Exkurs,* wenn Sie so wollen. Die Geschichte der Wissenschaften, wenn man sie so nennen will, ist von der Genealogie des Wissens dadurch unterschieden, daß die Geschichte der Wissenschaften sich im wesentlichen auf einer Achse ansiedelt, die im großen und ganzen die Achse Wissen – Wahrheit ist oder in jedem Fall die Achse, die von der Struktur der Erkenntnisse zur Forderung der Wahrheit führt. Im Gegensatz zur Geschichte der Wissenschaften situiert sich die Genealogie des Wissens auf einer Achse, die anders ist: auf der Achse Diskurs – Macht oder, wenn Sie so wollen, der Achse diskursive Praxis – Machtkonfrontation. Nun scheint mir, daß die Genealogie der Wissen, wenn man sie aus verschiedenen Gründen auf diese bevorzugte Periode des 18. Jahrhunderts, wenn man sie also auf diesen Bereich, auf diese Region bezieht, zunächst und vor allem die Problematik der Aufklärung zu vereiteln hat. Sie hat zu vereiteln, was zu dieser Zeit (und im übrigen noch im 19. und 20. Jahrhundert) als Fortschritt der Aufklärung, als Kampf des Wissens gegen Unwissenheit, der Vernunft gegen Schimären, der Erfahrung gegen Vorurteile, des Nachdenkens gegen den Irrtum usw. beschrieben wurde. Man muß sich, wie mir scheint, von all dem verabschieden, was als Vertreibung der Dunkelheit durch das Tageslicht beschrieben und symbolisiert wurde, und im 18. Jahrhundert an der Stelle dieses Verhältnisses von Tag und Nacht, von Kenntnis und Unkenntnis, etwas ganz anderes wahrnehmen: einen riesenhaften und vielfältigen Kampf, nicht zwischen Kenntnis und Unkenntnis, sondern einen riesigen und vielfältigen Kampf *der* Wissen gegeneinander – der Wissen, die sich in ihrer Morphologie, dank ihrer feindlichen Statthalter und dank ihrer inneren Machtwirkungen, einander widersprechen.

Ich werde hier ein oder zwei Beispiele anführen, die mich vorläufig von der Geschichte wegführen werden – das Problem, wenn Sie so wollen, eines technischen und technologischen Wissens. Es wird häufig gesagt, daß das 18. Jahrhundert das Jahrhundert des Aufbruchs der technischen Wissen ist. Tatsächlich aber hat sich im 18. Jahrhundert etwas völlig anderes ereignet. Zunächst die plurale, polymorphe, vielfältige und verstreute Existenz verschiedener Wissen, die entsprechend der geographischen Bereiche, des Zuschnitts der Unternehmen, der Werkstätten usw. – ich spreche von technologischen Kenntnissen –, entsprechend sozialer Kategorien, der Erziehung, des Reichtums jener, die über sie verfügen, in ihren Unterschieden nebeneinander bestanden. Und diese Wissen standen im Kampf miteinander, standen sich von Angesicht zu Angesicht gegenüber, in einer Gesellschaft, in der das Geheimnis des technologischen Wissens Reichtum bedeutete und in der die Unabhängigkeit dieser Wissen im Verhältnis zueinander für die Unabhängigkeit der Individuen stand. Also ein multiples Wissen, ein Geheimwissen, ein Wissen, das als Reichtum und als Garantie von Unabhängigkeit funktioniert: Als zerstückeltes besaß das technologische Wissen seine Funktion. In dem Maße, wie sich die Produktivkräfte und die ökonomischen Nachfragen entwickelten, erhöhte sich der Preis dieser Wissen und ihr Kampf untereinander, wurden die Beschränkungen der Unabhängigkeit, die Anforderungen an das Geheimnis höher und in gewisser Weise angespannter. Damit einhergehend haben sich die Prozesse der Annexion, der Konfiskation, der Beschlagnahmung der kleinsten, besondersten, lokalsten, handwerklichsten Wissen durch die größten, ich will sagen: die allgemeinsten, industriellsten und jene, die am leichtesten zirkulierten, entwickelt; entwickelt hat sich eine Art riesiger ökonomisch-politischer Kampf um Wissen, in bezug auf diese Wissen, in bezug auf ihre Zerstreuung und ihre Heterogenität, und ein riesiger Kampf um ökonomische Induktionen und Machtwirkungen, die an den exklusiven Besitz eines Wissens, an seine Zerstreuung und sein Geheimnis gebunden sind. Als Form vielfältiger, unabhängiger, heterogener und geheimnisvoller Wissen muß bedacht werden, was man die Entwicklung des technologischen Wissens im 18. Jahrhundert genannt hat: als Formenvielfalt und nicht als Fortschritt des Tages über die Nacht, der Kenntnis über die Unkenntnis.

In diese Kämpfe und Angliederungsversuche, die zugleich Ver-

suche der Verallgemeinerung sind, wird der Staat direkt oder indirekt, durch, wie ich denke, vier große Prozesse eingreifen. Zunächst durch Eliminierung und Disqualifizierung dessen, was man die kleinen, nutzlosen und irreduziblen, ökonomisch kostspieligen Wissen nennen könnte; also durch Eliminierung und Disqualifizierung. Zum zweiten durch die Normalisierung dieser Wissen untereinander, was ermöglicht, sie einander anzupassen, sie untereinander kommunizieren zu lassen, die Grenzen zwischen Geheimnis und geographischen und technischen Begrenzungen niederzureißen, kurz, nicht nur die Wissen, sondern auch jene, die sie innehaben, austauschbar zu machen; durch Normalisierung der verstreuten Wissen mithin. Dritte Operation: durch hierarchische Klassifizierung dieser Wissen, was in gewisser Weise ermöglicht, sie ineinander zu schachteln, von den speziellsten und materiellsten, die zugleich die untergeordneten Wissen sein werden, bis zu den allgemeinsten Formen, bis zu den formalsten Wissen, die zugleich die umschließenden und leitenden Wissensformen sein werden. Durch hierarchische Klassifizierung mithin. Und schließlich ergibt sich auf dieser Basis die Möglichkeit einer vierten Operation, einer pyramidalen Zentralisierung, die die Kontrolle dieser Wissen erlaubt, die Auswahl garantiert und ermöglicht, zugleich von unten nach oben die Inhalte dieser Wissen und von oben nach unten die Gesamtrichtungen und die allgemeinen Organisationsformen, denen man den Vorzug geben möchte, zu übertragen.
Dieser Bewegung der Organisation technologischer Wissen entsprach eine ganze Serie von Praktiken, Unternehmen und Institutionen. Die *Enzyklopädie* beispielsweise. Herkömmlicherweise sieht man in der *Enzyklopädie* nur ihre Haltung politischer und ideologischer Opposition gegen die Monarchie und zumindest eine Form des Katholizismus. In der Tat geht ihr technologisches Interesse nicht auf das Konto eines philosophischen Materialismus, sondern ganz einfach auf das einer zugleich politischen und ökonomischen Operation, einer Homogenisierung der technologischen Wissen. Die großen Um-

fragen zu den Handwerksmethoden, den metallverarbeitenden Techniken und zum Bergbau usw. – diese großen Umfragen, die sich von Mitte bis Ende des 18. Jahrhunderts entwickelt haben – entsprachen diesem Unternehmen der Normalisierung der technischen Wissen. Die Einrichtung und Entwicklung großer Schulen wie jener für Bergbau und Brücken- und Straßenbau usw. haben zugleich qualitative und quantitative Ebenen, Schnitte und Straten zwischen den verschiedenen Wissen einzuführen erlaubt und ihre Hierarchisierung ermöglicht. Und schließlich hat der Körper der Inspektoren, die über die gesamte Fläche des Königreiches Weisungen und Ratschläge für die Verteilung und Nutzung dieser technischen Wissen ausgegeben haben, die Funktion der Zentralisierung garantiert. Ich habe das Beispiel der technischen Wissen gewählt, aber man könnte dasselbe auch in bezug auf das medizinische Wissen sagen. Während der gesamten zweiten Hälfte des 18. Jahrhunderts sieht man eine Arbeit zugleich der Homogenisierung, Normalisierung, Klassifikation und Zentralisierung des medizinischen Wissens vor sich gehen. Wie soll man dem medizinischen Wissen Inhalt und Form geben, wie soll man der Pflegepraxis homogene Regeln auferlegen und diese Regeln der Bevölkerung aufzwingen, übrigens weniger, um sie an diesem Wissen teilhaben zu lassen als um es für sie akzeptabel zu machen? Das führte zur Einrichtung der Krankenhäuser, der Polikliniken, der Société Royale de Médecine, zur Kodifizierung des medizinischen Berufs, zu einer riesigen Kampagne öffentlicher Hygiene, auch einer riesigen Kampagne bezüglich der Hygiene der Säuglinge und Kinder usw.[8] Bei all diesen Unternehmungen, von denen ich nur zwei Beispiele angeführt habe, ging es im Grunde um vier Dinge: Aus-

8 Zu den Normalisierungsverfahren im medizinischen Wissen kann man sämtliche Arbeiten von M. Foucault heranziehen, von *Die Geburt der Klinik. Eine Archäologie des Blicks* (Frankfurt a. M., Suhrkamp) bis zu den brasilianischen Konferenzen über die Geschichte der Medizin 1974 (vgl. *Dits et Ecrits*, III, Nr. 170, 196 und 229) und schließlich zur Analyse der medizinischen Polizei in »La politique de la santé au XVIIIme siècle« (1976 und 1979) (in *Dits et ecrits*, III, Nr. 168 und 257).

wahl, Normalisierung, Hierarchisierung und Zentralisierung. Diese vier Operationen sieht man in einer einigermaßen detaillierten Studie über das, was man Disziplinarmacht[9] nennt, am Werk. Das 18. Jahrhundert war das Jahrhundert der Disziplinierung der Wissen, d. h. der internen Organisation jedes Wissens als einer Disziplin, die in ihrem eigenen Feld zugleich Auswahlkriterien hat, um das falsche Wissen, das Nicht-Wissen, Formen der Normalisierung und Homogenisierung der Inhalte, Formen der Hierarchisierung und schließlich eine interne Organisation der Zentralisierung dieser Wissen rund um eine Art faktischer Axiomatisierung fernzuhalten. Jedes Wissen wird somit als Disziplin erstellt und andererseits als von innen diszipliniertes Wissen verbreitet, kommuniziert, verteilt und reziprok hierarchisiert in einer Art allgemeinen Feldes oder allgemeiner Disziplin, die man präzise *die* »Wissenschaft« nennt. Vor dem 18. Jahrhundert gab es die Wissenschaft nicht. Es gab Wissenschaften, Wissen, es gab auch, wenn Sie so wollen, die Philosophie. Die Philosophie war nichts anderes als das Organisations- oder vielmehr Kommunikationssystem der Wissen untereinander – insofern konnte sie eine effektive, reale, operationelle Rolle innerhalb der Entwicklung der Kenntnisse haben. Mit der Disziplinierung der Wissen in ihrer polymorphen Singularität kommen zugleich das Faktum und der Zwang auf, die jetzt mit unserer Kultur verschmelzen und die man »Wissenschaft« nennt. Zu diesem Zeitpunkt und aufgrund eben dieser Tatsache verschwindet, wie mir scheint, die zugleich grundlegende und begründende Rolle der Philosophie. Die Philosophie wird ab da innerhalb der Wissenschaft und der Wissensprozesse effektiv keine Rolle mehr spielen. Zur selben Zeit und in Wechselwirkung damit verschwindet die *Mathesis* als Projekt einer universalen Wissenschaft, die zugleich als formales Instrument und als rigorose Begründung für alle Wissenschaften dient. Die Wissenschaft

9 Über die Disziplinarmacht und ihre Wirkungen auf das Wissen, siehe insb. M. Foucault, *Überwachen und Strafen. Die Geburt des Gefängnisses*, Frankfurt a.M., Suhrkamp, 1979.

hat als allgemeiner Bereich, als disziplinarische Wissenspolizei sowohl die Stafette der Philosophie als auch der *Mathesis* übernommen. Und sie wird der disziplinarischen Wissenspolizei von nun an spezifische Probleme aufgeben: Probleme der Klassifikation, Probleme der Hierarchisierung, Probleme der Nachbarschaft usw.

Über diesen beträchtlichen Wandel der Disziplinierung der Wissen und folglich der Ausschaltung des philosophischen, in den Wissenschaften operierenden Diskurses wie des den Wissenschaften der *Mathesis* eigenen Projekts ist sich das 18. Jahrhundert nur in der Form des Fortschritts der Vernunft bewußt geworden, wie Sie wissen. Aber ich denke, man versteht so allerlei, wenn man begreift, daß sich unter dem sogenannten Fortschritt der Vernunft die Disziplinierung polymorpher und heterogener Wissen vollzogen hat. Zunächst die Entstehung der Universität. Sicherlich nicht ihre Entstehung im strengen Sinn, da die Universitäten ihre Funktion, ihre Rolle und ihre Existenz längst vorher hatten. Aber mit dem Ende des 18. und dem Beginn des 19. Jahrhunderts kommt etwas auf – die Einrichtung der Napoleonischen Universität ist genau hier anzusiedeln –, was eine Art großer uniformer Wissensapparat mit unterschiedlichen Ebenen und verschiedenen Verlängerungen, Schichten und Pseudostufen ist. Die Universität hat zunächst eine Auswahlfunktion, nicht so sehr der Personen (nach allem ist das nicht sehr wichtig), sondern der Wissen. Die Rolle der Auswahl nimmt sie dank eines Monopols de facto, aber auch de jure wahr, was dazu führt, daß ein Wissen, das nicht innerhalb dieser Art institutionellen Feldes mit übrigens relativ flottierenden Grenzen entstanden ist und gebildet wurde, sondern im großen und ganzen die Universität und offizielle Forschungsorganismen konstituiert, daß ein Wissen außerhalb dessen, ein Wissen im wilden Zustand, ein von woanders herrührendes Wissen sich automatisch und von vornherein wenn nicht völlig ausgeschlossen, so zumindest a priori disqualifiziert sieht. Es verschwinden die Privatgelehrten: Das ist eine im 18. und 19. Jahrhundert bekannte Tatsache. Die Universität übernimmt also die Rolle der Auswahl, der Auswahl der Wissen, die Rolle der Verteilung der Ebenen, der Qualität und Quantität der Wissen auf verschiedenen Ebenen, die Rolle der Lehre mit all den Schranken, die zwischen den verschiedenen Ebenen des Universitätsapparats existieren, die Rolle der Homogenisierung dieser Wissen dank der Konstitution einer Art wissenschaftlicher Gemeinschaft mit anerkanntem Status, die Organisation eines Konsens und schließlich die Zentralisierung dank des direkten oder indirekten Charakters der Staatsapparate. Das Erscheinen von etwas wie der Universität mit ihren Verlängerungen und ihren unbestimmten Grenzen zu Beginn des 19. Jahrhunderts läßt sich ab dem Zeitpunkt der Disziplinierung der Wissen verstehen.

Eine zweite Tatsache, die von hier aus verstanden werden kann: eine gewisse Veränderung in der Form des Dogmatismus. Ab dem Moment, da sich eine Form der Kontrolle in dem Mechanismus, also in der inneren Disziplin, der Wissen dank eines dafür bestimmten Apparats vollzieht, ab dem Moment, da man diese Form der Kontrolle hat, kann man, wie Sie verstehen werden, sehr wohl auf etwas wie die Orthodoxie der Aussagen verzichten. Eine kostspielige Orthodoxie, da diese alte Orthodoxie, dieses Prinzip, das als religiöser und kirchlicher Kontrollmodus über das Wissen funktionierte, die Verdammung, den Ausschluß einer gewissen Zahl von Aussagen mit sich bringen mußte, die wissenschaftlich wahr und wissenschaftlich fruchtbar waren. An die Stelle dieser Orthodoxie – die sich auf die Aussagen bezog und jene auswählte, die konform, und jene, die nicht-konform waren, jene, die akzeptabel, und jene, die nicht-akzeptabel waren – wird die Disziplin, die innere Disziplinierung der Wissen im 18. Jahrhundert etwas anderes treten lassen: eine Kontrolle, die sich nicht auf den Inhalt der Aussagen, auf ihre Konformität oder Nichtkonformität mit einer bestimmten Wahrheit, sondern auf die Regelmäßigkeit der Äußerungen bezieht. Das Problem wird darin bestehen zu erfahren, wer gesprochen hat, ob er qualifiziert war zu sprechen, auf welcher Ebene sich diese Aussage ansiedelt, in welche

Gesamtheit sie sich einfügen läßt, worin und in welchem Maße sie mit anderen Formen und anderen Typologien des Wissens konform ist. Das führt einerseits zu einem Liberalismus in einem wenn auch nicht unbestimmten, so doch viel weiteren Sinn, was den Inhalt der Aussagen betrifft, und andererseits zu einer unendlich viel rigoroseren, verständlicheren, weitgehenderen Kontrolle auf der Oberfläche und der Ebene der Äußerungsprozesse selbst. Daraus ergibt sich ganz selbstverständlich eine erhöhte Möglichkeit der Aussagenzirkulation, eine viel schnellere Überalterung der Wahrheiten und von daher eine epistemologische Aufhebung der Blockade. Wie die Orthodoxie, die sich auf den Inhalt der Aussagen bezog, der Erneuerung des Bestandes an wissenschaftlichen Wissen hinderlich sein konnte, so hat die Disziplinierung auf der Ebene der Äußerungen umgekehrt die Erneuerung der Aussagen mit erhöhter Geschwindigkeit möglich gemacht. Wenn Sie so wollen, sind wir von der Zensur der Aussagen zur Disziplin der Äußerung oder, noch besser, von der Orthodoxie zu etwas übergegangen, was ich »Orthologie« nennen würde und die Form der Kontrolle ist, die nun auf der Basis der Disziplin ausgeübt wird.

Nun gut! Ich habe mich in dem Ganzen da ein wenig verrannt. Wir haben untersucht und zeigen können, wie es den Disziplinartechniken der Macht[10], auf ihrer schwächsten, elementarsten Ebene, auf jenem des Körpers der Individuen, gelungen ist, die politische Ökonomie der Macht zu ändern und deren Apparate zu modifizieren, wie diese Disziplinartechniken der Macht, die sich auf den Körper bezogen, nicht nur eine Ansammlung von Wissen hervorbrachten, sondern auch mögliche Wissensbereiche freigelegt haben, und wie die auf die Körper angewendeten Machtdisziplinen aus diesen unterworfenen Körpern etwas hervorholten, was ein Seele-Subjekt war, ein »Ich«, eine Psyche usw. All das habe ich im letzten Jahr zu

10 Vgl. insb. die Vorlesungen am Collège de France in den Jahren 1971-1972, *Theóries et institutions pénales;* und 1972-1973, *La société punitive,* erscheint demnächst.

erforschen versucht.[11] Ich denke, man müßte jetzt untersuchen, wie eine andere Form der Disziplinierung entstanden ist, die mit der ersten zeitgleich ist und sich nicht mehr auf die Körper, sondern auf das Wissen bezieht. Man könnte zeigen, denke ich, wie diese Disziplinierung, die sich auf die Wissen bezieht, eine Aufhebung epistemologischer Blockaden, eine neue Form, eine neue Regelmäßigkeit im Überschuß der Wissen hervorgebracht hat. Man könnte zeigen, wie diese Disziplinierung einen neuen Beziehungsmodus zwischen Macht und Wissen errichtet hat. Man könnte schließlich zeigen, wie auf der Basis dieser disziplinarisierten Wissensformen ein neuer Zwang aufgetreten ist, der nicht mehr der Zwang der Wahrheit, sondern jener der Wissenschaft ist.

All das bringt uns ein wenig von der Geschichtsschreibung des Königs, von Racine und Moreau weg. Man könnte die Analyse wiederaufnehmen (aber ich werde das hier nicht machen) und zeigen, inwiefern sich zu dem Zeitpunkt, da die Geschichte, das geschichtliche Wissen in ein allgemeines Kampffeld eintrat, die Geschichte sich aus anderen Gründen in derselben Lage befand wie diese technologischen Wissen, von denen ich Ihnen vorher erzählt habe. Diese technologischen Wissen waren in ihrer Streuung, in der ihnen eigenen Morphologie, in ihrer Regionalisierung, in ihrem lokalen Charakter, mit dem sie umgebenden Geheimnis zugleich der Einsatz und das Instrument eines ökonomischen und politischen Kampfes; und in diesen allgemeinen Kampf der technologischen Wissen untereinander griff der Staat mit einer Funktion, einer Rolle der Disziplinierung ein: durch Auswahl, Homogenisierung, Hierarchisierung und Zentralisierung. Das historische Wissen betrat seinerseits aus ganz anderen Gründen etwa zur selben Zeit das Kampf- und Schlachtfeld. Nicht mehr aus direkt ökonomischen Gründen, aber aus Gründen des Kampfes, des politischen Kampfes. Als das historische Wissen, das bis dahin Teil dieses Diskurses war, den der Staat oder die Macht über sich

11 Vgl. die Vorlesung am Collège de France in den Jahren 1974-1975, *Les Anormaux*, erscheint demnächst.

selbst führten, diesen Machtkern verloren hatte und zum Instrument politischen Kampfes wurde, folgten während des gesamten 18. Jahrhunderts, auf dieselbe Weise und aus demselben Grund, Versuche von seiten der Macht, es zurückzugewinnen und zu disziplinarisieren. Die Einrichtung eines Ministeriums der Geschichte Ende des 18. Jahrhunderts, die Einrichtung einer großen Archivsammlung, die im 19. Jahrhundert im übrigen zeitgleich etwa zur Ecole des Mines (Schule für Bergbau) und zur Ecole des Ponts et Chaussées (Schule für Brücken- und Straßenbau) zur Ecole des Chartes werden wird – die Ecole des Ponts et Chaussées ist ein wenig anders, aber das ist unwichtig –, entspricht ebenfalls dieser Disziplinierung des Wissens. Der königlichen Macht ging es darum, das historische Wissen, die historischen Wissen zu disziplinieren und solchermaßen ein Staatswissen zu errichten. Nur mit diesem Unterschied in bezug auf das technologische Wissen: In dem Maße, wie die Geschichte – denke ich – ein wesentlich anti-staatliches Wissen war, gab es zwischen der vom Staat disziplinierten Geschichte, die zum offiziellen Lehrinhalt wurde, und dieser mit Kämpfen verbundenen Geschichte als Bewußtsein der Unterworfenen (sujets) im Kampf eine fortwährende Auseinandersetzung. Die Auseinandersetzung wurde durch die Disziplinierung nicht kleiner. Während sich für den Bereich der Technologie sagen läßt, daß die im Laufe des 18. Jahrhunderts erarbeitete Disziplinierung Wirkung zeigte und geglückt ist, gab es im sogenannten historischen Wissen zwar Disziplinierung, aber diese Disziplinierung hat dank eines ganzen Spiels von Kämpfen, Beschlagnahmungen und wechselseitigen Vorhaltungen die nicht-staatliche, dezentrierte Geschichte der kämpfenden Unterworfenen (sujets) nicht nur nicht verhindert, sondern zuletzt sogar verstärkt. Insofern haben Sie beständig zwei Ebenen von Bewußtsein und historischem Wissen – sicherlich zwei Ebenen, die immer mehr auseinandertriften. Aber dieser Abstand wird nie ihre wechselseitige Existenz verhindern: auf der einen Seite ein tatsächlich diszipliniertes Wissen in Gestalt der historischen Disziplin und andererseits ein historisch polymorphes, geteiltes und kämpferisches Bewußtsein, das nichts anderes ist als der andere Aspekt, das andere Gesicht des politischen Bewußtseins. Von all diesen Dingen, die es seit Ende des 18. und seit Beginn des 19. Jahrhunderts gibt, habe ich Ihnen ein wenig versucht zu erzählen.

Vorlesung vom 3. März 1976

Taktische Verallgemeinerung des historischen Wissens. – Konstitution, Revolution und zyklische Geschichte. – Der Wilde und der Barbar. – Dreifache Filterung des Barbaren: Taktiken des historischen Diskurses. – Fragen zur Methode: das epistemische Feld und der Antihistorismus des Bürgertums. – Reaktivierung des historischen Diskurses über die Revolution. – Feudalismus und Schauerroman.

Beim letzten Mal habe ich Ihnen gezeigt, wie sich zu Beginn des 18. Jahrhunderts in einem historisch-politischen Feld rund um die Reaktion des Adels ein historisch-politischer Diskurs herausgebildet und konstituiert hat. Jetzt würde ich mich gerne auf einen anderen Zeitpunkt zubewegen, auf die Zeit rund um die Französische Revolution, in der sich, wie mir scheint, zwei Vorgänge beobachten lassen. Einerseits kann man verfolgen, wie sich dieser Diskurs, der ursprünglich an die Reaktion des Adels gebunden war, verallgemeinert, und zwar weniger deshalb, weil er in gewisser Weise die durchgängige und kanonische Form des historischen Diskurses wird, sondern weil er zu einem taktischen Instrument wird, das nicht mehr nur der Adel einsetzt, sondern schließlich in den verschiedensten Strategien Verwendung findet. Das historische Wissen wurde durch die Einführung bestimmter Veränderungen in den Grundaussagen des 18. Jahrhunderts tatsächlich zu einer Art diskursiver Waffe, die von allen Gegnern innerhalb des politischen Feldes zum Einsatz gebracht werden konnte. Insgesamt möchte ich Ihnen zeigen, daß dieser historische Diskurs nicht als Ideologie oder als ideologisches Produkt des Adels und seiner Klassenlage verstanden werden darf und daß es sich hier nicht um Ideologie handelt; es geht um etwas anderes, das ich gerne ausfindig machen möchte und das, wenn Sie so wollen, eine diskursive Taktik, ein Dispositiv von Wissen und Macht ist, das als Taktik übertragbar ist und schließlich zum Gesetz der Formierung von Wissen und gleichzeitig zur gemeinsamen Form der politischen Schlacht wird. Wir haben hier also eine Verallgemeinerung des Diskurses der Geschichte, freilich als Taktik.

Der zweite Prozeß, den man mit dem Zeitpunkt der Revolution sich abzeichnen sieht, ist die Art der Ausdehnung dieser Taktik im Zusammenhang dreier verschiedener Schlachten in drei Richtungen und schließlich die Hervorbringung dreier verschiedener Taktiken: einer, die sich um die Nationalitäten dreht und mit den Phänomenen der Sprache und folglich der Philologie in Verbindung steht; einer anderen, die sich um die gesellschaftlichen Klassen und die Herrschaft der Ökonomie als Hauptphänomen dreht und folglich eine grundsätzliche Beziehung zur politischen Ökonomie unterhält; und schließlich eine dritte Richtung, die diesmal weder um die Nationalitäten noch um die Klassen kreist, sondern um die Rasse und die biologischen Spezialisierungen und Selektionen als ihren Hauptphänomenen und folglich eine Kontinuität zwischen dem historischen Diskurs und der biologischen Problematik erstellt. Philologie, politische Ökonomie, Biologie. Sprechen, Arbeiten, Leben.[1] Man wird sehen, wie das alles rund um das historische Wissen und die mit ihm verbundenen Taktiken wiederbelebt und erneut artikuliert wird.

Das erste, worüber ich heute mit Ihnen sprechen möchte, ist diese taktische Verallgemeinerung des historischen Wissens: Wie konnte es sich von seinem Entstehungsort, eben der Reaktion des Adels zu Beginn des 18. Jahrhunderts, fortbewegen, um zu diesem allgemeinen Instrument aller politischen Kämpfe des ausgehenden 18. Jahrhunderts zu werden, egal aus welchem Blickwinkel man sie betrachtet? Wir fragen also nach dem Grund dieser taktischen Polyvalenz: Wie und warum konnte dieses so besondere Instrument, dieser so besondere Diskurs, der das Hohelied der Invasoren zu singen angetreten war, zum

1 Es geht hier ersichtlich um die Wiederaufnahme und »genealogische« Reformulierung der Wissensfelder und Diskursivitätsformen, deren »archäologische« Analyse M. Foucault in *Die Ordnung der Dinge* (a. a. O.) entwickelt hat.

allgemeinen Instrument in den Taktiken und politischen Auseinandersetzungen des 18. Jahrhunderts werden?
Ich denke, man hat den Grund in der folgenden Richtung zu suchen. Boulainvilliers hat aus der nationalen Dualität das Erkenntnisprinzip der Geschichte gemacht. Erkenntnisprinzip besagt hier dreierlei: Zunächst ging es für Boulainvilliers darum, den Ausgangskonflikt (Schlacht, Krieg, Eroberung, Invasion usw.), diesen Initialkonflikt und Kriegsknoten wiederzufinden, von dem die anderen Schlachten, die anderen Kämpfe, alle anderen Begegnungen sich ableiten ließen, sei es als direkte Folge, sei es als Serie von Verlagerungen, Veränderungen und Rückschlägen in den Kräfteverhältnissen. Also eine Art großer Genealogie der Kämpfe quer durch all die verschiedenen, von der Geschichte niedergelegten Kämpfe hindurch. Wie sollte man aber zu dem grundlegenden Kampf zurückfinden, wie den strategischen Faden all dieser Schlachten wiederaufnehmen? Die historische Erkenntnis, die Boulainvilliers bereitstellen wollte, sollte nicht nur gewährleisten, den fundamentalen Schlachtenkern und die Methode wiederzufinden, von der sich die anderen Kämpfe ableiten ließen, sondern auch den Verrat, die widernatürlichen Bündnisse, die List der einen und die Feigheit der anderen, all die widerrechtlichen Privilegien, die uneingestandenen Kalküle, all das unverzeihliche Vergessen ausfindig zu machen – all diese Dinge, die durch die Transformationen und in gewisser Weise durch die Verfälschungen der grundlegenden Kräfteverhältnisse und Zusammenstöße möglich wurden. Eine Art großes historisches Examen (wer hat Schuld?) sollte durchgeführt und folglich nicht nur der strategische Faden wiederaufgenommen, sondern durch die Geschichte hindurch die manchmal gewundene, aber ununterbrochene Kurve der moralischen Verfehlungen nachgezeichnet werden. Und drittens wollte diese historische Erkenntnis noch anderes: Jenseits aller taktischen Verschiebungen, jenseits aller historisch-moralischen Unterschlagungen sollte ein Kräfteverhältnis, das zugleich gut und wahr sein sollte, wiedergefunden und offengelegt werden. Die-

ses wahre Kräfteverhältnis sollte ein bestimmtes Kräfteverhältnis sein, weniger ideal als real, tatsächlich verbrieft und von der Geschichte in den Verlauf einer entscheidenden Kraftprobe eingeschrieben – im vorliegenden Fall die Invasion der Franken in Gallien. Also ein bestimmtes Kräfteverhältnis, das historisch wahr, historisch real und außerdem ein gutes Kräfteverhältnis war, weil es von allen möglichen, durch Böswilligkeiten und verschiedene Verschiebungen zugefügten Entstellungen frei war. Die historische Nachforschung zielte darauf ab, einen Zustand wiederzufinden, der ein Kräfteverhältnis in seiner ursprünglichen Richtigkeit war. Dieses Projekt ist klar von Boulainvilliers und seinen Nachfolgern formuliert. Boulainvilliers sagte beispielsweise: Wir müssen unsere gegenwärtigen Gepflogenheiten an ihren wahren Ursprung gemahnen, die Prinzipien des gemeinsamen Rechts der Nation entdecken und überprüfen, was sich im Laufe der Zeit verändert hat. Und du Buat-Nancay sollte ein wenig später sagen: Nachdem uns der ursprüngliche Geist der Regierung deutlich geworden ist, muß bestimmten Gesetzen erneut Kraft verliehen, müssen andere, deren übermäßige Stärke das Gleichgewicht verändert hat, abgeschwächt werden – müssen die harmonischen Beziehungen wiederhergestellt werden.

Dem Analyseprojekt der geschichtlichen Erkenntnis werden somit drei Aufgaben zuerteilt: den strategischen Faden wiederaufnehmen, den Faden der moralischen Verfehlungen durchziehen und die Richtigkeit von etwas wiederentdecken, was man den konstitutiven Punkt der Politik und Geschichte nennen könnte, den Moment der Konstituierung des Königreiches. Ich sage »konstitutiven Punkt«, »Moment der Konstitution«, um das Wort »Konstitution«, ohne es gleichwohl völlig tilgen zu wollen, zu vermeiden. Tatsächlich geht es, wie Sie sehen, um die Verfassung: Man macht Geschichte, um die Verfassung wiederherzustellen, aber Verfassung keineswegs im Sinne einer expliziten Gesamtheit von Gesetzen, die zu einem bestimmten Zeitpunkt formuliert gewesen wären. Es geht auch nicht darum, eine Art grundlegender Rechtskonvention wiederzufinden, die zu einem bestimmten Zeitpunkt oder in Ur-Zeiten zwischen König, Souverän und Untertanen vereinbart worden wäre. Wiedergefunden werden soll etwas, was Bestand und einen historischen Ort hat; was weniger zum Bereich des Gesetzes als zum Bereich der Kraft gehört; was nicht so sehr eine Frage des Geschriebenen als des Gleichgewichts ist. Etwas wie eine Verfassung, aber eher in dem Sinne, wie sie die Mediziner verstehen, d. h. als Kräfteverhältnis, als Gleichgewicht und Spiel von Proportionen, als stabile Asymmetrie und kongruente Ungleichheit. Von all dem sprachen die Mediziner des 18. Jahrhunderts im Zusammenhang mit der »Konstitution«.[2] Diese Idee der Konstitution gehört in der historischen Literatur rund um die Reaktion des Adels in gewisser Weise zugleich zum medizinischen und militärischen Bereich: Sie bezeichnet ein Kräfteverhältnis von Gutem und Schlechtem, aber auch ein Kräfteverhältnis zwischen Gegnern. Dieser konstitutive Moment soll durch die Kenntnis und die Wiederherstellung eines Kräfteverhältnisses zurückgewonnen werden. Es gilt, eine Verfassung zu verabschieden, nicht durch die Wiedereinführung alter Gesetze, sondern durch etwas wie die Revolution der Kräfte – Revolution in dem Sinn, daß es eben darum geht, vom Punkt der Nacht zum Punkt des Tages, vom tiefsten zum höchsten Punkt überzugehen. Mit Boulainvilliers wurde etwas möglich – und ich denke, daß das grundlegend ist: die Verbindung der beiden Vorstellungen der Konstitution und der Revolution. Solange man in der historisch-juridischen Literatur vor allem der Parlamentarier unter Konstitution die Grundgesetze des Königreiches verstand, d. h. einen Rechtsapparat, der zum Bereich der Konvention gehörte, konnte die Rückkehr zur Konstitution selbstverständlich nur die in gewisser Weise dezi-

2 Die medizinische Doktrin der »Konstitution« hat eine lange Geschichte, aber M. Foucault bezieht sich hier sicherlich auf die anatomisch-pathologische Theorie, die im 18. Jahrhundert ausgehend von Sydenham, Le Brun, Bordeu formuliert wurde und in der ersten Hälfte des 19. Jahrhunderts von Bichat und der Schule von Paris weiterentwikkelt wird (vgl. *Die Geburt der Klinik*, a. a. O.).

sionistische Wiedereinführung der ans Tageslicht geholten Gesetze bedeuten. Ab dem Zeitpunkt dagegen, da man unter Konstitution kein Rechtsgerüst, keine Gesamtheit von Gesetzen mehr versteht, sondern ein Kräfteverhältnis, kann man dieses Verhältnis selbstverständlich nicht auf einer bodenlosen Grundlage errichten; es kann erst errichtet werden, wenn es eine zyklische Bewegung der Geschichte gibt, wenn es jedenfalls etwas gibt, das eine Kreisbewegung der Geschichte und ihre Rückkehr zu ihrem Ausgangspunkt denkbar macht. Sie sehen, daß mit dieser Vorstellung einer medizinisch-militärischen Konstitution bzw. eines Kräfteverhältnisses so etwas wie eine Philosophie zyklischer Geschichte, in jedem Fall die Vorstellung einer Kreisbewegung der Geschichte wiederkehrt. Daher sage ich, daß diese Vorstellung »sich wiedereinführt«. Sie führt sich wieder ein, wenn Sie so wollen, bzw. das alte milleniaristische Thema der Wiederkehr der Dinge verbindet sich mit einem artikulierten historischen Wissen.

Die Philosophie der Geschichte als Philosophie zyklisch wiederkehrender Zeit wird mit dem 18. Jahrhundert denkbar, und zwar ab dem Moment, da man die beiden Vorstellungen der Konstitution und des Kräfteverhältnisses ins Spiel bringt. Bei Boulainvilliers sehen Sie tatsächlich, und ich denke erstmalig, innerhalb eines ausdrücklich historischen Diskurses die Vorstellung zyklischer Zeit auftauchen. Die Imperien, sagte Boulainvilliers, erstarken und gehen genauso unter, wie das Sonnenlicht über einem Land auf- und untergeht.[3] Solare Re-

3 Im *Essai sur la noblesse de France contenant une dissertation sur son origine et abaissement* (um 1700 verfaßt und 1730 in *Continuation des mémoires de littérature* erschienen, Bd. x, a. a. O.) sagt Boulainvilliers im Hinblick auf den »Verfall«, den »Niedergang« des alten Rom, daß das »ein allen langlebigen Staaten gemeinsames Schicksal ist«, und fügt hinzu: »Die Welt ist das Spielzeug einer fortgesetzten Aufeinanderfolge; warum sollte diese ausnahmslose Regel vor dem Adel und seinen Vorteilen Halt machen?« Nichtsdestotrotz denkt er bezüglich dieser Aufeinanderfolge, daß »eines unserer Kinder diese Dunkelheit, in der wir leben, durchbrechen wird, um unserem Namen seinen alten Glanz zurückzugeben« (S. 85). Die Idee des Zyklus findet man zur selben Zeit

volution, Revolution der Geschichte: Sie sehen, daß diese beiden Momente jetzt verbunden werden. Soweit also dieses Paar, diese Verbindung dreier Themen – Konstitution, Revolution, zyklische Geschichte – und damit einer der Aspekte des taktischen Instruments, das Boulainvilliers zur Verfügung gestellt hat.

Zum zweiten Aspekt: Was hat Boulainvilliers vor, wenn er den konstitutiven Punkt – der gut und wahr ist – in der Geschichte sucht? Er weigert sich, diesen konstitutiven Punkt im Gesetz, aber ebenso, ihn in der Natur zu suchen: Anti-Juridismus (davon habe ich bis jetzt gesprochen), aber ebenso Anti-Naturalismus. Der große Gegner von Boulainvilliers und seiner Nachfolger ist die Natur, ist der Naturmensch; oder noch besser, wenn Sie so wollen, der große Gegner dieser Analyseart (eben darin werden die Analysen von Boulainvilliers instrumentell und taktisch) ist der Naturmensch, der Wilde, in einem zweifachen Sinn: der gute oder böse Wilde, ein Naturmensch, den die Juristen und Rechtstheoretiker als der Gesellschaft oder der Konstitution der Gesellschaft vorgängiges Element verstehen, von dem aus sich der Gesellschaftskörper konstituieren läßt. Bei ihrer Suche nach dem konstitutiven Punkt versuchen Boulainvilliers und seine Nachfolger nicht, diesen vorgängigen Wilden im Gesellschaftskörper wiederzufinden. Vielmehr wollen sie diesen anderen Aspekt des Wilden bannen,

vor allem in der *Scienza nuova* (1725-1744) von G. B. Vico, zu deutsch: *Grundzüge einer neuen Wissenschaft über die gemeinschaftliche Natur der Völker*, übers. v. Wilhelm Weber, Leipzig, 1822. In der *Astrologie mondiale* (1711) von Boulainvilliers, 1949 von Renée Simon herausgegeben, ist die »prä-hegelianische« Idee, könnte man sagen, der »Weitergabe der Monarchien einer bestimmten Gegend und Nation auf eine andere« vorformuliert. Für Boulainvilliers geht es hier um eine »Ordnung«, die »gleichwohl nichts Festes hat, da es keine Gesellschaft gibt, die über alle Zeiten hinweg bestehen bleibt; die größten und gefürchtetsten Reiche müssen sich zwangsweise mit Mitteln, die denen ähnlich sind, die sie selbst hervorgebracht haben, zerstören; häufig entstehen andere Gesellschaften in ihrem Schoß, die ihrerseits Stärke und Überredung einsetzen, die alten erobern und unterwerfen« (S. 141-142).

diesen anderen Naturmenschen, dieses ideale, von den Ökonomen erfundene Element, diesen Menschen ohne Geschichte und Vergangenheit, der nur von seinem Bedürfnis gesteuert wird und das Produkt seiner Arbeit gegen ein anderes Produkt tauscht. Der historisch-politische Diskurs von Boulainvilliers und seinen Nachfolgern will also zugleich den theoretisch-juridischen Wilden, den Wilden, der den Wäldern entsprungen ist, um die Gesellschaft zusammenzuhalten und zu begründen, und den wilden *homo oeconomicus,* der sich dem Tausch und dem Handel widmet, ausschalten. Diese Paarung des Wilden mit dem Tausch ist, wie mir scheint, absolut fundamental, nicht nur für das Rechtsdenken, nicht nur für die Rechtstheorie des 18. Jahrhunderts; man wird dieses Paar Wilder/Tausch ab der Rechtstheorie des 18. Jahrhunderts bruchlos bis zur Anthropologie des 19. und 20. Jahrhunderts wiederfinden. Dieser Wilde ist in diesem Rechtsdenken des 18. Jahrhunderts wie im anthropologischen Denken des 19. und 20. Jahrhunderts im wesentlichen der Mensch des Tauschs; er ist der Tauschhändler der Rechte und Güter. Als Tauschhändler der Rechte begründet er Gesellschaft und Souveränität. Als Tauschhändler der Güter konstituiert er einen Gesellschaftskörper, der zugleich ein ökonomischer Körper ist. Seit dem 18. Jahrhundert ist der Wilde das Subjekt des elementaren Tausches. Gegen diesen Wilden (dessen Bedeutung in der Rechtstheorie des 18. Jahrhunderts groß war) hat der historisch-politische Diskurs von Boulainvilliers eine andere Person angeführt, die genauso elementar ist wie der Wilde der Juristen (und später der Anthropologen), aber völlig anders konstituiert. Dieser Gegner des Wilden ist der Barbar.

Der Barbar ist dem Wilden entgegengesetzt, aber auf welche Weise? Zunächst darin, daß der Wilde nur mit anderen Wilden in seiner Wildheit wild ist; sobald er in einem sozialen Bezug steht, hört der Wilde auf, wild zu sein. Dagegen ist der Barbar einer, der sich selbst unbekannt ist und sich nicht charakterisieren läßt und nur im Hinblick auf eine Zivilisation, von der er ausgeschlossen ist, beschrieben werden kann. Ein Barbar ist ohne einen zivilisatorischen Bezugspunkt, zu dem er in ein Verhältnis des Außerhalb tritt und gegen den er ankämpfen wird, nicht denkbar. Ein zivilisatorischer Bezugspunkt – den der Barbar verachtet und den er aufsucht –, zu dem er in ein Verhältnis von Feindschaft und fortgesetztem Krieg tritt. Es gibt keinen Barbar ohne eine Zivilisation, die er zu zerstören oder sich einzuverleiben trachtet. Barbar ist immer der Mensch, der an den Grenzen der Staaten herumstolpert und gegen die Mauern der Städte anrennt. Der Barbar ruht im Gegensatz zum Wilden nicht auf einem Naturgrund auf, dem er angehört. Er taucht erst auf der Grundlage einer Zivilisation auf, gegen welche er anrennen wird. Er tritt nicht in die Geschichte ein, indem er eine Gesellschaft gründet, sondern indem er in eine Zivilisation eindringt, sie in Brand setzt und zerstört. Ich denke also, daß der erste Punkt, der Unterschied zwischen Barbar und Wildem, der Bezug zu einer Zivilisation, zu einer vorgängigen Geschichte ist. Es gibt keinen Barbar ohne die vorgängige Geschichte einer Zivilisation, die er in Brand setzen wird. Und andererseits ist der Barbar kein Tauschvektor wie der Wilde. Der Barbar ist im wesentlichen alles andere als Tausch: er ist ein Vektor der Beherrschung. Der Barbar bemächtigt sich der Dinge, eignet sie sich im Gegensatz zum Wilden an; er praktiziert nicht eine primitive Besetzung des Bodens, sondern Raub. Sein Verhältnis zum Eigentum ist immer sekundär: Er bemächtigt sich allenfalls eines schon vorhandenen Eigentums, genauso, wie er andere in Dienst nimmt, das Land von anderen bestellen, seine Pferde hüten, seine Waffen vorbereiten läßt. Auch seine Freiheit beruht nur auf der verlorenen Freiheit anderer. In der Beziehung, die er zur Macht unterhält, gibt der Barbar im Gegensatz zum Wilden seine Freiheit nie preis. Der Wilde ist einer, der eine Art Überfülle an Freiheit in Händen hält, von der er abgibt, um für sein Leben, seine Sicherheit, sein Eigentum und seine Güter zu sorgen. Der Barbar dagegen gibt nie etwas von seiner Freiheit ab. Wenn er eine Macht über sich zuläßt, wenn er sich einen König gibt, wenn er ein Oberhaupt wählt, dann nicht, um seinen Rechtsanteil zu verringern, sondern um seine Kraft zu vermehren, um auf seinen Beutezügen, bei seinen Diebstählen und Vergewaltigungen stärker zu sein, um ein seiner eigenen Kraft um so sicherer Eindringling zu sein. Als Vervielfältiger seiner individuellen Kraft errichtet der Barbar eine Macht. Das Regierungsmodell des Barbaren ist notgedrungen eine Militärregierung, die keineswegs auf zivilen Verträgen der Abtretung von Rechten beruht, wie sie den Wilden charakterisieren. Diese Person des Barbaren wurde, wie mir scheint, von der Geschichte vom Typ Boulainvilliers im 18. Jahrhundert erfunden.

Das läßt nunmehr verständlich werden, warum der Wilde trotz allem, selbst wenn man einige Bosheiten und einige Fehler in dem rechtlich-anthropologischen Denken unserer Tage und bis in die neuerdings anzutreffenden bukolischen und amerikanischen Utopien hinein zugesteht, immer der Gute ist. Wie sollte er nicht gut sein, da seine Funktion genau darin besteht, zu tauschen, zu geben – natürlich zu seinem Vorteil, aber in einer Form der Wechselseitigkeit, in der wir, wenn Sie so wollen, eine annehmbare und rechtliche Form der Güte erkennen? Der Barbar dagegen muß schlecht und böse sein, selbst wenn man ihm Qualitäten zuerkennt. Er kann nur voller Arroganz und inhuman sein, da er eben nicht der Mensch des Tausches und der Natur ist; er ist der Mensch der Geschichte, der Plünderung und Brandschatzung, er ist der Mensch der Herrschaftsausübung. »Ein stolzes, brutales, heimat- und gesetzloses Volk«, sagte Mably (der gleichwohl die Barbaren sehr liebte); er toleriert scheußliche Gewalttätigkeiten, da sie für ihn zum Bereich der öffentlichen Dinge gehören.[4] Der Barbar hat eine große, vornehme und stolze Seele, die freilich immer mit Betrug und Grausamkeit gepaart ist (nach Mably). De Bonne-

4 »Ein stolzes, brutales, heimatloses, gesetzloses Volk ... Die Franzosen konnten von seiten ihres Anführers einige schreckliche Gewalttaten ertragen, da sie sich im Bereich der öffentlichen Sitten befanden« (G.-B. Mably, *Observations sur l'histoire de France*, Paris, 1823, Kap. 1, S. 6 (Erstausg. Genf, 1765); zu deutsch: *Bemerkungen über die Geschichte Frankreichs*, übers. v. G. Walz, Danzig, 1758.

ville sagte von den Barbaren: »Diese Abenteurer ... atmen nur Krieg ..., das Schwert war ihr Recht, sie setzten es ohne Gewissensbisse ein.«[5] Und Marat, seinerseits ein großer Freund der Barbaren, nennt sie »arm, grob, ohne Handel, ohne Künste, aber frei«.[6] Ein Naturmensch, der Barbar? Ja und nein. Nicht in dem Sinn, daß er immer mit Geschichte verbunden wäre (einer vorangehenden Geschichte). Der Barbar taucht auf der Grundlage von Geschichte auf. Und er bezieht sich auf die Natur, sagte du Buat-Nancay (der dabei auf seinen Intimfeind Montesquieu anspielte); wenn er Naturmensch ist, worin besteht dann die Natur der Dinge? Sein Verhältnis zur Natur ist das der Sonne, die den Schlamm trocknet, und das das der Distel zum Esel, der sich davon nährt.[7]

In diesem historisch-politischen Feld, in dem das Wissen von Waffen beständig als politisches Instrument eingesetzt wird, kann man, wie mir scheint, jede der großen Taktiken, die sich im 18. Jahrhundert etablieren, schließlich mit Hilfe der Methode beschreiben, in der sie die vier Elemente der Analyse von Boulainvilliers ausspielt: Konstitution, Revolution, Barbarei und Herrschaft. Im Grunde besteht das Problem in der Frage: Wie findet man den optimalen Verbindungspunkt zwischen der entfesselten Barbarei und dem Gleichgewicht der Verfassung, zu dem man zurückfinden möchte? Wie kann man das,

5 N. de Bonneville, *Histoire de l'Europe moderne depuis l'irruption des peuples du Nord dans l'Empire romain jusqu'à la paix de 1783*, Genf, 1789, Bd. 1. 1. Teil, Kap. 1, S. 20; zu deutsch: *Allgemeine Geschichte der heutigen europäischen Staaten*, übers. v. Wilhelm Ludwig Brunn, Berlin, 1791-95. Das Zitat schließt mit: »Das Schwert war ihr Recht und sie setzten es ohne Gewissensbisse ein, wie das Naturrecht.«

6 »Arm, grob, ohne Handel, ohne Künste, ohne Industrie, aber frei« (*Les Chaînes de l'esclavage. Ouvrage destiné à développer les noirs attentats des princes contre le peuple*, Paris, Jahr 1, Kap. »Des vices de la constitution politique«; vgl. die Neuauflage, Paris, Union générale d'Editions, 1988, S. 30).

7 Vgl. L. G. Comte du Buat-Nancay, *Elements de la politique*, a. a. O., Bd. 1, Buch 1, Kap. 1-IX: »De l'égalité des hommes«. Der Kontext dieses Zitats (wenn es eines ist), das wir nicht finden konnten, könnte dieser sein.

was der Barbar an Gewalt und Freiheit mit sich bringt, in die Kräfteverteilung einbringen? Was muß man, anders gesagt, vor dem Barbaren in Schutz nehmen, um eine gerechte Verfassung zu verabschieden? Was läßt sich der Barbarei an Nützlichem abgewinnen? Im Grunde liegt das Problem in der Ausschaltung des Barbaren und der Barbarei: Wie läßt sich die barbarische Herrschaft filtern, um die konstituierende Revolution zu vollenden? Dieses Problem, diese verschiedenen Lösungen für das Problem des Filterns der Barbarei, das für die konstituierende Revolution unabdingbar ist, werden – im Feld des historischen Diskurses, in diesem historisch-politischen Feld – die taktischen Positionen der verschiedenen Gruppen, der verschiedenen Interessen, der verschiedenen Schlachtzentren definieren – sei es des Adels oder der königlichen Macht, sei es des Bürgertums oder seiner unterschiedlichen Tendenzen.

Ich denke, daß die Gesamtheit der historischen Diskurse im 18. Jahrhundert von diesem Problem überlagert wird: keineswegs Revolution *oder* Barbarei, sondern Revolution *und* Barbarei, Ökonomie der Barbarei in der Revolution. Es gibt keinen Beweis dafür, daß es um dieses Problem ging, wohl aber eine Art Bestätigung in einem Text, den mir neulich jemand beim Verlassen des Hörsaals zukommen ließ. Es ist ein Text von Robert Desnos, der aufs beste zeigt, daß dieses Problem noch bis ins 20. Jahrhundert hinein – ich hätte beinahe gesagt: Sozialismus *oder* Barbarei[8] – als Problem falsch gestellt wurde und tatsächlich lauten müßte: Revolution *und* Barbarei. Nun, ich werde diesen Text von Robert Desnos, der, wie ich vermute, in *La Révolution surréaliste* erschienen ist – ich bin mir dessen aber nicht sicher, es fehlen die Angaben dazu –, als Beleg dafür nehmen.

8 M. Foucault spielt hier auf die Gruppe an, die sich ab 1948 um Cornelius Castoriadis geschart und ab 1949 *Socialisme et barbarie* publiziert hat. Die Zeitschrift stellte mit der Nummer 40 im Jahr 1965 ihr Erscheinen ein. Auf Veranlassung von Castoriadis und Claude Lefort entfalteten dissidentische Trotzkisten, Militante und Intellektuelle (unter ihnen Edgar Morin, Jean-François Lyotard, Jean Laplanche, Gérard Genette) Themen wie beispielsweise die Kritik des Sowjetregimes, Fragen direkter Demokratie, eine Kritik des Reformkurses usw.

Zu diesem Text. Man könnte glauben, er stamme direkt aus dem 18. Jahrhundert: »Aus dem dunklen Osten kommend, nehmen die Zivilisierten denselben Weg nach Westen wie Attila, Tamerlan und andere Unbekannte. Wer Zivilisierte sagt, sagt einstige Barbaren, Bastarde der Abenteurer der Nacht, das heißt jener, die vom Feind (Römern, Griechen) verdorben worden sind. Vertrieben von den Ufern des Pazifik und den Hängen des Himalaya, stehen ›diese großen Kompanien‹, die ihrer Mission untreu werden, jetzt denjenigen gegenüber, die sie in jenen nicht allzu fernen Tagen der Invasionen vertrieben haben. Söhne des Kalmücken, Enkel der Hunnen, legt einmal diese Kleider ab, die ihr aus der Garderobe Athens und Thebens entliehen habt, die in Sparta und Rom zusammengesuchten Rüstungen, und erscheint nackt wie eure Väter auf ihren kleinen Pferden. Und ihr normannischen Ackerbauern, Sardinenfischer, Cidrefabrikanten, steigt wieder in diese wackligen Barken, die jenseits des Polarkreises eine lange Furche gezogen haben, bevor sie diese feuchten Wiesen und wildreichen Wälder erreicht haben. Meute, erkenne deinen Meister! Du glaubtest ihn zu fliehen, diesen Orient, der dich jagte, indem er dir das Recht auf Zerstörung verlieh, das du nicht zu bewahren verstandest, und jetzt stößt du von der anderen Seite wieder auf ihn, nachdem du die Welt einmal umrundet hast. Ich bitte dich, mach es nicht wie der Hund, der seinen Schwanz einholen möchte, du wirst dauernd nach Westen rennen, bleib stehen. Berichte uns ein wenig von deiner Mission, große orientalische Armee, die heute *Les Occidentaux* geworden sind.«[9]

Im Versuch, die verschiedenen historischen Diskurse und die politischen Taktiken, aus denen sie hervorgehen, wiederherzustellen, führte Boulainvilliers konkret in die Geschichte zugleich den großen blonden Barbaren, die rechtliche und historische Tatsache der Invasion und der gewaltsamen Eroberung, die Aneignung der Ländereien, die Versklavung der Menschen

9 R. Desnos, »Description d'une révolte prochaine«, *La Révolution surréaliste*, Nr. 3, 15. April 1925, S. 25. Neuauflage: *La Révolution surréaliste (1924-1929)*, Paris, 1975.

und schließlich eine extrem eingeschränkte königliche Macht ein. Welche von all diesen massenhaft auftretenden und zusammengehörigen Zügen der in die Geschichte einbrechenden Barbarei wird man abwehren müssen? Welche wird man beibehalten, um das richtige Kräfteverhältnis zur Unterstützung des Königreiches wiederherzustellen? Ich werde mir drei große Modelle der Filterung vornehmen. Es gab im 18. Jahrhundert noch andere; ich wähle diese aus, da sie politisch und auch epistemologisch sicherlich die bedeutendsten waren; jedes von ihnen entspricht drei verschiedenen politischen Positionen.

Erste Filterung des Barbaren, die strengste, absoluteste, jene, die in dem Versuch besteht, vom Barbaren gar nichts in die Geschichte eingehen zu lassen: In dieser Position versucht man zu zeigen, daß die französische Monarchie keineswegs auf eine germanische Invasion, die sie eingeführt hätte und in gewisser Weise ihre Trägerin gewesen wäre, zurückgeht. Es soll der Nachweis erbracht werden, daß auch die Vorfahren des Adels nicht jene Eroberer von der anderen Rheinseite sind und daß also dem Adel die Privilegien – dank welcher er zwischen dem Souverän und den anderen Untertanen (sujets) steht – entweder erst spät zugestanden wurden oder daß er sie auf dunklen Wegen an sich gerissen hat. Insgesamt geht es nicht darum, den privilegierten Adel an eine barbarische Gründungshorde zurückzubinden, sondern diesem barbarischen Knoten auszuweichen, ihn zum Verschwinden zu bringen und den Adel in gewisser Weise im Ungewissen zu lassen – aus ihm eine zugleich späte und künstliche Schöpfung zu machen. Diese These ist selbstverständlich die These der Monarchie, die Sie bei einer ganzen Reihe von Historikern finden, von Dubos[10] bis Moreau[11].

10 Vgl. J.-B. Dubos, *Histoire critique de l'établissement de la monarchie française, dans les Gaules*, Paris, 1734.

11 Vgl. J.-N. Moreau, *Leçons de morale, de politique et de droit public, puisés dans l'histoire de la monarchie*, Versailles, 1773; *Exposé historique des administrations populaires aux plus anciennes époques de notre monarchie*, Paris, 1789; *Exposition et Défense de notre constitution monarchique française, précédées de l'Histoire de toutes nos assemblées nationales*, Paris, 1789.

Diese in einer Grundaussage artikulierte These besagt in etwa Folgendes: Die Franken sind ganz einfach – sagt Dubos und wird später Moreau sagen – ein Mythos, eine Illusion, eine Schöpfung Boulainvilliers in ihren sämtlichen Bestandteilen. Die Franken gibt es nicht, vor allem hat es überhaupt keine Invasion gegeben. Was hat sich eigentlich ereignet? Es hat Invasionen gegeben, aber von anderen: Invasionen der Burgunder, Invasionen der Goten, gegen welche die Römer nichts vermochten. Gegen diese Invasionen haben die Römer eine kleine Bevölkerung aufgeboten – aber als Verbündete, die gewisse militärische Verdienste hatten und die eben die Franken waren. Die Franken wurden keineswegs als Invasoren, als große Barbaren, die zu Herrschaft und Raubzügen in der Lage waren, sondern als kleine, verbündete und nützliche Bevölkerung aufgenommen. Daher haben sie sofort Bürgerrechte erhalten; man hat sie nicht nur sofort zu galloromanischen Bürgern gemacht, sondern hat ihnen politische Machtinstrumente verliehen (hinsichtlich dessen erinnert Dubos daran, daß Chlodwig immer noch römischer Konsul war). Also weder Invasion noch Eroberung, sondern Einwanderung und Bündnis. Es hat keine Invasion gegeben, man kann nicht einmal sagen, daß es ein fränkisches Volk mit eigener Rechtsprechung und eigenen Sitten gegeben hat. Zunächst einfach deshalb, weil sie zahlenmäßig viel zu wenige waren, sagt Dubos, um die Gallier als »Turc à Maure«[12] zu behandeln und ihnen Gewohnheiten und Sitten aufzuzwingen. Verloren, wie sie waren, in dieser galloromanischen Masse, konnten sie nicht einmal ihre Gewohnheiten beibehalten. Sie haben sich also buchstäblich aufgelöst. Wie hätten sie sich in dieser Gesellschaft und in diesem galloromanischen politischen Apparat nicht auflösen sollen, da sie wirklich kei-

12 Ein alter Ausdruck, welcher »jemanden so zu behandeln, wie die Türken die Mauren behandelten« bedeutet. Dubos schreibt: »Der Leser möge den natürlichen Humor der Einwohner Galliens beachten, die niemals ohne weitere Nachweise für dumm oder für feige gehalten wurden; man wird wohl einsehen, daß es unmöglich ist, daß eine Handvoll Franken eine Million Römer in Gallien behandelte wie die Türken die Mauren« (*Histoire ciritque,* Bd. IV, Buch IV, S. 212-213).

nerlei Kenntnisse weder von der Administration noch von der Regierung hatten? Selbst ihre Kriegskunst hatten sie, wie Dubos behauptet, von den Römern übernommen. In jedem Fall haben sich die Franken die Verwaltungsmechanismen, die laut Dubos im römischen Gallien bewunderungswürdig waren, zu zerstören gehütet. Nichts wurde von den Franken im römischen Gallien verändert, sagt Dubos. Die Ordnung triumphierte. Die Franken wurden einfach absorbiert, und ihr König blieb irgendwie an der Spitze, an der Oberfläche dieses galloromanischen Gebäudes, in das nur wenige Immigranten germanischer Herkunft eingedrungen waren. Nur der König blieb an der Spitze des Gebäudes, ein König, der die kaiserlichen Rechte des römischen Kaisers ererbte. Wir haben folglich keineswegs, wie Boulainvilliers glaubte, eine Aristokratie barbarischen Typs, sondern auf Anhieb eine absolutistische Monarchie. Erst einige Jahrhunderte später hat sich der Bruch vollzogen, hat sich etwas ereignet, das der Invasion analog ist, eine Art interner Invasion.[13]

Hier, gegen Ende der Karolinger- und zu Beginn der Kapetingerzeit, verlagert sich die Analyse von Dubos und konstatiert eine Schwächung der Zentralmacht, dieser absolutistischen Macht kaiserlichen Typs, von der die Merowinger zu Beginn profitiert hatten. Im Gegenzug maßen sich die vom Souverän delegierten Offiziere mehr und mehr Macht an: Was zu ihrem Verwaltungsbezirk gehörte, vergaben sie als Lehen, als ob es ihr Eigentum wäre. Aus dieser Zersetzung der Zentralmacht ergab sich so etwas wie der Feudalismus: Feudalismus, der, wie Sie sehen, eine späte Erscheinung und keineswegs an die Invasion, sondern an die interne Zerstörung der Zentralmacht geknüpft ist und eine Wirkung bzw. dieselben Wirkungen hervorbringt wie eine Invasion, aber eine Invasion, die von innen kommt und von Leuten gemacht wurde, die Macht an sich reißen, obwohl sie nur deren Abgeordnete waren. »Die Aufteilung der Souveränität und die Änderung der Ämter in Grundherrschaf-

13 Für die Kritik von Boulainvilliers bei Dubos, vgl. ebenda, Kap. 8 und 9.

ten« – diesen Text von Dubos werde ich Ihnen vorlesen – »brachten Wirkungen hervor, die jenen der Invasion von außen glichen und zwischen König und Volk eine herrschende Kaste errichteten und aus Gallien ein wirklich erobertes Land machten.«[14] Diese drei Elemente – Invasion, Eroberung, Herrschaft –, die nach Boulainvilliers die Ereignisse zur Zeit der Franken kennzeichneten, nimmt Dubos wieder auf, aber als inneres Phänomen, das der Geburt einer Aristokratie geschuldet oder mit ihrer Geburt zeitgleich ist, einer Aristokratie freilich, die, künstlich und vollkommen geschützt, völlig von der fränkischen Invasion und der Barbarei, die sie mit sich brachte, unabhängig ist. Gegen diese Eroberung, diese Usurpation, gegen diese innere Invasion wird es zu Kämpfen kommen: Der König auf der einen, die Städte, die sich die Freiheit der römischen Munizipien bewahrt haben, auf der anderen Seite kämpfen gemeinsam gegen den Feudalismus.

In diesem Diskurs von Dubos, Moreau und allen monarchistischen Historikern haben wir die schrittweise Rückkehr des Diskurses von Boulainvilliers, allerdings mit dieser wichtigen Abänderung: Der Focus der historischen Analyse verlagert sich von der Tatsache der Invasion und den ersten Merowingern zu jener der Geburt des Feudalismus und den ersten Kapetingern. Sie können auch beobachten – und das ist wichtig –, daß die Invasion des Adels nicht als Wirkung eines militärischen Sieges und als Einbruch der Barbarei, sondern als Ergebnis einer inneren Usurpation analysiert wird. Die Tatsache der Eroberung wird stets bekräftigt, aber gereinigt von ihrem barbarischen Beigeschmack und den Auswirkungen im rechtlichen Bereich, die der militärische Sieg mit sich gebracht hat. Die Adligen sind keine Barbaren, sondern Schurken, politische Schurken. Hier haben wir die erste Position, die erste

14 Nur der letzte Satz scheint ein Zitat zu sein: Nachdem er von den Usurpationen der königlichen Offiziere und der Umwandlung der Titel der Herzöge und Grafen in erbliche Würdenträger gesprochen hat, schreibt Dubos: »Da wurde Gallien ein Land der Eroberung« (ebenda, Ausg. v. 1742, Buch IV, S. 290).

taktische Verwendung – mittels Umkehrung – des Diskurses von Boulainvilliers.

Jetzt eine andere Filterung, ein anderes Filtern des Barbaren. In diesem anderen Typ von Diskurs geht es nunmehr darum, eine germanische Freiheit, d. h. eine barbarische Freiheit, vom exklusiven Charakter der Privilegien der Aristokratie zu trennen. Anders gesagt geht es darum – und darin steht diese These, diese Taktik jener von Boulainvilliers sehr nahe –, gegen den römischen Absolutismus der Monarchie jene von den Franken und Barbaren mitgebrachten Freiheiten geltend zu machen. Die rauhen Banden, die von der anderen Rheinseite kamen, fielen in Gallien ein und brachten ihre Freiheiten mit. Aber diese wilden Banden waren nicht kriegerische Germanen, die einen aristokratischen Kern abgaben, der sich als solcher in dem Körper der galloromanischen Gesellschaft erhalten hätte. Es brachen wohl Krieger ein, aber tatsächlich war es ein ganzes Volk in Waffen. Die politische und soziale Form, die nach Gallien gelangte, ist keine aristokratische, sondern im Gegenteil eine demokratische, die weitestgehende Demokratie. Diese These finden Sie bei Mably[15], bei Bonneville[16] und noch bei Marat, in *Les Chaînes de l'esclavage*. Wir haben hier eine barbarische Demokratie der Franken, die keinerlei Aristokratie kannten, nur ein egalitäres Volk von Bürger-Soldaten: »Ein stolzes, brutales Volk,« sagt Mably, »ohne Heimat, ohne Gesetz«[17], in dem jeder Bürger-Soldat von Beutezügen lebte und durch keinerlei Strafe daran gehindert werden wollte. Bei diesem Volk gibt es keinerlei durchgängige Autorität, keine wohlüberlegte oder etablierte Autorität. Nach Mably wird in Gallien eine solch brutale und barbarische Demokratie errichtet. Auf dieser Grundlage kommt es zu einer Reihe von Vorgängen: Diese Gier und dieser Egoismus der fränkischen Barbaren, die einst Qualitäten waren, als es darum ging, den Rhein zu überschrei-

15 G.-B. Mably, *Bemerkungen über die Geschichte Frankreichs*, a. a. O.
16 N. de Bonneville, *Allgemeine Geschichte der heutigen europäischen Staaten*, a. a. O.
17 G.-B. Mably, *Bemerkungen...*, a. a. O. (in frz. Ausgabe, S. 6).

ten und in Gallien einzufallen, werden zu Fehlern ab dem Zeitpunkt ihrer Ansiedelung, denn die Franken beschäftigen sich weiterhin mit Plünderungen und Enteignungen. Sie vernachlässigen ebensowohl die Machtausübung wie jene März- oder Maiversammlungen, von denen damals und alljährlich die königliche Macht kontrolliert wurde. Sie lassen den König alles machen, sie lassen sich sogar eine Monarchie überstülpen, die zum Absolutismus neigt. Und der Klerus, der – nach Mably – all diese Tricks zweifellos nicht durchschaut, interpretiert diese germanischen Gepflogenheiten in Begriffen des römischen Rechts: Sie halten sich noch für Untertanen einer Monarchie, während sie in Wirklichkeit bereits der Körper einer Republik sind.

Was die beamteten Offiziere des Souveräns angeht, so reißen sie mehr und mehr Macht an sich, so daß diese allgemeine, von der fränkischen Barbarei eingeführte Demokratie nach und nach ausgehöhlt und in ein zugleich monarchistisches und aristokratisches System überführt wird. Das ist ein langsamer Prozeß, gegen den es gleichwohl gewisse Reaktionen gibt. Wie zu dem Zeitpunkt, als sich Karl der Große, der sich eben von der Aristokratie mehr und mehr eingeengt und bedroht fühlt, erneut auf das Volk zu stützen sucht, welches von den vorangehenden Königen vernachlässigt wurde. Karl der Große richtet erneut das Marsfeld und die Maiversammlungen ein; er läßt jedermann zu diesen Versammlungen zu, sogar die Nicht-Krieger. Wir haben hier einen kurzen Moment der Rückkehr zur germanischen Demokratie und dann, nach diesem Moment des Innehaltens, das Wiedereinsetzen des langsamen Erosionsprozesses der Demokratie. Zwei Zwillingsfiguren kommen damit auf. Zum einen die Monarchie, jene von Hugo Capet. Wie gelingt es der Monarchie, sich zu etablieren? Nur dadurch, daß die Aristokraten bereit sind, gegen die barbarische und fränkische Demokratie einen König zu wählen, der mehr und mehr auf den Absolutismus zusteuern wird; als Gegenleistung für die von den Adeligen der Person Hugo Capets verliehene Königswürde werden die Kapetinger die Verwaltungszuständigkeiten und Ämter, mit denen man sie früher belehnt hatte, den Adeligen als Lehen übertragen. Dank der Komplizenschaft zwischen den Adligen, die den König gemacht haben, und dem König, der den Feudalismus gemacht hat, entsteht über der barbarischen Demokratie diese Zwillingsfigur der Monarchie und Aristokratie. Auf der Grundlage der germanischen Demokratie kommt es also zu diesem doppelten Prozeß. Natürlich werden sich Aristokratie und absolute Monarchie eines Tages entzweien, aber man sollte nicht vergessen, daß sie im Grunde Zwillingsschwestern sind.

Der dritte Diskurs- und Analysetyp, zugleich die dritte Taktik, die im Grunde die subtilste ist und der das größte historische Glück beschieden sein wird, obwohl sie zur Zeit ihrer Formulierung sicherlich viel weniger Aufsehen erregt hat als die These von Dubos oder Mably: In dieser dritten taktischen Operation geht es darum, zwei Barbareien zu unterscheiden: jene der Germanen, die die schlechte Barbarei sein wird, von der man sich deshalb befreien muß; und eine gute Barbarei, die Barbarei der Gallier, die allein wirklich Freiheit bringt. Damit kommt es zu zwei wichtigen Operationen: Einerseits werden Freiheit und Germanität geschieden, die von Boulainvilliers zusammengenäht worden waren; andererseits werden Romanität und Absolutismus getrennt. Man entdeckt im römischen Gallien jene Elemente von Freiheit, die laut aller vorangehenden Thesen von den Franken eingeführt worden sind. Während also die These von Mably im großen und ganzen, wenn Sie so wollen, aus der Abänderung der These von Boulainvilliers, nämlich der demokratischen Erweiterung der germanischen Freiheiten, hervorging, kam es zu der neuen These von Bréquigny[18] und Chapsal[19] durch

18 L. G. O. F. de Bréquigny, *Diplomata, chartae, epistolae et alia monumenta ad res franciscas spectantia*, Parisiis, 1679-1783; *Ordonnances des rois de France de la troisième race*, Paris, Bd. XI, 1769, und Bd. XII, 1776.

19 J.-F. Chapsal, *Discours sur la féodalité et l'allodialité, suivi de Dissertations sur le franc-alleu des coutumes d'Auvergne, du Bourbonnais, du Nivernois, de Champagne*, Paris, 1791.

Intensivierung und Verschiebung dessen, was von Dubos mehr oder weniger nebenbei behauptet worden war, als er sagte, daß sich der König wie die Städte gegen den Feudalismus erhoben haben, jene Städte, die der feudalen Usurpation Widerstand geleistet hatten.

Diese These von Bréquigny und Chapsal, die dank ihrer Bedeutung die These der bürgerlichen Historiker des 19. Jahrhunderts (von Augustin Thierry und Guizot) werden wird, besteht in der Behauptung, daß das politische System der Römer im Grunde zwei Ebenen kannte. Auf der Ebene der Zentralregierung, der großen römischen Verwaltung, hat man es zumindest seit dem Kaiserreich mit einer absolutistischen Macht zu tun. Aber die Römer haben den Galliern ihre ursprünglichen Freiheiten gelassen. So daß das römische Gallien in gewisser Hinsicht zu einem Teil des großen absolutistischen Reiches wurde, andererseits aber auch von einer ganzen Reihe von Freiheitszentren übersät und durchdrungen war, welche nichts anderes waren als die alten gallischen oder keltischen Freiheiten, welche die Römer fortbestehen ließen. Sie funktionierten in den Städten, in diesen berühmten Munizipien des Römischen Reiches, weiter, da in ihnen die alten archaischen Freiheiten, die Freiheiten der Vorfahren, der Gallier und Kelten, in einer im übrigen mehr oder weniger der alten römischen Stadt entlehnten Form weiterwirkten. Die Freiheit (und das taucht, denke ich, erstmalig in diesen historischen Analysen auf) ist also ein Phänomen, das mit dem römischen Absolutismus kompatibel ist; ein gallisches Phänomen, aber vor allem ein urbanes Phänomen. Die Freiheit gehört zu den Städten. Und genau in dem Maße, wie die Freiheit zu den Städten gehört, wird sie kämpfen und zu einer politischen und historischen Kraft werden. Die römischen Städte werden zwar durch die Invasion der Franken und Germanen zerstört. Aber die Franken und Germanen, nomadische Bauern, in jedem Fall Barbaren, vernachlässigen die Städte und lassen sich auf dem Land nieder. Also regenerieren sich die von den Franken vernachlässigten Städte und profitieren zu diesem Zeitpunkt von

einer neuen Bereicherung. Als sich mit dem Ende der Regierungszeit der Karolinger der Feudalismus etabliert, versuchen natürlich die großen laizistisch-kirchlichen Herren Hand an diesen von den Städten angehäuften Reichtum zu legen. Da aber treten die Städte, die dank ihrer Reichtümer, ihrer Freiheiten und der von ihnen im Lauf der Geschichte gebildeten Gemeinschaft Kraft gewonnen haben, zum Kampf an, leisten Widerstand und erheben sich. All diese großen Momente des Aufstands der Kommunen ab den ersten Kapetingern lassen sich nachvollziehen und ebenso die Entwicklung, gemäß welcher sie schließlich der königlichen Macht wie der Aristokratie den Respekt vor ihren Rechten und bis zu einem bestimmten Punkt ihre Gesetze, ihren Typ von Ökonomie, ihre Lebensformen und Sitten usw. aufzwingen. Soweit zum 15. und 16. Jahrhundert.
Sie sehen, daß wir nunmehr eine These haben, die weit mehr als die vorangehenden Thesen, weit mehr als selbst die von Mably, die These des Dritten Standes werden kann, da zum ersten Mal die Geschichte der Stadt, die Geschichte der städtischen Institutionen, die Geschichte auch des Reichtums und seiner politischen Wirkungen innerhalb der historischen Analyse artikuliert werden können. In dieser Geschichte wird ein Dritter Stand gebildet oder zumindest skizziert, der sich nicht nur dank der Zugeständnisse des Königs, sondern dank seiner Energie, seines Reichtums, seines Handels, dank eines stark ausgearbeiteten städtischen Rechts herausbildet, das einerseits dem römischen Recht entliehen ist, sich andererseits vor dem Hintergrund der alten Freiheit, d. h. der alten gallischen Barbarei, artikuliert. Ab da wird zum ersten Mal die Romanität, die im historischen und politischen Denken des 18. Jahrhunderts immer die Farbe des Absolutismus trug und immer auf der Seite des Königs stand, mit Liberalismus getränkt. Die Romanität nimmt nicht die theatralische Form an, in der die königliche Macht ihre Geschichte reflektiert, sondern wird dank dieser von mir vorgetragenen Analysen zum Einsatzort für das Bürgertum. Das Bürgertum wird die Romanität in der Form

des galloromanischen Munizipiums in gewisser Weise als seinen Adelsbrief wiedergewinnen. Die gallorömische Munizipalität ist der Adel des Dritten Standes. Und diese Munizipalität, diese Form der Autonomie, der munizipalen Freiheit, wird der Dritte Stand für sich reklamieren. All das muß in der Debatte, die im 18. Jahrhundert um die Frage der Freiheiten und munizipalen Autonomien stattgefunden hat, mitberücksichtigt werden. Ich verweise Sie zum Beispiel auf den Text von Turgot aus dem Jahr 1776.[20] Sie können sehen, wie sich die Romanität am Vorabend der Revolution mit einem Schlag aller monarchistischen und absolutistischen Konnotationen entledigt, die das 18. Jahrhundert über zu ihr gehörten. Es wird eine liberale Romanität geben, zu der man, selbst wenn man nicht Monarchist ist, selbst wenn man nicht absolutistisch ist, zurückzukehren sucht. Man kann zur Romanität zurückkehren, selbst wenn man bürgerlich ist. Und Sie wissen, daß die Revolution darauf nicht verzichten wird.

Eine andere Bedeutung dieses Diskurses von Bréquigny, Chapsal usw. liegt darin, daß er, wie Sie sehen, das historische Feld auf wunderbare Weise erweitert. Im Grunde war man mit den englischen Historikern des 17. Jahrhunderts, aber auch mit Boulainvilliers, von diesem kleinen Knoten, dem Faktum der Invasion, diesen wenigen Jahrzehnten, in jedem Fall von diesem Jahrhundert ausgegangen, in dessen Verlauf die barbarischen Horden in Gallien eingefallen waren. Nach und nach aber kann man einer generellen Erweiterung beiwohnen. Wir haben schon bei Mably gesehen, welche Bedeutung eine Person wie Karl der Große bekam und wie sich auch bei Dubos die historische Analyse bis zu den ersten Kapetingern und der Feudalität erstreckte. Mit den Analysen von Bréquiny, Chapsal usw. dehnt sich jetzt das Zentrum, der Bereich des historisch nützlichen und politisch fruchtbaren Wissens einerseits nach oben aus, da man bis zur munizipalen Organisation der Römer zurückgeht, und außerdem bis zu den alten gallischen und kel-

20 R.-J. Turgot, *Memoire sur les Municipalités,* Paris, 1776.

tischen Freiheiten: wunderbarer Aufstieg nach rückwärts. Andererseits erweitert sich die Geschichte nach unten, durch all die Kämpfe und sämtliche kommunalen Revolten hindurch, die das Bürgertum mit Beginn des Feudalismus im 15. und 16. Jahrhundert als ökonomische und politische Kraft partiell hochkommen lassen. Ab da werden diese eineinhalb Jahrtausende zum Feld historischer und politischer Debatten. Das juridische und historische Faktum der Invasion zerbirst nun vollständig, wir haben es mit einem riesigen Feld allgemeiner Kämpfe zu tun, die 1500 Jahre Geschichte abdecken, mit so verschiedenen Akteuren wie Königen, Adel, Klerus, Soldaten, königlichen Offizieren, dem Dritten Stand, Bürgern, Bauern, Stadtbewohnern usw.: Eine Geschichte, die sich ebenso auf Institutionen wie auf römische Freiheiten, munizipale Freiheiten, Kirche, Erziehung, Handel, Sprachen und so weiter stützt. Das Feld der Geschichte explodiert ganz allgemein; und genau in diesem Feld werden die Historiker des 19. Jahrhunderts ihre Arbeit wiederaufnehmen.

Sie werden mich fragen: Warum all diese Details, warum die Einführung all dieser verschiedenen Taktiken in das geschichtliche Feld? Es stimmt, daß ich ganz einfach direkt zu Augustin Thierry, zu Montlosier und all jenen hätte übergehen können, die auf der Grundlage dieser Instrumentalisierung des Wissens versucht haben, das revolutionäre Phänomen zu denken. Ich habe mich aus zwei Gründen dabei aufgehalten. Zunächst aus methodischen Gründen. Wie Sie sehen, läßt sich gut nachvollziehen, wie sich ausgehend von Boulainvilliers ein historischer und ein politischer Diskurs konstituieren, deren Gegenstandsbereiche, durchgängige Elemente, Konzepte und Analysemethoden einander sehr nahe stehen. Im Laufe des 18. Jahrhunderts hat sich eine Art historischer Diskurs herausgebildet, dem eine ganze Reihe von Historikern angehört, die einander in ihren Thesen wie in ihren Hypothesen oder ihren politischen Träumen gleichwohl widersprechen. Man kann vollkommen bruchlos dieses gesamte Netz von Grundaussagen durchlaufen, die jeden Analysetyp untermauern, und all die Transformationen, dank welcher man von der Geschichte der Franken (wie Mably, Dubos) zur Geschichte der fränkischen Demokratie übergeht. Man kann sehr gut von einer dieser Geschichten zur anderen übergehen, indem man einige sehr einfache Transformationen in den Grundaussagen ausfindig macht. Wir haben also einen von allen historischen Diskursen sehr eng gedrehten epistemologischen Strang, wie auch immer die historischen Thesen und politischen Ziele sein mögen, die sie sich vornehmen. Aber auch wenn dieser epistemologische Strang sehr eng gedreht sein mag, bedeutet das nicht, daß alle das Gleiche denken. Er ist vielmehr die Bedingung, damit nicht alle dasselbe denken, ist die Bedingung, damit anderes gedacht wird und sich diese Differenz politisch durchhält. Damit die verschiedenen Subjekte sprechen und taktisch entgegengesetzte Positionen vertreten können, damit sie zueinander in die Position von Gegnern treten können, damit die Opposition folglich eine Opposition zugleich im Bereich des Wissens und der Politik ist, mußte es dieses sehr enge Feld und sehr enge Netz zur Regulierung des historischen Wissens geben. Je regelhafter das Wissen gestaltet ist, desto leichter ist es für die darin sprechenden Subjekte, sich entlang der harten Konfrontationslinien zu verteilen, und um so leichter fällt es ihnen, die solchermaßen aufeinandertreffenden Diskurse als verschiedene taktische Gefüge in den allgemeinen Strategien zum Austrag zu bringen (wo es nicht nur um Diskurs und Wahrheit, sondern auch um Macht, Status, ökonomische Interessen geht). Anders gesagt ist die taktische Umkehrbarkeit des Diskurses eine direkte Funktion der Homogenität der Formationsregeln dieses Diskurses. Die Regelhaftigkeit des epistemologischen Feldes, die Homogenität in dem Bildungsmodus des Diskurses lassen ihn in den außerdiskursiven Kämpfen einsatzfähig werden. Aus diesem methodischen Grund habe ich auf dieser Verteilung verschiedener diskursiver Taktiken innerhalb eines zusammenhängenden, regelhaften und auf sehr gedrängte Weise gebildeten historisch-politischen Feldes bestanden[21].

Ich habe noch aus einem anderen – faktischen – Grund darauf bestanden, der mit Ereignissen zum Zeitpunkt der Revolution zu tun hat. Es handelt sich um Folgendes: Abgesehen von der letzten Form des Diskurses, von der ich Ihnen soeben erzählt habe (jener von Bréquigny oder Chapsal usw.), können Sie sehen, daß die Personen, die das geringste Interesse daran hatten, ihre politischen Projekte in die Geschichte einzubringen, das Bürgertum oder der Dritte Stand waren, da die Rückkehr zur Konstitution, die Forderung der Rückkehr zu etwas wie dem Gleichgewicht der Kräfte, in gewisser Weise die Sicherheit beinhalten mußte, sich innerhalb dieses Kräfteverhältnisses selbst wiederzufinden. Nun ist es offensichtlich, daß der Dritte Stand, das Bürgertum, sich selbst als historisches Subjekt kaum vor dem Mittelalter in diesem Spiel der Kräfteverhältnisse wiederfinden konnte. Wie hätte man etwas der Ordnung des Dritten Standes oder des Bürgertums Entsprechendes finden können, solange man die Merowinger, Karolinger, die fränkischen Invasionen oder sogar Karl den Großen dahingehend befragte? Daraus wird erklärlich, warum das Bürgertum entgegen den üblichen Behauptungen im 18. Jahrhundert gegenüber der Geschichte am zurückhaltendsten, am widerständigsten war. Die Aristokratie war zutiefst historisch. Die Monarchie war es, die Parlamentarier waren es ebenfalls. Aber das Bürgertum blieb lange Zeit anti-historistisch oder anti-historisch, wenn Sie so wollen.

Dieser anti-historische Charakter des Bürgertums zeigt sich auf zweierlei Weise. Zunächst war in der gesamten ersten Hälfte des 18. Jahrhunderts das Bürgertum dem aufgeklärten Despotismus günstig gesonnen, d. h. einer bestimmten Form der Mäßigung der königlichen Macht, die nicht auf der Ge-

21 Diese Passage ist ein bedeutendes Stück, das man dem Dossier der Debatte und der Kontroversen rund um das Konzept der *Episteme*, wie es Foucault in *Die Ordnung der Dinge* ausgearbeitet und in *Archäologie des Wissens* wiederaufgenommen hat, hinzufügen muß.

schichte, sondern auf einer dem Wissen, der Philosophie, der Technik, der Verwaltung usw. geschuldeten Begrenzung beruhte. Und später, in der zweiten Hälfte des 18. Jahrhunderts, versuchte das Bürgertum besonders vor der Revolution, dem allseitigen Historismus zu entgehen, und verlangte eine Verfassung, die eben keine Wiederherstellung, sondern wesentlich anti-historisch, zumindest a-historisch sein sollte. Daher der Rückgriff, wie Sie nunmehr verstehen, auf das Naturrecht, auf etwas wie den Gesellschaftsvertrag. Der Rousseauismus des Bürgertums Ende des 18. Jahrhunderts, vor und zu Beginn der Revolution, war eine Antwort auf den Historismus der anderen politischen Subjekte, die sich im Feld der Machttheorie und -analyse bekämpften. Rousseauist zu sein, an den Wilden zu appellieren, auf den Vertrag zu setzen, hieß, sich dieser gesamten Landschaft zu entziehen, die durch den Barbaren, seine Geschichte und sein Verhältnis zur Zivilisation definiert war.

Natürlich ist sich der Anti-Historismus des Bürgertums nicht immer gleich geblieben; er hat eine erneute Artikulation der Geschichte nicht verhindert. Zum Zeitpunkt der Einberufung der Generalstände füllen sich die Beschwerdebücher mit historischen Referenzen, deren wichtigste natürlich vom Adel selbst stammen. Als Antwort auf die Vielzahl der Bezugnahmen auf die Kapitularien im Edikt von Pistes,[22] auf die merowingischen oder karolingischen Praktiken, hat das Bürgertum seinerseits eine ganze Reihe historischer Wissen, auch als polemische Antwort auf die Vielzahl der historischen Referenzen in den Heften des Adels, reaktiviert. Später gibt es eine zweite Reaktivierung, die sicherlich wichtiger und interessanter ist. Diese wäh-

22 Auf einem 864 in Pistes (oder Pistres) abgehaltenen Konzil, dessen Beschlüsse unter dem Einfluß des Erzbischofs Hincmar den Namen Edikt von Pistes bekamen, kümmerte man sich um die Organisation des Geldwesens, ordnete die Zerstörung von Schlössern, die für die Herren erbaut worden waren, an und gestand verschiedenen Städten das Recht der Münzprägung zu. Die Versammlung begann dort auch den Prozeß gegen Pippin II., König von Aquitanien, den man seiner Rechte enthob.

rend der Revolution neu aktivierten historischen Formen haben, wenn Sie so wollen, als Glanzmomente der Geschichte funktioniert; deren Rückkehr in das Vokabular, in die Institutionen, Zeichen, in die Äußerungen und Feste usw. haben es möglich gemacht, der als Zyklus und Wiederkehr verstandenen Revolution eine sichtbare Form zu verleihen.

Sie haben zwei große solchermaßen reaktivierte historische Formen in der Revolution auf der Basis dieses rechtlichen Rousseauismus, der lange Zeit der Leitfaden blieb. Einerseits die Reaktivierung Roms oder vielmehr der römischen Stadt, d.h. ebenso eines archaischen, republikanischen und tugendhaften Roms wie der gallorömischen Stadt mit ihren Freiheiten und ihrem Wohlstand: Das römische Fest als politische Ritualisierung dieser historischen Form, die als irgendwie fundamentale Freiheitskonstitution wiederkehrte, erklärt sich daraus. Die andere reaktivierte Figur ist Karl der Große, dessen Rolle bei Mably ich Ihnen vorgeführt habe und der als Verbindungsglied zwischen fränkischen Freiheiten und galloromanischen Freiheiten verstanden wird: Karl der Große, der als Mensch das Volk auf dem Marsfeld zusammenrief; Karl der Große als Krieger-Souverän, aber gleichzeitig als Schutzherr des Handels und der Städte; Karl der Große als germanischer König und römischer Kaiser. Es gab einen karolingischen Traum, der mit Beginn der Revolution aufkam und die Revolution durchzog und von dem man weit weniger sprach als vom römischen Fest. Das Marsfeld, das Fest des 14. Juli 1790, ist ein karolingisches Fest; es wurde auf dem Marsfeld abgehalten und ermöglichte es, ein gewisses Verhältnis des versammelten Volkes zum Souverän, ein Verhältnis nach karolingischem Modus wiederherzustellen oder zu reaktivieren. In jedem Fall ist diese Art impliziten historischen Vokabulars im Fest des 14. Juli gegenwärtig. Der beste Beweis ist übrigens, daß jemand im Jakobinerclub im Juni 1790 einige Wochen vor dem Fest darum bat, Ludwig XVI. während dieses Festes seines Königstitels zu entheben und diesen Königstitel durch den des Kaisers zu ersetzen; man solle also bei seinem Vorbeizug nicht »Es lebe der König!«, sondern

»Ludwig der Kaiser!« rufen, denn der Kaiser »*imperat sed non regit*«, er befiehlt, aber er regiert nicht, er ist Kaiser, aber nicht König. Ludwig XVI. müsse, so lautete dieser Plan[23], vom Marsfeld mit der kaiserlichen Krone auf dem Haupt zurückkehren. Im napoleonischen Kaiserreich werden dieser karolingische (und ein wenig verkannte) Traum und der römische Traum zusammentreffen.

Eine weitere Form der historischen Reaktivierung innerhalb der Revolution zeigt sich im Abscheu vor dem Feudalismus, vor dem, was Antraigues, ein mit dem Bürgertum verbündeter Adeliger, »die schrecklichste Geisel unter dem Himmel« nannte, »die in ihrer Wut eine freie Nation schlagen kann«.[24] Dieser Abscheu vor dem Feudalismus nimmt verschiedene Formen an. Zunächst die reine und einfache Wiederkehr der These von Boulainvilliers, der These von der Invasion. Und Sie finden daher Texte – wie diesen des Abbé Proyart: »Meine Herren Franken, wir sind tausend gegen einen: wir waren lang genug Ihr Vasall, werden Sie nun unserer, wir kehren gerne zum Erbe unserer Väter zurück.«[25] Das sollte nach dem Willen des Abbé Proyart der Dritte Stand zum Adel sagen. Und Sieyès sagte in dem berühmten Text, auf den ich das nächste Mal zu sprechen kommen werde: »Warum sollte er nicht alle diese Familien in die fränkischen Wälder zurückschicken, die den tollköpfigen Anspruch weiterpflegen, sie seien dem Stamm der Eroberer entsprossen und hätten Eroberungsrechte geerbt?«[26] 1795 oder 1796, ich erinnere mich nicht mehr, sagte Boulay de

23 Es handelt sich um eine Bemerkung, die auf der Sitzung vom 17. Juni 1790 präsentiert wurde (vgl. F.-A. Aulard, *La Société des jacobins*, Paris, 1889-1897, Bd. I, S. 153).

24 E. L. H. L. Comte d'Antraigues, *Mémoires sur la constitution des états provinciaux*, gedruckt bei Vivarois, 1788, S. 61.

25 L.-B. Proyart, *Vie du Dauphin père de Louis* XV, Paris/Lyon, 1782, Bd. I, S. 357-358; zu deutsch: *Leben des Dauphin, Vater Ludwigs* XV., Augsburg, 1779.

26 E.-J. Sieyès, *Was ist der Dritte Stand?*, a. a. O., Kap. II, S. 126. Der Satz beginnt in dem Text so: »Warum sollte er (der Dritte Stand) nicht ... zurückschicken ...«

la Meurthe nach den großen Emigrationsbewegungen: »Die Emigranten repräsentieren die Spuren einer Eroberung, von der sich die französische Nation nach und nach befreit hat.«[27] Sie sehen, daß sich hier etwas herausgebildet hat, was zu Beginn des 19. Jahrhunderts erneut Bedeutung erlangen wird, nämlich die Reinterpretation der Französischen Revolution und der sie durchziehenden politischen und sozialen Kämpfe in Begriffen der Rassengeschichte. Auf die Seite dieses Abscheus vor dem Feudalismus muß man auch die ambivalente Bewertung des Gotischen rücken, die man in den berühmten mittelalterlichen Romanen der Revolutionsepoche auftauchen sieht: Diese Romane sind Romane des Terrors, des Schreckens und des Mysteriums, aber auch politische Romane, da sie immer Erzählungen von Machtmißbrauch und Abscheu sind; Fabeln von ungerechten Herrschern, unbarmherzigen und blutrünstigen Herren, von arroganten Priestern usw. Der Schauerroman ist ein Roman der Science- und Politik-Fiktion: Politik-Fiktion insofern, als es in ihm wesentlich um Machtmißbrauch geht, Science-Fiction insofern, als es um Reaktivierung des gesamten Wissens über den Feudalismus und das im Grunde erst ein Jahrhundert alte Gotische auf einer imaginären Ebene geht. Nicht die Literatur, nicht die Vorstellungskraft haben Ende des 18. Jahrhunderts diese Themen des Gotischen und des Feudalismus als Neuheit und absolute Erneuerung eingeführt. In den Bereich des Imaginären konnten sie sich insoweit einschreiben, als sie bereits zum Einsatzort des inzwischen säkularisierten Kampfes auf der Ebene des Wissens und der Machtformen geworden waren. Lange vor dem ersten Schauerroman, fast ein Jahrhundert vorher, kämpfte man um das, was historisch und politisch die Herren, ihre Lehen, ihre Macht und Herrschaftsformen waren. Das gesamte 18. Jahrhundert war auf der Ebene des Rechts, der Geschichte und der

27 Vgl. A.-J. Boulay de la Meurthe, *Rapport présenté le 25 Vendémiaire an VI au Conseil des Cinq-cents sur les mesures d'ostracisme, d'exil, d'expulsion les plus convenables aux principes de justice et de liberté, et les plus propres à consolider la république.*

Politik vom Problem des Feudalen durchzogen. Erst zum Zeitpunkt der Revolution – also ein Jahrhundert nach dieser enormen Arbeit auf der Ebene des Wissens und der Politik – gab es schließlich eine imaginäre Wiederaufnahme in diesen Romanen der Science- und Politik-Fiktion. Aus diesem Grund finden wir in diesem Bereich den Schauerroman; all das muß in die Geschichte des Wissens und der politischen Taktiken, die es ermöglicht, verlagert werden. Daher werde ich Ihnen beim nächsten Mal von der Geschichte als Wiederaufnahme der Revolution erzählen.

Vorlesung vom 10. März 1976

Erneute politische Ausarbeitung der Idee der Nation während der Revolution: Sieyès. – Theoretische Konsequenzen und Wirkungen auf den historischen Diskurs. – Die beiden Erkenntnisraster der neuen Geschichte: Herrschaft und Totalisierung. – Montlosier und Augustin Thierry. – Geburt der Dialektik.

Im 18. Jahrhundert ist es, wie mir scheint, vor allem der Diskurs der Geschichte und er fast allein, der den Krieg zum vorrangigen und fast ausschließlichen Analysator der politischen Beziehungen macht; der Diskurs der Geschichte und nicht jener des Rechts und der politischen Theorie (mit seinen Verträgen, seinen Wilden, seinen Menschen der Prärien und Wälder, seinen Naturzuständen, dem Kampf aller gegen alle usw.) ist dafür verantwortlich. Nun würde ich gerne zeigen, wie mit der Revolution dieses Element des Krieges, das für die historische Erkenntnis im 18. Jahrhundert konstitutiv ist, auf paradoxe Weise wenn nicht aus dem Diskurs der Geschichte ausgeschlossen, so doch zurückgenommen, begrenzt, kolonisiert, eingefügt, verteilt, zivilisiert und, wenn Sie so wollen, bis zu einem bestimmten Punkt befriedet wird. Immerhin hat ja die Geschichte (wie sie von Boulainvilliers oder du Buat-Nancay oder von wem auch immer erzählt wurde) eine große Gefahr an die Wand projiziert: die Gefahr, daß wir uns in einem unbestimmten Krieg befinden; die große Gefahr, daß alle wie auch immer gearteten Beziehungen immer Herrschaftsbeziehungen sind. Diese doppelte Gefahr des unbestimmten Krieges als Grundlage der Geschichte und des Herrschaftsverhältnisses als Hauptelement der Politik wird im historischen Diskurs des 19. Jahrhunderts zu Teilen gebannt, in regionale Gefahren und vorübergehende Episoden unterteilt und in Krisen und Gewalttätigkeiten übersetzt. Aber vor allem, und das ist entscheidender, wird diese Gefahr einer Art Schlußbefriedung geopfert, nicht im Sinne jenes von den Historikern des 18. Jahrhunderts gesuchten guten und wahren Gleichgewichts, sondern in der Absicht einer Versöhnung.

Diese Wiederkehr des Problems des Krieges im Diskurs der Geschichte ist, wie mir scheint, nicht das Ergebnis einer Transplantation oder einer von der Philosophie der Dialektik auf die Geschichte ausgeübten Kontrolle. Eher hat es so etwas wie eine innere Dialektisierung, eine Auto-Dialektisierung des historischen Diskurses gegeben, die mit seiner Verbürgerlichung einhergeht. Zu fragen wäre nunmehr, wie sich nach dieser Verschiebung (wenn nicht dieses Verfalls) der Rolle des Krieges in den historischen Diskurs das solchermaßen beherrschte Kriegsverhältnis in einer negativen und in gewisser Weise äußerlichen Rolle im historischen Diskurs präsentiert: in einer Rolle, die nicht mehr Geschichte konstituiert, sondern die Gesellschaft schützen und bewahren will. Der Krieg ist nicht länger Bedingung der Existenz der Gesellschaft und der politischen Verhältnisse, sondern Bedingung ihres Überlebens in ihren politischen Verhältnissen. Es kommt nun zur Vorstellung von einem inneren Krieg, der die Gesellschaft gegen die in ihrem Körper entstehenden und von ihrem Körper ausgehenden Gefahren verteidigen soll; hier haben wir, wenn Sie so wollen, im Gedanken des sozialen Krieges die große Überführung des Historischen ins Biologische, des Konstitutiven ins Medizinische.

Ich werde heute also diese Bewegung der Auto-Dialektisierung und folglich der Verbürgerlichung der Geschichte und des historischen Diskurses beschreiben. Ich habe Ihnen beim letzten Mal zu zeigen versucht, wie und warum in dem im 18. Jahrhundert konstituierten historisch-politischen Feld das Bürgertum, dessen Lage ja höchst problematisch war, die größten Schwierigkeiten hatte, sich des Geschichtsdiskurses als Waffe im politischen Kampf zu bedienen. Ich würde Ihnen jetzt gerne zeigen, wie sich diese Blockierung gelöst hat, und zwar nicht zu dem Zeitpunkt, als sich das Bürgertum mehr oder weniger eine Geschichte zugeschrieben oder diese anerkannt hat, sondern auf der Basis von etwas sehr Speziellem, nämlich der nicht historischen, sondern politischen Wiederaufbereitung der berühmten Vorstellung von der »Nation«, dank welcher die Aristokratie im 18. Jahrhundert zum Subjekt oder Objekt der Geschichte wurde. Über diese Rolle, diese politische Wiederaufbereitung der Nation, der Idee der Nation, vollzog sich eine Transformation, die einen neuen Typ von historischem Diskurs möglich gemacht hat. Nicht unbedingt als Entstehungsort, wohl aber als Beispiel für diese Transformation möchte ich natürlich den berühmten Text von Sieyès über den Dritten Stand anführen, einen Text, der, wie Sie wissen, drei Fragen aufgibt: »Was ist der Dritte Stand? ALLES. Was ist der Dritte Stand bis jetzt in der politischen Ordnung gewesen? NICHTS. Was verlangt er? ETWAS ZU SEIN.«[1] Ein zugleich berühmter und abgenutzter Text, der gleichwohl bei näherem Hinsehen, denke ich, zahlreiche entscheidende Transformationen enthält.

Im Hinblick auf die Nation (ich komme auf das Gesagte zurück, um es zusammenzufassen) lautete, wie Sie wissen, im großen und ganzen die These der absoluten Monarchie, daß es keine Nation gibt oder diese zumindest nur insofern existiert, als sie ihre Möglichkeitsbedingung und ihre substantielle Einheit in der Person des Königs findet. Es gibt eine Nation, nicht weil es eine Gruppe, eine Menge, eine Vielheit von die Erde bevölkernden Individuen gibt und diese dieselbe Sprache, dieselben Gewohnheiten, dieselben Gesetze hätten. Nicht das macht eine Nation aus. Eine Nation wird von Individuen gemacht, die in ihrer Koexistenz nichts als Individuen sind, nicht einmal eine Gesamtheit bilden, sondern alle und jeder für sich eine bestimmte zugleich juridische und physische Beziehung zur realen, lebenden, körperlichen Person des Königs haben. Der Körper des Königs in seiner physisch-rechtlichen Beziehung zu jedem seiner Untertanen (sujets) ergibt den Körper der Nation. Ein Jurist sagte Ende des 17. Jahrhunderts: »Jeder

1 E.-J. Sieyès, *Was ist der Dritte Stand?*, zit. Ausg., S. 119.

Einzelne repräsentiert nur ein einziges Individuum vor dem König.« Die Nation bildet keinen Körper. Sie wohnt vollständig im Körper des Königs. Und aus dieser Nation – eine in gewisser Weise einfache rechtliche Wirkung des Körpers des Königs, die ihre Realität nur aus der einzigen und individuellen Realität des Königs bezog – hatte der Adel in seiner Reaktion eine Vielheit von »Nationen« (in jedem Fall mindestens zwei) gemacht; darauf aufbauend hatte er zwischen den Nationen Kriegs- und Herrschaftsverhältnisse errichtet und den König auf die Seite der Kriegsinstrumente und der Herrschaft einer Nation über die andere gestellt. Nicht der König konstituiert die Nation; die Nation gibt sich einen König, um gegen andere Nationen zu kämpfen. Die von der Reaktion des Adels geschriebene Geschichte hatte diese Beziehungen zur Textur der historischen Erkenntnis gemacht.

Mit Sieyès begegnen wir einer ganz anderen Definition oder vielmehr einer doppelten Definition der Nation. Zum einen jener des Rechtszustands. Sieyès sagt, daß man für eine Nation zwei Dinge braucht: ein gemeinschaftliches Gesetz und eine gesetzgebende Versammlung,[2] wenn es um einen Rechtsstaat geht. Diese erste Definition der Nation (oder vielmehr eines ersten Ensembles notwendiger Bedingungen für eine Nation) verlangt, um von Nation sprechen zu können, sehr viel weniger als die Definition der absoluten Monarchie. Für eine Nation braucht man also einen König. Es ist dagegen nicht notwendig, daß es eine Regierung gibt. Die Nation existiert vor der Bildung einer Regierung, vor der Geburt des Souveräns, vor der Verteilung der Macht, vorausgesetzt, daß ihr von einer Instanz, die sie zur gesetzgebenden erklärt und die nichts anderes als eine Legislative ist, ein gemeinsames Gesetz verliehen wird. Die Nation ist also viel weniger, als es die Definition der absoluten Monarchie verlangte. Und sie ist andererseits sehr viel mehr, als die Definition der adeligen Reaktion forderte.

2 »Was ist eine Nation? Eine Körperschaft von Gesellschaftlern, die unter einem *gemeinschaftlichen* Gesetz leben und durch dieselbe *gesetzgebende Versammlung* repräsentiert werden« (ebenda, S. 12).

Für die von Boulainvilliers geschriebene Geschichte genügt zur Bildung einer Nation, daß es Personen gibt, die ein bestimmtes Interesse untereinander verbindet, und daß es zwischen ihnen eine gewisse Menge von Gemeinsamkeiten wie Gewohnheiten, Verhaltensweisen, eventuell eine gemeinsame Sprache gibt.

Damit für Sieyès von einer Nation gesprochen werden kann, braucht es explizite Gesetze und Instanzen, die sie formulieren. Das Paar Gesetz – Gesetzgebung ist die formale Bedingung einer Nation. Das aber ist nur die unterste Stufe der Definition. Damit es eine Nation gibt und ihr Gesetz angewendet wird, damit ihre Gesetzgebung anerkannt wird (nicht nur von den anderen Nationen, sondern auch von ihr selbst), damit sie nicht nur als formale Bedingung ihrer rechtlichen Existenz, sondern als historische Bedingung ihrer Existenz *in* der Geschichte überleben und gedeihen kann, braucht es anderes, braucht es andere Bedingungen. Sieyès hält sich daher bei diesen Bedingungen auf. Es sind dies in gewisser Weise die substantiellen Bedingungen der Nation, und Sieyès teilt diese in zwei Gruppen ein. Unter »Arbeiten« rubriziert er erstens die Landwirtschaft, zweitens Handwerk und Industrie, drittens Handel und viertens die freien Künste. Aber zusätzlich zu diesen »Arbeiten« braucht man sogenannte »Funktionen«: die Armee, die Gerechtigkeit, Kirche und Verwaltung.[3] »Arbeiten« und »Funktionen« mithin; wir sprechen vermutlich von »Funktionen« und »Apparaten«, um diese beiden Bereiche historischer Requisiten der Nation zu bezeichnen. Entscheidend ist jedoch, daß die Bedingungen der historischen Existenz der Nation auf der Ebene der Funktionen und Apparate bestimmt werden. Indem Sieyès das tut, indem er zu diesen rechtlich-formalen Bedingungen der Nation die historisch-formalen hinzufügt, kehrt er (und das ist das erste, was auffällt) die Richtung aller bisherigen Analysen um, sei es jener

3 »Was ist für das Bestehen und Gedeihen einer Nation erforderlich? *Am Eigeninteresse ausgerichtete* Arbeiten und *öffentliche* Funktionen« (ebenda, 1. Kap., S. 121).

These im Dienste der Monarchie, sei es jener rousseauistischen Typs.
Was aber waren diese Elemente, die Sieyès als substantielle Bedingung der Nation herausarbeitete – Landwirtschaft, Handel, Industrie usw. –, solange die rechtliche Definition der Nation vorherrschte? Sie waren nicht die Bedingung für die Existenz der Nation; sie ergaben sich vielmehr als Wirkung der Existenz der Nation. Erst als die Menschen, die über die Oberfläche der Erde, an der Grenze von Wald und Wiesen verstreut waren, ihre Landwirtschaft entwickeln, Handel treiben, unter sich Verhältnisse ökonomischen Typs errichten wollten, gaben sie sich ein Gesetz, einen Staat oder eine Regierung. All diese Funktionen gehörten in Wirklichkeit zum Bereich der Folgen oder jedenfalls der Zwecke bezüglich der rechtlichen Konstitution der Nation; erst als die rechtliche Organisation der Nation geschaffen war, konnten sich diese Funktionen entwikkeln. Was die Apparate betrifft – wie Armee, Justiz, Verwaltung usw. –, so waren auch sie nicht Bedingung für die Existenz der Nation; sie waren, wenn nicht Wirkungen, so allenfalls Instrumente und Garanten der Nation. Erst als die Nation konstituiert war, konnte man so etwas wie eine Armee oder Justiz einrichten.
Sie sehen nun, daß Sieyès die Analyse umkehrt. Er läßt diese Arbeiten und Funktionen, diese Funktionen und Apparate der Nation vorangehen – wenn auch nicht historisch, so doch im Bereich der Bedingungen der Existenz. Eine Nation kann als Nation nicht existieren, sie kann erst in die Geschichte eintreten und in ihr überleben, wenn sie zu Handel, Landwirtschaft und Handwerk in der Lage ist; erst wenn sie Individuen hat, die in der Lage sind, eine Armee, eine Magistratur, Kirche und Verwaltung auszubilden. Will sagen, daß eine Gruppe von Individuen sich immer vereinen, sich immer Gesetze und eine Rechtsprechung und eine Verfassung geben kann. Wenn sie aber nicht über die Fähigkeiten, Handel, Handwerk und Landwirtschaft zu treiben, eine Armee und Magistratur zu bilden, verfügt, wird sie historisch nie eine Nation werden. Sie wird es

vielleicht rechtlich, aber niemals historisch sein. Weder Vertrag noch Gesetz, noch Konsens können wirklich eine Nation hervorbringen. Aber umgekehrt ist es sehr wohl möglich, daß eine Gruppe von Individuen über die historische Fähigkeit verfügt, Arbeiten auszubilden, Funktionen auszuüben, und sich gleichwohl niemals ein gemeinsames Gesetz und eine Gesetzgebung verleiht. Jene Leute sind in gewisser Weise im Besitz der substantiellen und funktionalen Elemente der Nation, jedoch nicht im Besitz der formalen Elemente. Sie sind fähig zur Nation, werden aber niemals eine Nation sein.

Auf dieser Grundlage kann man – wie Sieyès es tut – analysieren, was sich Ende des 18. Jahrhunderts in Frankreich ereignet hat. Es gibt in der Tat Landwirtschaft, Handel, Handwerk und freie Künste. Wer garantiert diese verschiedenen Funktionen? Der Dritte Stand und ausschließlich der Dritte Stand. Wer bringt Armee, Kirche, Verwaltung und Justiz zum Funktionieren? Natürlich findet man an bestimmten wichtigen Plätzen Personen, die zur Aristokratie gehören, aber nach Sieyès wird das Funktionieren dieser Apparate zu neun Zehntel vom Dritten Stand getragen. Als Ausgleich erhält der Dritte Stand, der tatsächlich die substantiellen Bedingungen der Nation garantiert, jedoch keineswegs den entsprechenden formalen Status. Es gibt in Frankreich keine gemeinsamen Gesetze, sondern eine Reihe von Gesetzen, von denen sich die einen auf den Adel beziehen, andere auf den Dritten Stand, wieder andere auf den Klerus usw. Es gibt keine gemeinsamen Gesetze. Auch keine Gesetzgebung, da die Gesetze und Verordnungen von einem System festgelegt werden, welches Sieyès »*Hofaristokratie*«[4] nennt: vom System des Hofes, d.h. von königlicher Willkür.

Aus dieser Analyse kann man, denke ich, einige Schlußfolgerungen ziehen. Die einen sind natürlich unmittelbar politischer Natur. Sie sind unmittelbar politisch, insofern Frankreich, wie man sieht, keine Nation ist, da ihr die formalen und rechtlichen Bedingungen einer Nation fehlen: die gemeinsamen Gesetze

4 Vgl. ebenda, 2. Kap., S. 130.

und die Gesetzgebung. Und dennoch gibt es in Frankreich »eine« Nation, d. h. eine Gruppe von Individuen, die in der Lage ist, die substantielle und historische Existenz der Nation zu garantieren. Diese Leute sind die Träger der historischen Bedingungen der Existenz einer Nation und der Nation. Daraus erklärt sich die zentrale Formel des Textes von Sieyès, die nur im polemischen, ausdrücklich polemischen Zusammenhang mit den Thesen von Boulainvilliers und du Buat-Nancay usw. verständlich ist und wie folgt lautet: »Der Dritte Stand ist eine vollständige Nation.«[5] Diese Formel möchte Folgendes besagen: Der Begriff der Nation, den die Aristokratie einer Gruppe von Individuen vorbehalten wollte und für sie nur etwas wie gemeinsame Gewohnheiten und einen gemeinsamen Status bedeutete, reicht nicht hin, um die historische Realität der Nation abzudecken. Andererseits ist das Staatsgebilde des Königreichs Frankreich nicht wirklich eine Nation, insofern es nicht die historischen Funktionen abdeckt, die notwendig und hinreichend für die Konstitution einer Nation sind. Wo wird man folglich den historischen Kern einer Nation, der »die« Nation sein wird, finden? Im Dritten Stand und nur im Dritten Stand. Der Dritte Stand allein ist die historische Bedingung der Existenz einer Nation, freilich einer Nation, die, wie Sie sehen werden, rechtlich mit dem Staat deckungsgleich sein sollte. Der Dritte Stand ist eine vollständige Nation. Was die Nation ausmacht, ist in ihm. Oder noch besser, wenn man diese Aussagen anders übersetzen möchte: »Alles Nationale ist unser«, sagt der Dritte Stand, »und alles, was unser ist, ist Nation.«[6]

Diese politische Formel, die nicht von Sieyès erfunden wurde und er nicht als einziger formuliert, wird natürlich zur Matrix des gesamten politischen Diskurses, der, wie Sie wissen, jetzt noch nicht ausgeschöpft ist. Zur Matrix dieses politischen Diskurses gehören, wie mir scheint, zwei Merkmale. Zum einen

5 Vgl. ebenda, 1. Kap., S. 121.

6 »Der Dritte Stand umfaßt also alles, was zur Nation gehört; und alles, was nicht der Dritte Stand ist, kann sich nicht als Bestandteil der Nation ansehen. Was also ist der Dritte Stand? ALLES« (ebenda, S. 125).

ein gewisses neues Verhältnis des Partikularen zum Universellen, eine gewisse Beziehung, die die genaue Umkehrung derjenigen ist, die den Diskurs der Adelsreaktion charakterisiert. Denn was tat der reagierende Adel im Grunde? Er entnahm dem vom König und seinen Untertanen gebildeten Gesellschaftskörper, er entnahm der monarchischen Einheit ein einzelnes Recht, das von Blut getränkt war und vom Sieg bestätigt wurde: das besondere Recht der Adligen. Und er beanspruchte, egal welche Konstitution der Gesellschaftskörper um ihn herum hatte, den Erhalt des absoluten und besonderen Privilegs dieses Adelsrechts; also die Herauslösung dieses besonderen Rechts aus der Gesamtheit des Gesellschaftskörpers und seinen Einsatz in seiner Besonderheit. Hier geht es nun um etwas anderes. Es geht um die Behauptung (wie sie der Dritte Stand vorbringen wird): »Wir sind nur eine Nation unter anderen. Aber diese von uns gebildete Nation ist die einzige, die wirklich die Nation konstituieren kann. Wir sind vielleicht nicht allein der gesamte Gesellschaftskörper, aber wir sind fähig, die totalisierende Funktion des Staates zu übernehmen. Wir sind zur staatlichen Universalität befähigt.« Und nun zum zweiten Charakteristikum dieses Diskurses: Hier haben wir eine Umkehrung der zeitlichen Achse der Forderung. Jetzt wird die Forderung nicht mehr im Namen eines vergangenen Rechts erhoben, mag es auf Konsens, Sieg oder Invasion beruhen. Die Forderung beruft sich jetzt auf eine Virtualität, eine Zukunft, eine drohend bevorstehende Zukunft, die in der Gegenwart schon gegeben ist, da es sich um eine bestimmte Funktion staatlicher Universalität handelt, die bereits durch »eine« Nation im Gesellschaftskörper garantiert wird und in deren Namen verlangt, daß ihr Status der einzigen Nation tatsächlich und in der Rechtsform des Staates anerkannt werde.

Soweit also die politischen Konsequenzen dieses Typs von Analyse und Diskurs. Wir haben aber auch theoretische Konsequenzen. Sie sehen, daß das, was unter diesen Bedingungen als Nation definiert wird, nicht ihr Archaismus, nicht ihre Vorgängigkeit, ihre Beziehung zur Vergangenheit ist; es ist ihre

Beziehung zu etwas anderem, ihre Beziehung zum Staat. Das bedeutet Verschiedenes. Zunächst, daß die Nation sich nicht in erster Linie durch andere Nationen spezifiziert. »Die« Nation wird nicht durch eine horizontale Beziehung zu anderen Gruppen charakterisiert (durch andere Nationen, feindselige, entgegengesetzte oder nebengeordnete Nationen). Was die Nation ausmacht, ist im Gegenteil eine vertikale Beziehung, die von diesem Körper der Individuen, die in der Lage sind, einen Staat zu bilden, zur effektiven Existenz des Staates verläuft. Entlang dieser vertikalen Achse Nation/Staat oder staatliche Virtualität/staatliche Realisierung läßt sich die Nation charakterisieren und situieren. Das bedeutet auch, daß die Kraft einer Nation nicht so sehr in ihrer physischen Kraft, ihren militärischen Fähigkeiten, in gewisser Weise in ihrer barbarischen Intensität liegt, wie sie die adligen Historiker des beginnenden 18. Jahrhunderts beschreiben wollten. Nunmehr wird die Kraft einer Nation in ihren Fähigkeiten und Virtualitäten verortet, die alle zur Figur des Staates gerinnen; eine Nation wird stark und um so stärker sein, über je mehr staatliche Fähigkeiten sie, und sei es gegen ihren Willen, verfügt. Das bedeutet auch, daß das Besondere einer Nation nicht so sehr in der Beherrschung der anderen besteht. Das Wesentliche der Funktion und der historischen Rolle der Nation wird nicht darin bestehen, über andere Nationen ein Herrschaftsverhältnis zu errichten; es wird etwas anderes sein: sich selbst zu verwalten, die Konstitution und das Funktionieren der staatlichen Figur und Macht zu lenken, zu regieren und zu garantieren. Die Nation ist also nicht mehr in erster Linie ein Partner in den barbarischen und kriegerischen Herrschaftsbeziehungen. Die Nation ist der aktive und konstitutive Knoten des Staates. Die Nation ist der Staat zumindest im Ansatz, ist der Staat in dem Maße, wie er im Entstehen begriffen und dabei ist, sich zu bilden und seine historischen Existenzbedingungen in einer Gruppe von Individuen zu finden.

Soweit die theoretischen Konsequenzen, was das Verständnis der Nation betrifft. Konsequenzen, die nunmehr den historischen Diskurs betreffen. Wir haben jetzt einen historischen Diskurs, der das Problem des Staates wiedereinführt und bis zu einem bestimmten Punkt in sein Zentrum rückt. Wir haben einen historischen Diskurs, der sich bis zu einem bestimmten Punkt an jenen historischen Diskurs des 17. Jahrhunderts anlehnt, von dem ich Ihnen zu zeigen versucht habe, daß er im wesentlichen ein Diskurs des Staates über sich selber war. Dieser Diskurs hatte rechtfertigende und liturgische Funktionen: Der Staat erzählte seine eigene Vergangenheit, d. h., er begründete seine eigene Legitimität und bestärkte sich in gewisser Weise auf der Ebene seiner Grundrechte. Darin bestand noch im 17. Jahrhundert der Diskurs der Geschichte. Gegen ihn hatte die Adelsreaktion ihre Fackel erhoben, und dieser andere Typ historischen Diskurses hatte eben einen Begriff von Nation, mit dessen Hilfe man die staatliche Einheit zersetzen und zeigen konnte, daß es unterhalb der formalen Erscheinung des Staates andere Kräfte gab, die eben nicht die Kräfte des Staates, sondern die Kräfte einer besonderen Gruppe mit ihrer besonderen Geschichte, ihrer Beziehung zur Vergangenheit, ihren Siegen, ihrem Blut, ihren Herrschaftsbeziehungen usw. waren.

Jetzt haben wir einen Geschichtsdiskurs, der sich dem Staat annähert und in seinen wesentlichen Funktionen nicht mehr anti-staatlich ist. In dieser neuen Geschichte geht es freilich nicht darum, dem Staat eine Rede in den Mund zu legen, die die eigene und die seiner Rechtfertigung wäre. Es geht vielmehr darum, die Geschichte der Beziehungen zu schreiben, die sich unbestimmt zwischen Nation und Staat, zwischen den staatlichen Virtualitäten der Nation und der effektiven Totalität des Staates entfalten. Das ermöglicht, eine Geschichte zu schreiben, die natürlich nicht im Zirkel von Revolution und Konstitution, von revolutionierender Rückkehr zur primitiven Ordnung der Dinge wie im 17. Jahrhundert befangen sein wird. Man wird oder kann jetzt eine Geschichte geradlinigen Typs erzählen, in der das entscheidende Moment der Übergang vom Virtuellen zum Realen, der Übergang von der nationalen Totalität zur Universalität des Staates ist, folglich eine Geschichte, die zugleich auf die Gegenwart und den Staat gerichtet ist; eine Geschichte, die auf das drohende Bevorstehen des Staates, der totalen, vollständigen und vollen Figur des Staates in der Gegenwart zuläuft. Das ermöglicht – zum zweiten – eine Geschichtsschreibung, in der das Verhältnis der eingesetzten Kräfte nicht eine Beziehung kriegerischen Typs, sondern eine Beziehung gänzlich zivilen Typs, wenn Sie so wollen, darstellt.

In der Analyse von Boulainvilliers habe ich natürlich zu zeigen versucht, wie sich die Begegnung der Nationen in demselben Gesellschaftskörper durch die Vermittlung der Institutionen (der Ökonomie, Erziehung, Sprache, des Wissens usw.) vollzog. Aber dieser Einsatz der zivilen Institutionen diente nur als Instrument für einen Krieg, der grundsätzlich ein Krieg blieb; sie waren Instrumente einer Herrschaft, die immer eine Herrschaft kriegerischen und invasorischen Typs blieb usw. Jetzt haben wir dagegen eine Geschichte, in der der Krieg – der Krieg als Herrschaft – durch einen Kampf ersetzt wird, der von anderer Substanz ist: keine bewaffnete Auseinandersetzung mehr, sondern eine Anstrengung, eine Rivalität, ein Streben hin zur Universalität des Staates. Der Staat und die Universalität des Staates sind zugleich der Einsatz und das Schlachtfeld des Kampfes; eines Kampfes mithin, der eben in dem Maße, wie er nicht die Herrschaft zum Ziel und zur Ausdrucksform, sondern den Staat zum Gegenstand und zum Handlungsraum haben wird, im wesentlichen zivil sein wird. Er wird sich im wesentlichen durch und in Richtung Ökonomie, Institutionen, Reproduktion und Verwaltung entfalten. Wir haben einen zivilen Kampf, hinsichtlich dessen der militärische und blutige Kampf nur eine Ausnahmeerscheinung oder eine Krise oder eine Episode sein wird. Der Bürgerkrieg ist keinesfalls der Grund all dieser Auseinandersetzungen und Kämpfe, er wird tatsächlich nur eine Episode, ein Krisenmoment in bezug auf einen Kampf sein, den man nun in Begriffen nicht des Krieges, sondern der Herrschaft, nicht in militärischen, sondern in zivilen Begriffen fassen muß.

Und ich denke, hier stellt sich eine der fundamentalen Fragen der Geschichte und Politik, nicht nur des 19., sondern noch des 20. Jahrhunderts. Wie kann man einen Kampf in streng zivilen Begriffen verstehen? Kann man das, was man Kampf, ökonomischen, politischen Kampf und Kampf für den Staat nennt, noch effektiv in Begriffen des Krieges, in streng ökonomisch-politischen Begriffen analysieren? Oder gilt es hinter all dem etwas wiederzufinden, was der unbestimmte Grund von Krieg und Herrschaft wäre, wie ihn die Historiker des 18. Jahrhunderts ausfindig zu machen versuchten? Ab dem 19. Jahrhundert und ab dieser Neudefinition der Vorstellung von Nation haben wir in jedem Fall eine Geschichte, die im Gegensatz zum 18. Jahrhundert nunmehr im staatlichen Raum den zivilen Grund für den Kampf sucht und diesen an die Stelle des von den Historikern des 18. Jahrhunderts gesuchten kriegerischen, militanten und blutigen Grundes des Krieges treten läßt.

Soweit, wenn Sie so wollen, zu den Möglichkeitsbedingungen dieses neuen historischen Diskurses. Welche konkrete Form wird diese neue Geschichte annehmen? Allgemein gesprochen kann man sagen, daß sie sich mittels Spiel und Anpassung durch zwei nebeneinander herlaufende Erkenntnisraster charakterisieren läßt, die sich bis zu einem bestimmten Punkt überschneiden und gegenseitig korrigieren. Die erste Form ist ein im 18. Jahrhundert konstituiertes und verwendetes Erkenntnisraster. In der Geschichte, wie sie Guizot, Augustin Thierry, Thiers und auch Michelet schreiben, stößt man gleich eingangs auf ein Kräfte- und Kampfverhältnis in eben der Form, die ihm im 18. Jahrhundert verliehen wurde: Krieg, Schlacht, Invasion, Eroberung. Die Historiker aristokratischen Typs wie Montlosier[7] (aber auch Augustin Thierry und Guizot) machen immer diesen Kampf zur Matrix der Geschichte. A. Thierry sagt beispielsweise: »Wir halten uns für eine Nation, aber wir sind zwei Nationen auf derselben Erde, zwei feindliche Nationen mit ihren Erinnerungen und unversöhnlich in ihren Vorha-

7 F. de Reynaud, Comte de Montlosier, *De la monarchie française depuis son établissement jusqu'à nos jours,* Paris, 1814, Bd. I-III.

ben: die eine hat einst die andere besiegt.« Und natürlich sind einige der Herren auf die Seite der Besiegten gewechselt, aber der Rest, das heißt jene, die Herren geblieben sind, der Rest steht »unseren Empfindungen und Sitten so fremd gegenüber, als käme er aus dem Gestern zu uns, taub gegenüber unseren Worten von Freiheit und Frieden, als sei ihm unsere Sprache unbekannt, wie es die Sprache unserer Vorväter den Seinen war, der Rest geht seinen Weg weiter, ohne sich um uns zu kümmern«.[8] Und auch Guizot sagt: »Seit mehr als dreizehnhundert Jahren beheimatet Frankreich zwei Völker, ein siegreiches und ein besiegtes.«[9] Wir haben hier also noch immer denselben Ausgangspunkt, dasselbe Erkenntnisraster wie im 18. Jahrhundert.

Dieses erste Raster wird durch ein zweites ergänzt, das diese ursprüngliche Dualität zugleich vervollständigt und umkehrt. Es ist ein Raster, das nicht von einem Ursprungspunkt ausgeht, welcher der erste Krieg, die erste Invasion, die erste nationale Dualität wäre, sondern vielmehr von der Gegenwart aus rückwärts gerichtet funktioniert. Dieses zweite Raster ergab sich aus der erneuten Ausarbeitung der Vorstellung der Nation. Das Grundmoment ist nicht mehr der Ursprung, der Ausgangspunkt der Erkenntnis ist nicht das archaische Element, sondern im Gegenteil die Gegenwart. Entscheidend an diesem Phänomen ist die Umkehrung des Werts der Gegenwart für den historischen und politischen Diskurs. In der Geschichte und im historisch-politischen Feld des 18. Jahrhunderts war die Gegenwart immer das negative Moment, immer etwas Hohles, eine offenbare Ruhe, ein Vergessen. Die Gegenwart war immer der Zeitraum, der durch eine Reihe von Verschiebungen, Verrätereien und Veränderungen der Kräfteverhältnisse den ursprünglichen Kriegszustand gleichsam verwischte

8 A. Thierry, »Sur l'antipathie de race qui divise la nation française«, *Le Censeur européen*, 2. April 1820, gesammelt in *Dix ans d'études historiques*, Paris, 1835, S. 292.

9 Vgl. F. Guizot, *Du gouvernement de la France depuis la Restauration et du ministère actuel*, Paris, 1820, S. 1.

und unerkennbar machte; aber nicht nur unerkennbar, sondern auch vollständig von genau jenen, die von seinem Einsatz profitiert hatten, verdrängt. Die Unwissenheit des Adels, ihre Zerstreuungen, ihre Faulheit, ihre Gier – all das hatte sie das Kräfteverhältnis vergessen lassen, das grundlegend für ihre Beziehung zu den anderen Bewohnern ihrer Ländereien war. Zusätzlich hatte der Diskurs des Klerus, der Juristen, der Verwalter der königlichen Macht dieses anfängliche Kräfteverhältnis verdeckt, so daß die Gegenwart für die Geschichte des 18. Jahrhunderts immer der Moment tiefen Vergessens war. Daher wird es notwendig, aus der Gegenwart herauszutreten, ein gewaltsames und plötzliches Erwachen zunächst durch die große Reaktivierung des ursprünglichen Moments in der Ordnung des Wissens in die Wege zu leiten. Erwachen und Bewußtwerdung sollten von diesem extremen Punkt des Vergessens ausgehen, welcher die Gegenwart war.

Im Gegensatz dazu können Sie nun sehen, wie in dem Erkenntnisraster der Geschichte ab dem Moment, da die Geschichte durch die Beziehung Nation/Staat, Virtualität/Aktualität, funktionale Totalität der Nation/reale Universalität des Staates polarisiert ist, die Gegenwart zum vollsten Moment wird, zum Moment der größten Intensität, zu dem feierlichen Moment, in dem sich der Eintritt des Universellen in das Reale vollzieht. Dieser Punkt der Berührung des Universellen mit dem Realen in einer Gegenwart (einer Gegenwart, die sich ereignet hat und ereignen wird), im drohenden Bevorstehen einer Gegenwart, wird ihr zugleich Wert und Intensität verleihen und sie als Erkenntnisprinzip konstituieren. Die Gegenwart ist nicht mehr der Moment des Vergessens. Sie ist im Gegenteil der Moment, in dem die Wahrheit aufscheint, in der das Dunkle oder das Virtuelle sich dem Tageslicht offenbaren. Das bewirkt, daß die Gegenwart zugleich Offenbarung und Analysator der Vergangenheit wird.

Ich denke, daß die Geschichte, wie man sie im 19. Jahrhundert oder zumindest in der ersten Hälfte des 19. Jahrhunderts funktionieren sieht, die beiden Erkenntnisraster einsetzt: jenes, das sich auf der Grundlage des ursprünglichen Krieges entfaltet, alle historischen Prozesse durchläuft und sie in allen ihren Entwicklungen wiederbelebt; und jenes andere, das von der Aktualität der Gegenwart, von der totalisierenden Realisierung des Staates in die Vergangenheit zurückgeht und dessen Genese nachzeichnet. Tatsächlich funktionieren diese beiden Raster nie ohne einander: Sie stehen immer in Konkurrenz zueinander, laufen immer gegeneinander an, überlagern sich mehr oder weniger, kreuzen sich teilweise an ihren Rändern. Wir haben eine Geschichte, die einerseits die Form der Herrschaft annimmt – mit dem Krieg als Hintergrund – und andererseits die Form der Totalisierung – mit dem drohenden Bevorstehen von etwas, was geschehen ist und was geschehen wird: dem Auftauchen des Staates in der Gegenwart. Eine Geschichte also, die sich zugleich in Begriffen des zerrissenen Anfangs und der totalisierenden Vollendung schreibt. Über den Nutzen, die politische Nützlichkeit des historischen Diskurses wird im Grunde die Art und Weise entscheiden, in der man diese Raster gegeneinander ausspielt; die Art und Weise, in der man das eine oder andere bevorzugt.

Grob gesagt wird das dem ersten Raster zugestandene Erkenntnisprimat – jenes des zerrissenen Anfangs – eine Geschichte ergeben, die man, wenn Sie so wollen, reaktionär, aristokratisch, rechtsgerichtet nennen wird. Das dem zweiten zugestandene Privileg – das gegenwärtige Moment der Universalität – wird eine Geschichte liberalen oder bürgerlichen Typs ergeben. Aber tatsächlich wird weder die eine noch die andere der beiden Geschichten bei ihren taktischen Überlegungen davon absehen, beide Raster zu verwenden. Ich möchte Ihnen hierfür zwei Beispiele nennen: Das eine ist einer typisch rechtsgerichteten, typisch aristokratischen Geschichte entnommen, die bis zu einem gewissen Punkt auf der Linie des 18. Jahrhunderts liegt, diese aber beträchtlich verschiebt und trotz allem das Erkenntnisraster zum Einsatz bringt, welches sich ausgehend von der Gegenwart entfaltet. Das andere ist ein umgekehrtes Beispiel und führt bei einem als liberal und bürgerlich

angesehenen Historiker das Spiel dieser beiden Raster und sogar dieses Erkenntnisrasters auf der Grundlage des Krieges vor, das gleichwohl von ihm nicht absolut privilegiert wird.
Das erste Beispiel also: Eine Geschichte vom rechtsgerichteten Typ, die ganz auf der Linie der Adelsreaktion des 18. Jahrhunderts liegt, wurde zu Beginn des 19. Jahrhunderts von Montlosier geschrieben. In seiner Geschichtsschreibung sieht man gleich zu Beginn, daß die Herrschaftsbeziehungen bevorzugt werden: die Beziehung nationaler Dualität, das für die nationale Dualität kennzeichnende Herrschaftsverhältnis begegnet einem die gesamte Geschichte über. Und das Buch, die Bücher von Montlosier, sind übersät von Invektiven der folgenden Art, die er gegen den Dritten Stand richtet: »Ihr, eine Rasse von Freigelassenen, eine Rasse von Sklaven, tributpflichtiges Volk, euch wurde die Genehmigung erteilt, frei zu sein, nicht aber uns, adlig zu sein. Wir erhalten alles nur von Rechts wegen, ihr dagegen aus Gnade. Wir gehören nicht zu eurer Gemeinschaft, wir sind ein Ganzes kraft unserer selbst.« Hier begegnen wir noch immer diesem berühmten Thema, das ich in bezug auf Sieyès erwähnt habe. In demselben Sinn schrieb Jouffroy in einer Zeitschrift (ich weiß nicht, in welcher) einen Satz wie diesen: »Die nördliche Rasse hat sich Galliens bemächtigt, ohne die Besiegten auszurotten; sie hat ihren Nachfolgern die eroberten Länder und Menschen zum Regieren überlassen.«[10]
Die nationale Dualität wird von all jenen Historikern bestätigt, die aus der Emigration nach Frankreich zurückkehren und in gewisser Weise, zum Zeitpunkt der Ultrareaktion, ein besonderes Moment der Invasion ausfindig zu machen suchen. Bei

10 M. Foucault spielt hier vermutlich auf Achille Jouffroy d'Abbans (1790-1859) an. Als Anhänger der Bourbonen publizierte er in *L'Observateur* Artikel zugunsten des göttlichen Rechts, der absoluten Macht und des Ultramonarchismus. Nach dem Fall von Karl x. ließ er eine Zeitung erscheinen, *La Légitimité,* deren Verbreitung in Frankreich untersagt wurde. Er ist neben anderen der Autor einer Broschüre, *Des Idées libérales du français* (1815), eines Berichts der Revolution, *Les Fastes de l'anarchie,* und eines historischen Werkes über Gallien, *Les Siècles de la monarchie française* (1823).

genauerer Betrachtung funktioniert die Analyse von Montlosier aber ganz anders als die des 18. Jahrhunderts. Montlosier spricht von einem Herrschaftsverhältnis, das natürlich vom Krieg herrührt oder vielmehr von einer Vielzahl von Kriegen, die er im Grunde nicht angibt. Er sagt: Wichtig ist weniger das, was sich anläßlich der Invasion der Franken abgespielt hat, denn die Herrschaftsbeziehungen gab es längst vorher, sie sind wesentlich vielfältiger. Schon vor der römischen Invasion gab es in Gallien eine Herrschaftsbeziehung zwischen Adel und tributzahlendem Volk. Sie war das Ergebnis eines alten Krieges. Als die Römer kamen, haben sie ihren Krieg, aber auch die Herrschaftsbeziehung zwischen ihrer Aristokratie und den Leuten, die nur die Untergebenen der Reichen, Adligen und Aristokraten waren, importiert. Noch hier also resultiert das Herrschaftsverhältnis aus einem alten Krieg. Später kamen die Germanen mit der ihnen eigenen Beziehung von Unterwerfung zwischen jenen, die freie Krieger waren, und den anderen, die nur Untergebene waren. Was sich zu Beginn des Mittelalters, in der Morgenröte des Feudalismus letztlich abspielte, war nicht die reine und einfache Überlagerung eines siegreichen Volkes und eines besiegten Volkes, sondern die Mischung dreier Systeme innerer Herrschaft, jenes der Gallier, jenes der Römer und jenes der Germanen.[11] Im Grunde ist der Feudaladel des Mittelalters eine Mischung aus diesen drei Aristokratien, die sich zu einer neuen Aristokratie verbunden haben und ein Herrschaftsverhältnis über jene errichteten, die selbst eine Mischung aus gallischen Tributpflichtigen, römischen Abhängigen und germanischen Untertanen waren. Auf diese Weise haben wir ein Herrschaftsverhältnis zwischen einer Art Adel, der eine Nation war, aber auch die gesamte Nation, d. h. der Feudaladel; und dann (außerhalb dieser Nation als Objekt, als Partner seines Herrschaftsverhältnisses) einem Volk von Tributpflichtigen, Sklaven usw., die nicht der andere Teil der Nation sind, sondern vielmehr außerhalb der Nation stehen.

11 F. de Reynaud, Comte de Montlosier, *De la monarchie française ...*, a. a. O., Buch 1, Kap. 1, S. 150.

Montlosier bringt also einen Monismus auf der Ebene der Nation und zu Gunsten des Adels und einen Dualismus auf der Ebene der Herrschaft ins Spiel.

Welche Rolle spielt im Hinblick darauf nach Montlosier nun die Monarchie? Nun, die Rolle der Monarchie bestand darin, auf der Grundlage dieser Maße außerhalb der Nation – die das Ergebnis, die Mischung der germanischen Untertanen (sujets), der römischen Abhängigen, der gallischen Tributpflichtigen war – eine Nation, ein anderes Volk zu konstituieren. Dies zu leisten war die Rolle der königlichen Macht. Die Monarchie hat die Tributpflichtigen befreit, hat ihnen Stadtrechte verliehen, hat sie vom Adel unabhängig gemacht; sie hat sogar die Sklaven befreit und in jeder Hinsicht etwas hervorgebracht, von dem Montlosier sagt, daß es ein neues Volk, rechtlich dem alten Volk, d. h. dem Adel, gleichgestellt und der Zahl nach überlegen ist. Die königliche Macht, sagt Montlosier, hat eine riesige Klasse hervorgebracht.[12]

In diesem Typ von Analyse werden natürlich sämtliche Elemente reaktiviert, die im 18. Jahrhundert trotz der grundsätzlichen Andersartigkeit im Einsatz sind: all die politischen Prozesse, all das, was für Montlosier seit dem Mittelalter und bis ins 17. und 18. Jahrhundert hinein geschehen ist, all das besteht nicht einfach darin, die Kräfteverhältnisse zwischen zwei Partnern, die angeblich von Anfang an da waren und die sich seit der Invasion von Angesicht zu Angesicht gegenüber standen, zu verändern und zu verschieben. Eigentlich hat sich etwas ganz anderes innerhalb des Gesamtgefüges ereignet, das mononational und gänzlich um den Adel herum gruppiert war: die Entstehung einer neuen Nation, eines neuen Volkes und dessen, was Montlosier eine neue Klasse nennt.[13] Es kam also zur Fabrikation einer Klasse oder mehrerer Klassen innerhalb des Gesellschaftskörpers. Was ereignet sich nun auf der Grundlage dieser neu geschaffenen Klasse? Nun, der König bedient sich dieser neuen Klasse, um den Adel seiner ökonomischen und

12 Vgl. ebenda, Buch III, S. 152 ff.
13 Vgl. ebenda.

politischen Privilegien zu berauben. Welche Mittel wendet er dabei an? Auch hier übernimmt Montlosier das, was seine Vorgänger sagten: Lügen, Verrat, widernatürliche Bündnisse usw. Der König nutzt die lebendige Kraft dieser neuen Klasse aus; er benutzt ihre Revolten: Revolten der Städte gegen die Herren, Bauernaufstände gegen Landbesitzer. Was aber hat man nach Montlosier unter diesen Revolten zu verstehen? Natürlich die Unzufriedenheit dieser neuen Klasse. Aber vor allem auch die Handreichung des Königs. Der König stachelt alle Revolten an, da jede Revolte die Macht des Adels schwächt und folglich die Macht der Könige stärkt, die den Adel zu fortgesetzten Zugeständnissen zwingen. So fördert in diesem zirkulären Prozeß jede königliche Befreiungsmaßnahme die Arroganz und die Kraft des neuen Volkes. Jedes Zugeständnis des Königs an diese neue Klasse bringt neue Revolten hervor. In der gesamten Geschichte Frankreichs gibt es also ein entscheidendes Band zwischen der Monarchie und dem Volksaufstand. Monarchie und Volksaufstand gehören zusammen. Und die Übertragung der politischen Macht, die der Adel einstmals innehatte, auf die Monarchie vollzieht sich wesentlich mit der Waffe dieser Revolten, dieser konzertierten, von der königlichen Macht mitgetragenen und in jedem Fall unterstützten und begünstigten Revolten.

Auf dieser Grundlage maßt sich die Monarchie die Macht zunehmend alleine an, aber sie kann sie nur zum Funktionieren bringen und ausüben, indem sie an die neue Klasse appelliert. Sie wird also dieser neuen Klasse Gerechtigkeit und Bewunderung zuteil werden lassen, die solchermaßen nach und nach alle Funktionen im Staat übernimmt. Der letzte Moment des Prozesses kann damit natürlich nur die letzte Revolte sein: jene, in der sich der gesamte Staat, der sich in die Hände dieser neuen Klasse, des Volkes, begeben hat, der königlichen Macht entzieht. Diesem Prozeß sucht ein König zu begegnen, der nur über die Macht verfügt, die ihm einerseits von den Volksaufständen und andererseits von einer Klasse des Volkes, die alle Instrumente des Staates in Händen hält, verliehen worden ist.

Letzte Episode, letzte Revolte, die sich gegen wen richtet? Nun, gegen den, der vergessen hat, daß er der letzte Aristokrat ist, der noch Macht hat: gegen den König.
Die Französische Revolution erscheint in der Analyse von Montlosier damit als die letzte Episode des Übertragungsprozesses, der seinerzeit zum königlichen Absolutismus geführt hat.[14] Die Vollendung dieser Konstitution der königlichen Macht ist die Revolution. Hat die Revolution den König geköpft? Keineswegs. Die Revolution hat das Werk der Könige vollendet, sie verkündet buchstäblich dessen Wahrheit. Die Revolution muß als Vollendung der Monarchie gelesen werden; als vielleicht tragische Vollendung, aber als politisch wahre. Und in der Szene vom 21. Januar 1793 wurde vielleicht der König geköpft; man hat den König geköpft, aber die Monarchie gekrönt. Der Konvent ist die Wahrheit der nackten Monarchie, und die Souveränität, die der König dem Adel entzogen hat, liegt jetzt notwendigerweise in den Händen eines Volkes, das nach Montlosier der legitime Erbe der Könige ist. Montlosier kann als Aristokrat, Emigrant und wilder Gegner des kleinsten Versuchs der Liberalisierung unter der Restauration schreiben: »Das souveräne Volk: man soll es nicht mit allzuviel Bitterkeit tadeln. Es konsumiert nur das Werk der Souveräne, seiner Vorgänger.« Das Volk ist folglich der Erbe und der legitime Erbe der Könige; es konsumiert nur das Werk seiner souveränen Vorgänger. Es hat Station um Station den Weg zurückgelegt, den ihm die Könige, Parlamente, die Männer des Gesetzes und die Gelehrten vorgezeichnet haben. Solchermaßen begegnet man bei Montlosier sozusagen als Rahmen seiner historischen Analyse der Formulierung, daß alles von einem Kriegszustand und einem Herrschaftsverhältnis ausgegangen sei. In den politischen Forderungen der Restaurationsepoche schwingt der Nachdruck mit, daß der Adel wieder in seine Rechte eingesetzt werden, daß er die nationalisierten Güter wiedererhalten und die Herrschaftsbeziehungen, die er seiner-

14 Ebenda, Buch II, Kap. II, S. 209.

zeit über das gesamte Volk ausgeübt hat, wiederherstellen muß. Natürlich gibt es diesen Nachdruck, und doch kann man sehen, daß der von ihm gehaltene historische Diskurs in seinem Kern, in seinem zentralen Inhalt sehr wohl ein historischer Diskurs ist, der die Gegenwart als vollen Moment, als Moment der Verwirklichung, als Moment der Totalisierung und als Moment funktionieren läßt, der alle historischen Prozesse der Beziehungen zwischen Aristokratie und Monarchie schließlich an ihr ultimatives Ende gelangen läßt, zu jenem vollen Moment, an dem sich eine staatliche Totalität in den Händen einer nationalen Kollektivität konstituiert. Insofern kann man sagen, daß der Diskurs – wie auch immer die politischen Themen oder die Analyseelemente beschaffen sein mögen, die sich auf die Geschichte Boulainvilliers oder du Buat-Nancays beziehen – in Wirklichkeit nach einem anderen Modell funktioniert.

Abschließend möchte ich noch einen anderen, direkt entgegengesetzten Typ von Geschichte anführen. Es ist die Geschichte von Augustin Thierry, des ausdrücklichen Gegners von Montlosier. Bei ihm wird der Ausgangspunkt der geschichtlichen Erkenntnis natürlich vorzugsweise die Gegenwart sein. Er verwendet ausdrücklich das zweite Raster, jenes, das von der Gegenwart, der vollen Gegenwart ausgeht und von hier aus die Elemente und Prozesse der Vergangenheit enthüllt. Staatliche Totalisierung: Sie muß auf die Vergangenheit projiziert, ihre Genese muß nachgezeichnet werden. Die Revolution ist für Augustin Thierry genau dieser »volle Moment«: Einerseits ist die Revolution – sagt er – natürlich der Moment der Versöhnung. Er verortet diese Versöhnung, diese Konstitution einer staatlichen Totalität, in der berühmten Szene, in der Bailly, wie Sie wissen, beim Empfang der Repräsentanten des Adels und des Klerus an demselben Ort, an dem sich der Dritte Stand befand, antwortete: »Nun haben wir die Familie vereint.«[15]

15 A. Thierry, *Essai sur l'histoire de la formation et des progrès du Tiers Etat*, in *Œuvres complètes*, Bd. v, Paris, 1868, S. 3. Thierry schreibt: »Die Familie ist vollzählig.«

Gehen wir also von der Gegenwart aus. Der gegenwärtige Zeitpunkt ist der der nationalen Totalisierung in der Form des Staates. Dennoch konnte sich diese Totalisierung nur in dem gewaltsamen Prozeß der Revolution vollziehen, und dieser volle Moment der Versöhnung hat noch immer das Aussehen und die Kennzeichen des Krieges. Und Augustin Thierry sagt, daß die Französische Revolution im Grunde nichts anderes ist als die letzte Episode eines Kampfes, der 1300 Jahre gedauert hat und der Kampf zwischen Siegern und Besiegten ist.[16] So besteht nun das ganze Problem für Augustin Thierry darin zu zeigen, wie der Kampf zwischen Siegern und Besiegten die gesamte Geschichte durchzieht und zu einer Gegenwart führen konnte, die eben nicht mehr die Form des Krieges und asymmetrischer Herrschaft hat, welche die früheren fortsetzten oder in eine andere Richtung lenkten; er sucht zu zeigen, wie dieser Krieg zur Genese einer Universalität führen konnte, in der Kampf oder jedenfalls Krieg nur verschwinden können.

Wie konnte er in den beiden Teilen einen ausfindig machen, der die Universalität zu übernehmen imstande ist? Das ist das Problem der Geschichte für Augustin Thierry. Und seine Analyse besteht nun darin, den Ursprung eines anfänglich dualistischen und am Ende monistischen und universalistischen Prozesses wiederzufinden. Das Wesentliche der Auseinandersetzung besteht für Augustin Thierry darin, daß das Geschehene seinen Ausgangspunkt in der Invasion hat. Der Grund dafür, daß es während des gesamten Mittelalters und bis zum gegenwärtigen Zeitpunkt Kampf und Auseinandersetzung gegeben hat, liegt nicht darin, daß Sieger und Besiegte in Institutionen aufeinanderstießen; vielmehr entstanden zwei ökonomisch-rechtliche Typen von Gesellschaft, die im Hinblick auf die Verwaltung und die Übernahme des Staates zueinander in Rivalität traten.

16 Vgl. insb. A. Thierry, »Sur l'antipathie de race qui divise la nation française«, a. a. O., und »Histoire véritable de Jacques Bonhomme«, *Le Censeur européen,* Mai 1820, gesammelt in *Dix ans d'études historiques,* a. a. O.

Selbst vor der Konstituierung der mittelalterlichen Gesellschaft gab es eine bäuerliche Gesellschaft, die die Eroberung weiterführte und bald darauf in jene feudale einmündete; und ihr gegenüber eine urbane Gesellschaft, die ein römisches und ein gallisches Vorbild hatte. Im Grunde ist die Auseinandersetzung in gewissem Sinn das Ergebnis von Invasion und Eroberung, aber im wesentlichen und substantiell der Kampf zweier Gesellschaften, deren Konflikte zeitweise bewaffnete Konflikte sind, im wesentlichen aber Auseinandersetzungen zwischen der politischen und ökonomischen Ordnung. Krieg vielleicht, aber Krieg um Rechte und Freiheiten einerseits gegen Schulden und Reichtum andererseits.
Diese Auseinandersetzungen zweier Gesellschaftstypen um die Verfassung eines Staates werden zum Grundantrieb der Geschichte. Bis zum 9. und 10. Jahrhundert unterliegen die Städte in dieser Auseinandersetzung, in diesem Kampf um den Staat und die Universalität des Staates. Ab dem 10. und 11. Jahrhundert gibt es dagegen eine Renaissance der Städte, die sich im Süden an das italienische Modell anlehnt, an das nördliche Modell in den Regionen des Nordens. In jedem Fall eine neue Form der juridischen und ökonomischen Organisation. Das städtische Modell ist schließlich siegreich, aber keineswegs aus dem Grund, weil es so etwas wie einen militärischen Sieg davongetragen hätte, sondern einfach, weil es nicht nur den Reichtum, sondern die administrative Fähigkeit, die Moral und eine gewisse Lebensart, eine bestimmte Art zu sein, einen Willen und erneuernde Antriebe auf seiner Seite hat – wie Augustin Thierry sagt –, und schließlich auch eine Aktivität, die ihm ausreichend Kraft verleiht, um seine Institutionen eines Tages über ihren lokalen Charakter hinauszuführen und sie schließlich sogar zu Institutionen des politischen Rechts und des Zivilrechts des Landes werden zu lassen. Wir beobachten folglich eine Universalisierung, nicht auf der Grundlage einer sie unterstützenden Herrschaftsbeziehung, sondern aufgrund der Tatsache, daß alle konstitutiven Funktionen des Staates aus ihren Händen hervorgehen oder jedenfalls durch ihre Hände

gehen. Aus dieser Kraft, die die Kraft des Staates und nicht mehr die Kraft des Krieges ist, wird das Bürgertum keinen kriegerischen Nutzen ziehen oder nur so weit, als es dazu wirklich gezwungen sein wird.

Hier also zwei große Vorkommnisse, zwei große Phasen in der Geschichte des Bürgertums und des Dritten Stands. Als sich der Dritte Stand darüber klar wird, daß er alle Kräfte des Staates in Händen hält, schlägt er dem Adel und dem Klerus eine Art Gesellschaftsvertrag vor. Solchermaßen konstituieren sich die Theorie und die Institutionen zugleich in drei Bereichen. Sie bilden gleichwohl eine künstliche Einheit, die nicht wirklich der Realität der Kräfteverhältnisse, noch dem Willen der feindlichen Partei entspricht. Tatsächlich hält der Dritte Stand schon den ganzen Staat in der Hand, während die feindliche Partei, der Adel, dem Dritten Stand noch immer nicht das geringste Recht zugestehen will. So setzt zu diesem Zeitpunkt gegen Ende des 18. Jahrhunderts ein neuer Prozeß ein, ein gewaltsamerer Prozeß der Auseinandersetzung: Die Revolution wird zur letzten Episode des gewaltsamen Krieges und läßt die alten Konflikte natürlich wiederaufleben; gleichwohl ist sie nur das militärische Instrument eines Konflikts oder eines Kampfes, die nicht mehr zum kriegerischen, sondern zum zivilen Bereich gehören und den Staat zum Ziel und Aktionsraum haben. Das Verschwinden des Systems der drei Stände, die gewaltsamen Erschütterungen der Revolution, all das konstituiert im Grunde nur eines: den Moment, in dem der Dritte Stand, der zur Nation, dank der Übernahme aller staatlichen Funktionen zu *der* Nation geworden ist, tatsächlich ganz alleine die Nation und den Staat abgibt. Ganz allein die Nation zu konstituieren und den Staat zu schultern will besagen, daß man die Funktionen der Universalität übernimmt, die sowohl die alte Dualität als auch alle bis dahin funktionierenden Herrschaftsverhältnisse zum Verschwinden bringen. Bürgertum und Dritter Stand werden also zum Volk, werden zum Staat. Er verfügt über die Macht des Universellen. Und der gegenwärtige Moment – jener, in dem Augustin Thierry schreibt – ist genau der Moment dieses Verschwindens der Dualitäten, der Nationen, auch der Klassen. »Eine immense Evolution«, sagt Augustin Thierry, »die nach und nach von dem Boden, auf dem wir leben, alle gewaltsamen oder illegitimen Ungleichheiten verschwinden ließ; den Herrn und Sklaven, den Sieger und Besiegten, den Herren und Diener, um schließlich an ihre Stelle ein einziges Volk zu setzen, ein gleiches Gesetz für alle, eine freie und souveräne Nation.«[17]

Sie sehen, daß man mit Analysen wie dieser einerseits natürlich die Funktion des Krieges als Analysator der historisch-politischen Prozesse beseitigt oder in jedem Fall stark einschränkt. Der Krieg ist nur mehr augenblickshaft und instrumentell in bezug auf die Auseinandersetzungen, die ihrerseits nicht mehr kriegerischen Typs sind. Zum anderen ist das wesentliche Element nicht mehr die Herrschaftsbeziehung, die sich zwischen den einen und anderen, zwischen einer Nation und einer anderen, einer Gruppe und einer anderen abspielt, sondern die fundamentale Beziehung ist der Staat. Und Sie sehen schließlich, wie sich in Analysen wie dieser etwas abzeichnet, das, wie ich sagen würde, an den philosophischen Diskurs dialektischen Typs unmittelbar assimilierbar und unmittelbar auf ihn übertragbar ist.

Die Möglichkeit einer Philosophie der Geschichte, d. h. das Auftreten einer Philosophie zu Beginn des 19. Jahrhunderts, die in der Geschichte und in der Fülle der Gegenwart den Moment finden wird, in dem sich das Universelle in seiner Wahrheit zeigt, diese Philosophie ist zumindest vorbereitet, sie funktioniert, würde ich sagen, bereits innerhalb des historischen Diskurses. Es hat eine Auto-Dialektisierung des historischen Diskurses gegeben, der sich unabhängig von jedem ausdrücklichen Transfer und jeder expliziten Anwendung einer dialektischen Philosophie im historischen Diskurs vollzogen hat. Der Rückgriff des Bürgertums auf einen historischen Diskurs, die Veränderung der im 18. Jahrhundert gesammelten

17 A. Thierry, *Essai sur l'histoire ... du Tiers-Etat,* a. a. O., S. 10. Das ungenaue Zitat wurde im Text nach dem Original korrigiert.

Grundelemente der historischen Erkenntnis durch das Bürgertum war zugleich eine Auto-Dialektisierung des historischen Diskurses. So wird verständlich, wie sich auf dieser Grundlage Beziehungen zwischen dem Diskurs der Geschichte und dem Diskurs der Philosophie anbahnen konnten. Im Grunde existierte die Philosophie der Geschichte im 18. Jahrhundert nur als Spekulation über das allgemeine Gesetz der Geschichte. Ab dem 19. Jahrhundert beginnt etwas Neues und, wie ich glaube, Grundlegendes. Geschichte und Philosophie werden gemeinsam die Frage stellen: Wer übernimmt in der Gegenwart das Universelle? Was ist in der Gegenwart die Wahrheit des Universellen? Das ist die Frage der Geschichte, das ist auch die Frage der Philosophie. Die Dialektik ist geboren.

Vorlesung vom 17. März 1976

Von der Souveränitätsmacht zur Macht über das Leben. – Leben machen und sterben lassen. – Vom Körpermenschen zum Gattungsmenschen: Geburt der Bio-Macht. – Anwendungsfelder der Bio-Macht. – Die Bevölkerung. – Vom Tod und jenem von Franco im besonderen. – Äußerungen der Disziplin und der Regulierung: die Arbeiterstadt, die Sexualität, die Norm. – Bio-Macht und Rassismus. – Funktionen und Anwendungsbereiche des Rassimus. – Der Nazismus. – Der Sozialismus.

Ich werde versuchen, das von mir in diesem Jahr Vorgetragene zu Ende zu bringen und ein wenig abzurunden. Ich habe den Versuch unternommen, das Problem des Krieges ein wenig näher zu beleuchten und als Raster des Erkennens historischer Prozesse in Augenschein zu nehmen. Es schien mir, als sei der Krieg anfänglich und praktisch noch während des gesamten 18. Jahrhunderts als Rassenkrieg gedacht worden. Diese Geschichte des Rassenkrieges wollte ich mehr oder weniger rekonstruieren. Beim letzten Mal habe ich Ihnen zu zeigen versucht, wie sogar der Begriff des Krieges durch das Prinzip nationaler Universalität schließlich aus der historischen Analyse verdrängt wurde. Ich würde Ihnen jetzt gerne zeigen, wie das Thema der Rasse nicht verschwindet, sondern von ganz anderer Seite, von der des Staatsrassismus nämlich, wiederaufgenommen wird. Heute möchte ich ein wenig von der Geburt des Staatsrassismus sprechen oder Ihnen wenigstens die Situation näherbringen.

Mir scheint, daß eines der grundlegenden Phänomene des 19. Jahrhunderts in dem bestand und noch besteht, was man die Vereinnahmung des Lebens durch die Macht nennen könnte: wenn Sie so wollen, eine Machtergreifung über den Menschen als Lebewesen, eine Art Verstaatlichung des Biologischen oder zumindest eine gewisse Tendenz hin zu dem, was man die Verstaatlichung des Biologischen nennen könnte. Um zu verstehen, was sich ereignet hat, muß man sich, so glaube ich, auf die klassische Theorie der Souveränität beziehen, die uns letzten Endes als Grundlage und Tableau für unsere Analysen über den Krieg und die Rassen gedient hat. Eines der Hauptelemente der klassischen Theorie der Souveränität war, wie Sie wissen, das Recht über Leben oder Tod. Nun ist das Recht über Leben und Tod ein merkwürdiges Recht, merkwürdig bereits auf der theoretischen Ebene; denn was bedeutet es, das Recht über Leben und Tod zu haben? Daß der Souverän das Recht über Leben und Tod innehat, bedeutet im Grunde, daß er sterben machen und leben lassen kann; in jedem Fall sind Leben und Tod keine natürlichen, unmittelbaren, in gewisser Weise ursprünglichen und radikalen Phänomene, die aus dem Bereich der politischen Macht herausfielen. Wenn man es noch ein wenig weiter und bis zum Paradox zuspitzt, dann besagt das im Grunde, daß der Untertan (sujet) angesichts der Macht von Rechts wegen weder lebendig noch tot ist. Es ist unter dem Gesichtspunkt von Leben und Tod neutral, und nur dank der Tatsache, daß es den Souverän gibt, hat der Untertan (sujet) das Recht, lebendig oder gegebenenfalls tot zu sein. In jedem Fall werden Leben und Tod der Untertanen (sujets) erst durch die Wirkung des souveränen Willens zu Rechten. Hierin besteht, wenn Sie so wollen, das theoretische Paradox. Ein theoretisches Paradox, das offenbar durch eine Art praktisches Ungleichgewicht komplettiert werden muß. Was heißt das eigentlich, das Recht über Leben und Tod? Natürlich nicht, daß der Souverän das Leben in derselben Weise anordnen lassen kann wie das Sterben. Das Recht über Leben oder Tod läßt sich nur auf eine ungleichgewichtige Weise ausüben, und zwar immer auf seiten des Todes. Die Wirkung der souveränen Macht auf das Leben ist erst von dem Moment an ausübbar, da der Souverän töten kann. Es ist letztlich das Recht zu töten, das tatsächlich die Essenz dieses Rechts auf Leben und Tod in sich trägt: Ab dem Moment, da der Souverän töten kann, übt er sein Recht über das Leben aus. Das ist wesentlich ein Recht des Schwertes. Folglich besteht keine wirkliche Symmetrie innerhalb dieses Rechts über Leben und Tod. Ebensowenig handelt es sich um das Recht, sterben oder leben zu machen. Es ist auch nicht das Recht, leben oder sterben zu lassen. Es ist das Recht, sterben zu machen oder leben zu lassen. Was natürlich eine augenfällige Asymmetrie einführt.

Und ich denke, daß eine der nachhaltigsten Transformationen des politischen Rechts im 19. Jahrhundert darin bestand, dieses alte Recht der Souveränität – sterben zu machen oder leben zu lassen – zwar nicht unbedingt zu ersetzen, aber durch ein anderes, neues Recht zu ergänzen, durch ein Recht, das ersteres nicht beseitigt, sondern in es eindringt, es durchdringt, verändert und das ein Recht oder vielmehr eine genau umgekehrte Macht ist: die Macht, leben zu »machen« und sterben zu »lassen«. Das Recht der Souveränität besteht demgemäß darin, sterben zu machen oder leben zu lassen. Danach installiert sich dieses neue Recht: das Recht, leben zu machen und sterben zu lassen.

Natürlich erfolgte diese Transformation nicht auf einen Schlag. Man kann sie in der Theorie des Rechts verfolgen (das werde ich jedoch sehr rasch abhandeln). Bereits von den Juristen des 17. und insbesondere des 18. Jahrhunderts wird diese Frage in bezug auf das Recht über Leben und Tod gestellt. Wenn die Juristen fragen: Warum schließen sich die Individuen zusammen, auf der Ebene des Gesellschaftsvertrags, um zu verhandeln, d.h., um einen Souverän zu konstituieren, um einem Souverän die absolute Macht über sich zu übertragen? Sie tun es, weil sie aufgrund von Gefahr oder Mangel dazu gezwungen sind. Sie tun es folglich, um ihr Leben zu schützen. Um leben zu können, konstituieren sie einen Souverän. Kann das Leben insofern wirklich Bestandteil der Rechte des Souveräns werden? Begründet nicht vielmehr das Leben das Recht des Souveräns, kann der Souverän wirklich von seinen Untertanen das Recht fordern, über sie die Macht über Leben und Tod auszuüben, d.h. die Macht, sie ganz einfach zu töten? Muß das Leben nicht außerhalb des Vertrags bleiben, insofern es der erste Anstoß, der ausschlaggebende und fundamentale Anlaß für

den Vertrag ist? All das ist eine Frage der politischen Philosophie, die man beiseitelassen kann, die jedoch sehr gut zeigt, wie das Problem des Lebens im Feld des politischen Denkens, der Analyse der politischen Macht problematisch zu werden beginnt. Ich möchte diese Veränderung nicht auf der Ebene der politischen Theorie, sondern eher der Mechanismen, der Techniken und Machttechnologien verfolgen. Dabei stößt man auf vertraute Dinge: Im 17. und 18. Jahrhundert sieht man Machttechniken entstehen, die wesentlich auf den Körper, den individuellen Körper gerichtet waren. All diese Prozeduren ermöglichten die räumliche Verteilung der individuellen Körper (ihre Trennung, ihre Ausrichtung, ihre Serialisierung und Überwachung) und die Organisation eines ganzen Feldes der Sichtbarkeit rund um diese individuellen Körper. Mit Hilfe dieser Techniken vereinnahmte man die Körper, versuchte man ihre Nutzkraft durch Übung, Dressur usw. zu verbessern. Es handelte sich zugleich um Techniken der Rationalisierung und der strikten Ökonomie einer Macht, die auf am wenigsten kostspielige Weise mittels eines gesamten Systems der Überwachung, der Hierarchie, Kontrolle, Aufzeichnung und Berichte ausgeübt werden sollte: Diese gesamte Technologie wird man als Disziplinartechnologie der Arbeit bezeichnen. Sie wurde mit dem ausgehenden 17. und im Laufe des 18. Jahrhunderts installiert.[1]
In der zweiten Hälfte des 18. Jahrhunderts sehen wir, wie mir scheint, etwas Neues auftreten, das eine andere, diesmal nichtdisziplinäre Machttechnologie darstellt. Eine Machttechnologie, die erstere nicht ausschließt, die die Disziplinartechnik nicht ausschließt, sondern sie umfaßt, integriert, teilweise modifiziert und sie vor allem benutzen wird, indem sie sich in gewisser Weise in sie einfügt und dank dieser vorgängigen Disziplinartechnik wirklich festsetzt. Diese neue Technik unterdrückt die Disziplinartechnik nicht, da sie ganz einfach auf einer anderen Ebene, auf einer anderen Stufe angesiedelt ist, eine andere Oberflächenstruktur besitzt und sich anderer Instrumente bedient.

1 Zur Frage der Disziplinartechnologie siehe *Überwachen und Strafen*, a. a. O.

Diese neue Technik der nicht-disziplinären Macht läßt sich nun – im Gegensatz zur Disziplin, die sich auf den Körper richtet – auf das Leben der Menschen anwenden; sie befaßt sich, wenn Sie so wollen, nicht mit dem Körper-Menschen, sondern dem lebendigen Menschen, dem Menschen als Lebewesen, und letztendlich, wenn Sie so wollen, dem Gattungs-Menschen. Genauer gesagt versucht die Disziplin die Vielfalt der Menschen zu regieren, insofern diese Vielfalt sich in individuelle, zu überwachende, zu dressierende, zu nutzende, gegebenenfalls zu bestrafende Körper unterteilen läßt. Die neue Technologie dagegen richtet sich an die Vielfalt der Menschen, nicht insofern sie sich zu Körpern zusammenfassen lassen, sondern insofern diese im Gegenteil eine globale Masse bilden, die von dem Leben eigenen Gesamtprozessen geprägt sind wie Prozessen der Geburt, des Todes, der Produktion, Krankheit usw. Nach einem ersten Machtzugriff auf den Körper, der sich nach dem Modus der Individualisierung vollzieht, haben wir einen zweiten Zugriff der Macht, nicht individualisierend diesmal, sondern massenkonstituierend, wenn Sie so wollen, der sich nicht an den Körper-Menschen, sondern an den Gattungs-Menschen richtet. Nach der Anatomie-Politik des menschlichen Körpers, die sich im Laufe des 18. Jahrhunderts ausbreitete, sehen wir am Ende dieses Jahrhunderts etwas auftreten, das keine Anatomie-Politik des menschlichen Körpers mehr ist, sondern etwas, das ich als »Biopolitik« der menschlichen Gattung bezeichnen würde.

Worum geht es in dieser neuen Technologie der Macht, in dieser Biopolitik, in dieser Bio-Macht, die sich durchzusetzen beginnt? Ich habe es vorhin in zwei Worten gesagt: Es handelt sich um eine Gesamtheit von Prozessen wie das Verhältnis von Geburt- und Sterberaten, den Geburtenzuwachs, die Fruchtbarkeit einer Bevölkerung usw. Diese Prozesse der Geburten- und Sterberate, der Lebensdauer haben gerade in der zweiten Hälfte des 18. Jahrhunderts in Verbindung mit einer ganzen Menge ökonomischer und politischer Probleme (auf die ich jetzt nicht eingehe) die ersten Wissensobjekte und die ersten

Zielscheiben biopolitischer Kontrolle abgegeben. Auf jeden Fall verwirklicht man zu diesem Zeitpunkt mit den ersten demographischen Erhebungen die statistische Messung dieser Phänomene. Es handelt sich um die Beobachtung von mehr oder weniger spontanen und planvollen Verfahren, die in der Bevölkerung in bezug auf die Natalität durchgeführt wurden; es geht, wenn Sie so wollen, um die Ermittlung von Phänomenen der Geburtenkontrolle, wie sie im 18. Jahrhundert praktiziert wurde. Es kommt nun im Ansatz zu einer Geburtenpolitik oder jedenfalls zu Interventionsschemata in diese globalen Phänomene der Geburtenrate. In dieser Biopolitik handelt es sich nicht einfach um das Problem der Fruchtbarkeit. Es geht auch um das Problem der Sterblichkeit, nicht mehr einfach, wie es bis dahin der Fall war, auf der Ebene jener berühmten Epidemien, deren Gefahren die politischen Mächte seit dem tiefen Mittelalter so sehr bedrohten (die berühmten Epidemien, die vorübergehende Dramen des vervielfachten Todes, des allen drohenden Todes waren). Zu diesem Zeitpunkt gegen Ende des 18. Jahrhunderts geht es nicht um Epidemien, sondern um etwas anderes, das man Endemien nennen könnte, d. h. die Form, Natur, Ausdehnung, Dauer und Intensität der in einer Bevölkerung herrschenden Krankheiten. Mehr oder weniger schwer ausrottbare Krankheiten, die anders als die Epidemien nicht unter dem Blickwinkel zunehmender Todesursachen betrachtet werden, sondern als permanente Faktoren – so werden sie behandelt – des Entzugs von Kräften, der Verminderung der Arbeitszeit, des Energieverlustes und ökonomischer Kosten, und zwar ebensosehr aufgrund des von ihnen produzierten Mangels wie der Pflege, die sie kosten können. Kurz, Krankheit als Bevölkerungsphänomen: nicht mehr als Tod, der sich brutal auf das Leben legt – das ist die Epidemie –, sondern als permanenter Tod, der in das Leben hineinschlüpft, es unentwegt zerfrißt, es mindert und schwächt.

Diese Phänomene beginnt man gegen Ende des 18. Jahrhunderts zu berücksichtigen; sie führen zur Einrichtung einer Medizin, deren Hauptaufgabe jetzt in der öffentlichen Hygiene liegt, mitsamt den Organismen zur Koordinierung der medizinischen Versorgung, der Zentralisierung der Information, der Normalisierung des Wissens und die auch das Aussehen einer Aufklärungskampagne in Sachen Hygiene und medizinischer Versorgung der Bevölkerung annimmt. Es handelt sich also um Probleme der Reproduktion, der Geburten- und Sterberate. Ein weiteres Interventionsfeld der Bio-Politik sollte ein Komplex von Phänomenen sein, von denen einige universeller und andere akzidenteller Natur sind, die jedoch nie vollständig eliminierbar sind, selbst wenn sie zufällig sind, und die analoge Konsequenzen der Unfähigkeit, des Ausschlusses der Individuen, der Neutralisierung usw. mit sich bringen. Dies wird zu Beginn des 19. Jahrhunderts (zum Zeitpunkt der Industrialisierung) das sehr wichtige Problem des Alters sein, also des Individuums, das aus dem Feld der Fähigkeiten und Tätigkeiten herausfällt. Auf der anderen Seite gibt es die Unfälle, Gebrechen, die verschiedenen Anomalien. Mit Blick auf diese Phänomene wird die Bio-Politik nicht nur Unterstützungseinrichtungen (die ihrerseits seit langem existierten), sondern zugleich auch viel subtilere und ökonomisch viel rationalere Mechanismen als die große, zugleich massive und lückenhafte Unterstützung, die im wesentlichen an die Kirche gebunden war, ins Leben rufen. Man verfügt über subtilere, rationellere Mechanismen der Versicherung, des individuellen und kollektiven Sparens, der Sicherheit usw.[2]

Schließlich die letzten Bereiche (ich zähle hier nur die wichtigsten auf, jene, die Ende des 18. und zu Beginn des 19. Jahrhunderts in Erscheinung traten; später wird es noch ganz andere geben): Sie berücksichtigen nunmehr die Beziehungen innerhalb der menschlichen Gattung, der menschlichen Wesen als Gattung, als Lebewesen und in ihrem Umfeld, ihrem Lebensumfeld – seien es nun die unmittelbaren Auswirkungen der geographischen, klimatischen, hydrographischen Umgebung, Probleme beispielsweise der Sümpfe und der an die Existenz

2 Zu all diesen Fragen, siehe Vorlesung am Collège de France in den Jahren 1973-74, *Le Pouvoir psychiatrique*, erscheint demnächst.

von Sümpfen in der ersten Hälfte des 19. Jahrhunderts gebundenen Epidemien. Ebenso geht es um das Problem des Milieus, insofern es kein natürliches Milieu ist und auf die Bevölkerung rückwirkt; ein Milieu, das von ihr hervorgebracht wurde. Das ist im wesentlichen das Problem der Stadt. Ich nenne Ihnen hierzu nur einfach einige Punkte, von denen aus sich die Bio-Politik konstituierte, einige ihrer Praktiken und die ersten Bereiche ihrer Intervention, ihres Wissen und ihrer Machtausübung zugleich: in bezug auf Geburten- und Sterberate, die verschiedenen biologischen Unzulänglichkeiten, die Auswirkungen des Milieus, über alles das trägt die Bio-Politik Wissen zusammen und definiert sie das Feld ihrer Machtintervention.

Darunter ist, denke ich, eine Reihe nicht unwichtiger Punkte. Erstens das Auftauchen eines neuen Elements – um nicht zu sagen einer Person –, das weder der Rechtspraxis noch der Disziplinarpraxis bekannt ist. Die Rechtstheorie kannte im Grunde nur das Individuum und die Gesellschaft: das vertragsschließende Individuum und den Gesellschaftskörper, der durch den freiwilligen oder impliziten Vertrag der Individuen konstituiert worden war. Die Disziplinen hatten es praktisch mit dem Individuum und seinem Körper zu tun. In der neuen Technologie der Macht hat man es dagegen nicht unbedingt mit der Gesellschaft (oder zumindest mit dem Gesellschaftskörper, wie ihn die Juristen definieren) zu tun und ebensowenig mit dem individuellen Körper. Es ist ein neuer Körper: ein multipler Körper mit zahlreichen Köpfen, der, wenn nicht unendlich, zumindest nicht zwangsläufig zählbar ist. Es geht um das Konzept der »Bevölkerung«. Die Bio-Politik hat es mit der Bevölkerung, mit der Bevölkerung als politischem Problem, als zugleich wissenschaftlichem und politischem Problem, als biologischem und Machtproblem zu tun – ich denke, daß dies der Augenblick ist, in dem sie in Erscheinung tritt.

Darüber hinaus gilt es – abgesehen vom Auftauchen jenes Moments der Bevölkerung –, die Natur der berücksichtigten Phänomene zu beachten. Wie Sie sehen, handelt es sich um kollektive Phänomene, die in ihren ökonomischen und politischen Wirkungen erst auf der Ebene der Masse in Erschinung treten und bedeutsam werden. Es sind zufällige und unvorhersehbare Phänomene, wenn man sie individuell für sich nimmt, die jedoch auf kollektiver Ebene Konstanten aufweisen, die ausfindig zu machen leicht oder immerhin möglich ist. Und schließlich sind es Phänomene, die sich wesentlich in der Dauer entfalten, die nur in einem gewissen mehr oder weniger langen Zeitraum zu fassen sind: serielle Phänomene. Die Bio-Politik richtet sich also insgesamt auf Zufallsereignisse, die sich innerhalb einer Bevölkerung ergeben, wenn man sie als zeitliche Erstreckung erfaßt.

Auf dieser Grundlage wird – als dritter Vorgang, den ich wichtig finde – diese Technologie der biopolitischen Macht Mechanismen ins Leben rufen, die zahlreiche Funktionen aufweisen, die sich von denen der Disziplinarmechanismen unterscheiden. In den von der Bio-Politik errichteten Machtmechanismen handelt es sich zunächst natürlich um Vorhersagen, statistische Bewertungen und globale Messungen; es geht aber auch darum, nicht ein bestimmtes einzelnes Phänomen oder Individuum, insofern es Individuum ist, zu verändern, sondern wesentlich auf der Ebene der Gründe dieser allgemeinen Phänomene einzugreifen, auf der Ebene der Phänomene, insoweit sie global sind. Es wird notwendig werden, die Sterberate zu verändern und zu senken, das Leben zu verlängern und die Geburtenrate zu stimulieren. Es geht insbesondere darum, Regulationsmechanismen einzuführen, die in dieser globalen Bevölkerung mit ihrem Zufallsfaktor ein Gleichgewicht herstellen, ein Mittelmaß wahren, eine Art Homöostase etablieren und einen Ausgleich garantieren können; es geht kurz gesagt darum, Sicherheitsmechanismen um dieses Zufallsmoment herum, das einer Bevölkerung von Lebewesen inhärent ist, zu errichten und das Leben zu optimieren, wenn Sie so wollen: mit Hilfe von Mechanismen wie den Disziplinarmechanismen, die insgesamt dazu da sind, Kräfte zu steigern und abzuschöpfen, die aber völlig andere Wege einschlagen. Denn es geht hier im Gegensatz zu den Disziplinen nicht um individuelle Dressur, die sich mittels Arbeit am Körper selbst vollzöge. Es geht absolut nicht darum, sich auf einen individuellen Körper zu richten, wie es die Disziplin tut. Das Individuum soll folglich keineswegs auf der Ebene des Details, vielmehr durch globale Mechanismen gepackt werden; man soll so handeln, daß globale Gleichgewichtszustände und Regelmäßigkeiten erzielt werden; kurz gesagt geht es also darum, das Leben und die biologischen Prozesse der Menschengattung zu erfassen und nicht deren Disziplinierung, sondern deren Regulierung sicherzustellen.[3]

Diesseits dieser großen absoluten, dramatischen und dunklen Macht der Souveränität, die darin bestand, sterben zu machen, tritt jetzt mit dieser Technologie der Bio-Macht, dieser Technologie der Macht über »die« Bevölkerung als solche, über den Menschen als Lebewesen, eine dauerhafte und gelehrte Macht hervor: die Macht, »leben zu machen«. Die Souveränität machte sterben und ließ leben. Nun tritt eine Macht in Erscheinung, die ich als Regulierungsmacht bezeichnen würde und die im Gegenteil darin besteht, leben zu machen und sterben zu lassen.

Ich glaube, daß sich diese Macht konkret in der berühmten fortschreitenden Abwertung des Todes manifestiert, auf die die Soziologen und Historiker so oft zu sprechen kommen. Jedermann weiß, zumindest seit gewissen jüngst erschienenen Untersuchungen, daß die große öffentliche Ritualisierung des Todes seit dem Ende des 18. Jahrhunderts verschwunden ist und bis heute mehr und mehr im Verschwinden begriffen ist. Dies geht bis zu dem Punkt, daß heutzutage der Tod, der keine herausragende Zeremonie mehr ist – an der die Individuen, die Familie, die Gruppe, fast die gesamte Gesellschaft teilhaben –, im Gegenteil zu etwas geworden ist, was man verbirgt. Er ist

3 M. Foucault wird auf all diese Mechanismen besonders in den Vorlesungen am Collège de France aus den Jahren 1977-78, *Sécurité, Territoire et Population*, und 1978-1979, *Naissance de la biopolitique*, die demnächst erscheinen, zurückkommen.

zur allerprivatesten und verschämtesten Sache der Welt geworden (vielleicht ist heute der Sex weniger Gegenstand eines Tabus als der Tod). Der Grund, warum der Tod tatsächlich zu etwas geworden ist, was man verbirgt, liegt meines Erachtens nicht in einer Art Verschiebung der Angst oder in einer Veränderung der Repressionsmechanismen. Er liegt in einer Veränderung der Machttechnologien. Was seinerzeit (und bis zum Ende des 18. Jahrhunderts) dem Tod seine Pracht verlieh und ihm diese hohe Ritualisierung aufzwang, war die Tatsache, daß er den Übergang von einer Macht zu einer anderen anzeigte. Der Tod war jener Moment, in dem man von der Macht des Souveräns hier auf Erden in jene andere Macht des Souveräns im Jenseits überging. Man ging von einer Urteilsinstanz zur nächsten, von einem zivilen oder öffentlichen Recht über Leben oder Tod zu einem Recht auf ewiges Leben oder ewige Verdammnis über. Der Tod war zugleich die Übertragung der Macht des Sterbenden auf die Lebenden: die letzten Worte, die letzten Empfehlungen, der letzte Wille, das Testament usw. Alle Phänomene der Macht wurden auf diese Weise ritualisiert.

Jetzt, da die Macht weniger und weniger in dem Recht, sterben zu machen, und immer mehr in dem Recht liegt, zugunsten des Lebens zu intervenieren und auf die Art des Lebens und das »Wie« des Lebens einzuwirken, jetzt, da die Macht vor allem eingreift, um das Leben zu verbessern, seine Unfälle, Zufälle, Mangelerscheinungen zu kontrollieren, wird der Tod als Endpunkt des Lebens mit einem Schlag natürlich zum Schlußstein, zur Grenze, zum Ende der Macht. Er steht außerhalb der Macht: Er ist das, was sich ihrem Zugriff entzieht und worauf die Macht nur allgemein, global und statistisch Zugriff hat. Die Macht hat nicht auf den Tod, sondern auf die Sterberate Zugriff. Insofern ist es normal, daß der Tod jetzt auf die Seite des Privaten und ins Allerprivateste abgleitet. Während im Recht der Souveränität der Tod den Punkt darstellte, an dem die absolute Macht des Souveräns sich am stärksten manifestierte, wird der Tod jetzt im Gegenteil zu dem Moment, an dem das Individuum sich dieser Macht entzieht, auf sich selbst zurückfällt und sich gewissermaßen auf seinen privatesten Bereich zurückzieht. Die Macht kennt den Tod nicht mehr. Strenggenommen läßt die Macht den Tod fallen.

Als Symbol für all das mag hier, wenn Sie so wollen, der Tod Francos stehen, der aufgrund der eingesetzten symbolischen Werte gleichwohl von Interesse ist, da in ihm derjenige stirbt, der das souveräne Recht über Leben und Tod in der Ihnen bekannten Grausamkeit ausgeübt hat, der blutigste aller Diktatoren, der das souveräne Recht über Leben und Tod vierzig Jahre lang hatte absolut herrschen lassen und zum Zeitpunkt seines eigenen Todes dieses neue Feld der Macht über das Leben betritt, das nicht nur darin besteht, das Leben zu ermöglichen oder leben zu machen, sondern das Individuum sogar jenseits seines Todes leben zu machen. Dank einer Macht, die nicht einfach eine wissenschaftliche Großtat darstellt, sondern diese im 19. Jahrhundert entwickelte politische Bio-Macht effektiv ausübt, läßt man die Leute dermaßen gut leben, daß sie sogar noch zu jenem Zeitpunkt leben, da sie biologisch seit langem tot sein müßten. Auf diese Weise ist derjenige, der über Hunderttausende von Menschen die absolute Macht über Leben und Tod ausgeübt hat, einer Macht anheimgefallen, die das Leben so gut verwaltete und den Tod so wenig beachtete, daß er nicht einmal bemerkte, daß er längst tot war und man ihn nach seinem Tod weiterleben ließ. Mir scheint, daß der Zusammenprall dieser beiden Machtsysteme, jenes der souveränen Macht über den Tod und jenes der Regulierung des Lebens, sich in diesem kleinen und freudigen Ereignis symbolisiert.

Ich möchte jetzt gerne die Unterscheidung zwischen der regulatorischen Technologie des Lebens und der disziplinären Technologie des Körpers, von der ich vorhin gesprochen habe, wiederaufgreifen. Seit dem 18. Jahrhundert (oder in jedem Fall seit dem Ende des 18. Jahrhunderts) gibt es zwei Machttechnologien, die sich in einem gewissen zeitlichen Abstand etabliert haben und sich überlagern. Zunächst die Disziplinartechnik:

Sie richtet sich auf den Körper, sie produziert individualisierende Wirkungen, sie manipuliert den Körper als Zentrum von Kräften, die zugleich nützlich und gelehrig zu machen sind. Und auf der anderen Seite haben wir eine Technologie, die sich nicht an den Körper, sondern an das Leben wendet; eine Technologie, die die einer Bevölkerung eigenen Masseneffekte zusammenfaßt und die Serie der Zufallsereignisse, die in einer lebendigen Masse auftauchen können, zu kontrollieren sucht; eine Technologie, die danach strebt, deren Wahrscheinlichkeit zu kontrollieren (und gegebenenfalls zu modifizieren), in jedem Fall deren Wirkungen zu kompensieren. Es handelt sich um eine Technologie, die nicht durch individuelle Dressur, sondern durch globales Gleichgewicht auf etwas wie Homöostase zielt: auf die Sicherheit des Ganzen vor seinen inneren Gefahren. Mithin eine Dressurtechnologie im Gegensatz zu und unterschieden von einer Sicherheitstechnologie; eine Disziplinartechnologie, die sich von einer Versicherungs- oder Regulierungstechnologie unterscheidet: eine Technologie, die zwar in beiden Fällen eine Technologie des Körpers ist, wo es sich aber in dem einen Fall um eine Technologie handelt, in der der Körper als mit Fähigkeiten ausgestatteter Organismus individualisiert wird, und im anderen um eine Technologie, in der die Körper durch die biologischen Gesamtprozesse ersetzt werden.

Es läßt sich mithin Folgendes sagen: Alles hat sich so zugetragen, als ob die Macht, deren Modalität und Organisationsschema die Souveränität war, sich außerstande gesehen hätte, den ökonomischen und politischen Körper einer Gesellschaft zu regieren, die zugleich eine Bevölkerungsexplosion und die Industrialisierung durchläuft. So daß der alten Mechanik der Souveränitätsmacht allzu viele Dinge unten wie oben, auf der Ebene des Details wie der Massen, entgingen. Um das Detail wiedereinzuholen, fand eine erste Anpassung statt: die Anpassung der Machtmechanismen an den individuellen Körper mittels Überwachung und Dressur – das war die Disziplin. Natürlich war das die am leichtesten und einfachsten zu realisierende Anpassung. Daher vollzog sie sich als erste – ab dem 17. und zu

Beginn des 18. Jahrhunderts – auf lokaler Ebene, in intuitiven, empirischen, bruchstückhaften Formen, und im begrenzten Rahmen von Institutionen wie der Schule, dem Hospital, der Kaserne, der Werkstatt usw. Ende des 18. Jahrhunderts haben Sie schließlich eine zweite Anpassung an die globalen Phänomene, an die Bevölkerungsphänomene mitsamt der biologischen und biosoziologischen Prozesse von Menschenmassen. Das ist eine viel schwierigere Anpassung, da sie selbstverständlich komplexe Organe zur Koordinierung und Zentralisierung erfordert.

Wir haben also zwei Serien: die Serie Körper – Organismus – Disziplin – Institutionen; und die Serie Bevölkerung – biologische Prozesse – Regulierungsmechanismen – Staat. Ein organisches institutionelles Ganzes: eine Organo-Disziplin der Institution, wenn Sie so wollen, und auf der anderen Seite eine biologische und staatliche Gesamtheit: die Bio-Regulierung durch den Staat. Ich will diesen Gegensatz zwischen Staat und Institutionen nicht verabsolutieren, da die Disziplinen in der Tat immer dahin tendieren, den institutionellen oder lokalen Rahmen, in dem sie gefangen sind, zu sprengen. Dann nehmen sie in gewissen Apparaten leicht eine staatliche Dimension an, wie beispielsweise bei der Polizei, die zugleich ein Disziplinar- und ein Staatsapparat ist (was beweist, daß die Disziplin nicht immer institutioneller Natur ist). Ebenso finden wir die großen globalen Regulierungen, die sich im Laufe des 19. Jahrhunderts ausgebreitet haben, natürlich auf der staatlichen Ebene, aber auch unterhalb der staatlichen Ebene in einer ganzen Reihe von sub-staatlichen Institutionen wie den medizinischen Institutionen, den Ersatzkassen, den Versicherungen usw. Soweit die erste Bemerkung, die ich anstellen wollte.

Andererseits liegen diese beiden Mechanismen, die disziplinären und die regulatorischen, nicht auf derselben Ebene. Dies ermöglicht es ihnen gerade, sich nicht wechselseitig auszuschließen und sich miteinander zu verbinden. Man kann sogar behaupten, daß die Disziplinarmechanismen der Macht und die regulatorischen Mechanismen der Macht, die Mechanismen, die den Körper disziplinieren, und die Mechanismen, die

die Bevölkerung regulieren, in den meisten Fällen miteinander verknüpft sind. Hier ein oder zwei Beispiele: Nehmen Sie das Problem der Stadt oder genauer gesagt diese räumliche, überlegte, geplante Verteilung, wie sie die Modell-Stadt, die künstliche Stadt, die Stadt utopischer Realität darstellt und wie man sie sich nicht nur erträumt, sondern im 19. Jahrhundert tatsächlich errichtet hat. Nehmen Sie etwa die Arbeiterstadt. Wie sieht die Arbeiterstadt aus, die es im 19. Jahrhundert gibt? Man kann sehr gut erkennen, wie sie gewissermaßen rechtwinkelig Disziplinarmechanismen zur Kontrolle des Körpers, der Körper durch die Rasterung, durch Unterteilung der Stadt und durch die Lokalisierung von Familien (jede in einem Haus) und Individuen zum Ausdruck bringt. Unterteilung, Sichtbarmachung der Individuen, Normalisierung der Verhaltensweisen, eine Art spontaner Polizeikontrolle, die durch die räumliche Aufteilung der Stadt selbst bewirkt wird: eine ganze Reihe von Disziplinarmechanismen, die sich in der Arbeiterstadt leicht antreffen lassen. Daneben haben Sie eine ganze Reihe von Mechanismen, die im Gegensatz dazu regulatorische Mechanismen und auf die Bevölkerung als solche gerichtet sind und beispielsweise Haltungen des Sparens ermöglichen und nahelegen, die mit Wohnverhältnissen, der Lage der Wohnung und gegebenenfalls ihrem Kauf verbunden sind. Systeme der Krankenversicherung und der Alterssicherung; Hygieneregeln, die die größtmögliche Lebensdauer der Bevölkerung gewährleisten; der Druck, den die Organisation der Stadt auf die Sexualität und damit auf die Fortpflanzung ausübt; Druck, den man auf die Familienhygiene ausübt, Kinderpflege, Schulpflicht usw. Hier haben Sie also Disziplinar- und Regulierungsmechanismen.

Nehmen Sie einen ganz anderen – freilich nicht völlig anderen, nicht vollständig anderen – Bereich; nehmen Sie auf einer anderen Achse so etwas wie die Sexualität. Warum wird die Sexualität im 19. Jahrhundert zu einem Bereich, dessen strategische Bedeutung sehr groß ist? Wenn die Sexualität wichtig war, dann aus verschiedenen Gründen, vor allem aber aus folgenden: Einerseits ergibt sich die Sexualität als körperliches Verhalten aus einer individualisierenden Disziplinarkontrolle in der Form permanenter Überwachung (ab dem Ende des 18. Jahrhunderts hat man beispielsweise begonnen, die Kinder den berühmten Kontrollen der Masturbation auszusetzen, und zwar im familiären Bereich, im schulischen Bereich usw.; sie stellen genau diese Seite der disziplinären Kontrolle der Sexualität dar); daneben fügt sich die Sexualität dank ihrer Fortpflanzungseffekte gleichzeitig in die umfassenden biologischen Prozesse ein, die nicht mehr den Körper des Individuums, sondern jenes Element, jene multiple Einheit betreffen, die die Bevölkerung ist. Die Sexualität befindet sich an der Kreuzung von Körper und Bevölkerung. Folglich gehört sie zur Disziplin, aber auch zur Regulierung.

Die extreme medizinische Aufwertung der Sexualität im 19. Jahrhundert ergibt sich, wie ich denke, aus dieser privilegierten Position der Sexualität zwischen Organismus und Bevölkerung, zwischen dem Körper und den globalen Phänomenen. Hieraus erklärt sich auch die medizinische Vorstellung, nach welcher die Sexualität, wenn sie undiszipliniert und unregelmäßig ausgeübt wird, immer zwei Arten von Wirkungen hervorbringt: einerseits auf den Körper, den undisziplinierten Körper, der unmittelbar von allen Krankheiten ereilt wird, die sexuelle Ausschweifung nach sich zieht. Ein masturbierendes Kind wird sein Leben lang krank sein: eine disziplinäre Sanktion auf der Ebene des Körpers. Zugleich hat eine ausschweifende, pervertierte Sexualität Auswirkungen auf der Ebene der Bevölkerung, da man von dem sexuell Ausschweifenden annimmt, daß sein Erbgut, seine Nachkommenschaft ihrerseits beeinträchtigt sein werden, und das über Generationen hinweg bis ins siebente Glied und ins siebte des siebten Glieds. Es handelt sich um die Theorie der Degeneration[4]: Die Sexualität,

4 M. Foucualt bezieht sich hier auf die in Frankreich Mitte des 19. Jahrhunderts von den Irrenärzten, insbesondere von B.-A. Morel (*Traité des dégénerescences physiques, intellectuelles et morales de l'espèce humaine,* Paris, 1857; *Traité des maladies mentales,* Paris, 1870), von V. Magnan (*Leçons cliniques sur les maladies mentales,* Paris, 1893; zu deutsch:

insofern sie ein Herd individueller Krankheiten und andererseits der Kern der Degeneration ist, repräsentiert genau diesen Verbindungspunkt des Disziplinären und Regulatorischen, des Körpers und der Bevölkerung. Sie verstehen nun, warum und wie das technische Wissen der Medizin oder eher die Gesamtheit aus Medizin und Hygiene im 19. Jahrhundert zu einem Element werden können, das nicht das wichtigste, aber dessen Bedeutung beträchtlich ist aufgrund des Bandes, das es zwischen den wissenschaftlichen Zugriffen auf die biologischen und organischen Prozesse (d. h. auf die Bevölkerung und den Körper) und zugleich, insofern die Medizin eine politische Technik der Intervention ist, den eigentlichen Machtwirkungen knüpft. Die Medizin ist ein Macht-Wissen, das sich auf die Körper wie die Bevölkerung, auf den Organismus wie die biologischen Prozesse erstreckt und also disziplinierende und regulierende Wirkungen hat.

Noch allgemeiner läßt sich sagen, daß das Element, das vom Disziplinären zum Regulatorischen verläuft und sich auf dieselbe Weise auf den Körper und die Bevölkerung bezieht und zugleich die Kontrolle der disziplinären Ordnung des Körpers und der Zufallsereignisse einer biologischen Vielfalt erlaubt, daß dieses Element, das vom einen zum anderen zirkuliert, die »Norm« ist. Die Norm, das ist das, was sich auf einen Körper, den man disziplinieren will, ebensogut anwenden läßt wie auf eine Bevölkerung, die man regulieren will. Die Normalisierungsgesellschaft ist, so gesehen, nicht eine Art verallgemeinerter Disziplinargesellschaft, deren Disziplinarinstitutionen sich ausgebreitet und die schließlich den gesamten Raum abgedeckt

Psychiatrische Vorlesungen, übers. v. P. J. Möbius, Leipzig, 1891-1894) und von M. Legrain (*Les Dégénérés, état mental et syndromes épisodiques*, Paris, 1895) ausgearbeitete Theorie. Diese Theorie der Degeneration, die auf dem Prinzip der Übertragbarkeit des »erblich« genannten Makels basiert, war der Kern des medizinischen Wissens über Wahnsinn und Anormalität in der zweiten Hälfte des 19. Jahrhunderts. Sehr bald von der legalen Medizin aufgegriffen, hatte sie beträchtliche Auswirkungen auf die eugenischen Doktrinen und Praktiken und hat die gesamte Literatur, Kriminologie und Anthropologie beeinflußt.

hätten – dies ist nur eine erste und, wie ich denke, unzureichende Interpretation der Idee der Normalisierungsgesellschaft. Die Normalisierungsgesellschaft ist eine Gesellschaft, in der sich entsprechend einer orthogonalen Verknüpfung die Norm der Disziplin und die Norm der Regulierung miteinander verbinden. Wenn man behauptet, daß die Macht im 19. Jahrhundert vom Leben Besitz ergriffen hat oder zumindest, daß die Macht im 19. Jahrhundert das Leben in Beschlag genommen hat, heißt das, daß es ihm gelungen ist, die gesamte Oberfläche abzudecken, die sich vom Organischen zum Biologischen, vom Körper zur Bevölkerung dank des doppelten Spiels der Disziplinartechnologien einerseits, der Regulierungstechnologien andererseits erstreckt.

Wir befinden uns somit im Innern einer Macht, die den Körper und das Leben vereinnahmt oder die das Leben im allgemeinen, wenn Sie so wollen, mit den Polen des Körpers auf der einen und der Bevölkerung auf der anderen Seite in Beschlag genommen hat. Es handelt sich folglich um eine Bio-Macht, deren Paradoxa, die sich an der Grenze ihrer Ausübung auftun, man leicht erkennen kann. Paradoxa, die sich einerseits aus der atomaren Macht ergeben, die nicht einfach darin besteht, entsprechend der dem Souverän verliehenen Rechte Millionen und Abermillionen von Menschen zu töten (das wäre noch immer ganz traditionell). Die atomare Macht stellt für das Funktionieren der aktuellen politischen Macht eine Art schwer zu umgehendes, wenn nicht unumgehbares Paradox dar, weil sich in der Macht, eine Atombombe zu bauen und einzusetzen, das Vorgehen einer Souveränitätsmacht erkennen läßt, die tötet, aber darüber hinaus auch einer Macht, die sogar das Leben tötet. Die Macht wird in der Atommacht dergestalt eingesetzt, daß sie sich in die Lage versetzt, das Leben selbst zu vernichten. Und sich folglich als Macht, die das Leben garantiert, selbst zu vernichten. Wenn sie dagegen souverän ist und die Atombombe zum Einsatz bringt, dann kann sie nicht Macht, Bio-Macht, Macht zur Erhaltung des Lebens sein, wie sie es seit dem 19. Jahrhundert ist. Am anderen Extrem haben

Sie den Übergriff nicht mehr des souveränen Rechts über die Bio-Macht, sondern den Übergriff der Bio-Macht über das souveräne Recht. Zu diesem Übergriff der Bio-Macht kommt es, wenn dem Menschen technisch und politisch die Möglichkeit gegeben ist, nicht allein das Leben zu meistern, sondern es zu vermehren, Lebendiges herzustellen und Monströses und – nicht zuletzt – unkontrollierbare und universell zerstörerische Viren zu fabrizieren. Schreckliche Ausdehnung der Bio-Macht, die im Gegensatz zu dem, was ich gerade über die Atommacht gesagt habe, die ganze menschliche Souveränität überschwemmen wird.

Verzeihen Sie diese langen Umschweife rund um die Bio-Macht, aber ich denke, daß man auf dieser Grundlage dem von mir gestellten Problem wiederbegegnen kann.

Wie werden nun innerhalb dieser Machttechnologie, deren Gegenstand und Ziel das Leben ist (und die mir eines der wesentlichen Merkmale der Machttechnologie seit dem 19. Jahrhundert zu sein scheint), das Recht zu töten und die Funktion des Mordens ausgeübt, wenn es stimmt, daß die Souveränitätsmacht mehr und mehr zurückgeht und dafür die disziplinäre und regulatorische Bio-Macht immer mehr um sich greift? Wie kann eine solche Macht töten, wenn es stimmt, daß es im wesentlichen darum geht, das Leben aufzuwerten, seine Dauer zu verlängern, seine Möglichkeiten zu vervielfachen, Unfälle fern zu halten oder seine Mängel zu kompensieren? Wie ist es einer politischen Macht unter diesen Bedingungen möglich zu töten, den Tod zu fordern, den Tod zu verlangen, zu töten, den Tod zu befehlen, nicht nur seine Feinde dem Tod auszusetzen, sondern sogar die eigenen Bürger? Wie kann diese Macht, die wesentlich die Hervorbringung von Leben zum Ziel hat, sterben lassen? Wie kann man die Macht des Todes, wie kann man die Funktion des Todes in einem rund um die Bio-Macht zentrierten politischen System ausüben?

Hier kommt der Rassismus ins Spiel. Ich will keineswegs behaupten, daß der Rassismus zu diesem Zeitpunkt erfunden wurde. Es gab ihn schon viel früher. Aber ich denke, daß er anderswo funktionierte. Mit dem Aufkommen der Bio-Macht zieht der Rassismus in die Mechanismen des Staates ein. Ab da schreibt sich der Rassismus als grundlegender Mechanismus der Macht ein, wie sie in den modernen Staaten eingesetzt wird, und bedingt, daß es kaum ein modernes Funktionieren des Staates gibt, das sich nicht zu einem bestimmten Zeitpunkt, an einer gewissen Grenze und unter bestimmten Bedingungen des Rassismus bedient.

Was ist der Rassismus letztendlich? Zunächst ein Mittel, um in diesen Bereich des Lebens, den die Macht in Beschlag genommen hat, eine Zäsur einzuführen: die Zäsur zwischen dem, was leben, und dem, was sterben muß. Schon das biologische *Kontinuum* der menschlichen Gattung, das Auftauchen von Rassen, die Unterscheidung von Rassen, die Hierarchie von Rassen und die Bewertung bestimmter Rassen als gut und anderer als minderwertig, all das stellt eine Art und Weise dar, das biologische Feld, das die Macht besetzt, zu fragmentieren; eine Art und Weise, im Innern der Bevölkerung Gruppen gegeneinander auszuspielen und, kurz gesagt, eine Zäsur biologischen Typs in einen Bereich einzuführen, der sich eben als biologischer Bereich darstellt. Dies gestattet der Macht, die Bevölkerung als Rassenmischung zu behandeln oder genauer die Gattung in Augenschein zu nehmen und die Gattung zu unterteilen, derer sie sich in Untergruppen angenommen hat und die eben die Rassen sind. Die erste Funktion des Rassismus liegt darin, zu fragmentieren und Zäsuren innerhalb des biologischen *Kontinuums*, an das sich die Bio-Macht wendet, vorzunehmen.

Der Rassismus hat aber noch eine zweite Funktion: Ihm kommt die Aufgabe zu, eine positive Beziehung vom Typ »je mehr du töten wirst, um so mehr wirst du sterben machen«, oder »je mehr du sterben läßt, um so mehr wirst du eben deswegen leben«, aufzubauen. Ich würde sagen, daß diese Beziehung (»wenn du leben willst, mußt du töten, mußt du töten können«) trotz allem weder vom Rassismus noch vom modernen Staat erfunden worden ist. Sondern viel eher die kriegerische Beziehung: »Um zu leben, mußt du wohl deine Feinde umbringen.« Aber der Rassismus läßt diese Beziehung kriegerischen Typs – »wenn du leben willst, muß der andere sterben« – funktionieren, spielt sie auf eine neue Art und Weise aus, die mit der Ausübung der Bio-Macht kompatibel ist. Einerseits ermöglicht der Rassismus tatsächlich die Errichtung einer Beziehung zwischen meinem Leben und dem Tod des Anderen, eine nicht militärische und kriegerische Begegnung, vielmehr eine Beziehung biologischen Typs: »je mehr niedere Gattungen im Verschwinden begriffen sind, je mehr anormale Individuen vernichtet werden, desto weniger Degenerierte gibt es in der Gattung, desto besser werde ich – nicht als Individuum, sondern als Gattung – leben, stark sein, kraftvoll sein und gedeihen«. Der Tod des Anderen bedeutet nicht einfach mein Überleben in der Weise, daß er meine persönliche Sicherheit erhöht; der Tod des Anderen, der Tod der bösen Rasse, der niederen (oder degenerierten oder anormalen) Rasse wird das Leben im allgemeinen gesünder machen; gesünder und reiner.

Es handelt sich somit nicht um eine militärische, kriegerische oder politische Beziehung, sondern um eine biologische Beziehung. Dieser Mechanismus kann greifen, weil die Feinde, die es zu unterdrücken gilt, nicht Gegner im politischen Sinn des Wortes sind; sie sind äußere oder innere Gefahren in bezug auf oder für die Bevölkerung. Anders gesagt kann die Tötung, der Imperativ des Todes in das System der Bio-Macht erst dann einziehen, wenn sie nicht nach dem Sieg über die politischen Gegner strebt, sondern danach, die biologische Gefahr zu beseitigen und die Gattung selbst oder die Rasse mit dieser Beseitigung direkt zu stärken. Rasse, Rassismus ist die Bedingung für die Akzeptanz des Tötens in einer Normalisierungsgesellschaft. Dort, wo eine Normalisierungsgesellschaft vorliegt, dort, wo Sie eine Macht vorfinden, die zumindest auf ihrer Oberfläche und in erster Instanz, in erster Linie, eine Bio-Macht ist, dort ist der Rassimus notwendige Bedingung dafür, jemanden dem Tod auszuliefern oder die anderen zu töten. Die

Tötungsfunktion des Staates kann, sobald der Staat nach dem Modus der Bio-Macht funktioniert, nicht anders gesichert werden als durch Rassismus.

Die Bedeutung – ich würde sogar sagen die vitale Bedeutung – des Rassismus für die Ausübung einer solchen Macht wird damit verständlich: Er ist die Bedingung für die Ausübung des Rechts auf Tötung. Wenn die Normalisierungsmacht das alte souveräne Recht zu töten ausüben möchte, muß sie sich des Rassismus bedienen. Und wenn umgekehrt eine Souveränitätsmacht, d. h. eine Macht, die das Recht über Leben und Tod innehat, mit den Instrumenten, Mechanismen, der Technologie der Normalisierung funktionieren will, dann muß sie sich ebenfalls des Rassismus bedienen. Selbstverständlich verstehe ich unter Tötung nicht den direkten Mord, sondern auch alle Formen des indirekten Mordes: jemanden der Gefahr des Todes ausliefern, für bestimmte Leute das Todesrisiko oder ganz einfach den politischen Tod, die Vertreibung, Abschiebung usw. erhöhen.

Von hier aus lassen sich gewisse Dinge, wie mir scheint, besser verstehen. Zunächst wird die Verbindung zwischen der biologischen Theorie des 19. Jahrhunderts und dem Machtdiskurs deutlich. Im Grunde ist die Evolutionstheorie, in einem weiten Sinn verstanden – d. h. weniger die Theorie Darwins selbst als die Gesamtheit, das Bündel von Begriffen (wie die Hierarchie der Arten auf dem Stammbaum der Evolution, der Kampf ums Dasein zwischen den Arten, die Zuchtwahl, die die am wenigsten Angepaßten aussondert) –, natürlich in den wenigen Jahren des 19. Jahrhunderts nicht einfach zu dem wissenschaftlichen Ansatz geworden, der den politischen Diskurs in biologische Termini umschreibt, und auch nicht einfach zu der Art und Weise, einen politischen Diskurs unter einem wissenschaftlichen Deckmantel zu verstecken, sondern wirklich zu der Art und Weise, die Beziehungen der Kolonisierung, die Notwendigkeit des Krieges, die Kriminalität, die Phänomene von Wahnsinn und Geisteskrankheit und die Geschichte der Gesellschaften mit ihren verschiedenen Klassen usw. zu den-

ken. Anders gesagt, jedesmal wenn es Konflikt, Tötung, Kampf, Todesrisiko gegeben hat, glaubte man sie buchstäblich in Formen der Evolutionstheorie denken zu müssen.
Es wird nunmehr klar, warum sich der Rassismus in diesen modernen Gesellschaften, die nach dem Modus der Bio-Macht funktionieren, entwickelt hat; und auch, warum sich der Rassismus an gewissen herausragenden Punkten, die eben die Punkte sind, an denen das Recht auf Tod notwendigerweise gefordert wird, entzünden wird. Der Rassismus entwickelte sich *zunächst* mit der Kolonisierung, d. h. dem kolonisatorischen Völkermord. Wie kann man Leute, Völker, Zivilisationen töten, wenn man nach dem Modus der Bio-Macht funktioniert? Mit Hilfe der Themen der Evolutionstheorie, mit Hilfe des Rassismus.
Der Krieg? Wie kann man nicht nur seinen Gegnern den Krieg erklären, sondern seine eigenen Bürger dem Krieg aussetzen und sie zu Millionen töten lassen (wie das eben seit dem 19. Jahrhundert, seit der zweiten Hälfte des 19. Jahrhunderts geschehen ist?), wenn nicht durch Rückgriff auf das Thema des Rassismus? Im Krieg wird es von nun an um zwei Dinge gehen: nicht nur einfach darum, den politischen Gegner, sondern die gegnerische Rasse, diese Art biologischer Gefahr, welche das Gegenüber für unsere Rasse darstellt, zu zerstören. Sicherlich handelt es sich hier in gewisser Weise nur um die biologische Extrapolation des Themas des politischen Feindes. Aber darüber hinaus wird der Krieg – das ist absolut neu – am Ende des 19. Jahrhunderts als Möglichkeit erscheinen, nicht nur die eigene Rasse durch Beseitigung der gegnerischen Rasse zu stärken (entsprechend der Themen der Selektion und des Kampfes ums Dasein), sondern die eigene Rasse auch zu regenerieren. Je zahlreicher jene sein werden, die durch uns umkommen, um so reiner wird die Rasse sein, der wir angehören.
Hier haben wir jedenfalls einen für das Ende des 19. Jahrhunderts neuen Kriegsrassismus, der aufgrund der Tatsache notwendig wurde, daß eine Bio-Macht in der Absicht, Krieg zu führen (nicht wußte), wie sie den Willen zur Zerstörung des

Gegners und das von ihr eingegangene Risiko der Zerstörung jener, deren Leben sie per definitionem schützen, umsorgen und vervielfachen mußte, miteinander verbinden sollte. Dasselbe ließe sich in bezug auf die Kriminalität sagen. Auch die Kriminalität wurde ab diesem Zeitpunkt in Begriffen des Rassismus gedacht, da sie im Mechanismus der Bio-Macht die Tötung des Kriminellen und seine Beseitigung möglich werden lassen mußte. Dasselbe gilt für den Wahnsinn und für die verschiedenen Anomalien.

Im großen und ganzen sichert der Rassismus, denke ich, die Funktion des Todes in der Ökonomie der Bio-Macht gemäß dem Prinzip, daß der Tod der Anderen die biologische Selbst-Stärkung bedeutet, insofern man Mitglied einer Rasse oder Bevölkerung ist, insofern man Element einer einheitlichen und lebendigen Pluralität ist. Wie Sie sehen, sind wir hier im Grunde von einem Rassismus sehr weit entfernt sind, der einfach und traditionell Verachtung oder Haß zwischen den Rassen wäre. Wir sind auch sehr weit von einem Rassismus entfernt, der eine Art ideologischer Operation darstellte, dank welcher die Staaten oder eine Klasse versuchten, die eigentlich gegen sich selbst gerichteten oder im Gesellschaftskörper brodelnden Feindseligkeiten gegen einen mythischen Gegner zu richten. Ich glaube, daß er viel tiefer reicht als die alte Tradition, viel tiefer als jede neue Ideologie – es handelt sich um etwas anderes. Die Besonderheit des modernen Rassismus, seine Spezifik, ist nicht an Mentalitäten, Ideologien und Lügen der Macht gebunden. Sie ist an die Technik der Macht, an die Technologie der Macht gebunden. Sie ist mit dem verknüpft, was uns, ganz anders als Rassenkrieg und geschichtliche Erkenntnis, in einen Mechanismus hineinversetzt, der der Bio-Macht ihre Ausübung gestattet. Der Rassismus ist an das Funktionieren eines Staates gebunden, der sich zum Zweck der Ausübung seiner souveränen Macht der Rasse, der Eliminierung der Rassen und der Reinigung der Rasse zu bedienen gezwungen sieht. Das Nebeneinander oder vielmehr das Funktionieren der alten souveränen Macht des Rechts über den Tod durch die Bio-

Macht bringt es mit sich, daß der Rassismus erneut funktioniert, erneut in Einsatz gebracht wird und aktiv sein kann. Hier, denke ich, liegen tatsächlich seine Wurzeln.

Unter diesen Bedingungen läßt sich mithin verstehen, wie und warum die mörderischsten Staaten zugleich zwangsläufig die rassistischsten sind. Hier drängt sich natürlich das Beispiel des Nazismus auf. Der Nazismus ist wohl tatsächlich die auf die Spitze getriebene Entwicklung neuer, seit dem 18. Jahrhundert vorhandener Machtmechanismen. Es gibt keinen disziplinäreren Staat als das Naziregime; auch keinen Staat, in dem die biologischen Regulierungen auf straffere und nachdrücklichere Weise wiederaufgenommen worden wären. Disziplinarmacht, Bio-Macht: Beide hat die Nazigesellschaft aufgegriffen und zum Einsatz gebracht (der Zugriff auf das Biologische, die Fortpflanzung, die Nachkommen; Erfassung auch von Krankheit und Unfällen). Keine Gesellschaft, die disziplinärer und zugleich versicherungsförmiger gewesen wäre als die von den Nazis eingeführte oder in jedem Fall geplante. Die Kontrolle der den biologischen Prozessen eigenen Zufälle war eines der unmittelbaren Ziele dieses Regimes.

Aber in dieser universell versicherungsförmigen, universell beruhigenden, universell regulierenden und disziplinären Gesellschaft gab es zugleich, quer durch die Gesellschaft hindurch, die vollkommenste Entfesselung der Tötungsmacht, d. h. dieser alten souveränen Macht über den Tod. Diese Macht zu töten, die die gesamte Nazigesellschaft durchzieht, manifestiert sich vor allem deshalb, weil die Macht zu töten, die Macht über Leben und Tod nicht einfach dem Staat, sondern einer ganzen Reihe von Individuen, einer beträchtlichen Zahl von Leuten (seien es die SA, die SS usw.) übertragen worden ist. Im Zweifelsfall hat im Nazistaat jedermann das Recht auf Leben und Tod über seinen Nachbarn, und sei es nur durch eine denunziatorische Haltung, die tatsächlich ermöglicht, jenen zu beseitigen oder beseitigen zu lassen, der neben einem wohnt.

Entfesselung der Tötungsmacht und der souveränen Macht mithin quer durch den gesamten Gesellschaftskörper. Dank der

Tatsache, daß der Krieg explizit zum politischen Ziel erklärt wird – und nicht einfach zu einem politischen Ziel, um bestimmte Zwecke zu erreichen, sondern als eine Art letzter und entscheidender Phase aller politischen Prozesse –, muß die Politik in Krieg münden und der Krieg die letzte und entscheidende Phase der Krönung all dessen sein. Folglich ist nicht nur die Zerstörung der anderen Rassen das Ziel des Naziregimes. Die Zerstörung der anderen Rassen ist eine Seite des Plans, die andere geht dahin, die eigene Rasse der absoluten und universellen Todesgefahr auszuliefern. Das Risiko zu sterben, die Auslieferung an die totale Zerstörung ist eines der Prinzipien, die zu den grundlegenden Pflichten des Nazigehorsams und zu den entscheidenden politischen Zielen gehören. Das geht bis zu dem Punkt, an dem die gesamte Bevölkerung dem Tod ausgeliefert wird. Einzig diese universelle Auslieferung der Gesamtbevölkerung an den Tod wird sie tatsächlich zur überlegenen Rasse machen und im Vergleich mit jenen Rassen, die vollständig vernichtet oder endgültig unterworfen werden, definitiv erneuern.

Wir haben in der Nazigesellschaft mithin diesen außergewöhnlichen Sachverhalt vorliegen, daß sie als Gesellschaft die Bio-Macht absolut verallgemeinert, aber gleichzeitig das souveräne Recht zu töten generalisiert. Die beiden Mechanismen, der klassische, archaische, der dem Staat das Recht auf Leben und Tod über die Bürger verlieh, und dieser neue rund um die Disziplin, die Regulierung, kurz die Bio-Macht organisierte Mechanismus fügen sich ineinander. So läßt sich schließlich sagen: Der Nazistaat hat das Feld des Lebens, das er verbessert, schützt, absichert und biologisch kultiviert, und zugleich das Recht des Souveräns, jemanden – nicht nur die anderen, sondern auch die eigenen Leute – zu töten, absolut zur Deckung gebracht. Es gab bei den Nazis die Koinzidenz zwischen einer verallgemeinerten Bio-Macht und einer absoluten Diktatur, die durch dieses schreckliche Übersetzungsverhältnis zwischen dem Recht zu töten und der Auslieferung des gesamten Gesellschaftskörpers an den Tod gekennzeichnet war. Der Nazismus ist ein absolut rassistischer Staat, ein absolut mörderischer und selbstmörderischer Staat. Dies überlagert sich zwangsläufig und mündet natürlich in die »Endlösung« der Jahre 1942-43 (dank deren man über die Juden alle anderen Rassen, deren Symbol und Manifestation die Juden waren, eliminieren wollte) und in das Telegramm 71, in welchem Hitler im April 1945 den Befehl erteilte, die Lebensbedingungen des deutschen Volkes selbst zu zerstören.[5]

Endlösung für die anderen Rassen, absoluter Selbstmord der eigenen (deutschen) Rasse. Dahin führte diese dem Funktionieren des modernen Staates innewohnende Mechanik. Natürlich hat allein der Nazismus das Spiel zwischen dem souveränen Recht zu töten und den Mechanismen der Bio-Macht bis zum Paroxysmus gesteigert. Dieses Spiel gehört aber zum Funktionieren aller Staaten. Aller modernen Staaten, aller kapitalistischen Staaten? Nicht unbedingt. Ich glaube, daß der sozialistische Staat – aber das würde einen anderen Nachweis verlangen –, daß der Sozialismus genauso vom Rassismus geprägt ist wie das Funktionieren des modernen Staats, des kapitalistischen Staats. Im Vergleich zum Staatsrassismus, der sich unter den von mir genannten Bedingungen herausgebildet hat, ist der Sozial-Rassismus noch vor der Bildung der sozialistischen Staaten in Erscheinung getreten. Der Sozialismus war im 19. Jahrhundert auf Anhieb ein Rassismus. Sei es bei Fourier[6] zu Beginn des Jahrhunderts oder bei den Anarchisten gegen Ende des Jahrhunderts – wenn man die Formen des Sozialismus Revue passieren läßt, entdeckt man immer eine Komponente des Rassismus.

5 Ab dem 19. März hat Hitler Vorkehrungen zur Zerstörung der logistischen Infrastruktur und der Industrieanlagen Deutschlands getroffen. Diese Vorkehrungen werden in zwei Dekreten vom 30. März und 7. April verkündet. Zu diesen Dekreten, vgl. A. Speer, *Erinnerungen*, Berlin, 1968. Foucault hat sicherlich auch das Werk von J. Fest, *Hitler*, Frankfurt a. M./Berlin/Wien, Ullstein, 1973 gelesen.

6 Von Ch. Fourier siehe insbesondere: *Théorie des Quatre Mouvements et des Destinées générales*, Leipzig (Lyon), 1808; *Le Nouveau Monde industriel et sociétaire*, Paris, 1829; *La Fausse Industrie morcelée, répugnante, mensongère*, Paris, 1836, 2 Bde.

Darüber zu sprechen fällt mir schwer. Wenn man so mir nichts dir nichts darüber spricht, wendet man ein Totschlagargument an. Um Ihnen dies vorzuführen, bedürfte es nicht zuletzt (was ich gerne tun würde) einer weiteren Vorlesungsreihe. In jedem Fall würde ich gerne Folgendes sagen: Ganz allgemein habe ich den Eindruck – und hier formuliere ich ein wenig salopp –, daß der Sozialismus, insofern er nicht in erster Linie ökonomische und juridische Probleme nach dem Eigentumstypus und der Produktionsweise aufwirft, insofern folglich das Problem der Mechanik der Macht, der Mechanismen der Macht von ihm nicht gestellt und analysiert wird, dieselben Mechanismen der Macht, die sich im kapitalistischen oder industriellen Staat konstituiert haben, einsetzen und einbringen muß. Eines ist jedenfalls sicher: Das Thema der Bio-Macht, das gegen Ende des 18. und während des 19. Jahrhunderts entwickelt wurde, wurde vom Sozialismus nicht nur nicht kritisiert, sondern wurde in der Tat von ihm wiederaufgegriffen, weiterentwickelt, reimplantiert und in einigen Punkten modifiziert, aber keineswegs im Hinblick auf seine Grundlagen und in seinen Funktionsweisen einer Überprüfung unterzogen. Die Vorstellung schließlich, daß Gesellschaft oder Staat oder das, was an die Stelle des Staates treten sollte, im wesentlichen die Aufgabe hat, das Leben in Beschlag zu nehmen, es zu gestalten, zu vermehren und seine Zufälle zu kompensieren, seine Chancen und biologischen Möglichkeiten zu durchlaufen und einzugrenzen – all das wurde vom Sozialismus, wie mir scheint, übernommen. Mit den entsprechenden Folgen, die das hat, sobald man sich in einem sozialistischen Staat befindet, der das Recht zu töten oder zu eliminieren oder das Recht zu disqualifizieren ausüben muß. So stößt man ganz von selbst auf den Rassismus – nicht den eigentlich ethischen Rassismus, sondern den Rassismus evolutionistischen Typs, den biologischen Rassismus, der in den sozialistischen Staaten (sowjetischen Typs) gegenüber den Geisteskranken, Kriminellen und politischen Gegner usw. vollauf funktioniert. Soviel zum Staat.

Was mir ebenfalls interessant erscheint und lange Zeit Probleme bereitet hat, ist erneut die Tatsache, daß man nicht nur auf der Ebene des sozialistischen Staats diesem Funktionieren des Rassismus, sondern in den verschiedenen Formen der Analyse und des sozialistischen Projekts während des gesamten 19. Jahrhunderts wiederbegegnet, und immer, wie mir scheint, in diesem Zusammenhang: Immer wenn ein Sozialismus besonders auf der Transformation der ökonomischen Bedingungen als Prinzip der Transformation und des Übergangs vom kapitalistischen Staat zum sozialistischen insistierte (anders gesagt, jedes Mal, wenn er das Prinzip der Transformation auf der Ebene der ökonomischen Prozesse suchte), hatte er, zumindest unmittelbar, den Rassismus nicht nötig. Wenn er sich dagegen gezwungen sah, auf dem Problem des Kampfes, des Kampfes gegen den Feind, der Eliminierung des Gegners innerhalb der kapitalistischen Gesellschaft zu bestehen, immer wenn es sich folglich darum handelte, die körperliche Auseinandersetzung mit dem Klassenfeind der kapitalistischen Gesellschaft zu denken, tauchte der Rassismus wieder auf, da er für ein den Themen der Bio-Macht bei allem sehr verbundenes sozialistisches Denken die einzig mögliche Begründung zur Tötung des Gegners war. Wenn es einfach nur darum geht, ihn ökonomisch zu eliminieren, ihm seine Privilegien zu nehmen, braucht man keinen Rassismus. Aber sobald es darum geht, sich vorzustellen, daß man ihm von Angesicht zu Angesicht gegenübersteht und körperlich mit ihm kämpfen, sein eigenes Leben riskieren und ihn zu töten versuchen muß, benötigt man Rassismus.

Jedesmal, wenn Sie diese Sozialismen, diese Formen des Sozialismus, diese Momente des Sozialismus vor sich haben, die das Problem des Kampfes betonen, haben Sie folglich Rassismus. Die rassistischsten Formen des Sozialismus waren der Blanquismus, die Commune und der Anarchismus, viel stärker als die Sozialdemokratie, viel stärker als die Zweite Internationale und als der Marxismus selbst. Der sozialistische Rassismus wurde in Europa erst Ende des 19. Jahrhunderts liquidiert, einerseits aufgrund der Vorherrschaft einer Sozialdemokratie (und durch die mit der Sozialdemokratie verbundenen Reformbestrebungen), andererseits aufgrund bestimmter Prozesse wie der Dreyfusaffäre in Frankreich. Vor der Dreyfusaffäre jedoch waren alle Sozialisten, zumindest die Sozialisten in ihrer überwiegenden Mehrheit, fundamental rassistisch. Ich glaube, daß sie insofern rassistisch waren, als sie (und damit werde ich enden) die Mechanismen der Bio-Macht, wie sie seit dem 18. Jahrhundert von Gesellschaft und Staat entwickelt worden waren, nicht neu überdacht haben – oder sie, wenn Sie so wollen, als etwas Selbstverständliches hingenommen haben. Wie kann man aber eine Bio-Macht funktionieren lassen und zugleich Kriegsrechte ausüben, das Recht auf Mord und die Funktion des Todes, wenn nicht über Rassismus? Das war das Problem, und ich denke, es ist nach wie vor das Problem.

Zusammenfassung der Vorlesung*

Um die Machtverhältnisse konkret zu analysieren, muß man das juridische Modell der Souveränität fallenlassen. Dieses setzt das Individuum als Subjekt natürlicher Rechte und primitiver Mächte voraus; es verfolgt das Ziel, von der idealen Genese des Staates Rechenschaft abzulegen; schließlich macht es das Gesetz zum grundlegenden Nachweis von Macht. Die Macht sollte man jedoch nicht auf der Grundlage der ursprünglichen Begriffe der Beziehung untersuchen, sondern auf der Grundlage der Beziehung selbst, insofern sie die Elemente, auf die sie sich bezieht, selbst konstituiert: Anstatt die idealen Subjekte dahingehend zu befragen, was sie von sich selbst oder ihrer Macht bereit sind abzutreten, um sich unterwerfen zu lassen, sollte man untersuchen, wie die Unterwerfungsbeziehungen Subjekte hervorbringen. Anstatt die einzigartige Form und den zentralen Punkt zu suchen, von welchem alle Formen der Macht ausgehen, sei es als deren Ergebnis oder in ihrer Entwicklung, sollte man vielmehr deren Vielfalt, ihre Differenzen, ihre Spezifik, ihre Umkehrbarkeit hervorkehren: als Kräfteverhältnisse, die es zu untersuchen gilt und die sich überkreuzen, aufeinander beziehen, die konvergieren oder sich im Gegenteil widersprechen und aufzuheben trachten. Anstatt also dem Gesetz als Nachweis von Macht ein Vorrecht zuzuerkennen, sollte man eher versuchen, die verschiedenen Techniken des von ihm ins Werk gesetzten Zwangs ausfindig zu machen.

Wenn vermieden werden soll, daß die Machtanalyse nach dem von der juridischen Konstitution der Souveränität vorgeschlagenen Schema verläuft, wenn die Macht in Begriffen von Kräfteverhältnissen gedacht werden soll, muß sie dann nicht in der allgemeinen Form des Krieges analysiert werden? Kann der

* Dieser Text wurde zuerst veröffentlicht in: *Annuaire du Collège de France, 76ᵉ année, Histoire des systèmes de pensée, année 1975-1976*, 1976, S. 361-366.

Krieg als Analysator der Machtbeziehungen Geltung beanspruchen?

Diese Frage umfaßt zahlreiche weitere:

– Muß der Krieg als ein erster und grundlegender Zustand der Dinge angesehen werden, in bezug auf den alle Phänomene der Herrschaft, der gesellschaftlichen Differenzierung und Hierarchisierung als abgeleitet gelten müssen?

– Entstammen diese antagonistischen, konfrontativen und kämpferischen Prozesse zwischen Individuen, Gruppen oder Klassen in letzter Instanz den allgemeinen Prozessen des Krieges?

– Kann die Gesamtheit der abgeleiteten Vorstellungen von Strategie oder Taktik ein gültiges und ausreichendes Instrument abgeben, um die Machtbeziehungen zu analysieren?

– Bilden die militärischen und kriegerischen Institutionen oder allgemeiner die ins Werk gesetzten Verfahren, um Krieg zu führen, direkt oder indirekt den Kern der politischen Institutionen?

Aber die Frage, die zunächst gestellt werden müßte, ist folgende:

– Wie und seit wann hat die Vorstellung um sich gegriffen, daß es der Krieg ist, der die Machtbeziehungen herstellt, daß ein ununterbrochener Kampf den Frieden aushöhlt und daß die zivile Ordnung grundlegend eine Schlachtordnung ist?

Um diese Frage drehte sich die diesjährige Vorlesung. Wie kann man den Krieg hinter der Folie des Friedens wahrnehmen? Wer hat im Lärm und in der Verwirrung des Krieges, im Schlamm der Schlachten das Erkenntnisprinzip der Ordnung, der Institutionen und der Geschichte gesucht? Wer hat als erster gedacht, daß die Politik der mit anderen Mitteln fortgesetzte Krieg ist?

Auf den ersten Blick erscheint das paradox. Mit der Entwicklung der Staaten seit Beginn des Mittelalters haben die Kriegspraktiken und -institutionen eine gut nachvollziehbare Entwicklung durchgemacht. Einerseits tendieren sie dahin, sich in den Händen einer Zentralmacht zu konzentrieren, die allein über Kriegsrecht und Kriegsmittel verfügt; nur langsam haben sie sich aus der Beziehung zwischen den Menschen und Gruppen zurückgezogen und wurden dank einer bestimmten Entwicklung immer mehr zu einem Privileg des Staates. Andererseits und als Folge wird der Krieg immer mehr zum professionellen und technischen Erbe eines sorgfältig definierten und kontrollierten Militärapparats. Mit einem Wort: An die Stelle einer vollständig von kriegerischen Beziehungen durchzogenen Gesellschaft ist nach und nach ein mit Militärinstitutionen ausgestatteter Staat getreten.

Nun war diese Transformation kaum vollendet, als ein bestimmter Diskurstyp, der sich zu den Beziehungen der Gesellschaft und des Krieges äußerte, Einzug gehalten hat. Es bildete sich ein Diskurs heraus, der um die Beziehungen der Gesellschaft und des Krieges kreiste. Ein historisch-politischer Diskurs – ganz anders als jener philosophisch-juridische Diskurs, der zum Problem der Souveränität gehörte –, der den Krieg zur dauerhaften Grundlage aller Machtinstitutionen macht. Dieser Diskurs ist bald nach dem Ende der Religionskriege und zu Beginn der großen politischen Kämpfe im England des 17. Jahrhunderts aufgetaucht. Glaubt man diesem Diskurs, der in England durch Coke oder Lilburne, in Frankreich durch Boulainvilliers und später durch du Buat-Nancay geführt wurde, so war der Krieg der Geburtshelfer der Staaten: nicht der ideale Krieg – den sich die Philosophen des Naturzustandes vorstellen –, sondern die realen Kriege und die tatsächlichen Schlachten; die Gesetze gingen aus Expeditionen, Eroberungen und in Brand gesteckten Städten hervor; aber der Krieg wütete auch weiterhin in den Machtmechanismen oder gab zumindest den geheimen Motor der Institutionen, der Gesetze und der Ordnung ab. Unterhalb des Vergessens, der Augenwischereien und Lügen, die uns von naturgegebenen Notwendigkeiten oder funktionalen Forderungen der Ordnung überzeugen wollen, gilt es den Krieg wiederzufinden: Er ist die Chiffre des Friedens. Er zerteilt den gesamten Gesellschaftskörper auf Dauer;

er weist jedem von uns das eine oder andere Feld zu. Diesen Krieg gilt es nicht nur als Erklärungsprinzip wiederzufinden; man muß ihn wiederbeleben, ihn aus seinen larvenartigen und stummen Formen herausschälen, in denen er unbemerkt weiterlebt, ihn bis zur Entscheidungsschlacht führen, auf die wir uns vorbereiten müssen, wenn wir Sieger sein möchten.

In dieser ungenau umrissenen Thematik liegt die Bedeutung dieser Analyseform.

1. Das Subjekt, das in diesem Diskurs spricht, kann nicht die Position des Juristen oder Philosophen, d. h. die Position des universellen Subjekts einnehmen. In diesem allgemeinen Kampf, von dem es spricht, steht es notwendig auf der einen oder anderen Seite; es befindet sich in der Schlacht, es hat Gegner, es kämpft um einen Sieg. Sicherlich sucht es dem Recht Geltung zu verschaffen; aber es handelt sich um sein Recht – um das besondere Recht, das durch eine Beziehung der Eroberung, der Herrschaft oder der Altehrwürdigkeit geprägt ist: um Rassenrechte, Rechte von triumphierenden Invasionen oder milleniaristischen Besatzungszeiten. Und wenn es von der Wahrheit spricht, dann von dieser perspektivischen und strategischen Wahrheit, die ihm zum Sieg verhilft. Es geht hier um einen politischen und historischen Diskurs, der auf Wahrheit und Recht Anspruch erhebt, indem er sich selbst ausdrücklich aus der juridisch-philosophischen Universalität herausbegibt. Seine Rolle ist nicht jene, von der die Gesetzgeber und Philosophen von Solon bis Kant geträumt haben: zwischen den Gegnern, im Zentrum und über der Menge aufzutauchen, einen Waffenstillstand herbeizuführen und eine versöhnende Ordnung zu stiften. Es geht vielmehr darum, ein von Asymmetrie geprägtes Recht zu etablieren, das wie ein Vorrecht funktioniert, welches beibehalten oder wiederhergestellt werden muß; es geht darum, einer Wahrheit Geltung zu verschaffen, die wie eine Waffe funktioniert. Für das Subjekt, welches einen solchen Diskurs hält, sind die universelle Wahrheit und das allgemeine Recht Illusionen und Fallen.

2. Es geht darüber hinaus um einen Diskurs, der die traditio-

nellen Erkenntniswerte umdreht. Um eine Erklärung von unten, die nicht mit Hilfe des Einfachsten, Elementarsten und Klarsten, sondern mit Hilfe des Verworrensten, Dunkelsten, Ungeordnetsten, Zufälligsten erklärt. Als Entzifferungsprinzip müssen gewaltsame Verirrungen, Leidenschaften, Haß- und Racheakte Gültigkeit haben; sie bilden das Gewebe der feinen Umstände, welche zu Niederlagen und Siegen führen. Der elliptische und dunkle Gott der Schlachten muß die langen Tage der Ordnung, der Arbeit und des Friedens erhellen. Die Wut muß von Harmonischem Rechenschaft ablegen. Das geschichtliche und rechtliche Prinzip wird eine Reihe nackter Tatsachen (physische Kraft, Stärke, Charakterzüge) und eine Reihe von Zufällen (Niederlagen, Siege, Erfolge oder Mißerfolge, Verschwörungen, Revolten oder Allianzen) zur Geltung bringen. Und nur oberhalb dieser Verschlingungen wird sich zunehmend eine Rationalität abzeichnen, eine der Berechnungen und Strategien – eine Rationalität, die in dem Maße, wie man höher steigt und sie sich entwickelt, immer zerbrechlicher und bösartiger wird und immer an Illusionen, Schimären und Mystifikationen gebunden ist. Wir haben hier das genaue Gegenteil der traditionellen Analysen, die unterhalb von Zufallserscheinungen, unter der Oberfläche, unterhalb der sichtbaren Brutalität von Körpern und Leidenschaften auf eine grundlegende, dauerhafte Rationalität zu stoßen hoffen, die wesenhaft mit dem Richtigen und Guten verbunden wäre.

3. Dieser Typ von Diskurs entfaltet sich ganz und gar in der historischen Dimension. Er sucht nicht Geschichte, ungerechte Regierungen, Mißstände und Gewaltsamkeiten nach einem idealen Vernunftprinzip oder Gesetz zu eichen, sondern im Gegenteil in der Form von Institutionen und Rechtsprechungen die vergessene Vergangenheit der realen Kämpfe, der Siege und versteckten Niederlagen und das getrocknete Blut in den Kodes wiederzubeleben. Als Bezugsrahmen setzt er sich die unbestimmte Bewegung der Geschichte. Ihm ist es zugleich aber auch möglich, sich auf traditionelle mythische Formen zu stützen (das verlorene Zeitalter der großen Vor-

gänger, das Anbrechen neuer Zeiten und tausendjähriger Rachefeldzüge, die Ankunft des neuen Reiches, welches die alten Niederlagen zum Verschwinden bringt): Ein Diskurs, der fähig sein wird, sich ebenso auf die Nostalgie der untergehenden Aristokratien wie auf die Hitzigkeit der Racheakte des Volks zu erstrecken.
Im Gegensatz zum philosophisch-juridischen Diskurs, der sich dem Problem der Souveränität und des Gesetzes verschreibt, ist dieser Diskurs, der die Fortdauer des Krieges in der Gesellschaft entziffert, ein wesentlich historisch-politischer Diskurs, ein Diskurs, in dem die Wahrheit wie eine Waffe in einem Partisanenkrieg funktioniert, ein dunkel kritischer und zugleich intensiv mythischer Diskurs.

Die Vorlesung dieses Jahres war dem Auftreten dieser Form von Analyse gewidmet: Wie wurde der Krieg (in seinen verschiedenen Aspekten, Invasion, Schlacht, Eroberung, Sieg, Beziehung zwischen Siegern und Besiegten, Plünderung und Aneignung, Aufständen) als Analysator der Geschichte und allgemeiner der gesellschaftlichen Beziehungen zum Einsatz gebracht?
1. Zunächst gilt es gewisse falsche Verwandtschaften auseinander zu halten. Was Hobbes den Krieg aller gegen alle nennt, ist keineswegs ein realer und historischer Krieg, sondern ein Spiel von Repräsentationen, dank dessen jeder die Gefahr ermessen kann, die der andere für ihn darstellt, den Willen der anderen zum Kampf und das Risiko abschätzen kann, das er eingeht, wenn er sich der körperlichen Stärke bedient. Die Souveränität – ob es sich nun um eine »Republik der Institution« oder um eine »Republik der Aneignung« handelt – ergibt sich nicht aus einer gegebenen kriegerischen Beherrschung, sondern im Gegenteil aus einem Kalkül, das den Krieg zu vermeiden erlaubt. Der Nicht-Krieg begründet für Hobbes den Staat und gibt ihm seine Form.
2. Die Geschichte der Kriege als Matrix der Staaten ist zweifellos im 16. Jahrhundert, gegen Ende der Religionskriege,

skizziert worden (in Frankreich beispielsweise bei Hotman). Dieser Typ von Analyse wurde aber insbesondere im 17. Jahrhundert entwickelt. Zunächst in England in der parlamentarischen Opposition und bei den Puritanern, einhergehend mit der Vorstellung, daß die englische Gesellschaft seit dem 11. Jahrhundert eine Gesellschaft der Eroberung ist: Monarchie und Aristokratie seien mit den ihnen eigenen Institutionen normannischer Import, während das angelsächsische Volk nicht ohne Schwierigkeiten einige Spuren seiner primitiven Freiheiten bewahrt habe. Auf dieser Grundlage von Kriegsherrschaft rekonstruieren die englischen Historiker wie Coke oder Selden die wichtigsten Ereignisse der englischen Geschichte; jedes von ihnen wird entweder als Folge oder als Wiederaufnahme dieses historisch ersten Kriegszustands zwischen zwei feindlichen Rassen, die sich hinsichtlich ihrer Institutionen und Interessen unterscheiden, analysiert. Die Revolution, deren Zeitgenossen, Zeugen und manchmal Protagonisten diese Historiker sind, wäre somit die letzte Schlacht und die Rache für diesen alten Krieg.

Eine Analyse desselben Typs findet sich in Frankreich, allerdings erst später und besonders in den aristokratischen Kreisen der ausgehenden Regierungszeit Ludwigs XIV. Boulainvilliers formuliert sie am eindrücklichsten; aber diesmal wird die Geschichte im Namen der Sieger erzählt und werden in ihrem Namen Rechte eingefordert; die französische Aristokratie, die sich dabei auf einen germanischen Ursprung beruft, schreibt sich ein Recht auf Eroberung, also des vordringlichen Besitzanspruchs auf alle Ländereien des Königreiches und der absoluten Herrschaft über alle gallischen und römischen Einwohner, zu; aber sie schreibt sich auch Vorrechte auf die königliche Macht zu, die ursprünglich ja nur durch ihre Zustimmung errichtet werden konnte und weiterhin in den von ihr festgesetzten Grenzen aufrechterhalten werden soll. Die solchermaßen geschriebene Geschichte ist nicht mehr wie in England jene des fortgesetzten Konflikts zwischen Siegern und Besiegten, mit Aufständen und abgerungenen Konzessionen als grundlegender Kategorie; sie wird zur Geschichte der Usurpationen und des königlichen Verrats am Adel, aus dem er hervorgegangen ist, und dieser widernatürlichen Übereinkünfte mit einem Bürgertum gallo-römischen Ursprungs. Dieses Analyseschema, das von Freret und insbesondere von du Buat-Nancay wiederaufgenommen wurde, war der Kern einer ganzen Serie von Polemiken und der Anlaß zu beachtlichen historischen Recherchen bis hin zur Revolution.

Entscheidend ist, daß das Prinzip der historischen Analyse in der Dualität und dem Krieg der Rassen gesucht wird. Auf dieser Basis und durch Vermittlung der Werke von Augustin und Amédée Thierry breiten sich im 19. Jahrhundert zwei Typen der Entzifferung der Geschichte aus: Der eine artikuliert sich im Modell von Klassenkämpfen, der andere in dem von biologischen Konflikten.

Das Seminar dieses Jahres war der Studie der Kategorie des »gefährlichen Individuums« in der Kriminalpsychiatrie gewidmet. Wir haben die mit dem Thema der »sozialen Verteidigung« verbundenen Vorstellungen mit jenen verglichen, die mit den neuen Theorien der bürgerlichen Verantwortung verbunden sind, wie sie gegen Ende des 19. Jahrhunderts aufgekommen sind.

Sachregister

Absolutismus 211
– der französischen Monarchie 145 f.
– des Königs 142, 150 f.
  Geburt des – bei den Franken 184
  Konstitution des königlichen – 275
  römischer – 145 f., 169, 173 ff.
  Trennung von Romanität und – 243
Abweichler 101, 103
Adel 158 f., 164, 170 f., 197
– nach Boulainvilliers 156, 158, 185
– und historische Rationalität 197
– und Nation nach Montlosier 272 f.
– und Selbstbewußtsein 186, 190
– und Wissen des Königs 158 f.
  administrativer gallorömischer – 174
  Erniedrigung des – durch die Römer 174
  Feudal- bei Montlosier 272
  gallischer – und König 194
  Genealogie des französischen – 97
  germanischer – und Kirche 184 f.
  Kampf des – gegen Monarchie und Bürgertum 172
  Ruin des – 161
  Selbstvergessenheit des – 186
  späte Erfindung des – 237
  verlorene Erinnerung des – 204
  vernachlässigtes Wissen des – 204
  Wiederherstellung des – als Kraft 204
Adelsreaktion 166
Amerika 108, 125
Analyse(n)
  historische und ökonomisch-politische – 267
  historisch-politische – und Krieg 186 ff., 196
Anarchismus
– und Rassismus 310
Anatomie-Politik
– des menschlichen Körpers 286
Andere
  Beziehung biologischen Typs zwischen mir und dem – 302, 305
Anomalien 288, 305
  Geburt des Problems der – 288 f.
Anormale
  Beseitigung der – Individuen 302
Anthropologie
– im 19. und 20. Jahrhundert 231 ff., 197 f. Fn. 4
Antihistorismus 205 Fn. 5
– des Bürgertums 224, 250
Anti-Ödipus 19, 19 Fn. 4
Antipsychiatrie 18, 27
Antisemitismus 105 ff.
  religiöser – 106 ff.
Apokalypse 103
Apparat(e)
  Lehr- 218 f.
  Macht- 41, 51, 60 f., 220
  militärischer – 64, 260, 314
  schulischer – 60 f.
  Staats- 49, 62, 80 f., 259 ff., 295
Arbeit
  Disziplinartechnologie der – 285

Archäologie 26
Aristokratie 183 f., 194
– und barbarische Freiheit 241
– und Geschichte 249
– und König 158 f.
englische – 120
fränkische – und königliche Macht 182 f.
gallische – und Kirche 183 ff., 194
Geburt der – nach Dubos 239 f.
kriegerische – 177 f., 182 ff.
Armee 37, 64, 68, 190 f.
Athen 131
Aufgeklärter Despotismus
– und Bourgeoisie 249 f.
Aufklärung
Problematik der – 213
Aussage(n) 219 f.
Ausschluß 107
-mechanismen 47
Äußerung
Disziplin der – 220
Babylon 89, 93
Barbar 179, 231 ff., 236, 244, 250
– in der europäischen Geschichtsschreibung 233 f., 236
– und der Wilde 224, 231 f.
Barbarei
– und Demokratie 241 ff.
– und Konstitution 234 f.
– und Revolution 234 f.
Einbruch der – in die Geschichte 237, 240
Filterung der – 224, 235, 237, 241
Verschwinden der – 237
Benediktiner 199
Bericht(e)/Erzählung(en)
– des Rechts 140
– von Niederlagen 88
angelsächsische – 122 f.
Geschichts- und Machtausübung 162 f.
normannische – 122 f.
Ursprungs- 140
Beseitigung
– der anormalen Individuen 302
– der biologischen Gefahr 81, 302
Bevölkerung 286 f., 289 ff., 302, 304
– als Objekt der Regulierungsmechanismen 298
– und Bioregulierung 289 f.
– und Staat 295
–, Körper und Norm 298 f.
Medikalisierung der – 288
Bewußtsein 224
historisches – 94 f., 99, 104, 121
Wiedergewinnung des Selbst- beim Adel 186
Bibel 89 f.
– und Aufstandsdiskurs 90
Binär (s. a.: Teilung)
– Konzeption der Gesellschaft 100, 106
– Opposition im Gesellschaftskörper 106
– Schema in der politischen Aktion und der historischen Forschung 105, 136
Binarität
soziale – 92
Biologie
–, Rasse, biologische Selektionen 225
Biologische Selektionen 170
Biologische Theorie
– und Machtdiskurs 303
Biologische, das
Verstaatlichung des – 282
Biologisches Erbe
Gefahren für das – 81
Bio-Macht 286, 291, 293, 299
–, Recht zu töten und moderne Staaten 204, 307
Herstellung des Lebendigen durch die – 300

Paradoxa der – 299
Rassismus und Staat in der – 301 ff.
Regulierungsmechanismen der – 296, 300, 305 ff.
Technologie der – 290
Übergriff der – über das souveräne Recht 300
Bio-Politik 286 ff.
– der menschlichen Gattung 286
Mechanismen der – 288 f., 290 f.
Bio-Regulierung 295, 306
Bourgeoisie/Bürgertum 46 ff., 123, 158, 170
– und Verfassung 249
– und aufgeklärter Despotismus 249
– und Nation 170
–, Kräfteverhältnisse und Verfassung 249
Anti-Historismus des – 224, 249 f.
Funktionen der Universalisierung des – 278 f.
Bruch
Moment des – des öffentlichen Rechts 169
prophetischer – 89
Bürgerkrieg 119, 266
Collège de France 13
Degeneration
Theorie der – 81, 297 f.
Degenerierte
– und Gattung 302
Demokratie(n)
– und Barbarei 241 f.
Barbarische – der Franken 241 f.
Parlamentarische – 49, 51
Rückkehr zur germanischen – nach Mably 241 f.
Dialektik 58, 77, 256
– und universelles Subjekt 77
– und Totalisierung 77
– und versöhnte Wahrheit 77
– als autoritäre Befriedung des historisch-politischen Diskurses 77
Geburt der – 255, 281
Hegelsche – 77
Differenz(en)
– bei Hobbes 109 f.
–, Krieg und Geschichte nach Boulainvilliers 188 f.
Diggers 131, 133 f., 135, 135 Fn. 31
Diskontinuität 26, 26 Fn. 6
Diskurs
– der Geschichte 225, 255 f.
– der Opposition 95
– der Rassen 87, 100 f.
– des Rassenkriegs 82, 87, 89, 94 ff., 100 f.
– der Revolte 92
– des Aufstands und Bibel 89, 92, 98
– des Königs 124
– des Rechts 69
– des Staats über den Staat 264 f.
– und Kämpfe 256, 316
Aufeinandertreffen der – 248
kritischer – 76
Medikalisierung der – 55
mythischer – 74 ff., 316 f.
philosophischer – dialektischen Typs 280
revolutionärer – 78, 82, 98
revolutionärer – und Rassismus 98
theologisch-rassischer – bei den Levellers und *Diggers* 134 f.
Verbürgerlichung des – 256
Dispositive
– der Herrschaft 60
– der Macht 29
Disziplin(en) 37, 52 f., 54 f., 217, 220, 286, 298 f.
(s. a.: Zwang; Macht)
– der Äußerung 220
– und Bio-Regulierung 290, 295

– und Institutionen 222
– und Körper 220, 294, 296
– und Wissen 217ff., 221
Diskurse der – 54
Körper in den – 285
Disziplinierung
– als Kontrolle der Regelhaftigkeit von Äußerungen 219f.
– der Wissen 199, 207, 217ff.
– des historischen Wissens 221f.
Dritter Stand 172, 249, 261f., 279
– als historisches Subjekt 249
– nach Sieyès 257, 261
– und staatliche Universalität 263
Dualismus
nationaler – in Frankreich 139, 154
Dualität
– der Nationen im Staat 145
nationale – 142, 226, 271, 319
nationale – bei Montlosier 271
rassische – in England 153
ursprünglich nationale – bei A. Thierry und Guizot 268
Eigentum
-verhältnisse und Eroberung entsprechend den Levellers 132f.
Enzyklopädie 170
– und Homogenisierung der technischen Wissen 215ff.
Epistemologisches Feld
Regelhaftigkeit des – 248
Eroberung 94, 105, 119ff., 124, 131f.
– und die Franken 143, 176, 182f., 240
– und Eigentumsverhältnisse entsprechend den Levellers 124
– und historischer Diskurs 118
– und Regierung entsprechend den Levellers 131ff.
normannische – 120, 126, 128
Recht auf – in England 120, 127
Evolutionismus 80, 280, 303f.
Existentialismusanalyse 18
Feind(e) 302
Klassen- 103
Rassen- 103
Feudalismus 94, 150, 169, 181f., 224, 253
– nach Mably 242f.
Abscheu vor dem – während der Revolution 252f.
Beginn des – nach Boulainvilliers 180
Erfindung des – nach Boulainvilliers 181f.
Geburt des – nach Dubos 239f.
Franken 94, 97, 139ff., 149, 153, 173, 181, 239, 272
– in der königlichen Geschichtsschreibung 237ff.
– in Gallien nach Mably 241ff.
– und die römische Souveränität 176, 180f.
– und Eigentum Galliens 192f.
barbarische Demokratie der – 241f., 243
Bündnis zwischen Römern und – 238
germanischer Ursprung der – 143f.
Mythos der – 238
Frankreich 97, 139ff.
– nach Sieyès 261ff.
– und Nation 261ff.
Kontinuität zwischen Rom und – 141
Freiheit(en) 172, 178f., 188f., 232, 243, 245, 246f.
Konstitution der – 251
primitive – nach Boulainvilliers 139
Trennung zwischen – und Germanität 243
Fremde
Vertreibung der – 119, 123

Freudianismus 59
Freudomarxismus 59
Friede
– und Wahrheit 69f.
Führer 75, 103
Gallien 140ff., 143, 173
– nach Boulainvilliers 173f.
– nach Montlosier 272f.
das fränkische – 181f.
das primitive – 149
das römische – 149, 239
Mythos des römischen – 173
Gallier 88, 97, 144ff., 148f., 152f., 181, 190, 207
ursprüngliche Freiheiten der – 244
Gattung
– und Degenerierte 302
Verstärkung der Rasse und der – 302
Geburtenrate
globale Phänomene der – 186, 290
Gedächtnis 90
historisches – der Revolten in England 122
verlorenes – des Adels 204
Gefahr(en) 255f.
– für das biologische Erbe 81
– und Verteidigung der Gesellschaft 256
Begriff der biologischen – 103
Beseitigung der biologischen – 302, 304
Feinde als – für die Bevölkerung 103
innere – 256, 294
Rasse als biologische – 81
Gegen-Geschichte 82f., 87ff., 90, 92, 98f., 99 Fn. 6, 100f.
Gegenwart 168f.
– als Erkenntnisprinzip 269
– nach A. Thierry 176f.
– und historischer Diskurs 276
– und Vergessen des primitiven Kriegszustands 268f.
Verdoppelung der – 147
Wert der – im historisch-politischen Diskurs 269
Gegner
Beseitigung des – im Sozialismus 309f.
Genealogie(n) 22-27
– der Kämpfe nach Boulainvilliers 226
– der Wissen 25, 28, 199, 213
– des französischen Adels 97
– als Anti-Wissenschaften 23
Germanen 143, 145ff., 148, 150, 169, 179f., 185, 190, 243f., 272
– nach Montlosier 169, 175
Geschichte 69, 74, 99, 105, 136f., 167f., 193, 195ff., 203f., 229ff., 247, 249, 252, 269f., 303
(s.a.: Gegen-Geschichte; Geschichtsdiskurs; Genealogien; historisches Wissen)
– als antistaatliches Wissen 222
– als Gegenwissen des Adels 159f., 196f.
– als Kräftekalkül 193
– als Wiederaufnahme der Revolution 254
– als Wissen um die Kämpfe 204f.
– biblischen Typs und oppositioneller Diskurs 89ff., 96, 99
– der Rassenkämpfe 93, 100, 105
– des Bürgertums 279f.
– im politischen Kampf 196f.
– nach Boulainvilliers 199-202
– nach Machiavelli 201
– und Barbar 233f.
– und Bürgertum 197, 249ff.
– und Entzifferung der Wahrheit 91
– und Historismus 205f.
– und Kenntnisse der Verwaltung 165, 168

– und Kraft 74, 200
– und Krieg 74, 194, 205, 255
– und Krieg nach Boulainvilliers 187ff.
– und Macht 74, 83-86, 90f.
– und Monarchie 166, 168, 249f.
– und Natur nach Boulainvilliers 189
– und öffentliches Recht 151f.
– und Philosophie 280f.
– und Politik im 19. und 20. Jahrhundert 267
– und politischer Kampf 221f.
– und Rassenkampf 87-90
– und Recht 69, 169f., 204, 210f.
– und rechtliche Universalität 69
– und Souveränität 86f., 92, 169
– und Staat 212, 222
– und Verfassung 227f.
– und Wissen des Souveräns 165
biblische – der Sklaverei und des Exils 98
-diskurs 255ff.
Erkennbarkeit der – und Rationalität in der Führung des Staats 203
Erkenntnisraster der neuen – 267-270
-erzählung und Machtausübung 162
-erzählung und Staatsführung bei Boulainvilliers 202f.
Funktionen der – 82-86, 90
genealogische – 84
Gesetz der – und Naturrecht 189
Ministerium der – 167, 211, 222
mythisch-religiöse – der Juden 89
neue – 171
Philosophie der – 229, 280f.
politisch-legendäre – der Römer 89f.
-prinzip 72
römische – der Souveränität 96ff.
Subjekt der – 162f., 170
ungleiches Gesetz der – 189
-unterricht 152f.
Wahrheit der – und strategische Position 204
zyklische – 229
Geschichtlichkeit
indoeuropäische – 93, 99
Geschichtsschreiber 84
Geschichtsschreibung 179
– und Tragödie 210
königliche – 210f., 221
protestantische – 169
Gesellschaft 163, 256
(s. a.: Verteidigung der –)
– und Militärorganisation 190ff.
– und Verfassung eines Staats nach A. Thierry 278
binäre Konzeption der – 68
binäre Struktur der – 67f., 100
Normalisierungs- 55, 302
städtische – und administrative Kapazität 278
Gesellschaftskörper 64, 68, 78, 91, 106, 194f., 230f., 263
Gesellschaftskrieg 79f., 107, 256
Gesetz(e) 83, 164, 259-261
– als grundlegende Legitimität 59
– als Machtinstrumente gemäß der Levellers 132
– in Frankreich nach Sieyès 261f.
– und Eroberung 132
– und Krieg 67, 133f.
– und reale Kämpfe 118
– und Verfassung 228f.
angelsächsische – 129ff., 134f.
angelsächsische – und normannische Souveränität 127
gemeine – 121, 129
gemeine – und königlicher Status 130
Grund- der Germanen 146

Schlachten und Geburt der – 67
ursprüngliches – des (angel)-sächsischen Volkes 130
Gewalten 98
Griechische Philosophie
Zwischenstellung in der – 70
Herrschaft 34, 37, 41, 46, 60, 115, 124, 135, 178 f., 201, 235, 255, 266 f., 313
– nach Boulainvilliers 188 f.
– und Barbar 238
– und Freiheit bei den Franken 178 f.
– und Geschichte 254, 255, 270 f.
– und Macht 42, 60 f., 135
– und Macht gemäß der *Diggers* 135
– und Rationalität 73
– und Recht 41, 49, 173
Barbarische – 235, 264
Bürgerliche – 46
-dispositive 60
Koloniale – 82
-operatoren 58, 60
-ordnung und Politik 256
Römische – 175
Systeme der inneren – bei Montlosier 272
Herrschaftsverhältnis (s.: Herrschaft)
Historische(r) Diskurs(e) 82 ff.
– als Gesamtheit unterschiedlicher Taktiken 248
– als taktisches Instrument 224
– bei der Adelsreaktion 224
– im 18. Jahrhundert 267
– und Bürgertum 280
– und Eroberung 218
– und Gegenwart 263, 268
– und Macht 83, 213
– und Staat 265
– und Wahrheit 315
Auto-Dialektisierung des – 256, 280 f.
das Virtuelle und Reale im – 265 f.
epistemologischer Zug des – 248
Grundaussagen des – 248
innere Dialektisierung des – 256
Transformationen im – 248
Historischer Bericht 162 f., 170
– und politisches Kalkül 202
Historischer Materialismus 137
Historisches Wissen 164, 201, 205 ff.
– als diskursive Waffe 224
– als Kampfinstrument beim Adel 165 f.
– als politische Waffe 168
– als Waffe im Krieg 205 ff.
– der Kriege 118
– in Europa 97
– und Krieg 204 ff.
– und politischer Kampf 118, 204 ff.
Kolonisierung des – durch die Monarchie 168
politischer Wert des – 168
Reaktivierung des – durch das Bürgertum 250
Regulierung des – 248
Taktiken des – 225 f.
Historisch-politischer Diskurs 58, 65, 69, 71, 76, 78, 224, 231
– als Diskurs der Perspektive 69
Subjekt des – 315
Verallgemeinerung des – 224
Wahrheit im – 76, 317
Historisch-politisches Feld 196 f., 199, 201, 204 f.
Konstituierung eines – mit Boulainvilliers 202, 204
Historismus 205 f.
– der Levellers und *Diggers* 131 f.
– der englischen Parlamentarier 131 f.
– und Geschichte 205

Anti- und Geisteswissenschaften 205
Anti- und Philosophie des 19. Jahrhunderts 205
Hof
– und Souverän 209f.
Homo oeconomicus 231
Hygiene 103, 296
– und Medizin 296ff.
Ideologie 49
Imperium
römisches – 141
Individuum/en 42ff.
– und Körper 289
– und Macht 44
Indoeuropäisches System
– der Machtrepräsentation 85f., 92
Institution(en) 37, 41f., 62, 190ff., 295
und Disziplin 295
– und reale Kämpfe 118
– und Staat 295
psychiatrische – 18, 27
Internierung 46
Invasion(en) 125, 144, 151ff., 169, 175, 227, 238, 244, 271f.
– nach A. Thierry 277
– nach Dubos 238ff.
– und monarchische Macht 151
– und öffentliches Recht 151
germanischer Ursprung der – 145
Wiederkehr der These der – 252
Irrationalität
grundlegende – und Wahrheit 73
Jerusalem 89f., 93
Juden 107, 131, 308
(s.a.: jüdische Rasse)
religiös-mythische Geschichte der – 89
Kampf/Kämpfe 100, 118, 168, 204, 212, 248
– als Matrix einer Geschichte 267
– als Streben nach Universalität des Staates 266
– der französischen Aristokratie gegen die absolute Monarchie 65
– der technologischen Wissen 221
– des Adels gegen Monarchie und Bürgertum 172
– des Bürgertums 247
– und Unterordnung 34
grundlegender – nach Boulainvilliers 226
Klassen- (s.: Klasse(n))
politische – in England im 17. Jahrhundert 65
politischer – und historisches Wissen 118, 196f.
Problem des – im Sozialismus 310
Theorie des – für das Leben 80
zivile Grundlage des – und Staat bei den Historikern des 19. Jahrhunderts 267
zivile Kämpfe in England 119
ziviler und militärischer – nach der neuen Geschichte 266f.
Kapitalismus
Industrie- 52
Kenntnisse/Wissen 20ff., 49, 160f.
– und Wahrheit 204
– über den Staat 154, 157
– über die Regierung 154ff.
wissenschaftliche Hierarchisierung des – 24, 26
Kirche 158, 169
– und gallische Aristokratie 184
– und germanischer Adel 185
Allianz zwischen – und fränkischer Monarchie 184
Klasse(n) 170, 197
– und Klassen bei Montlosier 273f.
-feind 103, 310
-kampf 80, 99, 99 Fn. 6, 168, 319

-kampf und Rassenkonflikt 36, 310, 99f.
Nation und – 164, 170
soziale –, Herrschaft der Ökonomie, politische Ökonomie 30, 225
Kolonialismus
interner – des Westens 126
Kolonisierung 125f., 304
(s. a.: Herrschaft, koloniale Praxis)
europäische -politik 80
Recht auf – 125f.
Konfrontation(en)/Auseinandersetzung(en) 33, 62, 109-112, 277, 278
– der Diskurse 248
– der Gruppen im Staat 279, 280
– der Rassen 79, 87, 99, 136
– zwischen Geschichten 204, 222
körperliche – im Sozialismus 310
König 40, 50f., 156-161, 178, 182f., 239f.
– als ziviler Magistrat 183
– und Aristokratie nach Mably 242
– und cäsarisches Recht 239
– und Kaiser 252
– und Revolten 274f.
– und Volk bei den Franken nach Mably 242
Geschichtsschreibung des – 210, 221
Körper des – und Untertanen 257f.
Recht des – 140f.
Kontrolle 204, 219f.
– über den Körper 285, 289, 296ff.
Körper 38, 41, 44f., 51
– in den Versicherungstechnologien 285
– und Disziplin 220f., 285
– und Macht 44f., 51, 285, 294ff., 298
– und Wissen 216, 220f.
– unterm Gesichtspunkt der Geschichte 72f.
–, Norm und Bevölkerung 295f., 298
individueller – in den Disziplinartechnologien 285f., 293f.
multipler – als Gegenstand der Biomacht 289
räumliche Verteilung der individuellen – 296
Kräfte 61f., 70f., 75, 98, 109ff., 114, 117, 169, 188ff., 192f., 195ff., 200ff., 204ff., 226ff., 229, 267ff.
(s. a.: -verhältnis)
Kräfteverhältnis 32ff., 35, 61f., 109f., 114-117, 188f., 204, 226ff.
– als Substanz der Geschichte 202
– als historisch-politischer Gegenstand 196f.
– nach Boulainvilliers 196f.
– nach Machiavelli 196
– und Wahrheitsbeziehungen 70
fundamentales – in der neuen Geschichte 269
Krankheit(en) 297f.
– als Bevölkerungsphänomen 287
– und Sexualität 297f.
Geistes- 303
Krieg(e) 13, 32-37, 58, 62f., 64f., 75ff., 79, 91f., 98, 105, 108ff., 119, 150, 154, 169, 178, 180ff., 186f., 190ff., 194, 206, 277, 282, 304, 307, 312f.
– aller gegen alle 108f., 194, 317
– als Analysand der Gesellschaft nach Boulainvilliers 186, 190
– als Analysand der Machtbeziehungen 107, 313
– als Analysand der politischen Beziehungen 255

– als Beendigung des Politischen im Nazismus 307
– als Chiffre des Friedens 67, 314
– als Erkenntnisprinzip der Gesellschaft 195
– als Erkenntnisraster historischer Prozesse 196
– als fortwährende gesellschaftliche Beziehung 194
– als Matrix der Herrschaftstechniken 62
– als permanenter Zustand nach Boulainvilliers 194
– als Überlebensbedingung der Gesellschaft 256
– als roter Faden der Geschichte 79
– als Wahrheitsmatrix des historischen Diskurses 197
– in den historisch-politischen Analysen des 18. Jahrhunderts 186
– nach A. Thierry 279f.
– nach Boulainvilliers 194ff.
– und Begründung des Rechts nach Boulainvilliers 187
– und Biomacht 301f., 304
– und Fortsetzung des Politischen 63, 198
– und Geburt der Staaten 64, 108, 314
– und Geschichte 76, 192, 204, 206f., 255
– und Gesellschaftskörper 68, 106, 194f.
– und Gesetz 67, 74
– und Macht 13, 32-37, 58, 62f., 67, 78, 91, 312
– und Machtinstitutionen 65
– und Politik 63, 198, 307
– und politische Macht 64, 67, 117
– und Recht 67, 74, 91f., 130, 187, 195
– und Regeneration der Rasse 304
– und Revolte 134, 136
– und Revolution 98, 279
– und Souveränität 117, 251, 317
– und Staaten 67, 106, 108f., 114, 266
– und Universalität 279
allgemeine Wirkungen des – auf die zivile Ordnung 191
Beseitigung des – in der neuen Geschichte 280
fortgesetzter – 68, 75, 196, 198
Leugnung des – bei Hobbes 117ff.
-praktiken und -institutionen 64, 313
-praxis und historisches Wissen 206
primitiver – 62, 108, 111, 270
Reduzierung des – im Diskurs der Geschichte 255, 279f.
Religions- 142, 144f.
-verhältnisse 186
Verstaatlichung des – 64
-zustand 110ff., 113f., 268

Kritik 21ff.

Leben 100, 114, 282ff., 286, 290, 292-299, 309
– und Biomacht 293
Problem des – im politischen Denken 2 85
regulierende Technologie des – 293f.
Schutz des – und Gesellschaftsvertrag 284f.
Theorie des Kampfes um – 80

Lebendig
Fabrikation des – durch die Biomacht 300

Lehensgüter
Ursprünge der – 150

Leidenschaften
– unter dem Gesichtspunkt der Geschichte 72

Levellers 78f., 124, 131f.

Leviathan 43f., 50, 108, 112
Liberalismus
Romanität und – 245f.
Logos 197
Macht-Wissen 158, 224
– nach Boulainvilliers 186
administratives – 165
Macht/Mächte 29ff., 32-35, 37f., 44, 48-56, 58f., 67, 74, 82-86, 91, 97, 115, 126, 137, 199-202, 244, 283f., 285, 286, 291ff., 298f., 306f.
– der Souveränität 291, 194, 299
– und Herrschaft 201
– und Herrschaft entsprechend den *Diggers* 135
– und historischer Diskurs 247
– und Institutionen 42, 56
– und Kräfteverhältnis 32f., 200ff.
– und Recht 29, 38f.
– und Subjekt 283
– und Unterdrückung 31, 33f., 56f., 59
– und Verteidigung der Gesellschaft 36
– und Vertrag 29, 34
– und Wahrheit 38f.
– und Wissen 28, 49, 55f.
Analyse der – 31, 41-45, 49
Atom- und Biomacht 299f.
-diskurs und biologische Theorie 303
Dispositive der – 29
Disziplinar- 56, 217, 306
Disziplinartechniken der – 220
Einheit der – in der Theorie der Souveränität 61
Grenzen der – 37f.
individualisierende – 286
indoeuropäisches System der -repräsentation 85f., 92
königliche – 39f.
Kontinuität der – 83, 91
-mechanismen 37f., 40f., 46, 67
-mechanismen im 17. und 18. Jahrhundert 51
militärische Form der – und Organisation des Zivilrechts 183
mörderische – 306f.
psychiatrische – 35, 50
relationaler Charakter der – nach Boulainvilliers 200f.
-relationen 60, 200f.
-taktiken 49
-techniken und Körper 285
Techniken und Technologien der – 46, 285
-zeremonie 208
Zirkulation der – 44
Magna Charta 124, 129, 134
Marxismus 18f., 24f., 29, 310
Mathesis
Verschwinden der – 217f.
Medikalisierung 48, 55, 288
Medizin (s. a.: medizinische Techniken der Normalisierung)
– als Macht-Wissen 298
– als politische Technik 298
– und Hygiene 297f.
– und Konstitution 228
– und öffentliche Hygiene 287f.
Rolle der – 55f.
Mensch
– des Tausches 231
-gattung 286, 288
lebendiger – 282, 286, 288, 291
Natur- 230
Regulierung der biologischen Prozesse der -gattung 293
Methode
methodische Vorsichtsmaßnahmen 39, 42-45, 49
Militärorganisation
– und fränkische Besatzung 182f.
– und Gesellschaft 190
Minorität 25

Monarchie 166f., 249, 273f.
– und Aristokratie nach Mably 242
– und Volksaufstände 274
absolute – 239
absolute – in Frankreich 172
absolute – nach Mably 241f.
absolute englische – 120
administrative – 50f.
Allianz zwischen fränkischer – und Kirche 184f.
feudale – 50
französische – 151f.
französische – und germanische Invasion 237
konstitutionelle – nach Hotman 147f.
Rolle der – bei Montlosier 273f.
universelle – der Habsburger 141ff.
universelle – in Frankreich 150
Mythos
trojanischer – 93, 139ff., 148
Nationalitäten 137, 179
–, Sprache und Philologie 225
-bewegungen in Europa 79f.
Nation(en) 163f., 169f., 262, 264f.
– entsprechend der absoluten Monarchie 257f.
– entsprechend der Reaktion des Adels 258
– nach Boulainvilliers 157, 265f.
– nach Sieyès 258-261
– und Adel nach Montlosier 272f.
– und Bürgertum 170
– und dritter Stand 262f., 279
– und Klasse 164
– und Nationen entsprechend dem Adel 158
– und Rasse 164
– und Staat 170, 264ff., 269
–, Gesetz und Rechtsprechung 258-262
Adel und – 164
Existenzkritierien der – 170
fremde – im Staat 144
Homogenität der französischen – 153f.
Kampf zwischen – 168
rechtliche Definition der – 259f.
-subjekt und -objekt der neuen Geschichte 171
zwei – in England 171
Natur 230
– und Geschichte nach Boulainvilliers 188f.
-mensch 230
-zustand 110
Nazismus 29, 102f.
absoluter Selbstmord der Rasse im – 308
Auslieferung an die vollständige Zerstörung und – 307
Auslöschung der Rassen und – 307
Biomacht im – 306f.
Disziplinar- und Versicherungsgesellschaft im – 306
Disziplinarmacht und – 306
höhere Rasse entsprechend dem – 307
Krieg, Beendigung des Politischen im – 307
Neutralität
– und Wahrheit 69
Niederlage(n)
Bericht der – 87f
innere Ursachen der – 176
Norm 54, 81, 102, 299
– zwischen Disziplinar- und Regulierungsmächten 298
Normalisierung 55
(s.a.: medizinische Techniken der –)
– der Gesellschaft 81
– des Verhaltens 296
-gesellschaft 55, 299, 303

Normannen 94, 97, 122-127, 192
Invasion und Eroberung Englands durch die – 181
Normannisches Joch (*Norman Yoke*) 128f., 129 Fn. 23)
Normannismus 134
Ökonomie
– und Macht 29f.
– und vielfältiges Wissen 214f.
Ordnung 72, 86, 91
zivile – als Schlacht- 63
Orthologie
– als Disziplin der Äußerung 220
Partikularität
– und Universalität im politischen Diskurs 263
Philologie
–, Sprache, Nationalitäten 225
Philosoph
–, Friedensbringer 71
Philosophie 38, 217
– des 19. Jahrhunderts und Anti-Historismus 205
– und Geschichte 280f.
– und Rassenkrieg 78f.
– und Wissen 217f.
Geschichts- 229, 280f.
politische – 38, 118, 120
Philosophisch-juridischer Diskurs 67, 71, 77
– und politischer Historismus 105, 135
Universalität im – 69, 71
Politik 29f., 32f., 63, 197f., 255
– als Fortsetzung des Krieges 63
– des Prinzen 78
– und Geschichte im 19. und 20. Jahrhundert 267
Ende der – 32
Konstituierung der – 228f.
Politische Macht 49
– und Krieg 49, 65, 117, 154
marxistische Konzeption der – 29
rechtliche und liberale Konzeption der – 29f.
Politische Ökonomie 220, 225
Politischer Historismus 137
– und rechtsphilosophischer Diskurs 137f.
Beseitigung des – bei Hobbes 137
Eloge des – 138
Polizei 103, 295
Potenz(en)/Mächtigkeit(en)
– und Mächte 58
Prinz 201
Wissen des – 154
Produktion
kapitalistische – 47
Psychiatrie (s.: Psychiatrische Institution)
Psychoanalyse 20, 24
Rasse(n) 101f.
(s.a.: Rassenkrieg; Rassenkampf)
– als biologische Gefahr 304
-diskurs 87, 103 f
– im Krieg und Staatsrassismus 103
– im medizinisch-biologischen Sinn 96, 100
-kampf 33, 99-102, 123
-kriege 97, 106, 282, 305
-theorie 79, 123
–, biologische Selektionen, Biologie 225
absoluter Selbstmord der – im Nazismus 308
-begriff 36
Binarität der – 36
biologischer Schutz der – 101
Feind der – 103f.
gegnerische – als biologische Gefahr 304
höhere – im Nazismus 307
Integrität der – 101
jüdische – als biologische Gefahr 107

-konflikt und Klassenkrieg 80
-konflikt 79
Krieg und Regeneration der eigenen – 304
Regeneration der – und Krieg 304
Überlegenheit der – 101
Unter- und biologische Gefahren 80f.
Unter- 96
unterlegene – 302
Verdoppelung einer – 80
Vernichtung der – 305
Vernichtung der – im Nazismus 307
Verstärkung der – und der Gattung 35
Zerstörung der gegnerischen – 304
Rassenkampf 36, 99ff., 123
(s.a.: Rasse(n))
– und Geschichte 87-91
Diskurs des – 82, 88, 92, 100f.
Diskurs des zum Machtdiskurs gewordenen – 80f.
Geschichte des – 65, 100
Rassenkrieg 79f., 82, 89, 97, 99, 106, 282, 319
(s.a.: Rassenkampf; Rasse(n))
– und moderner Rassismus 304f.
– als Matrix des Gesellschaftskrieges 79
Diskurs des – 80, 82, 94f., 96, 100, 136
Philosophie und – 77f.
Theorie des – 79
biologische Umschrift der Theorie des – 80
Rassismus 82, 101f., 105
(s.a.: rassistischer Diskurs)
– als Ideologie 305
– und Anarchismus 308
– und Biomacht 300-304
– und fortwährende Säuberung 81
– und kolonisatorischer Völkermord 304
– und Kolonisierung 303f.
– und Krieg 304
– und Machttechnologie 305
– und mörderische Funktion des Staats in der Biomacht 303
– und Nation 166
– und Recht auf Tod, Recht zu töten 303-306
– und revolutionärer Diskurs 101f.
– und Sozialismus 308f.
– und Staat 305
– und Verstärkung einer Bevölkerung 304
– und Verteidigung der Gesellschaft 81
Auslieferung an den Tod im – 303
biologischer – 101
biologisch-sozialer – 80
Geschichte des – 105
Kriegs- 304f.
moderner – und Rassenkrieg 305
religiöser – 107
sozialistischer und sozialdemokratischer – 310f.
traditioneller – 305
Rassistischer Diskurs 82
(s.a.: Rassismus)
Rationalität
– und Herrschaft 73
– und Illusion 73
historische – und Adel 197
-potenz 197
strategische – 72
Recht(e) 37ff., 40ff., 52ff., 55f., 69, 71, 77, 84, 91, 120, 123, 125, 129ff., 140, 151, 160, 173, 187, 208, 283f., 315
– der Eroberung in England 120, 123

– der Kolonisierung 125 f.
– des Adels 150, 160, 172, 263
– des Volkes in England 123, 125
– und Geschichte des Adels 161 f.
– und Geschichte 69, 139, 145, 151 f., 160, 189, 210 f.
– und Krieg 130, 133, 187, 195, 204
– und Macht 29, 34, 37 ff., 91
– und normannische Souveränität 125
– zu töten 283 f., 300, 303, 307 f.
– zu töten, moderne Staaten und Biomacht 307
absolutes – und Revolten 132, 136
angelsächsisches – 129 ff., 172
antidisziplinarisches – 56
entgegengesetzte -systeme in England 171 f.
gemeinsames – der Nation 227
Grundlagen des – und Krieg nach Boulainvilliers 187 ff.
kaiserliches – 173, 179, 239
monarchisches – im Frankreich des 17. Jahrhunderts 172
Natur- 151, 187 f., 189, 250
normannisches – gemäß der Levellers 129
öffentliches – 53 f., 130, 139 ff., 144, 151 ff., 160, 169 f., 199, 208 ff., 292
römisches – 40, 50 f., 141, 150, 173 f.
Theorie des – 33, 39 f., 50, 53, 208, 231, 289
Zivil- und militärische Machtform 183
Recht(e)s 166, 270 f.
– Denken in Frankreich 165
Regierung(en) 133 f., 155 ff.
– und Krieg entsprechend den Levellers und *Diggers* 133 f.
– und Nation 258
despotische – nach Boulainvilliers 174
ursprünglicher Geist der – 227
Reich 103
Drittes – 75
Reinheit
Rassen- 102, 107, 302, 304
Repräsentationen 112 f.
Spiel der kalkulierten – 111
Repression
– und Macht 31-35, 56 f., 59
Begriff der – 31 f., 47, 56 f.
Vorstellung von – in der politisch-psychologischen Analyse 59
Republik
– der Aneignung 114
– der Einsetzung 112 f., 116
Revolten 122, 133 f., 136, 245, 274
– nach Boulainvilliers 192
– und absolutes Recht 137
– und Krieg 133 f.
– und Mißbrauch 129
Diskurs der – 92, 83
rassische – 122 f.
Revolution 51, 98 f., 228
– als Zyklus und Wiederkehr 251
– der Geschichte 230
– und Barbarei 234 f.
– und Krieg 277 ff.
– und Romanität 246
– und Verfassung 228
– und Versöhnung 276
bürgerliche – Englands 65
englische – 90, 95, 129, 132
französische – 78, 224, 275
französische – und Monarchie 275
französische – und Rassengeschichte 253
Rom 89 f., 93 f., 104, 140-143
Kontinuität zwischen – und Frankreich 141
Lob – 169

Reaktivierung des republikanischen – während der Revolution 251
Romanisch
– und Gotisch 253
– und Norm 208
Romanität
– als Einsatz für das Bürgertum 245 f.
– und Liberalismus 245 f.
– und Revolution 246
Römer 145 f., 174, 176 f., 238, 244
politisches System der – nach der Geschichtsschreibung des 18.-19. Jahrhunderts 244
rechtspolitisches System der – 150
Rousseauismus
– des Bürgertums 250
Sachsen/Angelsachsen 97, 123, 127 f., 132, 192
Säuberung
Fortgesetzte – und Rassismus 81
Rassen- 305
Schlachten 28, 63, 90, 100 ff., 114, 117, 190
– und Geburt der Gesetze 67
Sexualität
–, Körper und Bevölkerung 297 f.
– und Krankheiten 297 f.
Disziplinarkontrolle der – 297
Kontrolle der – 47 ff,
Medikalisierung der – 48
Medizinische Bewertung der – 297
Regulierung der – 297
Überwachung der – 297
Sicherheit
– mechanismen 288 f.
biopolitische Technologie der – 294
Sichtbarkeit
Feld der – 285
Sichtbarmachung der Individuen 296
Sieger/Besiegte 114 ff., 119, 123, 127, 191 ff., 168, 272, 277, 280
Sklaverei
Biblische Geschichte der – 96
Geschichte der – 92
Soissons
Geschichte der Vase von – 180, 183
Sophist
Diskurs des – 76
Souverän 108
– als Mensch der Leidenschaft bei Racine 210
– und Tod 283 f.
– und Untertan 283
– und Volk während der Revolution 251
Rechte des – in England 123
Verfassung des – 281
vom – erwirkte Individualität 113
Wissen des – und Geschichte 165
Souveränität 40 ff., 86 f., 92, 105, 114-119, 141, 169
–, Rassismus und Staat 305
– der Aneignung 114 f.
– der Einsetzung 112 f.
– des Königs von Frankreich 141
– des Staates 101 f.
– des Volkes bei den Germanen 147
– in der klassischen Tragödie 210
– und Volk nach Montlosier 275
– und Wille 119
Beziehung der – 115
Macht der – 291 f., 294, 299 f.
normannische – und angelsächsische Gesetze 127
Rechtsmodell der – 58 ff., 200 f.
römische – 175 f.

römische – und Franken 179-182
Theorie der – 37, 44, 50-53, 58ff., 283
Sozialdemokratie
– und Liquidierung des sozialistischen Rassismus 310f.
Soziale Konservativismen
globale Strategie der – 81
Sozialismus 309f.
– und Biomacht 308-311
– und Mechanik der Macht 309
– und Rassismus 308-311
– und Übernahme des Lebens 309f.
Eliminierung des Gegners im – 310
körperliche Auseinandersetzung im – 310
Sozialrassismus 308
Sparta 131
Sprache(n) 225
– und Recht in England 120
– und Wissenssystem bei Boulainvilliers 184f.
lateinische – und Rechtspraxis 184f.
Staat(en) 44, 58, 63, 87, 101f., 106, 108f., 112, 114, 131, 142, 145, 169ff., 187f., 212, 260, 264, 266f, 270, 279f., 306, 309, 314
– der Aneignung 112, 114f.
– der Einsetzung 112, 114f.
– und Bevölkerung 295
– und Bioregulierung 295, 307
– und Disziplinierung der Wissen 207, 215, 219, 221
– und Geschichte 63, 162, 203, 207, 211f., 222, 265
– und historischer Diskurs 265
– und Krieg 63f., 67, 106, 108f., 114, 117, 192, 267, 313f., 317
– und Nation 164, 170f., 262, 264f., 269, 279
– und technologische Wissen 215
– und Wissen 154f., 157, 162
-analyse 106, 155, 203
-apparate 49, 62, 80f., 219, 295
Begründung des – römischen Typs durch die fränkischen Könige 184
Diskurs eines – über den – 162f., 169, 221f., 265
-führung und Erkennbarkeit der Geschichte 203
Geburt und Niedergang der – 108, 144
-konstitution 116f., 151, 278
konstitutive Funktionen des – 278
Kritik des – 207
-rassismus 81f., 102f., 107, 282, 301f., 306
Rationalität der -führung 203
totalisierende Funktion des – 263
Verfassung eines – und Gesellschaften nach A. Thierry 278
Wissen des – über den – 157
Staatsrassismus 81, 102ff., 282, 308
– und Rassen im Krieg 103
sowjetischer – 103
Stadt/Städte
Arbeiter- 282, 296
Modell- 296
Problem der – im 19. Jh. 289, 296
Wiederbelebung der gallorömischen – 251
Stalinismus 29
Sterberate 288f.
Sterblichkeit(srate) 292
-prozess(e) 286, 290
Steuerwesen
– und Adelsorganisation 202f.
Strategie(n) 61
globale – 61, 248
Subjekt(e)/Untertan(en) 58ff.

– der Geschichte 162ff., 170
– des historisch-politischen Diskurses 69
– und Macht 283
– und Souverän 283
– und Souveränität 119
– und Wissen 248
Adel als – der Geschichte nach Boulainvilliers 185f.
Fehlen eines neutralen – in der Gesellschaft 67
in der Geschichte sprechendes – 162f., 170
Konstituierung von – 65
kriegerisches – 71f.
Produktion von – 60
universelles und dialektisches – 77
Taktik(en) 62
– der Einschüchterung 111
Diskursive – 248
Diskursive – und Ideologie 224
Tausch 231ff.
Techniken
Disziplinarische Macht- 220
Medizinische – der Normalisierung 101f.
Technologie(n)
Disziplinar- 293ff., 298
Regulierende – 293ff., 298
Versicherungs- 294
Teilung(en) 226
Binäre – 95
Tod 115, 282f., 287, 292f.
– des Anderen und Rassismus 302
– und Biomacht 293-300, 302
– von Franco 293
dem – ausliefern und Rassismus 302
Recht auf – 283f.
zunehmende Abwertung des – 291
Totalisierung
– und Dialektik 77
– und Geschichte 270
nationale – 277
staatliche – nach A. Thierry 276f.
Totalität
nationale – und Universalität des Staates 265f.
staatliche – 276
Tragödie(n)
– und Geschichtsschreibung 210f.
– von Racine 208ff.
französische – als Lektion und Zeremonie des öffentlichen Rechts 207ff.
Gesetz und Unrecht in den – 208
griechische – 208
historische – 207f.
Troja 93f., 139ff.
Universalisierung
– und bürgerliche Gesellschaft 278f.
Universalität
– des Staates und nationale Totalität 265f.
– im rechtsphilosophischen Diskurs 71
– und Krieg 277
– und Partikularität im politischen Diskurs 263
Funktionen der – des Bürgertums 278
staatliche – 277f.
staatliche – beim Dritten Stand 263
Universell
– und Wahrheit 280f.
Eintritt des – in die Realität 269
Macht des – und Bürgertum 279
Wert des – 197
Universität
Erscheinen und Funktion der – 218f.

Unterwerfung(en) 25, 37, 42
-prozeduren 42 f.
-verhältnisse 41, 60, 312
-techniken 42, 61
Unvernunft
– und Wahrheit 73
Ursprung/Ursprünge
-erzählung 140
Verfassung 127 f., 139, 278
– und grundlegende Gesetze laut Hotman 146
– und Barbarei 135
– und Bourgeoisie 250
Verhalten
Medikalisierung des – 55
Versicherungen 294 f., 306
Mechanismen der – 288
-systeme 296
Versöhnung
– und Krieg 276 f.
– und Revolution 276 ff.
Verstaatlichung
– des Biologischen 282
Verteidigung
– der Gesellschaft 36, 81
– der Gesellschaft und Krieg 256
– der Gesellschaft und Rassismus 81
Vertrag 32, 34
– in der Rechtstheorie 289
– und Begründung der Gesellschaft 250, 284
– und Unterdrückung 34
-diskurs bei Hobbes 119 f.
Verwaltung 156 f., 168
– nach Boulainvilliers 157 f.
Kenntnis der – und der Geschichte 165
Wissen der – 156 ff.
Virus/Viren
Herstellung unkontrollierbarer und zerstörerischer – in der Biomacht 300
Volk/Völker 96, 183, 241 f.
– und Könige bei den Franken nach Mably 242
– und Souverän während der Revolution 251
Rechte des – in England 123
souveränes – und Könige nach Montlosier 275
Völkermord 304
Vorlesung
das Historische der – von Michel Foucault 21
was ist eine –? 13 f.
Wahnsinn 46 ff., 305
Medikalisierung des – 48
Wahrheit
– als Waffe 76
– im historisch-politischen Diskurs 69 ff.
– und Dialektik 77
– und Dissymmetrie 70
– und Frieden 206 f.
– und Gewalt 206
– und grundlegende Irrationalität 73
– und Kenntnis 213
– und Krieg 206
– und Krieg im historischen Diskurs 197
– und Macht 38
– und Ordnung 206
– und Universelles 280 f.
– und Unordnung 206
– und Unvernunft 73
Beziehungen der – und Kräfteverhältnisse 69 f.
Diskurs der – 38 f.
-effekte 38
Entzifferung der – und Geschichte 91
-produktion 38
-regime 196
Teilung von – und Irrtum 196
Zugehörigkeit der – zu Frieden und Neutralität 70

Widerspruch
Logik des – 77
Wilder 230-233
– und Barbar 231 ff.
– und Tausch 232 f.
Wissen, das
– des Königs 158 f.
– des Prinzen 154 f.
– des Souveräns und Geschichte 165 f.
– des Staats über den Staat 157
– des Veredlers 159-162
– des Verwalters 161 f.
– und Frieden 206
– und Gewalt 206
– und Macht 28, 49, 55 f.
– und Ordnung 206
– und Subjekte 248
– und Unordnung 206
– von König und Adel 158 f.
administratives – 261
-apparate und -instrumente 49
Appell zur Wiederaneignung des – von Boulainvilliers 185 f.
Kritik des – des Verwalters bei Boulainvilliers 202
lokales und differentielles – 20 ff.
medizinisches – im 18. Jahrhundert 216
okzidentales – und platonische Idee 206
rechtliches – 159 f.
Rückkehr der – 20-23
System des – und Sprache bei Boulainvilliers 184 f.
technologisches – im 18. Jahrhundert 213 f.
vernachlässigtes – des Adels 204
Verwendung des administrativen – gegen die absolute Monarchie 202
Wissen, die
– und Disziplin 221
– und Körper 221
– und Staat 215
Aufstand der – 21 ff.
Aufstand der unterworfenen – 21
Disziplinierung der – 207, 217-222
Genealogie der – 23-28, 213
Hierarchisierung der – 216 f.
Kampf der – in der Epoche der Aufklärung 213 f.
Machteffekte der – 213
Normalisierung der – 215
ökonomisch-politischer Kampf rund um die – im 18. Jahrhundert 214
-techniken 213 f., 216
vielfältige -technologien 221
vielfältige – und Ökonomie 214
Zentralisierung der – 216 f.
Wissenschaft(en) 55, 217-220
– als disziplinarische Polizei der Wissen 218
– und Macht 23 ff.
Geschichte der – 213
Human- und Anti-Historismus 205
Projekte einer universellen – 217
Wissenschaftliche(r) Diskurs(e) 24 f.
Institutionalisierung des – 24
Machteffekte des – 25 f.
Wunsch/Wünsche
Medikalisierung der – 55
Zeit
-organisation 95
Zufall/Zufälle
– unter dem Blickwinkel der Geschichte 72
Zwänge
Disziplinar- 53 f.

Namenregister

Alexander der Große 75
Äneas 94
Antraigues (E.L.H.d') 252, 252 Fn. 24
Arthur 129 Fn. 24
Attila 236
Audigier (P.) 148, 148 Fn. 14, 149, 149 Fn. 16
Augustus 209
Aulard (F.-A.) 252 Fn. 23

Bacon (N.) 103 f. Fn. 26
Bailly (J.S.) 276
Barincou (E.)
Berlin (I.) 308 Fn. 5
Bichat (X.) 228 Fn. 2
Binswanger (L.) 18 Fn. 1
Blackwood (A.) 125, 125 Fn. 18, 129 Fn. 23
Boisguilbert (P. de) 203, 203 Fn. 3
Bonneville (N. de) 233 f., 234 Fn. 5, 241, 241 Fn. 6
Bordeu (T.) 228 Fn. 2
Bossuet (J. B.) 176 Fn. 10
Boulainvilliers (H. de) 66, 66 Fn. 3, 139, 155-159, 156 Fn. 22, 162, 169, 172-182, 173 Fn. 9, 184-203, 211, 226-231, 229 f. Fn. 3, 233 f., 236, 238-241, 239 Fn. 13, 243, 246 f., 252, 255, 259, 262, 266, 276, 318
Boulay de la Meurthe (A. J.) 252 f., 253 Fn. 27
Bouquet (M.) 139 Fn. 1
Boutillier (J.) 141, 141 Fn. 2
Bréquigny (L.G.O.F. de) 243 f., 243 Fn. 18, 246, 249
Brutus 94
Buat-Nançay (L.G. du) 157, 157 Fn. 23, 162, 162 Fn. 25, 166, 166 Fn. 26, 173, 173 Fn. 7, 227, 234, 234 Fn. 7, 255, 262, 276, 314, 319
Buonarroti (F.M.) 66, 66 Fn. 7

Caligula 174
Cäsar 89, 140 f., 146, 146 Fn. 10, 150, 150 Fn. 17, 173 f.
Cassirer (E.) 71 Fn. 11
Castoriadis (C.) 235 Fn. 8
Chapsal (J.-F.) 243, 243 Fn. 19, 244, 246, 249
Chlodwig 88, 90, 149 f., 152, 166, 178, 180, 183, 238
Chrétien de Troyes 121 f. Fn. 13
Churchill (W.S.) 128, 128 Fn. 22
Clausewitz (K. von) 13, 32, 32 Fn. 9, 33, 63, 198
Coke (E.) 65, 65 Fn. 1, 127 f. Fn. 19, 128 ff., 129 f. Fn. 23 f., 314, 318
Corneille (P.) 208
Courtet (A. V.) 66, 66 Fn. 9
Crooke (A.) 44 Fn. 2

Daniel (S.) 129 Fn. 23
Darwin (Ch.) 79, 303
Davies (G.) 132 f. Fn. 29
Defert (D.) 18 Fn. 1
Deleuze (G.) 19 Fn. 4, 25, 25 Fn. 5
Desnos (R.) 235, 236 Fn. 9
Devyver (A.) 156 Fn. 22, 173 Fn. 9
Dreyfus (A.) 311
Dubos (J.-B.) 237, 237 Fn. 10, 238 ff., 239 Fn. 13, 243 f., 246, 248
Dumézil (G.) 85 Fn. 2

Eduard der Bekenner 75, 121, 126
Engels (F.) 99, 99 Fn. 6
Estaing (J. d') 66, 66 Fn. 5, 172, 172 Fn. 6
Ewald (F.) 10, 18 Fn. 1

Fénelon (F.) 155 Fn. 20
Ferguson (A.) 176 Fn. 10
Fest (J.) 308 Fn. 5
Fourier (Ch.) 308, 308 Fn. 6
Franco (F.) 282, 293
Francus 94, 139
Freret (N.) 66 Fn. 4, 178, 179 Fn. 12, 319
Freud (S.) 19 Fn. 3, 31, 31 Fn. 8
Friedrich Barbarossa 75
Friedrich II. 75

Genette (G.) 235 Fn. 8
Gibbon (E.) 176 Fn. 10
Grégoire von Tours 150, 150 Fn. 19, 180
Grotius (H.) 151
Guattari (F.) 19 Fn. 4, 25 Fn. 5
Guizot (F.) 99 Fn. 6, 167, 171, 171 Fn. 5, 244, 267 f., 268 Fn. 9

Haller (W.) 132 f. Fn. 29
Harold 121, 126, 128
Harrison (W.) 129 Fn. 23
Hegel (G.W.F.) 31, 31 Fn. 8
Heidegger (M.) 18 Fn. 1
Heinrich VII. 120
Hitler (A.) 308, 308 Fn. 5
Hobbes (Th.) 36, 43 f., 43 Fn. 1, 78, 105, 107 ff., 108 Fn. 1 f., 111 ff., 115-120, 137, 151, 194, 317
Holinshed (R.) 129 Fn. 23
Horn (A.) 130 Fn. 25
Hotman (F.) 140, 140 Fn. 4, 143-148, 144 Fn. 6 f., 146 Fn. 11 f., 318
Hugo Capet 240
– der Kapetinger 156
Huisman (D.) 18 Fn. 1
Husserl (E.) 18 Fn. 1

James I. 124 Fn. 16 f.
Jordanis 150 Fn. 18
Jouffroy d'Abbans 271 Fn. 10
Juquin (P.) 28, 28 Fn. 7
Justinian 141

Kant (I.) 71, 71 Fn. 1, 315
Karl der Große 246, 249, 251, 271
Karl Martell 152
Karl V. 125, 125 Fn. 18
Karl X. 271 Fn. 10

Lagrange (J.) 18 Fn. 1
Laplanche (J.) 235 Fn. 8
Lefort (C.) 235 Fn. 8
Legrain (M.) 207 f. Fn. 4
Lilburne (J.) 66, 66 Fn. 2, 232, 232 Fn. 29, 233, 233 Fn. 30, 314
Ludwig XIV. 65, 78, 95, 97, 148, 150, 155, 166, 203, 209-212, 318
Ludwig XVI. 166, 212, 251 f.
Lyotard (J.-F.) 229 Fn. 8

Mably (G.-B. de) 233, 233 Fn. 4, 241, 241 Fn. 15, 17, 242 f., 245 f., 248, 251
Machiavelli 78, 78 Fn. 13, 176 Fn. 10. 196, 201, 201 Fn. 2
Magnan (V.) 297 Fn. 4
Marat (J.-P.) 166, 234, 241
Marcuse (H.) 19, 19 Fn. 3
Marius 174
Marx (K.) 99, 99 Fn. 6, 121, 121 Fn. 11
Marx-Aveling (E.) 121 Fn. 11
Mehring (F.) 121 Fn. 11
Merowech 151 f.
Michelet (J.) 96 Fn. 5, 167, 199 f.
Mignet (F.A.M.) 96 Fn. 5
Monmouth (G. of) 121 f. Fn. 13, 122, 122 Fn. 14
Montagu (E.W.) 176 Fn. 10
Montesquieu (C.-L. de) 176 f., 177 Fn. 11, 234
Montlosier (F. de) 155, 158 Fn. 24, 173 Fn. 8, 247, 255, 267, 267 Fn. 7, 271-275, 272 Fn. 11

Moreau (J.-N.) 167 Fn. 27f., 211f., 212 Fn. 7, 221, 237, 237 Fn. 11, 238, 240
Morel (B.-A.) 297 Fn. 4
Morin (E.) 235 Fn. 8
Moses 131

Nero 209
Nietzsche (F.) 33, 179 (13
Nowell (R.) 129 Fn. 23

Overton (R.) 133 Fn. 30

Paris (P.) 139 Fn. 1
Pasquier (E.) 144, 144 Fn. 7
Petrarca (F.) 92f., 93 Fn. 4, 104, 169
Philippe Auguste 190
Pippin 152, 250 Fn. 22
Platon 206
Priamus 94
Proyart (L.-B.) 252, 252 Fn. 25
Pseudo-Frégédaire 139 Fn. 1
Pufendorf (S.) 151
Pyrrhus 209

Racine (J.) 208, 210ff., 221
Reich (W.) 18 Fn. 1, 19, 19 Fn. 2, 31, 31 Fn. 8, 33, 46, 46 Fn. 3
Reiche (R.) 46, 46 Fn. 4
Rhenanus (B.) 143f., 143 Fn. 5
Richelieu 148, 150
Ronsard (P. de) 139 Fn. 1
Rousseau (J.-J.) 51

Sabine (G.H.) 135 Fn. 31
Scott (W.) 121, 121 Fn. 11
Selden (J.) 129 Fn. 23, 130, 130f. Fn. 26, 318
Serres (J. de) 147, 147 Fn. 13
Shakespeare (W.) 207f.
Sieyès (E.-J.) 66, 66 Fn. 6, 170, 171 Fn. 3, 252, 252 Fn. 26, 255, 257-262, 257 Fn. 1, 271
Simon (R.) 229f. Fn. 3
Solon 71, 71 Fn. 11, 315
Speed (J.) 129 Fn. 23
Speer (A.) 308 Fn. 5
Syagrius 180 Fn. 14
Sydenham (T.) 228 Fn. 2

Tacitus 150, 150 Fn. 18
Tamerlan 236
Tarault (J.-E.) 148, 148 Fn. 15
Thierry (Amédée) 79, 79 Fn. 14, 319
Thierry (Augustin) 66, 66 Fn. 8, 79 Fn. 14, 99 Fn. 6, 121 Fn. 12, 139 Fn. 1, 141 Fn. 2, 142, 142 Fn. 3, 167, 171, 171 Fn. 4, 244, 247, 255, 267, 268 Fn. 8, 276-280, 276 Fn. 15, 277 Fn. 16, 280 Fn. 17, 319
Thiers (L.-A.) 100, 100 Fn. 7, 267
Tillet (J. du) 147, 147 Fn. 13
Titus Livius 83, 86, 86 Fn. 3, 89
Turgot (R.-J.) 246, 246 Fn. 20
Turkus 94

Vauban (S. de) 203, 203 Fn. 4
Vernant (J.-P.) 70, 70 Fn. 10
Viard (J.) 139 Fn. 1
Vico (G. B.) 229f. Fn. 3
Vidal-Naquet (P.) 70 Fn. 10

Wace (R.) 121f. Fn. 13
Wade (J.) 99 Fn. 6
Warr (J.) 132, 132 Fn. 28
Weber (A.) 18 Fn. 1
Weydemeyer (J.) 99 Fn. 6
Wilhelm der Eroberer 90, 120, 125-129, 133, 133 Fn. 30
Winstanley (G.) 135 Fn. 31

Michel Foucault
im Suhrkamp Verlag
Eine Auswahl

Ästhetik der Existenz. Schriften zur Lebenskunst. Mit einem Nachwort von Martin Saar. stw 1814. 346 Seiten

Analytik der Macht. Ausgewählt und mit einem Nachwort von Thomas Lemke. stw 1759. 349 Seiten

Archäologie des Wissens. Übersetzt von Ulrich Köppen. stw 356. 312 Seiten

Der Mensch ist ein Erfahrungstier. Gespräch mit Ducio Trombadori. Aus dem Französischen von Horst Brühmann. Vorwort von Wilhelm Schmid. stw 1274. 144 Seiten

Die Hauptwerke. Mit einem Nachwort von Axel Honneth und Martin Saar. Quarto. Broschur. 1686 Seiten

Die Heterotopien. Der utopische Körper. Zwei Radiovorträge. Zweisprachige Ausgabe. Aus dem Französischen von Michael Bischoff. stw 2071. 103 Seiten

Die Ordnung der Dinge. Eine Archäologie der Humanwissenschaften. Aus dem Französischen von Ulrich Köppen. stw 96. 480 Seiten

Die Wahrheit und die juristischen Formen. Aus dem Französischen von Michael Bischoff. Mit einem Nachwort von Martin Saar. stw 1645. 192 Seiten

Einführung in Kants Anthropologie. Aus dem Französischen von Ute Frietsch. Mit einem Nachwort von Andrea Hemminger. Broschur. 140 Seiten

NF 116/1/02.14

Geometrie des Verfahrens. Schriften zur Methode. Herausgegeben von Daniel Defert und François Ewald unter Mitarbeit von Jacques Lagrange. Ausgewählt und mit einem Nachwort von Petra Gehring. Aus dem Französischen von Michael Bischoff, Horst Brühmann, Hans-Dieter Gondek u. a. stw 1934. 396 Seiten

Kritik des Regierens. Schriften zur Politik. Herausgegeben von Ulrich Bröckling. stw 1933. 441 Seiten

Psychologie und Geisteskrankheit. Aus dem Französischen von Anneliese Botond. es 272. 132 Seiten

Schriften zur Literatur. Aus dem Französischen von Michael Bischoff, Hans-Dieter Gondek und Hermann Kocyba. Auswahl und Nachwort von Martin Stingelin. stw 1675. 402 Seiten

Schriften. Dits et Ecrits. Herausgegeben von Daniel Defert und François Ewald unter Mitarbeit von Jacques Lagrange. Aus dem Französischen von Michael Bischoff, Hans-Dieter Gondek, Hermann Kocyba, Reiner Ansén und Jürgen Schröder.
Einzeln und im Schuber.
- Band 1. 1954-1969. Gebunden und kartoniert. 1088 Seiten
- Band 2. 1970-1975. Gebunden und kartoniert. 1031 Seiten
- Band 3. 1976-1979. Gebunden und kartoniert. 1028 Seiten
- Band 4. 1980-1988. Mit Gesamtregister. Gebunden und kartoniert. 1129 Seiten

NF 116/2/02.14

Sexualität und Wahrheit
- Band 1. Der Wille zum Wissen. Aus dem Französischen von Ulrich Raulff und Walter Seitter. stw 716. 190 Seiten
- Band 2. Der Gebrauch der Lüste. Aus dem Französischen von Ulrich Raulff und Walter Seitter. stw 717. 327 Seiten
- Band 3. Die Sorge um sich. Aus dem Französischen von Ulrich Raulff und Walter Seitter. stw 718. 316 Seiten

Überwachen und Strafen. Die Geburt des Gefängnisses. Aus dem Französischen von Walter Seitter. Mit Abbildungen. stw 184 und st 2271. 408 Seiten

Vorlesungen am Collège de France
- Über den Willen zum Wissen. (1970-1971). Aus dem Französischen von Michael Bischoff. Gebunden. 394 Seiten
- Die Macht der Psychiatrie. (1973-1974). Aus dem Französischen von Claudia Brede-Konersmann und Jürgen Schröder. Gebunden. 595 Seiten
- Die Anormalen. (1974-1975). Aus dem Französischen von Michaela Ott und Konrad Honsel. Gebunden. stw 1853. 476 Seiten
- In Verteidigung der Gesellschaft. (1975-1976). Aus dem Französischen von Michaela Ott. Gebunden. 313 Seiten. stw 1585. 341 Seiten
- Geschichte der Gouvernementalität I. Sicherheit, Territorium, Bevölkerung. (1977-1978). Aus dem Französischen von Claudia Brede-Konersmann und Jürgen Schröder. stw 1808. 600 Seiten
- Geschichte der Gouvernementalität II. Die Geburt der Biopolitik. (1978-1979). Aus dem Französischen von Jürgen Schröder. stw 1809. 517 Seiten
- Geschichte der Gouvernementalität I und II. (1977-1979). Aus dem Französischen von Jürgen Schröder. stw 1808. 1136 Seiten

NF 116/3/02.14

- Die Regierung der Lebenden. (1979-1980). Aus dem Französischen von Andrea Hemminger. Gebunden. 400 Seiten
- Hermeneutik des Subjekts. (1981-1982). Aus dem Französischen von Ulrike Bokelmann. Gebunden. stw 1935. 694 Seiten
- Die Regierung des Selbst und der anderen. (1982–1983). Aus dem Französischen von Jürgen Schröder. Gebunden. stw 2019. 505 Seiten
- Die Regierung des Selbst und der anderen II. Der Mut zur Wahrheit. (1983-1984). Aus dem Französischen von Jürgen Schröder. Gebunden. stw 2020. 478 Seiten
- Die Regierung des Selbst und der anderen I und II. (1982-1984). Aus dem Französischen von Jürgen Schröder. Broschur. 983 Seiten

Wahnsinn und Gesellschaft. Eine Geschichte des Wahns im Zeitalter der Vernunft. Aus dem Französischen von Ulrich Köppen. stw 39. 576 Seiten

Herculine Barbin/Michel Foucault. Über Hermaphrodismus. Herausgegeben von Wolfgang Schäffner und Joseph Vogl. Aus dem Französischen von Annette Wunschel. es 1733. 247 Seiten

Zu Michel Foucault

Gilles Deleuze. Foucault. Aus dem Französischen von Hermann Kocyba. Kartoniert und stw 1023. 192 Seiten

Wolfgang Detel. Foucault und die klassische Antike. Macht, Moral, Wissen. stw 1362. 359 Seiten

Didier Eribon. Michel Foucault. Eine Biographie. Aus dem Französischen von Hans-Horst Henschen. st 3086. 528 Seiten

NF 116/4/02.14

Foucault und die Künste. Herausgegeben im Auftrag des Zentrums für Kunst- und Medientechnologie von Peter Gente. stw 1667. 338 Seiten

Gouvernementalität der Gegenwart. Studien zur Ökonomisierung des Sozialen. Herausgegeben von Ulrich Bröckling, Susanne Krasmann und Thomas Lemke. stw 1490. 320 Seiten

Thomas Schäfer. Reflektierte Vernunft. Michel Foucaults philosophisches Projekt einer antitotalitären Macht- und Wahrheitskritik. stw 1219. 215 Seiten

Wilhelm Schmid

- Auf der Suche nach einer neuen Lebenskunst. Die Frage nach dem Grund und die Neubegründung der Ethik bei Foucault. stw 1487. 466 Seiten
- Die Geburt der Philosophie im Garten der Lüste. Michel Foucaults Archäologie des platonischen Eros. st 3215. 224 Seiten

Zwischenbilanz einer Rezeption. Frankfurter Foucault-Konferenz 2001. Herausgegeben von Axel Honneth und Martin Saar. stw 1617. 400 Seiten

NF 116/5/02.14